MÚSICA CULTURA POP ESTILO DE VIDA COMIDA
CRIATIVIDADE & IMPACTO SOCIAL

aretha

Franklin

DAVID RITZ

respect
a vida de aretha franklin

Tradução
Karine Ribeiro

Belas Letras

Título original: *Respect: the life of Aretha Franklin*

Gustavo Guertler (*publisher*)
Germano Weirich (coordenação editorial)
Letícia Teófilo (edição)
Karine Ribeiro (tradução)
Karina Barbosa dos Santos (preparação)
Maristela Deves (preparação e revisão)
Celso Orlandin Jr. (capa, projeto gráfico e diagramação)

2024
Todos os direitos desta edição reservados à
Editora Belas Letras Ltda.
Rua Visconde de Mauá, 473/301 – Bairro São Pelegrino
CEP 95010-070 – Caxias do Sul – RS
www.belasletras.com.br

Dados Internacionais de Catalogação na Fonte (CIP)
Biblioteca Pública Municipal Dr. Demetrio Niederauer
Caxias do Sul, RS

R615r Ritz, David
Respect: a vida de Aretha Franklin / David Ritz; tradutora: Karine Ribeiro. - Caxias do Sul, RS: Belas Letras, 2024.
604 p. : il.

Contém fotografias.
ISBN: 978-65-5537-279-3

1. Franklin, Aretha, 1942-2018. 2. Biografia. 3. Cantoras negras – Estados Unidos. I. Ribeiro, Karine. II. Título.

24/7 CDU 929Franklin

Catalogação elaborada por Vanessa Pinent, CRB-10/1297

Em memória de Jerry Wexler e Ruth Bowen,
honrados mentores

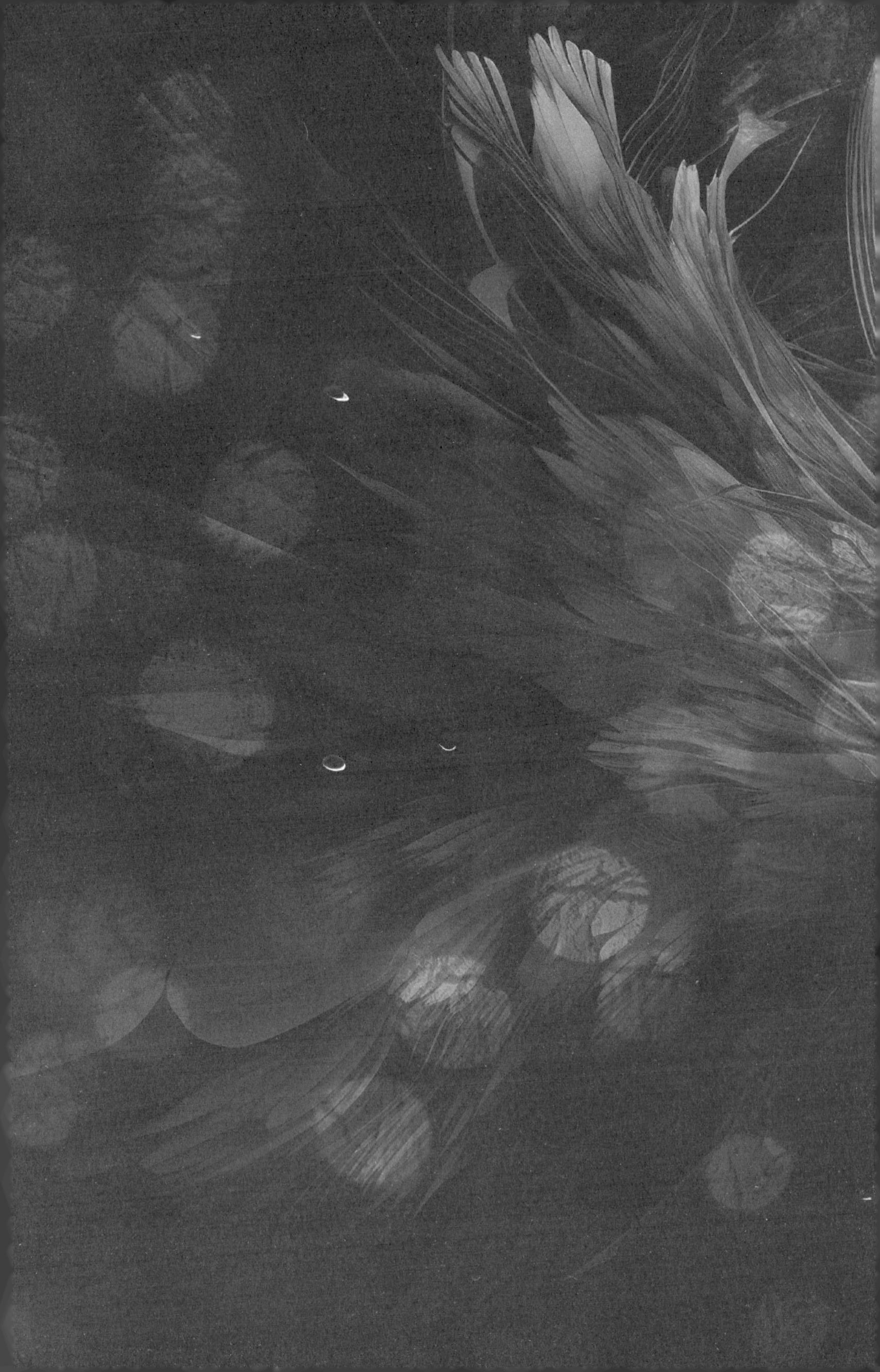

sumário

ENCONTRANDO A RAINHA 11

PARTE 1: FONTES SAGRADAS 23

1 - PAI E FILHA 24
2 - INSTABILIDADE 39
3 - MÃES E PAIS 50
4 - O CIRCO DO SEXO 60
5 - O SANGUE 69
6 - SUBINDO 80

PARTE 2: COLUMBIA 93

7 - A MAIOR E MELHOR 94
8 - CAFETÃO CAVALHEIRO 113
9 - ÁGUA, ÁGUA POR TODA PARTE 128
10 - COMO UM DIA FAZ DIFERENÇA 148
11 - TOLOS 158

PARTE 3: ATLANTIC 177

12 - NEVER LOVED 178
13 - ESCUTE O QUE O BLUES DIZ 201
14 - NATURAL 214
15 - ANO DOS ANOS 223
16 - EXIGENTE 245
17 - ESPÍRITO 265
18 - O BOM REVERENDO 280
19 - AMAZING 298
20 - HEY 313
21 - COMPRANDO 324
22 - SPARKLE 345
23 - PRINCESA DE CONTOS DE FADAS 364
24 - O TRABALHO 372

PARTE 4: ARISTA 381
25 – MENININHA DO PAPAI 382
26 – DE VOLTA AOS TRILHOS 399
27 – LAR 412
28 – NOSSO PAI 421
29 – DIVAFICAÇÃO 438
30 – TEMPO DEMAIS NA TEMPESTADE 448
31 – A MISTURA DE SEMPRE 460
32 – TERAPIA FESTIVA 467

PARTE 5: A LEOA NO INVERNO 493
33 – UMA ROSA 494
34 – VINCERÒ 511
35 – CONTROLE DE DANOS 520
36 – O QUE ARETHA QUER 526
37 – BOAS E VELHAS 535
38 – A WOMAN FALLING OUT OF LOVE 552
39 – A RAINHA DE ANTES E DO FUTURO 565

AGRADECIMENTOS 575
NOTAS 576
REFERÊNCIAS BIBLIOGRÁFICAS 597
DISCOGRAFIA SELECIONADA 599
VIDEOGRAFIA E FILMOGRAFIA SELECIONADAS 605

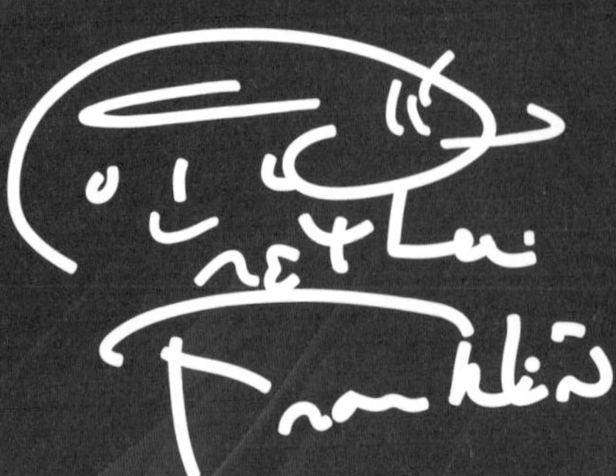

ENCONTRANDO A RAINHA

Na metade dos anos 1970, quando comecei minha carreira de autor, havia três pessoas com as quais eu estava determinado a trabalhar: Ray Charles, Aretha Franklin e Marvin Gaye. Eram os cantores que eu mais amava. Eu simplesmente precisava conhecê-los. Tinha certeza de que a vida deles era tão intrigante quanto suas músicas.

Ray veio primeiro. Eu o persegui incansavelmente. Barrado a cada tentativa, só obtive sucesso quando a Western Union me disse que eu podia mandar mensagens para ele em braile. Despejei meu coração naqueles telegramas. Ele aceitou me encontrar, nós nos conectamos e decolamos – mas só depois de eu desistir do meu plano original de escrever a biografia dele na minha voz e, em vez disso, escrevê-la na voz do próprio Ray. Foi o momento em que descobri a emoção e a beleza do *ghostwriting*. O livro que surgiu, *Brother Ray*, foi bem recebido e me deu a confiança de embarcar no meu próximo projeto: colaborar com Aretha. Mas quando Ray me apresentou a ela no camarim dele no Dorothy Chandler Pavilion, em Los Angeles, ela disse que não estava interessada – pelo menos não na época.

Depois de escrever uma série de romances, me conectei com Marvin Gaye, e o processo foi reverso. Durante nossa colaboração, Marvin foi tragicamente assassinado pelo pai. Não tive escolha a não ser transformar nossa autobiografia inacabada em uma biografia escrita na minha própria voz. Escrever *Divided Soul: The Life of Marvin Gaye* foi uma experiência única e instigante, mas que me encheu de tristeza. Fiquei de luto por Marvin e, mais que qualquer coisa, desejei poder ter escrito o livro totalmente do ponto de vista dele.

Daquele momento em diante, eu vi que, se tivesse a chance, preferiria muito mais trabalhar como *ghostwriter* a ser biografista independente. Além de gostar da conexão pessoal com os artistas, eu também amava canalizar a voz deles. Eu me sentia como um ator interpretando um papel. Nos vinte anos seguintes, escrevi livros como *ghostwriter* para Smokey Robinson, Etta James, B.B. King e os Neville Brothers, entre outros. Depois da publicação de cada livro, eu enviava um exemplar para Aretha com um bilhete expressando minha esperança de que nós dois colaborássemos um dia.

Depois de escrever a autobiografia de Jerry Wexler, o produtor mais importante de Aretha, pensei que o dia era iminente. Ao pesquisar a vida de Wexler, me vi pesquisando uma grande parte da vida de Aretha. Wexler teve uma longa associação com quase todos os grandes músicos que haviam trabalhado com Aretha e me colocou em contato com todos eles, incluindo John Hammond, o produtor original de Aretha, que entrevistei incansavelmente.

Trabalhando no campo do rhythm and blues por duas décadas, eu havia reunido uma quantidade enorme de informações sobre a vida e o trabalho de Aretha. Eu passara centenas de horas falando com os colegas mais conhecidos dela – Luther Vandross, o produtor do sucesso de retorno dela, "Jump to It"; Arif Mardin, o orquestrador que trabalhara com ela por mais de quarenta anos; e Ruth

Bowen, a agente de Aretha e talvez a colega mais próxima dela, que respondeu cada uma das minhas perguntas com candor constante.

Ainda mais importante foi meu relacionamento com a família próxima dela - seus irmãos Cecil e Vaughn, suas irmãs Erma e Carolyn -, que me deu acesso ao santuário interior do mundo dos Franklin antes que eu começasse a trabalhar com Aretha. Smokey Robinson, que crescera em Detroit na esquina da rua dos Franklin e que era o amigo mais próximo de Cecil, fez muitas dessas apresentações. Os irmãos de Aretha se tornaram meus aliados em convencê-la a me contratar como colaborador. Ao longo dos anos, eles me forneceram informações inestimáveis e detalhadas sobre a irmã.

Toda vez que eu ia para Detroit, o que acontecia com frequência, eu enviava para Aretha um cartão-postal, expressando minha esperança de nos encontrarmos. E, em 1994, aconteceu. Em uma noite de quarta-feira, aproximadamente às 8h da noite, o telefone tocou no meu quarto do Atheneum Hotel.

— Sr. Ritz — disse ela. — Aqui é Aretha Franklin.

Gago desde sempre, eu não consegui dizer uma palavra. Por um segundo, entrei em pânico. E se minha insistência de duas décadas resultasse em minha inabilidade de pronunciar uma única frase? E se eu estivesse mudo de susto por causa da ligação dela? E se, bem naquela hora, eu estragasse tudo?

A perseverança venceu o medo e, com dificuldade considerável, consegui dizer como eu estava feliz por ela ter ligado.

— Estou entrevistando colaboradores para a minha autobiografia — informou ela — e gostaria de falar com você.

— Obrigado... srta. Franklin.

Eu queria chamá-la de Aretha, mas a formalidade no tom dela - ela me chamaria de "Sr. Ritz" por muitas semanas - me informou que não seria recomendável.

— Gostaria de saber como o senhor trabalharia comigo — disse ela.

— Eu ficaria feliz de vê-la quando for conveniente — falei.

— Não faço entrevistas pessoais. Apenas ligações.

— Então é só isso?

Minha pergunta a fez rir pela primeira vez.

— Sim, Sr. Ritz, é só isso. Fale sobre sua abordagem.

Expliquei nos termos mais apaixonados possíveis a minha visão do projeto – que eu estava interessado no livro dela, não no meu; que eu estava convencido de que a vida dela era uma das maiores histórias não contadas na cultura moderna dos Estados Unidos; que ninguém amava mais a música dela do que eu; que ninguém escutava os álbuns dela com mais obsessão ou seguia a carreira dela com mais empenho do que eu; que ninguém teria mais empenho em trabalhar para reproduzir a voz dela da forma mais autêntica possível; que era o maior sonho da minha vida contar a história dela, e da maneira certa.

Ela terminou a ligação sem dizer quando tomaria uma decisão. Não consegui dormir naquela noite. Até a segunda ligação, que veio uma semana depois, eu estava péssimo.

Um dos momentos mais felizes da minha vida foi quando eu soube que a srta. Franklin me escolhera. A primeira coisa que fiz foi pegar o glorioso álbum de música gospel dela *Amazing Grace* e ouvi-lo do começo ao fim.

Liguei para o meu amigo Billy Preston, que Ray Charles havia me apresentado décadas antes, para contar a ele as boas-novas. Billy e Aretha tinham um mentor em comum: o grande reverendo James Cleveland, uma das minhas fontes mais confiáveis de informações sobre Aretha. Billy havia trilhado o mesmo caminho que ela – da música gospel para a secular. Eles se conheciam desde a infância.

Tinham trabalhado juntos nos mesmos estúdios e nos mesmos palcos dezenas de vezes. Durante anos, Billy me deu vislumbres do mundo de Aretha.

Ele me parabenizou com um aviso:

— Mantenha suas esperanças grandes e suas expectativas baixas.

— Por que você diz isso, Billy?

— Porque eu a conheço, e a garota não vai desistir. *Nunca.*

Eu não queria acreditar nele. Não queria acreditar nos outros amigos e colegas de trabalho de Aretha que me disseram que eu jamais romperia sua armadura e conheceria a história real. Não queria acreditar em Erma Franklin, que disse:

— Eu amo muito minha irmã e estou orando por você. Nada me deixaria mais feliz do que vê-la expurgar toda aquela dor que ela sentiu. Mas, sinceramente, eu não imagino que ela vá fazer isso. Ela construiu um muro em torno de si, e ninguém foi capaz de chegar ao outro lado.

Alimentado por um entusiasmo inesgotável, me vi escalando aquele muro, mesmo que os outros dissessem que era impossível. Quase todos os colegas mais próximos de Aretha repetiram o que Wexler e Erma disseram. Afirmaram que estava cada vez mais difícil trabalhar com ela – Aretha estava impaciente, controladora e raivosa. Eu não me importei. Eu mudaria tudo isso. Eu seria tão paciente, tão sereno, tão doce e suave que ela teria que ceder. Afinal, naquele ponto da minha carreira, eu sabia como lidar com as estrelas. Eu estava acostumado a personalidades difíceis. Com todo o seu brilhantismo, Ray Charles podia ser rabugento. Tive que perseguir Marvin Gaye do Havaí à Inglaterra e à Bélgica para fazê-lo me contar sua história enquanto ele lidava com uma depressão debilitante. Etta James se descreveu como “esquizofrênica até os ossos” e me agradeceu em seu livro por “ser capaz de ficar na jaula do leão” com ela. Pode vir, Aretha. Sou capaz de ir até o fundo do meu reservatório de boa vontade e encontrar uma maneira de encantá-la.

Encantei, mas em geral não encantei. Apesar da minha determinação de ser um ouvinte compassivo, alguém cuja persistência gentil permitiria que ela revelasse todos os seus segredos sagrados, minha abordagem acabou não funcionando. No fim das contas, nem arranhei sua armadura. Deixei-a do jeito que a encontrei, intocada pelo que eu considerava minha abordagem profundamente solidária. Em quase todos os outros casos – Ray, Marvin, Etta, Smokey, B.B., Neville Brothers, Jimmy Scott, Leiber and Stoller, Tavis Smiley, Cornel West, Buddy Guy, Bettye LaVette, Joe Perry – consegui o livro que queria. No caso de Aretha, não. Ao mesmo tempo, ela conseguiu o livro que *ela* queria. Até hoje, Aretha considera seu livro um retrato preciso.

— Quando Aretha se olha no espelho — sua irmã Erma me disse anos antes —, ela vê uma pessoa completamente diferente da que vemos.

Como colaborador, meu objetivo é sempre a intimidade. Sou um representante para o(a) leitor(a) que quer sentir a estrela falando direta e intimamente com ele ou ela. Enquanto eu dirigia para a casa de Aretha para nossa entrevista inicial, meu plano era criar um ambiente descontraído de conversa que promovesse a intimidade.

Eu sabia a localização exata da casa dela em Bloomfield Hills, um subúrbio arborizado de Detroit, porque na noite anterior eu havia feito a rota para testar e ter certeza de que, naquele meu primeiro dia de trabalho, eu não me perderia. Eu não tinha um roteiro, nenhuma lista de perguntas ou tópicos para cobrir. Achei melhor deixar Aretha liderar a conversa no que eu esperava que fosse um encontro descontraído para nos conhecermos. Meu único plano era começar com uma oração, agradecendo a Deus pela oportunidade de criar uma história que refletisse Seu amor.

Desde que conheci Marvin Gaye no final dos anos 1970, fui cada vez mais atraído pelo Cristianismo. Marvin falou de Jesus de uma maneira que me fez querer acreditar. O processo foi lento (eu só seria formalmente batizado em 2004), mas comecei a ver que, como intelectual judeu, minha abordagem antropológica da cultura negra estava se transformando em outra coisa. Percebi que no cerne daquela cultura havia uma convicção imortal de que o Deus de amor é um espírito vivo.

Quando Aretha abriu a porta e me convidou para entrar, Deus estava na minha mente. Certamente era apenas pela graça de Deus que eu estava encontrando aquela mulher extraordinária.

Ela me levou à sala de estar. Ela ainda era a "srta. Franklin" e eu ainda era o "sr. Ritz".

Depois que trocamos cordialidades, perguntei se eu podia fazer uma curta oração.

Presumi que a filha do pastor estaria aberta a orar a qualquer momento. Mas logo vi que meu convite para orar era um ato de intimidade muito forçado. Recuei, mas consegui fazer uma oração mesmo assim.

Falei:

— Eu só queria agradecer a Deus por nos dar a oportunidade de trabalhar juntos.

Passamos aquele dia e as semanas seguintes falando apenas de música. Ao falar de música – especialmente do mundo gospel dos anos 1950, no qual ela surgiu –, estávamos sempre na zona de conforto. Eu tocava um disco gospel contemporâneo que ela não tinha ouvido; ela tocava para mim algum disco gospel tradicional que eu não conhecia. A troca foi ótima. Nossas conversas na sala mudaram para a cozinha, onde ela começou a me preparar o almoço e um jantar ocasional. Eu pensei que estava em uma posição confortável.

Eu não estava. As questões delicadas – a mãe de Aretha deixando a família; Aretha tendo dois bebês ainda na adolescência; Aretha sendo espancada por seu primeiro marido, Ted White; o pai de Aretha espancando sua amiga/estrela do gospel Clara Ward – estavam fora de cogitação. Assim como o ato essencial de introspecção. O autoconfronto era algo que Aretha não entendia nem aceitava. Idealizar seu passado era sua maneira de esconder a dor.

Às vezes, essa dor, embora não ouvida, podia ser vista nas lágrimas que escorriam de seus olhos quando, em resposta a uma pergunta sobre alguma decepção ou perda, ela permanecia em silêncio. Eu sabia que a resposta estava naquelas lágrimas.

Meu desafio não poderia ter sido mais claro. Eu precisava ir mais fundo. Talvez se eu mencionasse as entrevistas que eu havia feito com os irmãos, amigos e colegas dela, os comentários deles causassem nela um pouco mais de autorreflexão. Má ideia. O livro que Aretha queria criar era, para simplificar, dela. Eu não podia discutir. E, de fato, o argumento para o livro que criamos, *From These Roots*, é este: apesar de suas enormes lacunas e falhas, ele permanece um retrato preciso da imagem que Aretha tinha de si. Estudantes de Cultura e Psicologia que desejam entender essa mulher desafiadoramente incompreensível não podem se dar ao luxo de ignorar seu próprio testemunho feito com tanto cuidado e à sua maneira.

Eu poderia me incluir entre esses estudantes. Mas como minha colaboração resultou em uma história que considero artificial de tantas formas, eu continuo meus estudos. Estou escrevendo a história da maneira que a vejo.

Na minha visão, meus dois anos de trabalho em *From These Roots* resultaram no meu insucesso de realizar o grande potencial na narrativa de Aretha. Não fiz o que me dispus a fazer. Desde a publicação do livro, há uns quinze anos, não sosseguei. Levei uma década para me comprometer outra vez com a história de Aretha, sabendo que agora teria que voar sozinho.

Alguns anos atrás, a própria Aretha mencionou a ideia de outro livro – uma sequência de *From These Roots*. Embora ela houvesse me proibido de acompanhar o processo de revisão final da autobiografia dela, nosso relacionamento pós-publicação permaneceu cordial. Ela me ligava de vez em quando. No final dos anos 1990, passei várias noites agradáveis com Aretha e Jerry Wexler em East Hampton. Eu também a visitei durante suas extravagâncias gospels em Detroit.

Quando fui a um dos vários shows gospels que Aretha produzia em Detroit, ela me puxou de lado e disse:

— Acho que é hora de fazer outro livro.

Fiquei surpreso e feliz que ela quisesse colaborar outra vez.

— Eu gostaria de revisar parte daquele material inicial — falei. — Gostaria de fazê-lo com mais profundidade.

— Ah, não — Aretha respondeu rápido. — *From These Roots* é perfeito como está. Quero falar das coisas que aconteceram depois dele. A revista *Rolling Stone* me nomeou a cantora número um de todos os tempos. E também tem todos os prêmios que recebi nos últimos anos.

— Temo que uma nova edição teria que conter mais que só uma lista de suas novas honras.

— Discordo — retrucou ela. — Esses prêmios não receberam a atenção que merecem.

Quando mencionei a possibilidade de escrever uma biografia independente, Aretha disse:

— Contanto que eu aprove antes da publicação.

— Então não seria independente — falei.

— Por que deveria ser independente?

— Para que eu possa contar a história do meu ponto de vista.

— Mas a história não é sua, é minha.

— Você é uma figura histórica importante. É inevitável, outros contarão sua história. É a bênção e o peso de ser uma figura pública.

— Mais um peso que uma bênção.

Quando refiz minha pesquisa para este livro, foi sem a bênção de Aretha, mas tive o apoio de três das parentes mais próximas dela - sua prima em primeiro grau Brenda Corbett (que também atuou como vocal de apoio dela por duas décadas), sua sobrinha Sabrina (filha de sua irmã Erma), e sua cunhada Earline Franklin. Elas concordaram que a história de Aretha precisava ser contada de uma perspectiva diferente da dela. Elas aceitaram me ajudar.

— Confiamos em você para escrever a versão *justa* — disse Brenda.

Eu gosto da palavra *versão*. Apesar de toda a minha volumosa pesquisa, não vejo meu livro de Aretha Franklin como nada mais que uma versão. Não acredito que exista uma *única* história de Aretha. Acredito que sejam muitas. Minha história de Aretha não é objetiva. Após meus anos de trabalho com ela, eu a conheço pessoalmente e a conheço bem. Tenho amor e compaixão por ela como irmã e como crente. Admiro demais a arte dela. Mas também participo deste projeto - como Aretha com o *From These Roots* - com um profundo viés. Trago a peculiar mistura cultural que me formou. Trago para o texto uma vida inteira de opiniões com relação à Psicologia e Mitologia. Foi a música negra - não simplesmente gospel, mas jazz, blues e R&B - que me trouxe à igreja na qual Deus é adorado e louvado, portanto o louvor e a adoração continuam sendo elementos essenciais na minha abordagem da arte. Ao mesmo tempo, não há justiça – pelo menos na minha opinião – sem escrutínio crítico. Deus deve ser questionado tanto quanto adorado, e sondado bem como louvado.

E eu trago respeito. É por isso que o livro leva o nome do maior sucesso dela. No final, Aretha tem tudo a ver com respeito – obter e manter o respeito. Não existiria *Respect* sem *From These Roots*. Eu não teria escrito este livro se não tivesse coescrito o dela. Vejo este segundo livro como um complemento do primeiro.

Não tive escolha a não ser começar onde todos os estudantes sérios de Aretha começam – com seu senso do que é verdade. Eu honro esse senso mesmo quando eu o desafio. Respeito o direito dela de interpretar sua história complexa mesmo quando tento reinterpretar e expandir sua interpretação. Mais importante, no entanto, agradeço a Aretha por me ligar naquele dia no Atheneum Hotel em Detroit. Agradeço a ela por considerar minhas intermináveis perguntas durante os anos em que trabalhamos juntos. Agradeço a ela por alimentar meu espírito e responder ao meu entusiasmo. Agradeço a ela por seu pudim de banana com biscoitos de baunilha e por sua lasanha à la Aretha.

Trinta e seis anos se passaram desde aquela noite fatídica em que Ray Charles me apresentou a Aretha Franklin em seu camarim no Dorothy Chandler Pavilion. Desde então, o fato de eu ter sido capaz de documentar sua vida a partir de dois pontos de vista radicalmente diferentes (o dela e o meu) tem sido um privilégio, e sou profundamente grato por isso.

Parte 1
FONTES SAGRADAS

1
PAI E FILHA

Embora Nat Cole, Sam Cooke e Marvin Gaye tivessem pais pregadores, nenhum desses pais era famoso. Nenhum deles tinha reputação nacional ou carreira em gravadora. O pai de Aretha, o reverendo C.L. Franklin, tinha tudo isso e mais um pouco. Ele foi uma figura imponente na história negra dos Estados Unidos, um ativista social e teólogo progressista que ficou ao lado de seu amigo Martin Luther King Jr. como um líder nacional dos direitos civis. No entanto, sua fama veio de um notável talento retórico combinado à emoção da música rítmica do momento.

O grande cantor de blues Bobby "Blue" Bland me contou a respeito de suas primeiras lembranças de quando C.L. Franklin pregava na Igreja Batista New Salem em Memphis.

— Eu não tinha mais que 11 ou 12 anos quando mamãe e eles me levaram para ouvir esse novo pregador de que todos falavam.

Era o início dos anos 1940. Ainda não tínhamos nos mudado para Memphis, mas íamos lá no fim de semana, principalmente por causa da igreja. Eu gostava da igreja por causa do espírito vibrante da música, mas quando os pregadores começavam a pregar, eu ficava entediado e inquieto. Mas aí chegou esse homem com voz de cantor. Na verdade, ele cantou antes de começar a pregar – e isso chamou minha atenção imediatamente. Não sei dizer que hino ele cantou, mas sua voz era forte. Me sentei direito e não me distraí mais. Ele chamou minha atenção e a manteve. Quando ele começou a pregar, só prestei atenção nele. Não foram as palavras dele que me atraíram – eu não sei o que ele falou naquele dia, não sei explicar o que significava, mas foi a *maneira* como ele falava. Ele falava como se estivesse cantando. Ele falava música. Mas o que me atraiu mesmo foi um som alto que ele fez para enfatizar uma determinada palavra. Ele pegava a palavra na boca, deixava rolar e apertava com a língua. Quando saía, explodia e as senhoras começavam a acenar e gritar. Gostei de tudo. Comecei a pular e gritar também. Na semana seguinte, perguntei à mamãe quando íamos voltar para a igreja em Memphis.

— Desde quando você gosta tanto da igreja? — minha mãe perguntou.

— Gostei do pregador — respondi.

— Reverendo Franklin?

— Bem, se for ele que canta enquanto prega, é dele que gosto.

— Com certeza é ele — disse minha mãe.

"Às vezes, íamos ao East Trigg Missionary, onde, de acordo com minha mãe, o pastor W. Herbert Brewster era o mentor do reverendo Franklin. Havia duas vozes poderosas naquela igreja – Queen Anderson e J. Robert Bradley –, que eram os cantores gospels mais incríveis que você ia querer ouvir. Eu sei que o reverendo

Franklin os amava porque às vezes ele aparecia no East Trigg para o último sermão depois que acabava de pregar em New Salem. Ele se sentava na primeira fila e fazia anotações durante os sermões de Brewster. Depois, ele se levantava, gritava e acenava quando Queen Anderson e Bradley começavam a cantar.

"Pouco tempo depois, eu também comecei a cantar. Eu gostava de qualquer coisa que estivesse tocando no rádio, principalmente aqueles primeiros sons que Nat Cole fez com seu trio. Naturalmente, eu gostava de cantores de blues como Roy Brown, os cantores de jump como Louis Jordan e os cantores de baladas como Billy Eckstine, mas, irmão, o homem que realmente me moldou foi o reverendo Franklin.

"Anos depois, quando comecei a dirigir para B.B. King, soube que B se sentia da mesma forma com relação ao reverendo Franklin. A essa altura, o reverendo havia ido de Memphis para Buffalo e para Detroit, onde B e eu íamos para a Igreja Batista New Bethel para vê-lo."

— Assisti aos sermões dele por muitos anos — B.B. King me disse. — Eu gostaria de dizer que ele era o pregador dos artistas do blues, porque ele ia aos clubes para nos ver, mas isso não seria justo. Frank, como os amigos dele o chamavam, era o pregador de todos. Como aqueles sermões que ele gravava eram vendidos nas mesmas lojinhas que nossos discos de blues, nós o víamos como um colega de profissão, um artista. Ele era um de nós. Ao contrário de outros religiosos, ele nunca chamou nossa música de demoníaca - e nós o amávamos por isso. Mas ele fez mais do que isso. Ele demonstrava que admirava o que fazíamos. Ele nos chamava de artistas de verdade e não tinha receio de dizer ao mundo como se sentia. Isso nos fazia sentir como realeza.

O fato de o reverendo ser liberal - até radical - na cultura severa e conservadora da igreja negra moldou a história de Aretha em todos os níveis. Absorver essa cultura exigia uma personalidade forte e uma convicção fora do comum. O reverendo tinha ambas.

— Ele tinha o dom da retórica — disse Jesse Jackson, que pregou no funeral de C.L. em 1984. Em nossa conversa em 2008, Jackson descreveu seu mentor como o modelo do pregador negro moderno. — Além de nos transmitir suas mensagens com grande poesia e metáforas surpreendentes, ele contribuiu com nossa relevância social, destacando que, como filhos de Deus, não éramos mais ou menos amados que quaisquer outras pessoas. C.L. pregou a mensagem "digo em voz alta que sou negro e tenho orgulho disso" gerações antes de James Brown. Junto ao Dr. King, ele estava muito adiantado na jornada pelos direitos civis. Ele era um intelectual assertivo, não um apologista, um farol de força e esperança para os milhões de transferidos que vinham do Sul nos anos 1940 e 1950 para buscar trabalho nas grandes cidades industriais do Norte.

— Eu via o pai de Aretha como um dos poucos pregadores poderosos o suficiente para dissipar o velho mito que diz que o gospel e o blues são inimigos mortais — James Cleveland me disse. — Ele teve coragem de dizer que na verdade os dois andam juntos como partes orgulhosas da nossa herança enquanto povo.

A tensão criativa entre música secular e sagrada é um dos mistérios mais duradouros da cultura afro-americana. Para aqueles criados na igreja, a inclinação contra reconciliar o espírito e a carne corre nas veias. Cantores que adoravam a Deus em um domingo de manhã enquanto usavam aquelas mesmas paixões artísticas – ritmos e acordes – para exaltar prazeres sensuais em um sábado à noite encararam críticas raivosas.

Na cultura judia, uma história similar é contada em *The Jazz Singer*, o primeiro revolucionário filme sonoro lançado em 1927, no qual Al Jolson interpreta Jakie Rabinowitz, que é filho de um cantor gospel e desafia o pai extremamente religioso ao cantar canções populares, abandonando a sinagoga para se apresentar nos palcos.

Ironicamente, o reverendo C.L. Franklin era, junto de sua filha Aretha, um entusiasta de Al Jolson. E duplamente irônico era o fato de ter sido Franklin, um puro produto da igreja negra, a desafiar essa estrita separação do gospel e do jazz blues.

No século 20, a separação secular/gospel começa com Thomas A. Dorsey, um ex-pianista do movimento *barrelhouse* conhecido como Georgia Tom, que inventou a música gospel negra moderna nos anos 1930 ao infundir blues em canções de adoração. Seu primeiro sucesso, "Precious Lord, Take My Hand", foi cantado pela aluna dele, Mahalia Jackson, no funeral de Martin Luther King Jr. Aretha a cantou inúmeras vezes. Mesmo assim, a comunidade da igreja negra demorou a dar as boas-vindas à música de Dorsey. Eles a consideravam parecida demais com jazz. Mesmo quando foi adotada no repertório, os mais antigos reclamaram que estava manchada com harmonias carnais.

O arquétipo do cantor de jazz – o cantor preso entre a igreja e o mundo – persistiu na comunidade negra durante os anos 1940 e 1950. Os dramas dos cantores de jazz variam, mas estão relacionados pelo mesmo enredo essencial: uma terrível tensão entre cantar para Deus e cantar para o sexo.

A superstição estava enraizada na comunidade negra.

Ao se lembrar da morte de Jesse Belvin em Arkansas em 1962, Ray Charles me disse:

— Jesse costumava falar de como dirigia o coral em uma igreja de Los Angeles. O povo dele o alertou sobre deixar a igreja. Mas, como a maioria de nós, Jesse tinha ambição. Quando começou a cantar R&B, dava para ouvir a igreja na voz dele. Foi ele quem escreveu "Earth Angel". Sempre me pareceu uma canção muito religiosa. Bem, quando Jesse e sua esposa foram mortos em um acidente de carro, o povo começou a falar muita merda. Disseram que ele tinha morrido porque deixara a igreja. Que tinham certeza de que Deus o estava punindo. Muitos cantores de igreja tinham medo de passar para o lado popular, incluindo Mahalia. Eu não. Quando me fizeram passar pelo inferno por transformar canções gospels em R&B, eu não dei a mínima. Eu não acredito em superstições. Além disso, eu sabia por que Jesse tinha morrido. O motorista dele já tinha sido meu motorista. Eu havia demitido o cara por beber e dormir no volante. Foi ele que matou Jesse e a esposa do Jesse. Deus não teve nada a ver com isso.

O assassinato de Sam Cooke, morto com um tiro por uma gerente de hotel em Los Angeles em 1964, enviou ondas de choque pela comunidade do gospel/blues.

— Me lembro de meu pai dizer uma palavra depois que ficamos sabendo que Sam tinha sido baleado — disse Marvin Gaye. — Ele disse: "Viu?"

— Viu o quê? — perguntei.

— Viu o que acontece quando você desagrada a Deus?

— Não discuti — continuou Marvin. — Não dava para discutir com meu pai. Mas ele era um dos ministros que acreditavam que, se você cantasse música do demônio, ia terminar indo pra baixo com o próprio. Eu gosto de dizer a mim mesmo que não tenho essa postura - que sou livre das antigas formas de pensar. Mas bem lá no fundo, tenho esses pensamentos. Para sobreviver neste mundo, tenho certeza de que um dia terei que seguir São Francisco e me devotar a cantar para os pássaros e para o Deus que os criou.

— Uma das coisas mais impressionantes sobre C.L. — disse James Cleveland — é que, mesmo parecendo que as opiniões liberais dele sobre música seriam de alguém educado no Norte, ele era um garoto criado em uma fazenda do interior sulista.

Nascido em 22 de janeiro de 1915 no Mississippi rural, filho de meeiros, Franklin foi criado pela mãe, Rachel, que iria, mais tarde, criar Aretha. Big Mama, como a família a chamava, era a principal figura materna na vida de Aretha. O pai de C.L. desaparecera quando o garoto tinha quatro anos.

— De acordo com Big Mama — a irmã mais nova de Aretha, Carolyn, me disse —, aos dez anos meu pai tinha a voz de um homem adulto. Eles o viam como profético. Na pré-adolescência, ele já estava dando sermões.

— Big Mama adorava o filho — disse o irmão de Aretha, Cecil. — Ela costumava falar sobre como ele estava anos à frente de outras crianças quando se tratava de ler. Ela falava sobre como a cidade mais próxima com uma biblioteca ficava a 50 quilômetros de distância, e como eles tinham que pegar uma carroça puxada por cavalo para chegar lá. Quando ele tinha 13 anos, já tinha lido romances de Charles Dickens e Nathaniel Hawthorne e podia nomear os livros da Bíblia, de Gênesis ao Apocalipse - não apenas nomeá-los, mas tecer comentários sobre eles. No profundo interior do Mississippi, ele era considerado um fenômeno, uma criança-prodígio.

Aos 14 anos, C.L. passou pelo que chamava de "meu batismo de renascimento" no rio Sunflower. Apesar de não ter completado a escola primária, aos 18 anos ele pregava em um circuito de igrejas de Cleveland a Clarksdale, Mississippi. Antes de fazer 21 anos, ele se matriculou na Greenville Industrial College, uma escola afro-batista informal cercada de plantações de arrendatários.

— Eu tinha vivido e trabalhado em Greenville — disse B.B. King. — Isso é um dos motivos de Frank e eu termos nos dado tão bem. Nós conhecíamos o território da criação um do outro. Nós dois tínhamos sido tratados como cachorros e chamados de pretos sujos. Nós dois fomos testemunhas de linchamentos. Mesmo assim, nossa mães nos ensinaram a acreditar na justiça divina.

"Frank me disse que a faculdade o ensinou a acreditar em cada palavra da Bíblia. Você tinha que ler literalmente. Ele me disse que quando desafiou um dos professores ao mencionar as teorias de Charles Darwin, tomou um tapa na cara. Mas mesmo na época Frank entendeu que, embora haja profunda verdade na Bíblia, há também poesia, e que toda poesia era aberta a interpretação.

— A faculdade do meu pai seguia a abordagem de acomodação lenta de Booker T. Washington quando se tratava da questão racial — disse o filho de C.L., Cecil. — Washington enfatizava faculdades técnicas para negros enquanto W.E.B. DuBois, seu adversário, argumentava por uma educação em artes liberais que aumentaria nossa habilidade de pensar de forma profunda e crítica. Ironicamente, apesar de sua doutrinação fundamentalista na Greenville Industrial, meu pai acabou rejeitando o fundamentalismo. Em sentimento e filosofia, ele estava mais perto de DuBois que de Washington. Sua profunda curiosidade intelectual o levou a ler com não apenas seu coração, mas com a razão. Ele nadou contra a onda cultural de sua época e, pela força natural de sua inteligência nativa, tornou-se um progressista. Meu pai amava o Senhor com tanta paixão quanto qualquer fundamentalista, mas ele entendia que a Palavra de Deus por vezes não era autoexplicativa. A Palavra de Deus exigia explicação instruída e amorosa da parte do homem.

Aos 19 anos, C.L. se casou com Alene Gaines. Aos 21, tinha se divorciado de Alene e se casado com Barbara Siggers, que tinha um jovem filho, Vaughn. Quando C.L. tinha 23, Barbara deu à luz a primeira filha do casal, Erma Vernice. A essa altura, eles estava morando em Memphis, onde, aos 24 anos, o reverendo pregou pela primeira vez na Igreja Batista New Salem. E foi lá que Bobby Bland o ouviu pela primeira vez, em 1939. O filho de Barbara e C.L., Cecil, nasceu em 1940.

Naquele mesmo ano, Franklin foi pai de outra criança, não com Barbara, mas com Mildred Jennings, que tinha 12 anos quando engravidou da filha de C.L., Carol Allan. O escândalo foi mantido em segredo de seus outros filhos até que ele os reuniu em 1958 e contou a verdade.

Em 25 de março de 1942, Aretha Louise, cujo nome foi uma homenagem às duas irmãs de seu pai, nasceu em Memphis no número 406 da Lucy Avenue, filha de Franklin e de sua esposa Barbara.

C.L. fez sua primeira investida no mundo da mídia em Memphis no início dos anos 1940. Ele apresentou seu próprio programa de rádio, *The Shadow of the Cross*, cuja missão, de acordo com ele, era "oferecer hinos de inspiração, mensagens para unificar os negros do Meio Sul, acalmar a animosidade racial, e familiarizar ouvintes brancos com a lealdade e as conquistas negras". Foi em Memphis que ele começou a escrever seu sermão mais famoso, *The Eagle Stirreth the Nest*. Oitenta anos depois de ele ter empregado a metáfora gráfica e altamente complexa, o sermão de Franklin está incluído em várias antologias acadêmicas de literatura, é ensinado em faculdades e permanece um dos textos essenciais da história afro-americana.

Em 1944, a família se mudou para Buffalo, Nova York, onde C.L. pregou na igreja batista Friendship. Naquele mesmo ano, nasceu a última das quatro crianças de Franklin e Siggers, Carolyn Ann.

Como uma presença da mídia, C.L. ficou cada vez mais confortável. Em Buffalo, ele se tornou o primeiro pregador negro a utilizar o rádio. De acordo com seu biografista Nick Salvatore, "o programa *Voice of Friendship* de Franklin destacava a adoração religiosa (incluindo por vezes um breve sermão de C.L.), a música gospel e comentários sobre eventos atuais".

Durante o verão de 1945, aos 30 anos, o grande momento de C.L. chegou na National Baptist Convention. O *Michigan Chronicle* relatou que o sermão estrondoso dele, tirado de Coríntios 2 5:1-2, "quase paralisou a convenção com lógica e história e pensamento". As próprias escrituras – "Sabemos que, se for destruída a temporária habitação terrena em que vivemos, temos da parte de Deus um edifício, uma casa eterna nos céus, não construída por mãos humanas" –, se provaram irônicas. A força da mensagem levou a uma nova habitação terrena na igreja para Franklin. Sua entrega impetuosa chamou tanto a atenção dos anciãos da igreja New Bethel de Detroit que, quando seu pastor Horatio Coleman renunciou, eles convidaram C.L. para liderar sua congregação. A partir do verão de 1946, quando Aretha tinha quatro anos, sua família mudou-se para Detroit, onde, no início dos anos 1950, o reverendo C.L. Franklin se tornou uma estrela nacional.

A idealização é um fenômeno fascinante que entendi melhor depois que, enquanto colaborava com Aretha na autobiografia dela, *From These Roots*, eu vi *Minnelli on Minnelli*, um espetáculo da Broadway no qual Liza cantou canções associadas com os filmes de seu pai, o diretor Vincent Minnelli. Ela relembrou como Vincent e sua mãe, Judy Garland, se conheceram no set de *Meet Me in St. Louis*. Qualquer pessoa com o mínimo de conhecimento sobre o casamento Garland/Minnelli sabe que foi algo tempestuoso desde o começo e terminou em um divórcio amargo. Mas Liza não contou essa história. Ela pintou o retrato de um relacionamento idílico que levou à vida idílica dela. Ao reimaginar sua infância como uma criança privilegiada de duas pessoas delirantemente felizes, Liza criou um conto de fadas que varreu a dor de um passado traumático.

Em *From These Roots*, Aretha fala de suas duas irmãs, Erma e Carolyn, e seus dois irmãos, Cecil e Vaughn. Ela não revela que Vaughn era filho de sua mãe com outro homem. Nem menciona Carol Allan, a filha de seu pai e da adolescente Mildred Jennings. Ela se agarra ao mito de que, enquanto estavam juntos, seus pais aproveitaram um relacionamento idílico.

Na dedicatória de seu livro, Aretha escreveu: "Dedico meu livro aos meus pais, reverendo C.L. Franklin e Barbara Siggers, que se juntaram no amor e na felicidade conjugal, e dessa união nasci eu, Aretha".

Aretha foi vaga sobre o exato momento em que sua mãe, nascida no Mississippi, pegou seu filho Vaughn, deixou o marido e quatro filhos e se mudou de volta para Buffalo em 1948.

A irmã mais velha, Erma, que tinha dez anos na época, se lembrava bem desse acontecimento.

— Ficamos devastados — disse ela. — Minha mãe era uma mulher extraordinária, extremamente linda e inteligente. Ela cantava com uma voz angelical. Acredito que ela poderia ter sido uma estrela da música. Também tocava piano. Ela trabalhava como ajudante de enfermagem e, por mais que meu pai tirasse um bom salário da igreja, senti que ela queria ser independente. Talvez essa tenha sido a fonte do problema. Realmente não sei. Sei que o relacionamento dos meus pais era conturbado e que meu pai tinha um temperamento violento. Nunca o vi batendo nela, mas todos sabíamos bem que não devíamos incitar a fúria dele. Eu também estaria mentindo se não admitisse que conhecíamos a reputação de mulherengo do meu pai. Nós víamos como as mulheres na igreja literalmente se jogavam para cima dele. Depois que fiquei mais velha, vi com meus próprios olhos que ele se valeu de muitas daquelas mulheres. Isso não nos fez amá-lo menos. Ele era assim mesmo.

"A mudança de minha mãe para Buffalo pode ter sido ideia dela ou dele – não tenho certeza. Ela talvez estivesse com medo dele ou cansada de dividi-lo com outras mulheres. Mas devo dizer que meus pais lidaram com a situação com maturidade. Ela nos garantiu que sempre seria nossa mãe e que podíamos visitá-la quando quiséssemos. E visitamos. Buffalo fica a cerca de 400 quilômetros de Detroit, e visitávamos minha mãe o tempo todo."

Ao falar da mãe, Aretha relutava contra a ideia de que, na verdade, Barbara tinha abandonado a família. Ela chamava esse rumor de mentira cruel. Ao falar da mãe, ela se lembrava da mulher que era amável e carinhosa de todas as formas. Na visão de Aretha, a mãe dela seria a última pessoa no mundo a abandonar os filhos.

Mesmo assim, o mito da deserção de Barbara Siggers continuou. Recentemente, em 2012, Anthony Heilbut, um ilustre estudioso da música gospel, escreveu em seu de outra forma brilhante *The Fan Who Knew Too Much*, "Barbara saiu de casa quando Aretha tinha dez anos e morreu alguns anos depois sem ver seus filhos de novo". Na verdade, Aretha tinha seis anos quando a mãe voltou para Buffalo em 1948 e, de acordo com todos os quatro irmãos Franklin que entrevistei, eles a visitavam regularmente.

— Meu pai era um tipo diferente de homem — o irmão mais velho de Aretha, Cecil Franklin, me contou quando falamos nos anos 1980. — A lealdade dele era essencialmente a Deus, a seus filhos e a sua congregação. Ele jamais seria um homem de uma só mulher. Em contrapartida, minha mãe certamente era mulher de um homem só. Ela era totalmente devotada a ele e não gostava de compartilhá-lo com o mundo. Durante aquelas visitas em Buffalo, eu sei que ela queria que nos mudássemos para morar com ela, mas isso não ia acontecer. Nós éramos muitos e, além disso, ela não tinha dinheiro para criar cinco filhos. Meu pai tinha. Várias mulheres da igreja estavam mais que dispostas a cuidar de nós – além disso, tínhamos a Big Mama, que cuidava da casa com mão de ferro. Não era nada convencional naquela época um pai assumir custódia dos filhos depois de uma separação, mas C.L. Franklin era um homem nada convencional.

— Pensando agora na situação toda — disse Carolyn Franklin, irmã mais nova de Aretha —, acho que Aretha foi a mais afetada com a mudança da minha mãe. Na época, eu mal tinha quatro anos e tinha menos noção do que estava acontecendo. Aretha era uma criança extremamente introvertida e retraída que era especialmente próxima da mãe. Erma, Cecil e eu éramos muito mais corajosos e independentes. Aretha e eu compartilhávamos um quarto, e depois que minha mãe foi embora, eu a vi se debulhar em lágrimas por dias. Eu me lembro de ter confortado minha irmã mais velha, dizendo a ela como seria divertido visitar Buffalo. Dias antes daquelas viagens para ver minha mãe, Aretha já estava com a bolsinha pronta e preparada para ir. O ponto alto das visitas era o kit de enfermagem de brinquedo que minha mãe nos dava.

Aretha tinha memórias específicas sobre agir como uma ajudante de enfermagem, assim como a mãe. Ela explicava como a mãe a havia instruído a cuidar de pacientes e como ela ia alegre ao Hospital Geral de Buffalo para ver a mãe trabalhar. Ela se lembrava da mãe como uma mulher muito paciente que não xingava nem dizia coisas ruins de ninguém, incluindo o reverendo C.L. Franklin. Para resumir, ela via a mãe como uma santa.

As memórias dela também eram bem específicas quando se tratava da casa da mãe em Buffalo, na Lythe Street, em uma vizinhança arborizada chamada Cold Springs. Ela recontava os móveis: as cadeiras de veludo azul e prata, os sofás chiques, o piano vertical. Ela e a mãe cantavam juntas. Esses eram os momentos que Aretha mais valorizava. Como a casa era pequena, ela e Erma dormiam na casa dos vizinhos, o sr. e a sra. Dan Pitman. A sra. Pitman ensinou Aretha a fazer crochê, uma habilidade que a garota cultivou ao longo da vida.

— Durante as viagens a Buffalo — Erma se lembrou —, fomos apresentados a um senhor, Trustee Young. Pensei que era o namorado de minha mãe. Nós amávamos andar no carrão dele. Às vezes, ele nos levava às Cataratas do Niágara.

— Por mais que Aretha adorasse nosso pai — disse Cecil —, ela teria amado morar com nossa mãe. Se ela não tivesse tanto medo de desagradá-lo, tenho certeza de que teria pedido. Mas essa pergunta jamais seria feita. Meu pai deixou claro que não era uma opção. Então, toda vez que saíamos de Buffalo e voltávamos para Detroit, o coraçãozinho de Aretha se partia. Meu pai fazia todo o possível para fazer Ree se sentir segura, mas sei que a insegurança invadiu o espírito dela desde cedo. Por tudo o que ela conquistou na vida, acho que aquela insegurança básica jamais a deixou. Na verdade, acredito que é algo que a define - além do talento estrondoso dela.

— No palco e no estúdio, ninguém é mais confiante — Carolyn me disse —, mas fora do palco é outra história. Ela mudou muito ao longo dos anos, mas se ela age com extrema assertividade agora, acredito que seja para compensar sua insegurança. Parece loucura que alguém talentoso como minha irmã Aretha seja tão insegura, mas ela é. Isso é um resultado direto de uma infância desafiadora.

A Aretha com a qual eu comecei a trabalhar parecia tudo, *menos* insegura. É por isso que fiquei surpreso ao reler as entrevistas que fiz com os irmãos dela uma década antes. Como Erma, Cecil e Carolyn concordavam, eu não tinha motivos para duvidar. Aretha tinha sido uma garotinha insegura.

Ruth Bowen, a agente dela, me ajudou a entender.

— Conheço Aretha desde que ela era garotinha — disse ela. — Quem nos apresentou foi o pai dela, que eu chamava de Frank. Frank era muito amigo de Dinah Washington, minha primeira grande cliente. Além de Dinah ter sido namorada do pai dela por um momento, a certa altura ela também foi namorada de Ted White, o homem que se tornou o primeiro marido de Aretha. Ted e eu éramos próximos. Mas não me deixe colocar o carro na frente dos bois, querido. Primeiro vou contar que tipo de criança Aretha era. Ela era uma criança traumatizada - é isso. Uma coisa é sua mãe sair de casa por motivos que você não entende. Mas sua mãe falecer de um ataque cardíaco ainda jovem, isso é outra história. Aretha tinha dez anos quando aconteceu. E aconteceu assim, sem preparação, sem aviso. Frank me disse que temia que Aretha jamais se recuperasse, que ela ficou sem conseguir falar por semanas. Ela se escondeu em uma concha e só saiu de lá muitos anos depois. O que a tirou de lá, claro, foi a música. Sem música, acho que Aretha não teria encontrado a saída da concha.

Em *From These Roots*, Aretha devota menos de uma página à morte da mãe. Ela simplesmente reconta que o pai chamou os quatro filhos na cozinha e disse que Barbara morrera de ataque cardíaco. Ela garante aos leitores que o pai não podia ter sido mais compreensivo. No relato dela, não há tentativa de processar a dor porque, de acordo com Aretha, a dor é um assunto muito privado.

2
INSTABILIDADE

Os Franklin se mudaram para Detroit três anos depois das disputas raciais que destruíram a cidade em 1943. "Ataques de ódio" - brancos se recusando a trabalhar com negros na indústria automobilística - levaram a tensões que se acumularam e explodiram em revoltas completas durante dois dias, deixando 35 mortos. Aretha se lembrava dos vizinhos, Richard Ross e a família dele, discutindo a situação em detalhes dramáticos.

— Meu irmão Vaughn costumava falar da discriminação que havia visto em Buffalo — disse Cecil —, mas até Detroit não tínhamos passado por nenhum conflito racial. Detroit se mostrou uma incubadora de inquietações políticas, sociais e raciais. As histórias que ouvimos sobre revoltas centradas na raiva violenta que os brancos estavam sentindo dos negros que tinham se mudado do Sul em busca de trabalho - buscando, na visão de muitos brancos, os trabalhos *dos brancos*. Quando fui para a faculdade em Morehouse, fiz um artigo sobre essas revoltas que me ajudou a entender o que, aos seis anos, eu não podia compreender.

"Pouco antes das revoltas, Packard colocou alguns trabalhadores negros ao lado de homens brancos na fila da montagem. Pouco depois disso, 25 mil brancos abandonaram o cargo. Lembre-se, isso foi no meio da Segunda Guerra Mundial, quando nenhum patriota americano queria desacelerar a produção. Enfim, um dos protestantes acessou o sistema e gritou: 'Eu prefiro que Hitler ganhe a guerra a trabalhar ao lado de um preto!'.

"Também tinha a confusão das moradias. Tirando o Brewster Projects (onde Diana Ross cresceu), prédios públicos de apartamento eram apenas para brancos. Negros eram explorados por toda parte, tendo que pagar muito mais por alojamentos sujos e inseguros. Para uma geração inteira de negros em cidades como Chicago e Detroit, a Grande Imigração se tornou o Grande Pesadelo.

"A faísca que acendeu o fogo aconteceu em Belle Island, um local de piquenique no meio do Detroit River. O incidente teve insinuações sexuais. Um homem branco disse que um homem negro flertou com sua namorada. Eles começaram a brigar e logo a briga se espalhou. Boatos começaram a surgir. Negros ouviram que um homem branco havia jogado uma mulher negra e o bebê dela da ponte Belle Isle. Negros e brancos brigaram por três dias. Gangues atacaram gangues. Só terminou quando o presidente Roosevelt chamou as tropas. A essa altura, 34 pessoas tinham morrido. Vinte e cinco delas eram negras. Dessas 25, 17 morreram nas mãos da polícia. Era uma guerra racial.

"Como um universitário estudando história, perguntei ao meu pai como era nos anos 1940 se mudar para uma cidade onde o ódio racial era tão alto.

— Eu encarei como um desafio — ele me disse. — A NAACP [Associação Nacional para o Progresso de Pessoas de Cor] estava sendo falsamente acusada de instigar confusões. E na comunidade negra, o sistema branco estava sendo acusado de negligenciar nossas necessidades. Meu trabalho era cuidar das necessidades espirituais da comunidade negra, mas também vi a necessidade de aumentar a consciência política de todos. Em Buffalo, eu convidara A. Philip Randolph, o presidente do sindicato Brotherhood of Sleeping Car Porters, para falar na igreja. O irmão Porter, de forma eloquente e inequívoca, pediu tratamento igual para os negros no ambiente de trabalho. Ele energizou a mim e aos nossos congregados. Vi então que a vida de um verdadeiro cristão não pode se restringir à interpretação das Escrituras. A justiça moral e a justiça social não podem ser separadas.

Anna Gordy, irmã de Berry Gordy e primeira esposa de Marvin Gaye, conhecia C.L. bem. Quando falamos dele, ela disse:

— Nosso relacionamento era muito mais profundo que uma mera amizade.

Ela se lembrava de tê-lo conhecido no final da década de 1940, quando tinha 25, e ele, 33 anos. Ela também se lembrou da pregação dele "The Eagle Stirreth the Nest" e de relacioná-la às revoltas raciais de 1943.

— Senti que ele era o homem mais dinâmico da cidade — disse Anna. — O puro brilhantismo dele atraía até quem não costumava frequentar a igreja. O homem era um poeta e curava as pessoas. Quando ouvi falar dele pela primeira vez, ainda estávamos sentindo as consequências das revoltas. Todos em Detroit estavam à flor da pele. O reverendo Franklin ajudou a aliviar isso ao explicar como Deus usa a história pelo bem do homem. Se eu o entendi corretamente, Deus era a águia e a história era o ninho. O reverendo ressaltou como alvoroços podem levar ao progresso. É a águia mexendo no ninho. Quando o *status quo* é destruído, a mudança é possível - mudança para melhor. Em um momento em que Detroit estava cheia de animosidade e incerteza, o reverendo nos garantiu que do caos pode vir uma ordem maior e mais justa. Mais tarde, nos anos 1950 e 1960, ele se provaria um grande líder dos direitos civis, mas mesmo quando ele era jovem nós sentíamos que o reverendo era mais sábio que o normal para sua idade.

Cecil, que ouvira o sermão "Eagle Stirreth His Nest" várias vezes, disse que nunca se cansou da mensagem.

— Aquela era a metáfora favorita de meu pai — disse ele. — Quando invocava a águia, ele realmente se elevava. Se você analisar a linguagem com cuidado, entenderá que ele a usa para mostrar que, não importa como as circunstâncias pareçam estar atrapalhando nossas vidas, Deus está no controle. E Deus está nos direcionando para um caminho melhor. Quando seguimos a direção que Deus quer, quando fazemos a vontade dele, voamos alto como a águia. O estilo de meu pai era uma combinação de falar, gritar - chamávamos de crescer - e então cantar. Ele alternava entre esses três modos até que a mensagem fosse entregue e todos os santos na igreja estivessem de pé louvando a Deus.

Sem dúvidas, depois da perda da mãe, Aretha gravitou para a força do pai.

— Todos gravitamos — disse Cecil. — E como meu pai era um patriarca natural - tanto de sua igreja quanto da família -, éramos atraídos para o lado dele. Ele era nosso Grande Protetor. Mas a diferença entre Aretha e o resto dos filhos era esta: logo cedo, ela se tornou parceira dele. Ela se tornou parte do sermão dele e também de seu ministério viajante. Mais tarde eu aprendi a pregar, e preguei na igreja dele. Mais tarde, Erma cantou e cantou lindamente na igreja dele e em gravações. Carolyn e a prima Brenda também cantaram. Percebemos como todos tínhamos talento. Éramos abençoados com os genes preciosos de nossos ancestrais musicais. Mas o mais surpreendente foi que Aretha manifestou aquele talento quando era muito nova.

Smokey Robinson foi outra testemunha ocular.

— Cecil e eu éramos crianças quando nos conhecemos — ele me contou. — Crescemos com o mesmo amor pela música, não apenas gospel, mas jazz. A primeira grande voz que me influenciou foi Sarah Vaughan. Acho que Cecil e eu tínhamos menos de dez anos quando começamos a gostar de jazz progressivo.

"Aretha estava sempre por perto, uma garota tímida que se enchia de vida quando começávamos a tocar discos. Eu a ouvi cantar junto com Sarah de uma forma que me assustou. Os riffs de Sarah são os mais complexos de qualquer cantor, e mesmo assim, Aretha os ofuscava como se fosse a coisa mais natural do mundo.

"A outra coisa que nos chocou sobre Aretha era a forma como ela tocava piano. Havia um piano de cauda na sala de estar de Franklin, e todos gostávamos de mexer com ele. Tocávamos pequenas melodias com um só dedo. Mas quando Aretha se sentava, mesmo quando tinha sete anos, começava a tocar acordes - acordes grandes. Mais tarde eu os reconheci como acordes complexos de igreja, do tipo que acompanhava o pregador e o cantor solo. Mas na época, tudo o que eu podia fazer era ver Aretha como uma criança incrível. Lembre-se, estávamos em Detroit, onde o talento musical corria forte e livre. Todos cantavam e harmonizavam, todos tocavam piano e violão. Aretha veio desse mundo, mas também veio de outro mundo muito mais mágico que nenhum de nós compreendia de verdade. Ela vinha de um planeta musical distante, onde as crianças nascem com os talentos totalmente formados".

* * *

Charlie Parker foi abençoado por ter nascido em Kansas City, onde várias correntes musicais estavam convergindo. Dinah Washington veio ainda criança para Chicago, uma cidade com gospel, jazz e blues intensos que nutriram a alma dela e informaram seu estilo único. Aretha foi um produto providencial de Detroit, um centro urbano vibrante, como Chicago, cuja cultura nos anos 1940 e 1950 foi moldada pela Grande Migração dos negros sulistas que buscavam salários e status maiores em uma cidade altamente hostil a essas aspirações.

A tensão causada por essa hostilidade apenas intensificou a expressão artística. Cantores de blues como John Lee Hooker, que, como C.L. Franklin, haviam se mudado (embora tenham saído do Mississippi) para Detroit, ficaram animadas pela esperança da mobilidade social. No Sul, John Lee cantara nas esquinas e em caminhonetes. Em Detroit, ele cantara em bares. Também foi em Detroit que John Lee — assim como C.L. — começou a gravar discos.

— Quando vimos John Lee em Detroit pela primeira vez — B.B. King me disse —, ele falou que o homem branco aumentara o aluguel de alguns bares onde ele tocava. Quando os bares fecharam, John buscou boates - e foi assim que terminou na Hastings Street.

A Hastings Street é uma espécie de marco zero para a história de Aretha Franklin. A igreja New Bethel de seu pai ficava no número 4210 da Hastings, a poucos passos do coração do distrito de entretenimento negro. Era o ponto em que a noite de sábado se fundia com a manhã de domingo e o pecado encontrava a salvação na encruzilhada da cultura musical afro-americana. Entorpecidos pelo Espírito Santo, dançando nos corredores da New Bethel, os santos celebravam o amor de Cristo. Embriagadas com vinho e maconha, as pessoas da festa celebravam o amor pela carne. Foram as energias do clube que entraram na igreja ou foi a batida sublime da igreja que entrou no clube? Será que C.L. Franklin conseguiu seu choro de blues de Muddy Waters da mesma forma que Bobby Bland emprestou seu choro de blues de C.L.?

Na Hastings Street, o comércio pesado movia-se em ambas as direções - blues santo à noite, gospel blues pela manhã.

— Quando saí de Chicago e visitei Detroit pela primeira vez — disse Buddy Guy —, foi no final dos anos 1950. Eu precisava ver duas pessoas. A primeira era o reverendo C.L. Franklin porque B.B. me dissera que ele pregava melhor que Howlin' Wolf cantava. E B estava certo. Então tive que ir à Hastings Street para ver John Lee Hooker. A música que me transformou em um homem aspirante ao blues foi "Boogie Chillun". Foi um grande sucesso em 1948, quando eu ainda estava na plantação em Louisiana. John Lee cantou sobre "descer a Hastings Street, onde todos estavam falando do Henry Swing Club". Em Louisiana, imaginei a Hastings Street como algo glamouroso. Imaginei carros grandes e chiques e mulheres bonitas, música bem alta e casais se esfregando ao som do blues de sexo de John Lee. Mas quando fui a Hastings e vi tudo pessoalmente, foi ainda mais incrível do que eu imaginara. As igrejas e os clubes ficavam lado a lado. Dava para ver cantores de igreja cantando em um estilo de jazz enquanto grupos de jazz usavam o organista da igreja para ancorar suas sessões rítmicas. Em ambos os casos, o trabalho era o mesmo. Música gospel deixava as pessoas felizes. O blues tirava a tristeza das pessoas. Eu não via muita diferença os dois, mesmo que os pregadores alegassem que era como a diferença entre Jesus e o demônio. B.B. King amava C.L. Franklin porque C.L. não dizia isso. Ele não colocava um contra o outro. Ele dizia que toda música boa vinha de Deus.

Aretha enfatizou que o pai dela estava interessado em ter uma vida boa e ensinou que a bondade não era restrita à igreja. No final dos anos 1940, C.L. também concluiu que, para ter uma vida boa, era necessário ter uma casa grande.

— A exigência de meu pai antes de se mudar para Detroit — disse a irmã Erma — foi que a igreja construísse um novo santuário e comprasse um curato para ele. A antiga New Bethel, uma pista de boliche reformada, era um colírio para os olhos. A nova, construída no mesmo terreno na rua Hastings, era moderna e atrativa. Nosso curato, no número 649 do East Boston Boulevard, era mesmo uma mansão imponente. Ficava no extremo norte da cidade, a alguns quilômetros de New Bethel, mas em um mundo totalmente diferente. A vizinhança era integrada, mas com mais famílias negras que brancas. Os negros eram, em sua maioria, profissionais de pele clara - doutores, advogados e líderes políticos. Se meu pai não fosse um ministro importante com uma grande congregação, sua pele escura o manteria fora da Boston Boulevard. Mas não tinha isso de negar meu pai. Ele sabia que seu lugar era entre a elite da cidade.

Ao descrever a casa no Boston Boulevard, Aretha disse que se sentia como uma princesa de contos de fadas vivendo em um castelo. A casa ficava na esquina entre a Boston e Oakland, a rua principal que dividia a vizinhança em classes econômicas/sociais. A classe de Boston era a mais alta. Boston era um *boulevar* genuíno, não uma rua, com uma ilha no meio preenchida com lindas plantas e arbustos. Ela falava dos vizinhos com orgulho - Charles Diggs, um deputado, e Dr. Harold Stitts, um médico. Ela se lembrava da cor das cortinas na sala de estar - roxo-escuro - e o carpete felpudo de parede a parede - verde-esmeralda. O piano de cauda ficava perto da janela. Ela foi a primeira entre os amigos a ter televisão -

uma Emerson grande na qual ela e o pai assistiam partidas de boxe patrocinadas pela Gillette.

— **Nossa mãe ter partido e ter morrido** foram dois grandes traumas para a nossa infância — disse Erma. — O terceiro foi quando perdemos Lola Moore, nossa segunda mãe.

Lola Moore passou a morar com C.L. e as crianças no início dos anos 1950, pouco depois que Barbara Siggs morreu. Aretha viu nela uma mulher com grande talento para a moda, um maravilhoso senso de humor e, para completar, habilidades culinárias extraordinárias. Quando ela e os irmãos viajaram para Chicago para conhecer a família de Lola, Aretha teve certeza de que C.L. tinha a intenção de se casar com ela. Mas não estava destinado a acontecer.

Em *From These Roots*, Aretha narra o fim da relação e a partida subsequente de Lola da casa dos Franklin. Ela descreve como Cecil ficou tão devastado que correu atrás do táxi de Lola e tentou impedir que ela partisse. Mas quando Erma e Cecil me contaram a história, os dois se lembraram que, na verdade, foi Aretha quem ficou arrasada quando Lola voltou a Chicago.

— Pensei que ela fosse se jogar na frente daquele táxi — disse Erma. — Ela ficou inconsolável. Ficamos todos tristes porque queríamos uma mãe para substituir aquela que tínhamos acabado de perder. Eu chorei, Carolyn chorou, e Cecil chorou, mas Aretha ficou inconsolável. Ela levou dias para sair do quarto e encarar a realidade de que tínhamos perdido Lola.

— A parte difícil — explicou Cecil — foi que todos queríamos argumentar com meu pai. Queríamos dizer a ele que Lola era perfeita, que ele devia se casar com ela e completar nossa família incompleta. Eu me lembro de Aretha ter me pedido para intervir por nós. "Diga a ele que precisamos de uma mãe", ela falou. "Diga a ele que queremos Lola". "Não posso fazer isso, Ree", afirmei. "Papai não vai ouvir". "Ele vai te ouvir, Cecil". "Não, não vai. Não vou dizer nada". E eu não disse.

"Mesmo depois de Lola ter partido para Chicago, Aretha queria pedir ao meu pai que a trouxesse de volta para Detroit. Mas ela sabia que não devia. Erma podia desafiar meu pai ou questionar as decisões dele - Erma era uma jovem muito forte -, mas Aretha não faria nada para desagradá-lo".

— Nenhum de nós sabia por que Lola foi embora — disse Carolyn —, mas pensando agora na situação e juntando certas datas, parece óbvio que, enquanto Lola morava conosco, meu pai havia começado um relacionamento romântico com Clara Ward. Tenho certeza de que Lola não ficou muito feliz com isso.

A entrada de Clara Ward na vida de C.L. religou o circuito emocional da casa Franklin. O romance começou em 1949 e, apesar dos vários rompimentos e voltas, não acabou até a morte de Clara em 1973, com C.L. ao lado dela.

— Para nós, Clara e Frank — disse o reverendo James Cleveland, referindo-se ao reverendo Franklin — eram a versão da igreja de Ike e Tina. É claro que não dizíamos em voz alta, mas entre nós, sabíamos o que estava acontecendo. Eles nem tentavam esconder. E não havia motivo para isso. Eles eram nossa realeza - ele era o maior dos pastores, ela era a maior das cantoras, um casal impecável.

Aretha nunca admitiu que seu pai e Clara eram amantes. Ela preferia vê-los apenas como amigos. Ela elogiava o estilo gospel poderoso de Clara, seu estilo extravagante de se vestir e seus penteados que alcançavam o céu. Elogiava os chapéus dela. Elogiava até a forma como ela comia frango. Aretha descreveu que Clara a ensinou a comer pés de frango. O segredo era dar mordidinhas bem delicadas. Ela dizia que Clara era uma grande dama e queria que Clara se casasse com seu pai.

— Toda garotinha precisa de uma mãe — Carolyn Franklin me disse — e também era o nosso caso. Claro, Big Mama era uma grande presença em nossas vidas. Ela era uma força e podíamos contar com ela. Ela era uma senhora amorosa, centrada, que adorava rapé, que era muito rígida e implacável. Big Mama era incrível, mas era a mãe de nosso pai. O filho dela era o centro de seu mundo. Estávamos à margem desse mundo. Todos precisávamos desesperadamente de uma mulher – uma mãe – para nos abraçar e nos chamar de bebês. Aretha tinha essa necessidade na pior das maneiras, por conta de sua natureza introvertida. Quando nossa mãe foi embora e depois morreu, Ree se tornou ainda mais introvertida. Mas então sofreu a perda de outra mãe quando Lola foi embora. Foi aí que ela me disse que Clara seria nossa mãe. Todo inverno ela dizia que meu pai e Clara se casariam em junho. Ela fantasiava e sonhava com o casamento deles. Quando não acontecia – e continuou a não acontecer –, Aretha ficava devastada.

"Meu pai fez de tudo para confortá-la, mas, por causa de seus talentos e obrigações, ele estava distraído. Quando Aretha começou a cantar na igreja, ela atraiu a atenção dele, mas isso só escondeu as inseguranças dela. Na verdade, as enterrou. O fato é que elas nunca desapareceram".

3

MÃES E PAIS

Aretha é uma grande fã de todas as grandes vozes, e nisso ela também é filha de seu pai. Ela expressa livremente a admiração por obscuros vocalistas de gospel, como Jackie Verdell, assim como Peggy Lee – "uma das cantoras mais badaladas de todos os tempos" – e elogia extravagantemente Leontyne Price, cuja versão de "Nessun Dorma" de Puccini ela estudou por anos. Entre seus cantores favoritos está Little Jimmy Scott, um artista de jazz profundamente comovente que nos anos 1950 era próximo tanto de Billie Holiday quanto de Dinah Washington e cantou uma versão assombrosa de uma canção que Aretha amava: "Sometimes I Feel Like a Motherless Child".

— Todo mundo queria cuidar de Aretha — disse Ruth Bowen. — Quando eu a vi pela primeira vez na igreja de seu pai, ela parecia uma criança perdida. Os olhos dela estavam cheios de tristeza. Ela parecia assustada. Então quando se levantou para cantar, o som saiu. Era gospel cheio de blues. Quer dizer, um blues de potência assustadora, um blues de beleza madura. Depois que cantou, ela tornou a se sentar e se recolheu ao seu mundinho. Tudo o que sei é que as mulheres da igreja – principalmente aquelas que queriam se aproximar do pai dela – queriam cuidar dela. Eu tive essa sensação de que ela tinha dúzias de mães, mas na verdade, ela não tinha nenhuma.

Na mesma época da vida em que lidava com a perda maternal e a busca por conforto, ela começou a cantar em público. Ela se lembrava de ter cantado sozinha na igreja pela primeira vez aos dez anos, no ano do falecimento da mãe.

— Ela ia cantar "Jesus Be a Fence Around Me" — Erma me disse. — Ela aprendeu com a versão de Sam Cooke and the Soul Stirrers. Antes de começar, ela ficou atrás do piano e olhou para a grande igreja – provavelmente havia cerca de 2 mil pessoas naquele dia – e fez uma pausa. Eu me perguntei se ela conseguiria. Todos sabíamos que ela tinha uma linda voz, mas também sabíamos de seu estado emocional naquela semana, ela havia se acabado de chorar. Ela levou um minuto para se recompor, mas em seguida, tudo fluiu. A transição foi incrível. Ela transformou sua dor extrema em beleza extrema. Esse é o dom da minha irmã. O dom de infância que ela nunca perdeu, nem por um segundo.

E assim surgiu o padrão: as partes mais traumáticas da vida de Aretha produziriam suas músicas mais comoventes. A tristeza geraria uma criatividade milagrosa. A introversão floresceria em extroversão. Uma garotinha insegura se transformaria em uma artista notavelmente confiante. Conforme a agitação que abalava o coração de Aretha crescia ao longo dos anos em níveis cada vez mais dramáticos, o mesmo acontecia com sua recusa inflexível a articulá-la. A dor permaneceu silenciosa em todas as áreas exceto a música, onde, de maneira magnífica, ela formou uma voz que dizia tudo. A música era a única área em que era possível dizer a verdade.

— Dê algum crédito à igreja — Billy Preston me disse quando falamos sobre os anos iniciais de Aretha. — A igreja negra tem foco na verdade. A igreja negra é o público mais amável e incentivador do mundo. Não há vergonha em chorar na igreja. Não há vergonha em gemer baixo e gritar alto. Se você tiver a menor quantidade de medo, aqueles santos sentados na igreja expulsarão seu medo com gritos de louvor. Foi assim que me apresentaram o piano e o canto, e o mesmo aconteceu com Aretha. Depois dessa espécie de batismo como artista, nenhum público me assustava porque, onde quer que eu estivesse, eu fechava os olhos e fingia estar na igreja. Fiz isso a vida toda. E sei que Aretha fazia o mesmo. Ela cantava para ter a aprovação da igreja, e essa aprovação veio incondicionalmente.

Mas ela também cantava para ter a aprovação do pai, seu único protetor, e das mulheres que o amavam e cujo amor ela buscava para si.

— Sem dúvida — disse Erma —, quando Aretha soube que Clara estava interessada no meu pai e vice-versa, ela se tornou mais interessada em Clara. Todos nos interessamos. Era perfeitamente natural. Ela era uma mulher poderosa e carismática. Ela era uma estrela. E mesmo se ela não tivesse tido o interesse de meu pai, ela teria influenciado as três irmãs Franklin enquanto cantora. O estilo dela era fabuloso de todas as formas.

Se Mahalia Jackson, adornada com um manto de igreja sóbrio e preto ou branco como lírio, representava a dignidade do canto gospel, Clara Ward, usando vestidos de prata e ouro, representava o deslumbre. As duas eram vocalistas extravagantes e talentosas com ornamentos barrocos e emocionalidade sem amarras que definiram referências por décadas. Mas enquanto Mahalia ficava de pés firmes no púlpito e dizia suas orações de pregação, Clara interagia com a plateia. Ela se movia enquanto gritava. Ela também foi a primeira estrela do gospel a trabalhar em clubes de jazz e restaurantes. Embora o repertório de Mahalia incluísse o trabalho cheio de blues de Thomas A. Dorsey, ela cantava em igrejas e casas de shows, fazendo uma rara exceção com sua celebrada aparição no Newport Jazz Festival de 1958. Clara ia a quase todos os lugares para espalhar sua música, até para Vegas e para a Broadway. Como C.L., Clara queria o máximo de exposição possível.

Deus estava no centro dessa fórmula, mas o dinheiro também estava no jogo. A mãe de Clara, a formidável Gertrude Ward, era uma versão da música gospel de Mama Rose, a implacável mãe de palco de Gypsy Rose Lee. O trio original, o Ward Trio, começou no início dos anos 1940, quando Clara era adolescente. As outras duas integrantes, Mother Gertrude e big sis Willa, logo ganharam mais força com vozes mais poderosas, notavelmente a grande Marion Williams, cujo soprano intenso impressionou Aretha, complementando e rivalizando com a forte liderança de Clara.

De acordo com Willa, a mãe dela liderava a operação com mão de ferro, exibindo fortes talentos empreendedores e estabelecendo sua própria empresa de gestão, agência de reservas e distribuidora. Durante uma era em que promotores enganavam artistas gospels sem piedade, Gertrude se garantia. Ela também conduzia Clara a rédeas curtas.

— Todo mundo tem uma história da Mother Gertrude — James Cleveland me disse. — A personalidade implacável dela era legendária. Quando eu estava tocando piano para o The Caravans, eu a vi se apresentar em uma das igrejas com o reverendo Franklin. Depois do culto, os dois começaram a ir embora juntos. Quando Mother Gertrude viu isso, ela gritou: "Frank, devolva minha filha agora mesmo!". Frank não era um homem acanhado. Ele não estava acostumado a receber ordens. Mas quando Gertrude ordenava, até o reverendo obedecia. Ele levou Clara de volta à mãe. Mais tarde naquela noite, no hotel, depois que Gertrude fora dormir, eu vi um casal saindo do saguão que se parecia estranhamente com Clara e Frank.

Ruth Bowen, que conhecia Clara bem, disse:

— É tão comovente para mim que Aretha tenha escolhido Clara como modelo. Digo isso não porque Clara não era uma pessoa adorável – ela era –, mas, assim como Aretha, ela era uma alma insegura e perturbada. O pai de Aretha era o amor da vida de Clara. E o homem nunca se comprometia com ela, outro motivo de Clara sofrer profundamente. Não estou dizendo que Frank não a amava, mas dificilmente ele era o tipo de se casar. O apetite sexual dele requeria uma grande variedade de mulheres. Esse fato torturou Clara, que só queria estar com ele.

Em *How I Got Over*, a autobiografia de Willa, ela escreveu que Clara engravidou aos 17 anos, se casou e, por conta do peso de viagens difíceis e incontáveis apresentações, perdeu a criança. Ela se divorciou aos 18 anos e nunca mais se casou. Willa também acreditava que, como sua mãe tinha afugentado os pretendentes homens de Clara, Clara encontrou segurança em vários relacionamentos sexuais com mulheres. No mundo gospel gay, encontros homossexuais eram comuns. De acordo com Willa, Clara era frágil. Ela era atormentada com problemas de saúde e sofria de ataques sérios.

— A imagem glamourosa gospel dela fazia parte do modelo que Aretha adotou — disse Ruth Bowen —, assim como a luta de Clara para encontrar felicidade e sua busca infrutífera de escapar da mãe dominante.

— Só há um homem que poderia ter enfrentado Gertrude e vencido — disse Billy Preston, que trabalhou no circuito gospel como um cantor e organista extraordinário. — Era C.L. Franklin. Gertrude espantou todos os outros. Clara era sua galinha dos ovos de ouro, e ela não ia perder o controle. Acho que foi por isso que Clara se agarrou tanto a Frank. Ela o via como o cavaleiro no cavalo branco que poderia ajudá-la a escapar da mãe. Quando Frank falhou nessa tarefa, Clara ficou devastada. Ela nunca desistiu dele, mas ao mesmo tempo, ele nunca foi bom o suficiente para ela.

— O reverendo Franklin era o cara — disse B.B. King. — Ele era um grande contador de histórias que tinha orgulho de ser negro numa época em que orgulho era algo raro na nossa comunidade. Ele nos tornou pessoas mais orgulhosas. Mas também preciso dizer que ele me surpreendeu uma noite nos anos 1950 quando apareceu em um clube em Chicago com Clara Ward. Não fiquei surpreso por ele ter ido ouvir blues e nem por ele estar namorando a srta. Ward. Eles estavam juntos havia algum tempo. Mas no meu camarim, quando ela disse algo que não agradou o reverendo, ele voou nela e bateu em seu rosto com tanta força que ela caiu de joelhos. Fiquei tão chocado que emudeci.

— Tinha algo estranho rolando entre Frank e Clara — disse James Cleveland. — Ela adorava o homem e o homem a adorava. Mas a sociedade de admiração mútua deles se desfazia regularmente, e quando isso acontecia, Clara era quem mais sofria. Dada a época, não era tão incomum um homem brutalizar uma mulher. Nesse sentindo, Frank era um homem de seu tempo. Eu o vi perder o controle com Clara várias vezes. Ela era surpreendentemente passiva. Em geral ela apenas aceitava, mas às vezes ficava com raiva e dizia que estava cansada dele. Então, ele enviava flores e doces, e eles recomeçavam. Ela nunca superou Frank. *Nunca*.

* * *

Quando Aretha estava com cinquenta e poucos anos, ela era uma mulher solteira com quatro filhos adultos, dois casamentos falidos e mais do que alguns relacionamentos de longo prazo arruinados. Mesmo assim, em quaisquer entrevistas de revista ao longo dos anos, ela insistia não ter problemas com homens. Ia além disso, ela insistia que não tinha problemas com o pai. Sentia que o único defeito dele era que sua absoluta devoção à família o impediu de ser um ministro ainda mais famoso.

— Ele pode ter abandonado outras mulheres — Erma explicou —, mas nunca tivemos que nos preocupar com ele nos abandonando. Ele nos dava essa segurança. Eu sei que Carolyn e eu estávamos muito seguros disso. Cecil com certeza estava. Ele nunca nos fez sentir que precisávamos ganhar sua aprovação. E mesmo assim, minha irmã Aretha se esforçava mais que qualquer um por essa aprovação. Talvez seja isso o que fez dela alguém tão incrível.

— Não consigo lembrar com que idade Aretha viu Clara Ward tocar piano na nossa sala de estar — o irmão Cecil me disse —, mas eu provavelmente tinha dez, e Aretha, oito. É claro que meu pai recebia muitos artistas em casa para suas festas. Provavelmente o mais incrível tenha sido Art Tatum. Ele tinha um olho e tocava como se tivesse quatro mãos. Aretha e eu nos sentamos no patamar no topo da escadaria e olhamos para baixo, admirados. Nunca tínhamos ouvido ninguém tocar aqueles tipos de arpejos e ornamentos melódicos. Às vezes, durante as festas do meu pai, havia apenas bebidas e danças com música de fundo, mas quando alguém como Art Tatum tocava, a festa se tornava um show. Todos paravam e ouviam em êxtase.

"Me lembro de outra noite quando Arthur Prysock cantou enquanto seu irmão Red tocou saxofone. Oscar Peterson veio com seu baixista Ray Brown. Foi na época em que Ray estava casado com Ella Fitzgerald, que também estava lá naquela noite. Todos nós, filhos de Franklin, ouvimos Arthur e Ella acompanhados por Oscar Peterson. Que presente! Depois que eles tocaram por mais de uma hora, Oscar disse para meu pai: 'Reverendo Franklin, nunca imaginei que eu tocaria jazz na casa de um ministro'. Meu pai respondeu: 'Oscar, nunca imaginei que Deus iria me presentear com uma música tão linda na minha própria sala de estar'.

"Essa foi só mais uma noite entre dezenas. A realeza vinha visitar sempre. Duke Ellington uma vez parou para encontrar meu pai e acabou tocando uma linda canção no piano. Como meu pai, Ellington era um homem moderno que olhava para o futuro, não para o passado. Quando eu disse a ele o quanto eu amava jazz, ele me disse: 'Bem, filho, você vai querer ouvir um cara chamado Monk. Ele está fazendo algo diferente'. Monk logo se tornou um dos meus heróis.

"Aretha tomou um caminho diferente. Ela passava horas no meu quarto, ouvindo minha coleção de jazz, que era cada vez maior. Mas o momento mágico dela veio na noite em que Clara Ward se animou com nosso piano de cauda. A srta. Ward fez um concerto solo de todos os seus sucessos, como 'Surely He's Able' e 'Packin' Up'. Mas ela também improvisou como uma musicista de jazz. Aretha não perdeu nenhuma nota, e no dia seguinte ela estava ao piano tocando tudo o que ouvira Clara tocar. Pouco tempo depois disso, Aretha aprendeu 'After Hours', de Avery Parrish, uma canção popular de blues da época de meu pai. Meu pai amava essa música. Às vezes, durante as festas, ele subia as escadas e acordava Ree. Podia ser 3h ou 4h da manhã, mas ele queria que seus amigos a ouvissem tocar 'After Hours'.

"Todos que iam à nossa igreja sabiam que Ree cantava porque tinha começado muito cedo. Mas o jeito como ela tocava piano era um talento totalmente à parte. Mais tarde nos anos 1950, quando Eddie Heywood lançou seu sucesso instrumental 'Canadian Sunset', uma canção difícil de tocar, a versão de Aretha se tornou outra favorita das festas de meu pai.

"É assim que funcionava: Aretha ouvia uma música uma vez e a tocava imediatamente, nota por nota. Se fosse instrumental, ela reproduzia perfeitamente. Se fosse vocal, ela a replicava com a mesma perfeição. Ela acertava todas as inflexões, voz e teclado. O ouvido dela era infalível. Sempre soubemos que ela tinha um tipo diferente de talento. É o talento que eles chamam de genialidade. Não dá para aprender. Você só tem e pronto."

Uma vez, perguntei ao reverendo Cleveland se ele achava que C.L. Franklin explorava a genialidade de Aretha.

— Depende do que você quer dizer com "explorar". Se você escreve uma canção, quer que ela seja explorada. Isso simplesmente significa que você quer que ela seja cantada e gravada. Se o seu filho é um gênio, você também quer que essa genialidade seja explorada. Você quer que seu filho seja ouvido. Você quer que o potencial dele seja alcançado. Franklin era um homem ambicioso. Ele sempre queria aumentar seu público. Sendo ele mesmo um cantor, ele percebeu o poder da música para espalhar a mensagem de Deus. Ele queria estar rodeado pelos músicos mais poderosos. O fato de sua filha ter se revelado a mais poderosa de todas foi algo que trouxe a ele imenso orgulho. Ele viu que era sua obrigação transformar Aretha em uma estrela. Qualquer outra coisa teria sido uma farsa.

"Depois que Frank me contratou como ministro da Música nos anos 1950, me mudei para a casa dos Franklin. Eu vi de perto aquele relacionamento entre pai e filha. E sim, presenciei momentos em que Frank a acordava no meio da noite para exibi-la cantando e tocando na frente de seus convidados famosos, como Nat Cole ou

Billy Eckstine. Não sei se alguma garota de 11 anos quer ser acordada no meio da noite para tocar para uma multidão de foliões alcoolizados. E sim, talvez isso não a tenha feito se sentir especialmente bem. Mas ao mesmo tempo, ela compartilhava o ímpeto do pai. Ela herdou esse ímpeto.

"Quando eu estava na sala de estar trabalhando em um novo arranjo para o coral no piano, Aretha se aproximava e se sentava no banco ao meu lado. Ela me observava montar o refrão. Ela ouvia como eu arranjava a voz dos tenores em contraste com a dos sopranos. Ela via como as oitavas funcionavam. Ela via como a melodia funcionava com a harmonia e como a harmonia funcionava com o ritmo. Ela via tudo e simplesmente conseguia fazer tudo. Diziam que eu era um dos professores dela, mas ensinei muito pouco à jovem Aretha Franklin. Ela simplesmente observava, e depois fazia.

"Ela era explorada? Se não tivesse sido, ela teria ficado furiosa. Ela teria visto isso como traição da parte do pai. Depois que o talento dela se manifestou, ela queria estar com Frank cada minuto de sua vida – na igreja, na estrada, e por fim naquelas festas onde ele a apresentava para os melhores artistas do mundo. Foi na sala de estar dela que ela conheceu Dinah Washington."

Em 1954, Dinah Washington era uma estrela enorme e Aretha, uma pré-adolescente, estava sentada no topo da escadaria observando a festa no andar de baixo. Foi a primeira vez que ela viu Ted White. Ele era o homem que, nos anos 1960, iria se tornar o primeiro marido de Aretha, o primeiro empresário importante dela, e uma figura forte o suficiente para tirá-la do domínio do pai. White tinha a reputação de ser um cafetão. Naquela noite, Aretha o viu pegar e levar embora uma inebriada Dinah Washington, cujo caminho musical do gospel ao blues, ao jazz, ao rhythm and blues e ao pop foi exatamente a rota que ela logo buscaria seguir.

4

O CIRCO DO SEXO

Ray Charles e Billy Preston usavam a mesma expressão para descrever o circuito gospel nos anos 1950. Chamavam de "um circo do sexo".

Ray me disse que quando começou no circuito do R&B no início dos anos 1950, ele por vezes encontrava grupos gospels que estavam tocando na mesma cidade.

— Como os hotéis não aceitavam pessoas negras, acabávamos nos reunindo em casas administradas por uma senhora local — disse Ray. — Artistas como os Blind Boys of Alabama e os Dixie Hummingbirds estavam lá com homens do blues, como T. Bone Walker ou Lowell Fulson. Eu amava os cantores da igreja por causa de suas harmonias e ritmos. Eu saía de uma igreja do interior e me identificava com a animação da música deles. Às vezes, tarde da noite, tocávamos algum hino antigo que me fazia sentir de volta em casa. Em se tratando de cantar com o coração, eles eram bons para caralho.

Quando se tratava de puro sexo, eles eram mais loucos que eu – e isso significa muito. Naquele tempo, eu tinha uma inclinação para orgias, mas eu tinha que ser o único cara no quarto com duas ou três garotas. As pessoas do gospel não pensavam assim. Os caras gostavam com caras e as garotas gostavam com garotas e ninguém se importava de se misturar de um jeito ou de outro. Eu não julgava ninguém, eu gostava de ver como as pessoas de Deus estavam se divertindo pra valer de todas as formas. Só fiquei surpreso ao ver como elas eram descontraídas. E me disseram que os ministros das igrejas onde eles cantavam não sabiam desses esquemas, mas, cara, mais de uma vez eu ouvi falar de um ministro aparecendo na casa porque queria participar do ato.

— Não foi o pessoal do R&B que me impulsionou — disse Billy Preston quando estávamos discutindo sua autobiografia. Infelizmente, ele faleceu antes que completássemos o trabalho. — Foi o pessoal da igreja, onde a energia era muito aberta. Tudo valia. Muitas vezes, o "tudo" envolvia relações sexuais entre dois homens ou duas mulheres. Isso parecia ser o mais comum. Na comunidade fora da igreja, homens gays eram chamados de frutinhas. A tolerância era zero. Mas dentro da igreja, muita música era criada por homens gays. Era quase uma tradição. Todo mundo sabia que meu mentor James Cleveland, que se tornou o Rei do Gospel, era gay. Ele não era apenas um excelente cantor, pianista, coralista e escritor, ele inventou o gospel moderno com um grande coral. James tinha sua própria igreja e seus seguidores nacionais. Tantas das outras grandes figuras, como o Professor J. Earl Hines, de Los Angeles, e o Professor Alex Bradford, de Chicago, eram gays. Mahalia se cercou de homens gays a vida inteira. Na vizinhança, faziam as pessoas sentirem vergonha de serem gays, mas na igreja havia quase orgulho de ser parte da elite gay de músicos. Junto aos pregadores, éramos nós que mantínhamos a igreja. As pessoas vinham para ouvir os sermões e a música. Nas igrejas negras, a Palavra é sempre musical. Deus está no ritmo.

O pai de Aretha era uma estrela consagrada no circuito gospel em 1954, quando ela caiu na estrada com ele aos 12 anos. Um ano antes, C.L. havia começado a gravar seus sermões para Joe Von Battle, o proprietário negro da Joe's Record Shop no número 3530 da Hastings Street, perto da igreja New Bethel. Um homem que compreendia as duas faces da Hastings Street, Von Battle também lançou discos do cantor, compositor e guitarrista de blues John Lee Hooker. Os sermões de C.L. venderam rapidamente em Detroit e então, depois que Von Battle adquiriu a distribuição, eles encontraram um público em Chicago e Nova York. Os sermões também eram tocados na poderosa estação de rádio WLAC-AM, em Gallatin, no Tennessee. Os programas gospels eram patrocinados pela Randy's Record Store, cujo serviço de correspondência ajudou a impulsionar as vendas de C.L. Os mercados musicais se abriram – em pouco tempo, Los Angeles entrou no processo – e na metade dos anos 1950, Franklin tinha audiência nacional. Ele organizou um "sermão religioso itinerante", como Aretha chamava, para ganhar renda extra – ministros nas igrejas onde ele se apresentava solicitavam uma "oferta de amor" dos congregados reunidos – e vender discos de seus sermões.

C.L. tinha três artistas de abertura – Sammy Brant, uma mulher pequena com uma voz enorme, Lucy Branch, outra vocalista poderosa, e a própria Aretha, que cantava solo ou com o coral, ou tocando ela mesma o piano. A peça central do programa era, claro, o sermão energético do reverendo. Enquanto ele falava, Aretha enfatizava suas observações com ornamentos melódicos do piano.

Como não era uma aluna dedicada, ela ficava feliz em deixar a escola para ir nessas turnês. Ela não só amava estar com o pai, mas ficava feliz de ser parte da popularidade crescente de C.L. Também ficava igualmente feliz de pular da infância para a fase adulta.

— Aretha mal podia esperar para se tornar mulher — disse Ruth Bowen. — Ela não gostava de ser uma garotinha. Queria ser uma dama, e seu talento a fez dar esse salto antes de se tornar adolescente.

Entrevistadores sempre acharam Aretha relutante em discutir o fato de ter engravidado aos 13 anos. Ela também não estava disposta a falar do componente sexual do circuito gospel.

— Entendo por que Aretha não queria falar disso — disse Etta James quando lhe perguntei sobre a experiência precoce na estrada. — Quem quer admitir que estava adorando o Senhor no culto das 8h da noite e pegando algum cantor gatão uma hora mais tarde? Tanto Aretha quanto eu começamos antes de sermos adolescentes. Estávamos fora de casa pela primeira vez e queríamos experimentar tudo. Eu não usaria a expressão "sexualmente ativa". Eu diria "sexualmente hiperativa". Mal podíamos esperar porque isso significava ser adulto. Aretha estava tão ansiosa quanto qualquer um. Sei que Aretha cedia com frequência e com facilidade. Nesse aspecto, ela era como a maioria de nós, cantores jovens. O fato de ela ser filha de um pastor famoso não fazia diferença. Na verdade, os filhos de pastores eram conhecidos pela promiscuidade. Como se esperava que eles agissem de uma forma, eles se rebelavam e agiam de outra.

— Você quer saber se Aretha era promíscua? — perguntou Ruth Bowen. — Bem, era uma cultura promíscua. Ela era um produto dessa cultura. Ela era uma criança prodígio nessa cultura. Prodígios tendem a sentir um direito enorme. Acho que isso é verdade para todos, de Mickey Rooney a Judy Garland, a Elizabeth Taylor, a Dinah Washington. Seus dons são tão grandes que eles sentem como se tivessem o direito de fazer o que querem, principalmente no campo sexual. Começando jovens, eles também precisam trabalhar muito. Isso os distingue das outras crianças. Eles sabem que são especiais. Todas aquelas viagens rigorosas, todas aquelas apresentações, todo o dinheiro que estão ganhando para os pais e patrocinadores - eles sentem que merecem qualquer agrado que aparecer.

— Eu sei que não me desenvolvi de maneira natural como uma criança padrão — disse Etta James. — Não passei pelos típicos estágios de crescimento. Um dia eu era uma criança, no outro, uma mulher adulta. Era estranho, e sem dúvidas me ferrou. Tenho certeza de que ferrou com Aretha também. Fomos jogadas num mundo de agitação excessiva, onde fomos estimuladas demais cedo demais.

Jerry Wexler, um acadêmico da música afro-americana, assim como excelente produtor, tinha sua própria análise da música gospel e do estilo de vida dos cantores gospels. Eu e ele tivemos um diálogo recorrente nesse assunto por décadas.

— É tudo sexualidade reprimida — disse Wexler, um ateu comprometido. — Chamavam de espírito santo, mas na verdade é muito libidinoso. A música gospel não é simplesmente mais animada e emocional do que a música secular, é mais sexy.

Discordei de Jerry - e ainda discordo.

O arcebispo Carl Bean - com quem eu coescrevi *I Was Born This Way*, a autobiografia dele - é o produto do circuito gospel. Um protegido do Professor Alex Bradford, Bean é fundador e prelado da igreja nacional Unity Fellowship of Christ Church.

— A verdade da música gospel está no momento — ele explicou. — A energia extraordinária daquele momento é a manifestação de Deus. A natureza do momento - seu poder esmagador - é grande demais para ser atribuída ao homem. O homem é o veículo. Deus é o combustível. Se você ouvir com cuidado a letra e a canção, se abrir seu coração para o que está sendo dito, você perceberá que nenhum ser humano poderia conjurar tal espírito. Não importa se, depois do culto, os cantores celebram de uma maneira mundana. Pois naquele momento – no culto, em louvor e adoração de um Deus poderoso – há completa e absoluta sinceridade. Sei que o reverendo C.L. Franklin amava o Senhor com todo o coração. Posso dizer o mesmo do reverendo James Cleveland e da irmã Aretha Franklin. O fato de todas essas pessoas – como eu, como você, como todos – demonstrarem fragilidades humanas não tem nada a ver com a autenticidade de seus testemunhos. A forma de arte deles, seja em um sermão ou uma música, é testemunha da glória eterna de Deus.

Quando perguntei aos irmãos de Aretha se eles já tinham passado por uma crise de fé, a resposta foi a mesma:

— Nunca.

— Como família — disse Erma —, encaramos muitos desafios. Nós brigamos muitas vezes entre nós. Mas a fé nunca foi uma questão. Todos temos uma fé contínua no Deus vivo.

Pelo que sei, o arcebispo Bean encerrou o assunto ao dizer:

— A promiscuidade desenfreada associada ao circuito do gospel enfraquece a autenticidade de nossa mensagem sagrada? Claro que não. Se fosse assim, quase todas as mensagens sagradas expressas por meio de seres humanos seriam invalidadas, pois todo ser humano é um vaso profundamente imperfeito. Homens muito mais sábios do que eu disseram: "Você pode confiar na mensagem sem confiar no mensageiro". Deus fala através do homem, e o homem, em praticamente todos os ambientes culturais, é uma bagunça.

— Aretha é uma bagunça — disse o reverendo James Cleveland, usando a expressão coloquial de forma positiva. Ele riu ao dizer. —

Quando ela estava começando na estrada com o pai, ele tentou ao máximo dominá-la. Mas ela era bonita e flertava silenciosamente e possuía uma voz que todos amavam, em especial os homens. Dadas as circunstâncias, Frank era um bom pai. Ele tentou dar o seu melhor. Ele certamente cuidou dos filhos. Mas ele era um homem pouco convencional em todos os níveis, e é de se imaginar que seus filhos também fossem. Os pais costumam dizer: "Faça o que eu digo, mas não faça o que eu faço". Mas os filhos acabam imitando as ações dos pais, não as palavras. No caso do reverendo C.L. Franklin e seus filhos talentosos – especialmente Aretha, a mais talentosa de todos – eles faziam exatamente isso.

Em *From These Roots*, Aretha não relutou em falar de suas primeiras paixões. Foram muitas. Ela listou livremente suas paixões de adolescente – começando com Gordon Blasingame em Buffalo – em termos muito românticos. Aretha se tornou mais explícita quando falou da beleza física dos homens e da tentação de certos alimentos. Por exemplo, ela descreveu com êxtase a forma como descobriu o sanduíche de bacon, alface e tomate.

Quando o assunto foi Sam Cooke, no entanto, os termos mudaram. A voz dela ficou animada e ela falou com a emoção de uma pré-adolescente sedenta por amor. Ela descreveu tê-lo visto quando o grupo gospel dele cantara em New Bethel – e como ele deixou as garotas da igreja enlouquecidas. Ela também afirmou com orgulho que Sam e seu pai eram amigos próximos.

Aretha tinha 12 anos e Sam 23 quando, no relato dela, ela foi ao quarto de motel dele em Atlanta. Quando o pai dela soube que eles estavam juntos, ele bateu com força na porta. Quando os Staples Singers passaram por ali, o pai perguntou a eles se a filha estava lá com Sam. Eles se fizeram de bobos. Aretha alega que nada aconteceu naquele dia. E embora ela tenha admitido que o visitou no quarto de hotel dele em Nova York algum tempo depois, ela também insistiu que o relacionamento deles permaneceu platônico.

— Não foi isso que Sam me disse — afirmou Johnnie Taylor, o grande cantor de soul que tocava no Highway QC's, o grupo gospel iniciado por Sam. — Sam disse que ele aproveitou muito mais que a voz de Aretha. Mas ele não precisava ter me dito isso. Quando eu estava no circuito gospel e tocava nas mesmas cidades que o reverendo Franklin e Aretha, eu mesmo vi. Ela parecia muito tímida e não falava muito. Mas quando se tratava de festejar, ela estava sempre pronta.

— Éramos crianças precoces — disse Erma, que se juntou ao circuito gospel com o pai e a irmã quando tinha 15 anos e Aretha 12. — Fazíamos coisas bem à frente de outras pessoas da nossa idade Viver em um mundo adulto nos permitia nos libertar dos limites da infância em uma idade precoce. Nosso pai não aprovava - ele era um pai rígido -, mas ele não podia exercer controle total sobre nós. Nas cidades para onde ele viajava, seu cronograma era agitado. Além de preparar o culto, ele falava com jornais e repórteres de revista. Se houvesse uma estação de rádio gospel na cidade, ele era entrevistado. Ele também estava sempre lendo seus livros - política, poesia, teologia. Acompanhar suas filhas curiosas e energéticas era quase impossível. Nós nos safávamos muito.

Sexo e rivalidade entre irmãs são assuntos intricadamente relacionados na vida de Aretha. Carolyn, cuja preferência era por mulheres, me disse que Aretha e Erma brigavam com frequência por conta do mesmo homem.

— Me lembro de elas terem saído da estrada e discutido por causa de um cara — disse Carolyn. — Aretha estava convencida de que ele tinha uma paixonite por ela, e Erma estava convencida de que Aretha queria roubá-lo. Minhas irmãs têm personalidades fortes e atitudes fortes. Elas podem ser teimosas e arrogantes. E nenhuma das duas gosta de dar o braço a torcer. Intelectualmente, Erma pode ser mais rápida, mas Ree não fica para trás. Musicalmente, ninguém chega perto de Aretha, mas Erma é uma boa cantora. Erma é muito mais extrovertida. Socialmente, ela estava à frente de Ree. Ela ficava bem mais confortável falando com outras pessoas. Aretha tinha medo de pessoas desconhecidas.

Das observações de seus irmãos e testemunhas como James Cleveland, Ruth Bowen e Etta James, uma figura da pré-adolescência entra em foco: traumatizada pela partida e pelo súbito falecimento da mãe, devastada pela partida de Lola Moore, de coração partido porque o pai se recusava a tornar Clara Ward sua mãe, Aretha se encontrou na cultura espiritual sexualmente sobrecarregada de fazer música do Espírito Santo, na qual, noite após noite, a excitação atingiu o topo. Que é provável que ela tenha se tornado sexualmente ativa aos 12 ou 13 anos não é surpresa nem incomum. Pré-adolescentes e adolescentes se expressam de várias maneiras. A maneira de Aretha era sexo. A atmosfera sexualmente permissiva na qual ela cresceu não fez nada para desmotivá-la. Ainda assim, ao mesmo tempo em que descobria o sexo adulto, ela também estava sendo gravada como uma cantora adulta de música sacra.

Naqueles primeiros exemplos da voz dela, ouvimos mais que uma criança se transformando em mulher. Ouvimos um milagre.

5
O SANGUE

Surgiram muitos bons trompetistas nos anos 1920 com Louis Armstrong. Mas a qualidade de seu som – a beleza penetrante de seu tom, a profunda humanidade de sua voz – alterou profundamente a música nos Estados Unidos. O mesmo ocorreu com o saxofone de Lester Young, Charlie Parker e John Coltrane. Esses eram os homens que tinham o dom. Billie Holiday era uma mulher que também o tinha, assim como Mahalia Jackson e Dinah Washington.

Podemos ouvir o apelo de Aretha quando, ainda adolescente, ela sobe no palco do Oakland Auditorium e canta "Take My Hand, Precious Lord". Nessa época, o reverendo Franklin e seu culto evangélico atraíam multidões por toda a Califórnia. Thomas A. Dorsey compôs a música nos anos 1930 com base em uma melodia do século 19. Suas letras são uma oração pela fé – de que Deus transformaria em uma nova esperança a dor intensa de Dorsey pela morte de sua esposa e de seu filho. Sabendo que não pode fazer isso sozinho, ele pede a Jesus que pegue sua mão e o conduza. Ele ora pela transformação das trevas em luz. A mensagem está entre as mais profundas e amadas em todo o gospel negro, e o fato de Aretha cantar o hino sagrado sinaliza uma prontidão – até mesmo uma ânsia – de ficar ao lado da magnífica Mahalia, que o cantou inúmeras vezes. Recém-adolescente, Aretha abraça o mais adulto dos momentos espirituais – a declaração de desespero diante da realidade da morte. "Quando minha vida estiver quase acabando", ela clama, "ouça meu apelo". O clamor por uma conexão com a fonte invisível da criação é arrepiante. Não é uma criança que canta, mas uma mulher. Ela está cantando fora do ritmo da época – não há um ritmo definido para a canção –, abrindo seu caminho através do labirinto trágico da vida. Ela fica na escuridão. Ela canta: "Quando a noite se aproxima e o dia já passou, no rio eu estou". O rio é o Jordão e o rio Estige, o rio entre a vida e a morte, a dor e a renovação. Depois que as letras são cantadas uma única vez, elas não são mais adequadas para expressar a profundidade dos sentimentos dela. "Não há mal nenhum em gemer", diz Aretha, que reproduz a melodia sem palavras. A voz dela não tem idade. A arte dela está totalmente formada e realizada. Ela é muito mais do que uma criança prodígio ou uma cantora surpreendentemente boa. Ela já é uma grande artista.

— Lembra de Vênus saindo do mar na pintura de Botticelli? — Jerry Wexler me perguntou enquanto ouvíamos a música juntos. — Essa é Aretha – uma deusa com uma maturidade e uma beleza que não podem ser explicadas.

Ao mesmo tempo, cantando para a multidão na Oakland Arena, ela também é uma garota de 15 anos que deu à luz um bebê e está grávida de outro.

Ouça-a cantar "Never Grow Old", também gravada ao vivo neste conjunto inicial de suas primeiras apresentações documentadas, e você a ouve ascender ainda mais. O texto é o céu, o subtexto é o movimento do finito ao infinito. O tom é sério.

O dístico que ela canta em "While the Blood Runs Warm" – "ele comprou a dor da morte/enquanto balançava você no peito" – é incrivelmente complexo. A música ganha vida quando Aretha pontua explosivamente a palavra "rock" no estilo R&B, dando ao texto um sabor sensual/sexual.

De acordo com Erma, este foi o período em que Aretha começou a cantar "Precious Lord" porque associava o hino a Billy Kyles, cujo coral, o Thompson Community Choir, a cantava com frequência. Erma imaginou que sua irmã tinha uma paixonite por Kyles, oito anos mais velho que ela – o mesmo Kyles que se tornou líder do movimento pelos direitos civis e estava ao lado de Martin Luther King na sacada do Lorraine Motel em Memphis naquele fatídico dia de abril de 1968.

— Entre as primeiras gravações de Aretha, as minhas três favoritas são as que ela cantou para mostrar ao meu pai que podia competir com Clara Ward — disse Erma. — Essas músicas ("There is a Fountain Filled with Blood", "While the Blood Runs Warm" e "The Day Is Past and Gone") eram frequentemente tocadas por Clara durante os cultos que tinham os sermões de meu pai e as Ward Sisters. Meu pai criou todos nós para darmos o nosso melhor e não fugirmos da competição, e Aretha era especialmente competitiva. Aprendi isso cedo quando, por volta dessa época, formei um quarteto gospel e convidei Aretha para participar. A ideia era que nos revezássemos na voz principal. Mas Aretha queria *todos* os solos. Nosso grupo durou cerca de duas semanas. O impulso competitivo de Aretha, o mesmo impulso que mais tarde permitiu que ela fosse uma grande estrela por tanto tempo, não servia à harmonia do grupo.

Carolyn viu isso de uma forma diferente.

— Não estou dizendo que Ree não é competitiva — disse ela —, mas algo mais profundo acontece quando ela canta. Ela vai para outro lugar. Ela entra em transe. Esse é o dom dela. É nesse transe que ela está conectada ao espírito. Não importa o que ela está cantando – música gospel ou secular – no minuto em que abre a boca, ela está em transe. Ela não pode explicar o transe. Erma não consegue explicar o transe. Eu não posso explicar o transe. Ninguém pode. Nem mesmo meu pai. É nesse transe que os grandes artistas entram, para canalizar o que chamo de sangue. Estou falando do sangue artístico, aquele que flui por certas pessoas e as faz expressar todas as emoções do mundo.

Cecil concordou com Carolyn.

— Ao ouvir as primeiras coisas que Aretha gravou — disse ele —, você percebe que está tudo lá; toda a inteligência musical dela. Como fomos todos criados na mesma casa pelo mesmo pai, seria normal que todos tivéssemos a mesma inteligência, mas não temos. Aretha nasceu com ela. Mais tarde, os musicólogos podem tentar analisar como ela chegou a isso. Eles podem dizer que ela praticava mais do que o resto de nós, ou que prestava mais atenção à música ao seu redor, ou estava mais motivada a aprender, mas estou aqui para lhe dizer que nada disso é verdade. Ela não praticou. Ela não prestava mais atenção à música ao seu redor do que Erma, Carolyn ou eu. Quando criança, Ree nunca foi motivada a aprender a ler ou escrever música porque ela não precisava. Tinha tudo na ponta dos dedos. Ela absorvia a música e depois a repetia melhor que o original. É isso que percebemos ao ouvi-la cantar as músicas de Clara Ward. Se você ouvir uma garota de 13 anos parecendo mais velha e sábia do que uma mulher de 31 anos, não é porque Aretha estava tentando ofuscar Clara. Era apenas o que acontecia quando minha irmã se levantava para cantar.

* * *

Em 1955, mesmo ano em que Aretha fez essas primeiras gravações, Clara Ward se viu no meio de uma polêmica que nada tinha a ver com seu romance com o reverendo Franklin. Tinha tudo a ver com a ponte que separava e unia a música sacra e a secular – a mesma ponte pela qual Aretha logo viajaria.

O *Defender*, um ilustre jornal negro de Chicago, noticiou a resposta de Ward às fortes críticas da estrela do R&B LaVern Baker, que começou como Little Miss Sharecropper e só alcançou a fama quando ela mudou de gravadora e gravou "Tweedle Dee" para Jerry Wexler e Ahmet Ertegun na Atlantic Records. LaVern havia acusado Clara de plagiar suas canções. Clara contra-atacou.

— Se alguém tem culpa de ter copiado uma batida, são os atuais artistas de R&B, porque quase todos eles eram cantores de coral, incluindo LaVern. De onde mais eles copiaram seu estilo, senão de grupos de igrejas?

Clara prosseguiu dizendo que havia recusado 2.500 dólares para "dar um ar de jazz em 'Swing Low Sweet Chariot' com seu grupo sob um pseudônimo".

O diálogo entre Clara e LaVern é basicamente "o que veio primeiro, o ovo ou a galinha?". Depois que Al Green, na época um novo pastor no culto do Senhor, se apresentou na igreja batista Cornerstone Institutional de James Cleveland em Los Angeles no começo dos anos 1980, fiz essa pergunta para Cleveland. O que veio primeiro: os hinos ou o blues?

— O pai de Aretha riria dessa pergunta — disse o reverendo Cleveland —, porque ele sabia que não havia resposta. É um enigma que não pode ser resolvido. Você pode dizer que os hinos vieram primeiro, mas se investigar mais também poderia dizer que os gritos do campo vieram antes dos hinos. Como saberemos se alguém lá colhendo algodão não começou a gemer primeiro sobre seu cansaço, ou sobre como queria uma mulher? Então talvez uma mulher temente a Deus tivesse ouvido essa canção e feito algumas mudanças, para orar a Deus para que a salvasse. As necessidades carnais e as necessidades divinas são bem próximas. Tendemos a usar música para invocar ambas as necessidades porque ambas são tão básicas. Qual vem primeiro? Você me diz.

Na metade dos anos 1950, as coisas estavam acontecendo rápido no mundo de Aretha. A proeminência do pai dela crescia exponencialmente. Os sermões dele eram um item disputado nas lojas de discos negras por todo o país. A Chess Records em Chicago começou a distribuir os discos dele, que ao longo dos anos passaram por todo o tipo de formato – de vinis de 45 rotações para LPs, para fitas cassete, CDs e MP3 – e estão disponíveis até hoje. O *Defender* noticiou que, em 1956, as vendas haviam ultrapassado meio milhão de cópias.

Os Chess Brothers, Phil e Leonard, eram contemporâneos de Jerry Wexler, um empresário judeu com um instinto natural por música negra de todos os gêneros. A gravadora deles foi a primeira nacional a gravar com Aretha Franklin em estúdio.

Naquele mesmo ano, 1956, Aretha encarou um desafio assustador: o de balancear uma carreira na música gospel com as responsabilidades da maternidade e da escola. Aos 14 anos, ela dera à luz o primeiro filho, chamado Clarence, em homenagem ao pai. A essa altura, os Franklin haviam se mudado para uma mansão ainda maior. A casa no número 7414 da La Salle Boulevard no West Side de Detroit era, de acordo com Aretha, "a mais magnífica que eu já tinha visto. Era uma atração turística criada por artesãos europeus, os mesmos artesãos que construíram palácios na Itália e na França. Por conta de sua popularidade, as fortunas financeiras de meu pai, que antes eram boas, tinham se tornado esplêndidas. Ele merecia toda a recompensa material de um grande homem e um grande líder. Ele tinha um escritório digno do grande teólogo que se tornara. Ele também havia se tornado a voz de seu povo em Detroit".

Relutei em perguntar a Aretha sobre um boato que circulou pela comunidade negra e pela indústria do entretenimento por décadas – que C.L. Franklin era o pai do primeiro filho dela. Ouvi isso pela primeira vez por meio de John Hammond, que também contou a Jerry Wexler. Quando questionei Hammond sobre sua fonte, ele só disse que "era um fato bem conhecido na comunidade negra", e apontou para o escândalo de C.L. engravidando Mildred Jennings, de 12 anos, em Memphis, como prova da predileção dele por meninas. Wexler frequentemente citava Hammond e, com pouca discrição, espalhou a história do incesto por anos. O boato foi relevante o suficiente para ser abordado pelo biógrafo de C.L., Nick Salvatore, que o considerou infundado.

Quando mencionei o rumor para Erma, ela logo respondeu:

— É uma afirmação horrível e totalmente falsa.

Carolyn e Cecil haviam me dito a mesma coisa e, dada sua extrema franqueza ao falar sobre o pai e a irmã, não vi razão para duvidar deles. Minha própria pesquisa, como a de Salvatore, não produziu um pingo de evidência.

Em *From These Roots*, Aretha caracteriza sua gravidez como sem intercorrências. Seu pai foi compreensivo, não a repreendeu. Ela estava grata pela presença de Big Mama, que cuidava de todos –

do filho dela, dos filhos dele e dos filhos dos filhos dele. Erma, por exemplo, tinha 16 anos quando deu à luz seu filho Thomas, então Big Mama já estava ocupada criando bebês.

Aretha se recusou a nomear o pai de seu bebê, referindo-se a ele apenas como Romeu.

De acordo com Brenda Corbett, que se mudou para a casa de Franklin quando sua mãe, Louise, irmã de C.L., morreu em 1954, Donald Burk era o pai do primeiro filho de Aretha. Não se falava em casamento.

— Ele era só um cara que Ree conhecia da escola — disse Cecil. — Ela não estava nem um pouquinho interessada nele, e eu não acho que ele tinha qualquer interesse profundo nela. Ree me contou antes de contar ao meu pai, e pensei que ele fosse ter um ataque. Mas não teve. Ele entendia que essas coisas aconteciam. Mas ele nos reuniu para discutir as consequências de ter filhos tão cedo na vida. Ele me puxou de lado e mencionou anticoncepcional e a importância da camisinha. Nos anos 1950, não tenho certeza de que muitos outros pais tenham tido esse tipo de conversa com os filhos. Ele disse que filhas eram mais complicadas. Era mais difícil falar de sexo com elas. Ele se preocupava muito com as filhas.

— Meu pai era um príncipe de seu povo — disse Carolyn — e com certeza éramos suas princesas. Como tínhamos cozinheiras e governantas e muitas senhoras da igreja dispostas a manter a casa em ordem, acabamos nos tornando um pouco mimadas. Meu pai sabia disso, e é por isso que ele garantiu que tivéssemos nossa cota de limpeza. Os filhos dele saberiam a importância do trabalho duro. E os filhos dele iriam estudar. Desde que éramos pequenos, eu sabia que a faculdade era parte do nosso futuro. Dada a insistência do meu pai de que todos tivéssemos uma ampla perspectiva intelectual, não poderia ser diferente. Acho que o que mais preocupou meu pai com relação à gravidez de Aretha foi como impactaria a educação dela. Ela sairia da escola? E se saísse, ia voltar?

— Aretha voltou para a escola assim que teve Clarence — contou Erma. — Ela era uma excelente aluna, que ia bem nas aulas. Depois da escola, ela ia correndo para o Arcadia, a pista de patinação local. Foi no Arcadia que ela encontrou Donald Burk pela primeira vez. Aretha podia andar de patins até numa tempestade.

A memória mais antiga que Aretha tinha de uma exuberância com o dinheiro de suas apresentações gospels foi a compra de um par de patins Raybestos, o Cadillac dos patins.

Depois do nascimento de Clarence, ela logo estava de pé, de volta à estrada com o pai e ao Arcadia aos fins de semana. Quando tinha o coração partido, ela encarava a situação como lições de vida aprendidas por jovens garotas por toda parte. A visão de Aretha de si mesma como uma jovem normal não podia ser estragada, nem por seus próprios fatos.

No livro dela, Aretha descreve o pai de seu segundo filho, nascido quando ela tinha 15 anos, como Casanova. Ela diz apenas que o nome de seu filho Eddie foi uma homenagem a ele. Brenda Corbett o identificou como Edward Jordan. Cecil o chamava de mulherengo, assim como Aretha. Como Clarence, Eddie teria o nome da família Franklin e seria criado na casa da família, principalmente por Big Mama e pelo arsenal de mulheres dispostas a satisfazer as necessidades da família.

Aretha descreveu que a reação do pai dela à sua segunda gravidez na adolescência foi de completa aceitação. De acordo com ela, ele não ficou chateado nem deu sermão.

— Não quero dar detalhes gráficos do que aconteceu quando Ree contou ao nosso pai que estava esperando uma segunda criança de outro homem — disse Cecil. — Basta dizer que ele não ficou nem um pouco feliz e deixou sua infelicidade bem clara.

— Bebês são bênçãos — explicou Erma. — Big Mama sempre pensou assim. A ideia de um aborto era inimaginável. As circunstâncias de nossas gravidezes não faziam diferença. Era subentendido que nossos bebês seriam bem-vindos no mundo e cuidados com amor ilimitado. Também era subentendido que nosso futuro enquanto mulheres - nossa educação e nossa carreira - não seria comprometido por causa desses nascimentos precoces. Meu pai reconhecia nossa ambição como uma força psicológica que herdamos dele. Ele fez tudo que podia para encorajar essa ambição. Ele não via as filhas como donas de casa. Ele nos via como estrelas, e era assim que nós nos víamos.

— Ree largou a escola depois que seu segundo filho nasceu — disse Erma. — Ao mesmo tempo, nosso pai não queria que ela parasse de ir a seus sermões fora da cidade. Ela era uma das atrações principais dele. A notícia de que o reverendo Franklin tinha uma filha cantora havia se espalhado. Ele disse a Ree que ela podia continuar sua educação formal mais tarde, mas isso nunca aconteceu. A indústria pegou Aretha e nunca mais a soltou.

— Acho que um dos motivos de Aretha ter essa insegurança — disse Cecil — é que ela é a única de nós que não continuou estudando. Erma, Carolyn e eu chegamos à faculdade em algum momento de nossas vidas, e Ree nunca fez isso. O motivo é óbvio. Toda a concentração dela estava na carreira. Mas acho que ter largado o ensino médio e ter irmãos superinteligentes e bem instruídos não ajudou na autoconfiança dela. Não acho que havia rivalidade entre mim e Ree - eu era a pessoa que mais a apoiava -, mas entre ela e as irmãs a coisa era um pouco louca.

— Eu cantava no coral de meu pai desde os sete anos — disse Erma. — Eu não tinha o que considero a arte elevada e entrega dramática de Aretha, mas com certeza eu era uma cantora efetiva e emocional. Meu pai me encorajava, assim como encorajava todos os filhos. Acho que eu não tinha nem 13 anos quando formei um grupo de meninas chamado CleoPatrettes. Surgiu porque o Four Tops, que morava na nossa vizinhança, me incentivou a me expor e agir sozinha. Levi Stubbs, Obie Benson, Duke Fakir e Lawrence Payton sempre foram próximos aos Franklin – incluindo meu pai, minhas irmãs e meu irmão – e eram caras bonitos. Na época, eram chamados de Four Aims e tinham contrato com a Chess Records. Eles queriam me levar para a Chess, mas meu pai já estava em contato com Jo Van Battle. Em 1953, quando eu tinha 14 anos, a gravadora JVB lançou um single – "No Other Love" de um lado e "Say Would You Baby" no outro. Eu estava pronta para largar a escola e cair na estrada. Isso foi antes da aparição das Chantels e Shirelles. Era a minha chance de ser a pioneira entre os grupos de meninas.

"Eu estava pronta, mas meu pai não. Ele não tinha intenção de me deixar sair da escola. Ele insistiu que, além de completar o ensino médio, cedo ou tarde eu teria que conseguir um diploma de graduação também. Então foi isso que aconteceu. Coloquei a educação em primeiro lugar, terminei o ensino médico com honras e fui para a Clark College em Atlanta, onde me formei em administração. O diploma me serviu pelo resto da vida. Mas a música nunca deixou meu coração. Eu tinha muitas outras aventuras musicais pela frente.

6
SUBINDO

A segunda metade de 1950, os anos em que Aretha cresceu de uma menina de 13 anos para uma mulher de 18, foi intensa para os negros da classe trabalhadora que lutavam por uma parte da prosperidade dos Estados Unidos na Guerra Fria. Para os membros da igreja New Bethel, do reverendo Franklin, em Detroit, em sua maioria vindos do interior do Mississippi e do Alabama, o objetivo eram melhores condições financeiras – empregos melhores, moradias melhores, educação melhor. O objetivo era subir a escada social. O degrau de baixo não era mais aceitável.

Afro-americanos buscavam orientação em líderes como Walter White, que liderou o NAACP durante a decisão Brown v. Educação em 1954, e Adam Clayton Powell, o primeiro congressista negro do estado de Nova York, como símbolos da nova classe média. Em Detroit, o reverendo C.L. Franklin incorporava as qualidades que o povo dele mais admirava: ele era articulado, de pensamento avançado, fiel a Deus, orgulhoso de sua etnia e bem-sucedido como promotor de seus próprios talentos espirituais. O fato de que mulheres o achavam atraente era só mais um aspecto positivo de sua aura.

— Quando você tem uma congregação composta de ex-meeiros do Sul — disse James Cleveland, referindo-se à igreja New Bethel — cujo pastor também é um ex-meeiro, a melhora da vida dele se torna a melhora da vida dos fiéis. Talvez eles não tenham condições de viver numa bela mansão, mas o pastor deles – um homem com o qual conseguem se identificar –, bem, ele pode. E você pode se orgulhar de pertencer a uma igreja com um pastor esperto o bastante para entrar no grande mundo com estilo, dignidade e intelecto. Mesmo que você não ganhe o suficiente para subir para a classe média, ele conseguiu. E parte de você vai com ele.

C.L. Franklin surfou na onda da mobilidade superior. Junto aos seus amigos Clara Ward e Sam Cooke, ele tinha ambições fervorosas que o levaram a superar barreiras. Incentivada por Mother Gertrude, Clara levou o gospel para boates enquanto Sam transformava o gospel em pop. Do ponto de vista de C.L., tudo isso foi feito sem sacrificar sua integridade artística. Ele imaginou mercados cada vez maiores para seu ministério e para a música de sua filha. Cada dia era uma nova oportunidade de progresso e autoaperfeiçoamento.

Ao mesmo tempo, os veículos musicais usados pela cultura minoritária para capturar um público majoritário estavam mudando. Seguindo o exemplo de Billy Eckstine, Nat Cole representou o grande sonho da mistura de gêneros negros da época. O programa de TV nacional de Cole, que estreou na NBC na primavera de 1956, foi o primeiro apresentado por um afro-americano. Hazel Scott e Billy Daniels haviam apresentado programas menores no início da década, mas duraram pouco. Ao contrário de Nat, eles não tinham o status para receber grandes estrelas brancas. Como um pianista de jazz consagrado e, mais precisamente, um vocalista pop magistral, Nat se destacou. Sua interpretação de baladas como "Mona Lisa", "Nature Boy", "Too Young" e "Unforgettable" o tornaram querido pelo público branco. Sua enunciação, embora idiossincrática, era exemplar. Nat falava enquanto cantava, com sutil refinamento e gosto infalível. Ele se tornou uma referência para as gerações seguintes. De Johnny Mathis a Clyde McPhatter, a Marvin Gaye e Aaron Neville, os cantores mais talentosos viam Nat como a mais alta expressão da arte vocal.

Um dos admiradores mais intensos de Cole, um homem que começou a carreira como sósia de Nat, iria mudar radicalmente a equação da mistura de gêneros, pavimentando o caminho para o primeiro grande sucesso de Aretha. No fim dos anos 1940, Ray Charles deixou a escola estadual da Flórida para deficientes visuais, trabalhou em boates locais, mudou-se para Seattle e por fim se estabeleceu em Los Angeles, tudo isso enquanto trilhava seu caminho com um trio inspirado em Nat Cole que cantava canções ao estilo de Nat Cole.

— Eu teria feito isso para sempre — Ray me disse —, se não tivesse sido por um dono de gravadora que disse: "O mundo já tem um Nat Cole. Talvez as pessoas nas boates se divirtam ouvindo alguém com uma voz parecida com a de Nat, mas você nunca vai vender discos ou ganhar dinheiro de verdade até que encontre seu próprio som".

O som que Ray encontrou foi country rural, cru e assumidamente negro. Suas raízes eram *field hollers* – uma espécie de canto dos escravizados em campos de algodão nos EUA –, hinos, gospel e deep blues. Assim como Nat, Ray era um pianista de jazz talentoso, então ele também poderia adaptar sua voz ao jazz. De fato, mantendo o clamor rouco de seu povo, ele podia adaptar sua voz a qualquer estilo. Assim, em 1956, o mesmo ano em que os Franklin assistiram a Nat Cole cantando com Peggy Lee e Julius LaRosa em sua televisão Emerson, eles também ouviram "This Little Girl of Mine", de Ray Charles, uma adaptação da música gospel "This Little Light of Mine" para o estilo R&B. Em menos de três anos, "What'd I Say" levaria o estilo de dança sexy com origens na igreja de Ray para o topo das paradas pop.

— Jazz é a expressão intelectual da expressão musical negra — Oscar Peterson, o grande pianista de jazz me disse ao falar de Nat Cole e Ray Charles. Peterson idolatrava Nat e, na verdade, havia, sem sucesso, tentado seguir o sucesso vocal pop de Cole. — O jazz também é visceral e emocional, e é claro que é baseado no blues. Mas nos anos 1950, quando Ray surgiu, o jazz estava se afastando de sua base no blues. A sinceridade rural de Ray mudou isso. Se você falar do retorno do jazz ao soul na década de 1950, se ouvir o que Charles Mingus e Art Blakey e Horace Silver estavam fazendo, ouvirá a direta influência de Ray. Nat Cole era um gigante em termos de virtuosidade pianística e perfeição vocal, mas ele era mais intérprete do que inovador. Ray mudou a indústria para todos.

Enquanto 1956 também era o ano de "Please Please Please" de James Brown – o mesmo cantor que dois anos antes havia abandonado seus Ever Ready Gospel Singers –, a enorme influência cultural de Brown não seria vista até os anos 1960.

Os próprios sonhos móveis ascendentes de Aretha, herdados do pai – os sonhos de, assim como Nat Cole, triunfar tanto no mundo branco quanto no negro –, iriam paradoxalmente parar o triunfo de Aretha por muitos anos longos e difíceis. Havia uma enorme confusão sobre como vender música negra no mercado majoritário. Motown ofuscava o problema, assim como os sucessos country e western de Ray Charles. Mas enquanto os anos 1950 desaceleravam e Aretha se preparava para deixar o gospel e entrar na arena do pop, uma coisa ficou clara: era preciso buscar o ouro, o grande e amplo mercado da mistura de gêneros musicais.

— C.L. queria tudo para a filha — disse James Cleveland. — Ele queria um megassucesso em todos os níveis. Ele conhecia todas aquelas pessoas - Mahalia Jackson, Sarah Vaughan, Dinah Washington, Della Reese - e sentia que Aretha podia cantar melhor do que todas elas. Então, ela poderia lidar com qualquer material, e a ideia era que ela lidasse com todos.

— Nós amávamos Ray Charles — disse Erma — e sabíamos que ele estava adaptando as músicas da igreja em versões sensuais. Não víamos nada de errado nisso e tocávamos as músicas dele o tempo todo. Mas éramos jovens deslumbradas. Era inevitável nos apaixonarmos por Sam Cooke. Ele era irresistível. Quando "You Send Me" saiu no verão de 1957, eu tinha 18 anos e Ree tinha 15. Já éramos mães. Já éramos cantoras profissionais. Tínhamos passado um tempo na estrada e visto muita coisa na vida. Dificilmente éramos fãs enlouquecidas - até que ouvimos aquela canção. Quando tocou no rádio, estávamos na estrada e fizemos nosso motorista encostar para que pudéssemos recuperar o fôlego. Então dissemos a ele para acelerar até a loja de discos mais próxima para que pudéssemos comprar a faixa. Durante uma semana, só ouvimos essa canção. Meu pai gostou da música, mas disse que, se a ouvisse mais uma vez, iria destruir o disco com um martelo. Nós o ignoramos. Continuamos tocando a música. Pouco antes do Natal, Sam se apresentaria no Ed Sullivan. Era só o que precisávamos saber. Saímos e compramos um vestido para a visita dele. Veja bem, eu não usei o vestido para o teatro em Nova York, mas para o saguãozinho do nosso hotel em Atlanta - levamos esta situação muito mais a sério. Para assistir ao Sam na TV, eu não podia usar qualquer coisa. Eu o imaginei olhando para a tela e vendo como eu havia me arrumado só para ele.

"You Send Me", composição de Cooke, não só ficou no topo das paradas de R&B, mas também passou para o lado do pop e permaneceu na posição número um por três semanas. Esse era o maior sonho das misturas de gêneros musicais: o ídolo de matinê do gospel negro se tornou um ídolo de matinê nos EUA. Enquanto o programa de TV de Nat Cole estava acabando graças a baixas classificações e patrocinadores nervosos, Sam Cooke estava acelerando. Em sua mistura perfeita de fogo gospel e atitude tranquila, ele produziria uma série de sucessos clássicos e, por fim, iniciaria seu império de discos, que incluía uma gravadora, uma distribuidora e uma lista de cantores, incluindo seus protegidos Bobby Womack e Johnnie Taylor.

— Sam foi o cara que fez Aretha se apressar e fazer a troca — Johnnie Taylor me contou em seu escritório em Dallas, Texas, no fim dos anos 1970. — Quando peguei o lugar de Sam no Soul Stirrers, isso em 1957, nós aparecemos no mesmo cartaz que o pai dela e Clara Ward e as Ward Singers. O pai dela havia saído para algum lugar com Clara e estávamos só matando tempo no saguão. O assunto era Sam. O assunto era sempre Sam. Aretha era um tipo diferente de garota. Não dava para chamá-la de garota da igreja, mesmo o pai dela sendo quem era. Ela era mais uma garota festeira - tímida, mas festeira. Eu só fiquei sabendo anos depois que ela tinha dois filhos. Ela não agia como mãe. Assim como o pai, ela queria ficar com as estrelas. E por que não? Ela era a melhor cantora que eu ouvira desde Jackie Verdell. Jackie, que fazia parte das Davis Sisters, cantava com tanta força que saía por aí dizendo que tinha feito xixi na roupa. Pensei que Jackie fosse ser a próxima estrela depois de Dinah. Não sei por que isso nunca aconteceu, exceto que Aretha pegou a onda de Jackie da mesma forma que eu pegara a de Sam. No fim das contas, a gente fazia xixi com mais vontade que os outros. Aretha e eu levamos um tempo para trocar de lugar e acompanhar, mas assim que ouvimos "You Send Me", sabíamos que não ficaríamos muito tempo no mundo gospel. Aonde quer que Sam fosse, nós seguiríamos.

Cecil concordou com Johnnie Taylor ao dizer:

— Quando Aretha saiu da turnê com meu pai, ela só falava da mistura de gêneros musicais de Sam. Lembro da noite em que Sam veio cantar no Flame Showbar em Detroit. Erma e Ree disseram que não iam porque estavam de coração partido por Sam ter se casado recentemente. Não acreditei nelas. E vi que eu estava certo quando elas começaram a se vestir ao meio-dia para o show das 21h. Como eram menores de idade, elas usavam muita maquiagem para parecerem mais velhas. Não fazia diferença porque as irmãs de Berry Gordy, Anna e Gwen, trabalhavam na cabine de fotos lá, tirando fotos das pessoas na festa. Anna era próxima ao meu pai e garantiu que minhas irmãs entrariam. As duas entraram e voltaram deslumbradas.

Em 1958, aos 16 anos, Aretha viajou de volta à Califórnia com o pai. No Watkins Hotel ela se encontrou com Nat Cole, com a pele retinta e um belo rosto que a lembravam de seu próprio pai. Naquela mesma viagem, Sam Cooke a convidou para sua casa, onde ele deu a ela um casaco de suede com franjas que ele havia usado. Ela disse que o usou para dormir naquela noite e ficou muito chateada quando, semanas mais tarde, ele desapareceu.

— Acho que minha irmã Erma teve algo a ver com isso — disse Aretha.

Ela e o grupo do pai foram para casa pela Flórida, onde Aretha substituiu a nova cantora principal do grupo Caravans, Shirley Caesar e, por uma noite, se tornou membro do grupo. Dado o amor dela pelo Caravans, principalmente por Albertina Walker e Inez Andrews, ela chamava isso de "um dos pontos altos da minha carreira gospel".

Ela também via isso como um marco. "Depois que cantei com o Caravans", disse ela. "Eu sabia que tinha chegado ao topo. Havia outras mulheres do gospel supertalentosas: Dorothy Love, Edna Gallmon Cooke, Bessie Griffin, Gloria Griffin, Delois Barrett, a lista era infinita. Eu admirava todas. Elas são o equivalente – e mais um pouco – a grandes divas da ópera. Mas os Caravans, como as Ward Singers, têm seu próprio espaço especial. Eram mais que cantoras individuais estupendas. Eram harmonizadoras. Eram as destruidoras de igreja. E, para mim, estavam entre os maiores artistas de nossos tempos.

Por toda a admiração genuína de Aretha por seus ídolos gospels, tanto ela quanto o pai sabiam que, à luz do triunfo de Sam Cooke, era hora de deixá-los para trás. Se Sam podia ganhar os corações dos fãs negros de R&B, mas subir entre as posições brancas também, por que não Aretha?

Enquanto Aretha se preparava para completar seu sonho da mistura de gêneros, Berry Gordy tinha seus próprios sonhos. Ele havia passado de boxeador do Golden Gloves a trabalhador de montagem, a dono de loja de discos de jazz, a compositor dos sucessos de Jackie Wilson: "To Be Loved", "Lonely Teardrops", "Reet Petite". Filho de empreendedores enérgicos – o pai era empreiteiro, a mãe tinha uma empresa de seguros –, os talentos de Gordy combinavam com suas ambições. Ao completar 30 anos em 1969, ele iniciou uma gravadora que em breve se tornaria a Motown. Antes disso, no entanto, seu foco estava na composição musical. Uma canção em particular, "All I Could Do Was Cry", escrita com sua irmã Gwen, caiu nas mãos de Erma Franklin.

— Todos conheciam Berry Gordy — disse Erma. — Ele era inteligente e estava muitos níveis acima do malandro de rua comum. Não que ele não estivesse na ativa – naquela época, o negócio da música não passava de um bico. Berry trabalhava com classe e entusiasmo. Eu gostava dele. Comecei cantando músicas demo para ele em na pequena casa onde ele vivia com sua então esposa, Raynoma Singleton. Ele tinha uma música que era especialmente boa, "All I Could Do Was Cry". Era a história de uma garota que viu seu amado se casar com outra mulher. Não era a minha história, mas eu com certeza me identificava com a parte do choro, já que meu próprio casamento não dera certo. Eu amava ajudar meu pai quando ele saía em turnê, e em Detroit eu trabalhava como auxiliar de enfermagem, mas meu coração estava na música. Então, fiquei tentada a fazer essa demo para Berry. Mas, àquela altura, eu me via como uma cantora de jazz do estilo Sarah Vaughan/Ella Fitzgerald. Eu não estava disposta a cantar R&B. Bem, Berry levou a canção para a Chess Records, onde Etta James a cantou e foi um sucesso. Foi então que percebi que havia cometido um grande erro.

— É difícil quando todos na família são talentosos — disse Cecil. — Meu pai havia criado todos nós para alcançar o mais alto nível. Todos queríamos confirmar a fé dele em nós. Se Erma tivesse gravado "All I Could Do Was Cry", ela teria tido o primeiro sucesso da família. Acho que Aretha não teria gostado disso. Mas Erma não vivia sua vida para agradar a Aretha ou ao pai. Ela vivia sua vida de acordo com os próprios termos.

— Erma não era indisciplinada. Ela era tão determinada quanto qualquer um de nós. Quando Aretha era mais nova, ela não estava disposta a desafiar nosso pai. Aretha trabalhou à sombra de meu pai até que, por fim, se tornou independente. Não foi assim com Erma nem com Carolyn. Eram garotas corajosas e pensadoras independentes. Erma tinha uma mente brilhante e lia o tempo todo. Meu pai começou a chamá-la de Madame Rainha por causa de sua autoconfiança. É uma qualidade que todos admirávamos, mas a assertividade de Erma preocupava Aretha. Ela temia que a irmã roubasse as atenções. Mais tarde, Aretha teve o mesmo problema com Carolyn. Quando a situação exigia, as irmãs estavam por perto para ajudar a outra. Mas isso não significava que Aretha não sentia que elas seguiam seu rastro. Ela não gostava disso. Aretha tinha que estar na frente – e também em primeiro lugar. Essa foi a característica que ajudou a torná-la uma estrela.

Outra característica era a curiosidade artística.

— No final dos anos 1950, quando todos eram loucos por R&B, peguei outra rota — Cecil explicou. — Enquanto Erma e Ree estavam fugindo para o Warfield Theater para ver Little Willie John, revidei e ouvi Thelonious Monk. Monk era o meu ídolo. Eu adorava o jazz moderno.

"Meu amigo Pete Moore, que mais tarde se juntou ao Miracles com Smokey Robinson, me mostrou como lidar com cabelo. Nós dois tínhamos uma pequena barbearia no banheiro do primeiro andar de nossa casa. Algumas pessoas reclamaram que um pastor não devia ter um filho fazendo penteados em sua casa, mas meu pai pensou que eu mostrei iniciativa e me incentivou. Além do estilo sério de nossos cortes de cabelo, o que tornava nosso salão diferente era a música. Nós estávamos sempre tocando os jazz mais legais que existiam – Charlie Mingus, Miles Davis, Sonny Rollins, Betty Carter. Esculpíamos aqueles magníficos penteados ao som de Sonny Stitt.

"Aretha gostava de passar tempo no nosso 'salão', não apenas porque era louca, mas por conta da música. Ela também passava muito tempo no meu quarto –, na mansão, eu tinha um lugar separado similar a um apartamento –, onde ela se sentava na frente do nosso aparelho de som por horas. Foi onde ela ouviu pela primeira vez Sarah Vaughan, a favorita de Smokey. Mas Aretha não parou com Sarah. Estudou Ella Fitzgerald, Billie Holiday, Carmem

McRae, Anita O'Day, June Christy, Dakota Staton – qualquer uma que eu tivesse disponível. Ela chegou a um ponto em que podia imitar essas cantoras, nota a nota. Anos depois, Aretha fez das imitações vocais parte de seu show. Ela imitava Diana Ross, Gladys Knight e Mavis Staples. Mas aquelas eram suas contemporâneas. Foi no meu quarto que ela conheceu seus mestres do jazz, no meu aparelho de som Magnavox. Com Aretha, era inconsciente. Eu não acho que ela ouvia jazz com harmonias complexas para aprimorar seu estilo. De fato, o jazz aprimorou seu estilo – não pelo que era, mas porque ela absorvia tudo o que ouvia. O mesmo era verdade para o blues e o gospel. Em sua mente e coração, todos eles se misturavam. Não dava para separá-los. Se você disser que Aretha é uma grande cantora de blues, você estará dizendo a verdade. Se disser que é uma grande cantora gospel, ninguém discutirá. Se disser que ela é uma grande cantora de jazz, os maiores artistas de jazz concordarão. Resumindo, ela é os três ao mesmo tempo. E na linguagem dos artistas de jazz, é o que chamamos de boa pra caralho."

Em 1959, C.L. Franklin pensou que a filha estava pronta.

Aretha falava com frequência do nervosismo de se apresentar em qualquer lugar, menos na igreja. Ela considerava os crentes o melhor público. Gostava de dizer que eles não são críticos, mas adoradores. Ela via as boates como um lugar cheio de cínicos que iam até lá para ver alguém fracassar, não para ter sucesso. Via os críticos como pessoas que procuravam erros. Ela percebeu que precisava de apoio e, se fosse entrar no show business, não queria apenas o pai ao seu lado, mas também o irmão.

— Eu estava pronto — Cecil me disse —, mas meu pai tinha outras ideias. Assim como tinha insistido que Erma fosse ao Clark

College em Atlanta, ele me queria na Morehouse na mesma cidade. Eu tinha outras ideias. Falei que não queria ir à faculdade. "Filho", disse ele, "não há nada mais importante que a educação. Você não tem escolha. Além disso, é uma faculdade negra onde você aprenderá a história do seu próprio povo. Martin Luther King se formou na Morehouse. E você também vai". Eu ainda não queria ir, então arranjei todo tipo de objeções. Mas meu pai me mostrou a passagem de avião que comprara para mim e o comprovante da mensalidade – tudo pago. "Se você chegar lá", disse ele, "e decidir que não quer ficar, tudo bem. Você estará por conta própria. Só não volte aqui". Eu fui, fiquei e deu tudo certo. Mudou minha vida para melhor. Mas eu ainda queria estar com Ree e vê-la fazer sucesso.

No final dos anos 1950, com Aretha prestes a fazer 18 anos, ela já era uma profissional havia cinco anos. O pai lhe pagava um modesto salário e o trabalho gospel dela era gravado e distribuído nacionalmente. Como mãe solteira, ela tinha custódia dos dois filhos. Ela não estava em um relacionamento, mas a situação logo mudaria.

Por motivos práticos, o pai dela era também seu empresário. Ele selecionava os consultores que ele julgava necessários para ensinar a ele e à filha sobre o grande mundo do entretenimento popular.

— Meu pai conhecia dezenas de cantores e músicos famosos — disse Carolyn —, mas não conhecia a indústria da música. Ele conhecia a indústria da igreja. Mas por ser um homem consciente do que não sabia – essa era uma grande parte da inteligência dele –, ele estava pronto para confiar nos outros. Enquanto Ree se preparava para tentar essa coisa nova, havia muitas inseguranças. Mas uma coisa era certa. Meu pai estava determinado, e Aretha também. O plano era transformá-la em uma estrela, e rapidamente.

Infelizmente, não foi rápido o bastante, e isso seria fonte de uma dramática frustração por muitos anos.

Parte 2
COLUMBIA

7

A MAIOR E MELHOR

Em 1960, ano em que Aretha buscou seu primeiro contrato de gravação secular, foi também o ano em que o melhor amigo de Cecil Franklin, Smokey Robinson, lançou o primeiro single a vender um milhão de cópias pela recém-lançada Motown Records, "Shop Around". Como Berry Gordy estava ativamente recrutando talentos musicais locais de Detroit, fazia sentido ele querer Aretha.

— Ele queria — disse Cecil. — Eu estava estudando em Morehouse na época, mas Smokey e eu nunca perdemos contato. Nada teria sido mais fácil que fazer Ree assinar com a Motown. E é claro que meu pai era próximo de Anna Gordy, irmã de Berry, que sabia tudo sobre Aretha. Fazia sentido, mas não para o meu pai. Ele queria Ree na Columbia, o selo que gravava Mahalia Jackson, Duke Ellington, Johnny Mathis, Tony Bennett, Percy Faith e Doris Day.

Meu pai disse que a Columbia era a maior e melhor gravadora do mundo. Leonard Bernstein gravava com a Columbia.

"Berry Gordy era descolado, Berry Gordy escrevera algumas boas canções, Berry Gordy contratara Smokey, e Smokey e seus Miracles eram ótimos, mas não dava para começar a comparar Berry com a Columbia. Berry era Detroit, e meu pai estava convencido de que a carreira de Aretha não poderia ser lançada em Detroit. Pegue a Della Reese como exemplo. Della cresceu em Detroit, mas a carreira dela só decolou quando ela deixou a cidade com a grande banda Erskine Hawkins. Então Aretha tinha que se mudar para Los Angeles ou Nova York. A Califórnia era longe demais. Aretha queria ficar mais perto de casa. Dadas suas inseguranças, ela também queria proteção. Meu pai escolheria a dedo os acompanhantes e empresários dela. Meu pai era o general no comando da operação toda."

O general teve que contratar um sargento – um agente/empresário. Em seu livro, a única vez que Aretha mencionou a violência do pai foi a respeito desse processo. Ela não gostou do homem que ele escolheu para ser o empresário. Quando ela se recusou a seguir o plano de C.L., ele deu um tapa no rosto dela. Mas Aretha permaneceu inflexível e ele cedeu.

Isso foi um presságio crítico do que viria. A primeira fissura entre pai e filha cresceria nos anos seguintes. O problema continuaria a ser a gestão, principalmente com uma grande ruptura não muito distante, uma mudança sísmica na relação de Aretha com homens, poder e controle. Quem ficaria no comando de Aretha e de sua carreira?

Por ora, ela e o pai concordaram em contratar uma empresária, Jo King, que trabalhava em Nova York e tinha contatos com grandes gravadoras. Ainda nessa viagem a Nova York no início de 1960, C.L. levou Aretha para conhecer o grande Phil Moore.

Quando Aretha e o pai entraram no pequeno estúdio "Apenas Para Cantores" de Moore em Manhattan em 1960, ele era um pianista/arranjador/instrutor de 42 anos cuja enorme experiência abrangia trilhas sonoras de filmes de Hollywood, cabarés e clubes de jazz. Ele tinha feito arranjos para Tommy Dorsey e Harry James. Escrevera dezenas de trilhas sonoras de filmes para a MGM e a Paramount. Ele projetara o enorme sucesso de mistura de gêneros de Dorothy Dandridge e treinara Lena Horne.

— Quando o reverendo Franklin veio me ver — Moore me contou —, as cantoras que mais lhe interessavam eram Dorothy e Lena. Era o tipo de futuro que ele via para a filha. Ele queria mostrá-la em Nova York e depois fazer com que eu a levasse para Hollywood e a colocasse no cinema. Me sentei ao piano e perguntei o que ela queria cantar. Ela cantou "Navajo Trail". Fiquei surpreso, mas toquei mesmo assim. O que me surpreendeu ainda mais foi o tom gospel que ela deu à música. Sugeri várias faixas, e ela conhecia todas. Ela manteve a melodia, seu tom era perfeito, mas ela transformou todos os climas – até mesmo uma música como "Accentuate the Positive" – em algo muito sério. Na mesma hora, decidi que aquela era uma cantora séria. O pai dela ficava falando da apresentação nos palcos. Ele queria saber como eu poderia ajudá-la a encontrar o tipo de público que Lena Horne tinha encontrado. Como eu poderia refinar o estilo dela?

"Eu disse: 'Reverendo Franklin, meus anos nesta indústria não me impedem de falar o que penso. Sou procurado por cantores que, infelizmente, nunca alcançarão o sucesso profissional. Considero meu dever dizer a eles exatamente isso. E digo. Outros cantores vêm a mim com potencial, mas exigem treinamento vigoroso. Eles devem aperfeiçoar seu ofício exaustivamente por anos. Tenho vários alunos assim. Sua filha, no entanto, não se encaixa em nenhuma dessas categorias. Ela não precisa dos meus serviços. O estilo dela já foi desenvolvido. O estilo está certo. É um estilo único que, na minha opinião profissional, não requer alteração. Precisa apenas do material certo. A apresentação dela nos palcos não é uma preocupação imediata. Tudo isso virá depois. A preocupação imediata é o material que mais lhe convém. E essa preocupação não será facilmente abordada, porque não consigo imaginar nenhum material que não seja adequado para ela'.

"O reverendo Franklin absorveu tudo o que eu falei. Ele havia chegado disposto a me pagar uma quantia considerável para ajudar sua filha, e ainda assim eu lhe dizia que, em sã consciência, não podia aceitar seu dinheiro. Acho que com isso ganhei o respeito dele. Como eu estava sendo sincero, ele queria saber se sua ideia de colocá-la na Columbia Records era uma boa. Eu achava que sim. Também achei que John Hammond, que conheci ao longo dos anos, seria um produtor ideal. Hammond trabalhava na Columbia. Eu o considerava um grande homem. Ele havia gravado Benny Carter, Fletcher Henderson e Benny Goodman. Foi ele o primeiro a levar Billie Holiday para um estúdio de gravação. Havia produzido Count Basie. No ramo da música, era o homem mais sério que eu conhecia. Tive uma forte intuição de que ele entenderia de imediato o talento de Aretha. Ele traria sua musicalidade e protegeria sua integridade artística. Além disso, ele era um aristocrata genuíno, filho de um Vanderbilt, e sua posição na Columbia garantiria que Aretha recebesse toda a divulgação necessária. Também sugeri que o reverendo Franklin entrasse em contato com Major Holley, um baixista de primeira linha, para produzir uma demo para o sr. Hammond ouvir. Major veio de Detroit. Ele e o reverendo haviam se encontrado em várias ocasiões e tinham a mais alta estima um pelo outro. Com pessoas tão estelares em posição, eu estava convencido de que a carreira dela iria florescer."

Como Phil Moore, Major Holley era um profissional experiente, um brilhante artista de jazz que apoiara um número notável de grandes nomes do jazz, de Coleman Hawkins a Charlie Parker. Quando conversamos, ele tinha uma lembrança distinta de sua apresentação na sala de estar de Franklin com Oscar Peterson. Ele também se lembrava de C.L. acordando a filha para que ela fizesse sua versão de "Canadian Sunset".

— Ela não cantou naquela noite — disse Major — e não ficou muito tempo. Ela era muito tímida, mas tocava lindamente. Mais tarde, amigos que a ouviram cantar em uma reunião de avivamento falaram muito bem de sua voz. Acho que eu não deveria ter ficado surpreso que o pai dela, um reverendo, quisesse que eu produzisse demos de jazz para ela. Afinal, alguns músicos em Detroit o chamavam de Pregador do Jazz. Ele não tinha certeza de quais músicas queria que Aretha cantasse e estava aberto às minhas sugestões. Optei por músicas conhecidas. Não consigo lembrar quantas músicas fizemos, mas foi bem direcionado. Montei um trio que eu sabia que lhe daria um apoio firme. Aretha veio uma tarde por volta da 13h, nós ensaiamos por uma hora e às 15h já tínhamos o que queríamos em fita. O talento dela era natural. A gravação preferida dela, eu me lembro, foi "Today I Sing the Blues". Todos ficamos impressionados com a forma como uma garota de 18 anos cantou aquela balada de blues com a autoridade de uma mulher adulta.

"Minha esperança era que, se ela conseguisse um contrato de gravação, eu fosse chamado ao estúdio para tocar em seu primeiro álbum. Mas não fui. Quando escutei aquele álbum, no entanto, fiquei impressionado com o fato de que a música de maior impacto foi a mesma, "Today I Sing the Blues". Sei que sou suspeito pra falar, mas senti que a demo bruta era muito mais forte do que a versão lançada. Eu disse ao reverendo Franklin a mesma coisa que Phil Moore: quanto menos você produzir, melhor ela ficará. Artistas menores precisam de mais produção. Os maiores quase não precisam."

John Hammond, que ouviu a demo, imediatamente contratou Aretha para a Columbia e produziu o primeiro disco.

Falei pela primeira vez com John Hammond no início dos anos 1980, quando ele estava no processo de levar Stevie Ray Vaughan para a Columbia. Seria a última cartada de Hammond, sua última contratação significativa. Jerry Wexler me apresentou. Wexler admirava Hammond, sete anos mais velho que ele, e Jerry tinha um enorme respeito pelo compromisso do homem não apenas com o jazz de qualidade, mas também com os direitos civis. Ao mesmo tempo, a rivalidade amigável entre eles era evidente. Hammond foi o primeiro a assinar com Aretha, mas suas gravações com ela não foram sucessos comerciais. Longe da presença de Hammond, Wexler me disse:

— John tem um gosto inabalável pelo talento, mas não é bom no estúdio. Ele procura documentar a música, mas um produtor deve fazer mais que isso. Um produtor deve esculpir um som. John não sabe fazer isso.

Hammond estava na defensiva sobre seus anos com Aretha. Ele alegou que nunca conseguiu produzi-la da maneira que imaginara.

— Essas primeiras sessões — ele me disse — foram feitas às pressas. Foi Curtis Lewis, compositor de "Today I Sing the Blues", que me trouxe a demo da música cantada por Aretha. Fiquei perplexo. Eu quis assinar com ela imediatamente. Engraçado, mas anos depois, Helen Humes, uma grande cantora que eu trouxe para Count Basie, me lembrou que eu havia gravado a música com ela no Mercury em 1947. Helen alegou ter coescrito a música com Curtis, que nunca incluiu o nome dela. Ela nunca recebeu royalties.

"Minha visão para Aretha não tinha nada a ver com R&B. Era um mercado que nem eu nem a Columbia Records tínhamos interesse em cultivar. Eu a via como uma artista de jazz/blues. Para as primeiras sessões de Aretha, contratei os melhores músicos de jazz da cidade, mas eu queria mais tempo para melhorar os arranjos. O reverendo Franklin estava com muita pressa para divulgar alguma coisa. Ele sentia que estavam esperado por esse momento fazia muito tempo. Eles queriam que ela cantasse em clubes de jazz e precisavam de material. Eu não entendia essa pressa. Aretha tinha acabado de fazer 18 anos. Por outro lado, eu soube que Sam Cooke havia dito à RCA para tentar fechar com Aretha. Se eu não tivesse um contrato assinado e garantisse ao pai dela que teríamos um disco no mesmo ano, 1960, tive medo de que ele fugisse e nós a perdêssemos."

A Columbia não a perdeu. Os contratos foram assinados e em maio a gravadora colocou um anúncio na *Ebony*, a revista negra nacional, para o álbum de estreia de Aretha junto com um novo disco de Oscar Brown Jr., *Sin and Soul*. A escolha dessa revista indica que a gravadora estava visando principalmente o mercado afro-americano.

Em seu livro, Aretha mostra pelo menos duas versões de si mesma quando, pela primeira vez, entra em um estúdio de gravação profissional. A primeira é de uma jovem ingênua que, ao se mudar de Detroit para Nova York, precisa de acompanhantes. Ela menciona duas – Sue Dodds Banks, uma amiga de C.L. que era motorista de uma funerária em Detroit, e Elizabeth Thornton, ex-secretária de Mahalia Jackson. Ela fala sobre ter morado na ACM, no Bryant Hotel no centro da cidade, no Chelsea Hotel – de onde foi expulsa porque C.L. havia se esquecido de pagar o aluguel – e em um pequeno hotel em Greenwich Village. Ao descrever sua vida isolada em

Nova York, onde todos os seus movimentos eram supervisionados por uma mulher mais velha, ela mal parece ser mãe de dois meninos.

O outro autorretrato de Aretha é de uma mulher em busca de homens. Tanto ela quanto Erma estavam interessadas nos Flamingos. Elas os conheceram por meio de Harvey Fuqua, o mestre do gênero doo-wop que orientou Marvin Gaye e o levou para a Motown. A rivalidade entre irmãs continuou, e Aretha acabou namorando Nate Nelson, um dos Flamingos. Ela também saiu com Paul Owens, cantor do Swan Silvertones, um dos grandes grupos gospels. Aretha explicou que o caso terminou quando ela o flagrou com outra mulher.

— Eu ainda tinha os Moonglows — disse Harvey Fuqua — quando conheci Aretha. Como a maioria das adolescentes, ela era louca por doo-wop porque era um gênero muito romântico. Falava de adorar as mulheres e prometer amor eterno. O objetivo das harmonias era atrair mulheres.

"Aretha era uma jovem incomum porque, num primeiro contato, ela era a criatura mais tímida já inventada. Ela podia ficar em uma sala com outras pessoas por horas sem dizer nada. O gato sempre comia sua língua. Mas quando a sala esvaziava, ela com certeza não tinha vergonha de vir até mim e pedir para ser apresentada a um cara ou outro. Depois que eu os apresentava, ela o perseguia, e perseguia pra valer. Ela era implacável."

De toda a família Franklin, Carolyn, a mais nova, talvez tivesse a visão mais objetiva do que estava acontecendo em 1960.

— Eu tinha 16 anos e ainda estava no ensino médio — disse ela. — Eu fui a última a sair de casa. Aretha estava em Nova York. Ela vinha para casa muitas vezes para visitar os filhos, mas era Big Mama quem criava os meninos. Nunca houve dúvida, nem por um segundo, que ter dois bebês interferiria na carreira de Aretha.

Erma também tentava impulsionar a própria carreira. Ela estava na estrada com Lloyd Price. Cecil estava na faculdade. Então, meu pai decidiu que seria melhor eu ir morar com outra família em nosso bairro. Essa decisão acabou comigo. Eu argumentei e chorei, mas não consegui fazê-lo mudar de ideia. Agora entendo que, depois de criar quatro filhos como pai solteiro, ele queria tomar as rédeas da casa. Eu também suspeitava que ele queria mais liberdade para trazer suas amigas sem os filhos curiosos por perto. Mas fosse lá o que ele queria, eu me ressenti por ter sido expulsa. Durante anos fiquei com raiva de meus irmãos por não terem me defendido e convencido nosso pai a me deixar ficar. Eu sabia que seus argumentos não fariam nenhuma diferença – quando meu pai tomava uma decisão, não voltava atrás –, mas me senti abandonada por todos. Eu era o patinho feio. Cecil era o aluno brilhante. Erma e Aretha eram as cantoras brilhantes. Elas também estavam atrás de garotos enquanto eu descobria que minha preferência romântica seguia uma direção diferente. Em uma família de estrelas – e, no caso de Aretha, uma superestrela –, levei muito tempo para encontrar minha própria identidade e voz. Olhando para trás, vejo que estávamos todos nessa busca. Nem mesmo Aretha encontraria sua verdadeira voz nos anos que seguiram.

Jerry Wexler concordou com a avaliação de Carolyn – que os seis anos de Aretha na Columbia foram essencialmente uma tentativa de descobrir sua verdadeira voz.

— Nas primeiras gravações — disse ele —, Aretha tem um som inseguro e desenfreado. Ela está tentando descobrir quem é, e não acho que John estava de fato a ajudando.

Hammond tinha outra versão da Aretha de 18 anos.

— Ela precisava de pouca direção. Seu estilo era intacto. Qualquer um com ouvidos decentes podia ouvir que ela era uma cantora treinada no gospel, extremamente confortável com jazz e blues. Contratei Ray Bryant, um pianista de jazz-blues enraizado no gospel. Ele entendia Aretha, e ela adorava o jeito dele de tocar. Aliás, a primeira coisa que gravamos, uma música que ela trouxe, "Today I Sing the Blues", virou um clássico e permaneceu em seu repertório mesmo quando ela mudou de gravadora. Se você ouvir, perceberá que não está ouvindo uma cantora em busca de um estilo. Ela já o havia encontrado.

Sem dúvidas, "Today I Sing the Blues" capturou a verdadeira Aretha. Quando assinou com a Atlantic no final da década e gravou o álbum *Aretha* '69, ela regravou a canção para encaixá-la no estilo da música "Dr. Feelgood", mas a alteração foi pouca. Para início de conversa, o original estava certo. O que não estava certo, no entanto, era o resto do disco. O material é desigual, os arranjos são fracos. Somente quando Aretha se adapta ao piano e interpreta variações de blues como "Right Now" e "Maybe I'm Fool" ela assume o comando.

— Essas são as músicas — disse Hammond — que melhor funcionaram para mim. Minha ideia original era fazer um disco inteiro dessas músicas. Aretha e seu pai disseram que estavam animados para trabalhar comigo porque eu havia trabalhado com Count Basie e Billie Holiday. Eu a vi naquela grande tradição atemporal. Mas quando entramos na fase do planejamento, eles começaram a dizer como era importante que o disco fosse ao ar. Eles queriam singles – e queriam um sucesso. Foi assim que acabamos fazendo "Sweet Lover", uma música fraca que eles achavam que faria sucesso no mercado adolescente. O mesmo se aplicava a "Love Is the Only Thing". Os músicos que contratei para a sessão – Ray Bryant, Osie Johnson e Milton Hinton – estavam entre os mais experientes de Nova York e podiam se adaptar a qualquer estilo. No nosso estúdio na 30th Street, eles deram o seu melhor lidando com o material inferior. A princípio, Aretha e o pai pensaram que adicionar um trombone – o maravilhoso Tyree Glenn – em certas faixas soaria muito antiquado, mas por fim eu os convenci do contrário. Também não achei apropriado incluir "Over the Rainbow". Mas os Franklin estavam irredutíveis. Disseram que queriam alcançar um público mais amplo e pensaram que prestar homenagem a Judy Garland era a maneira de fazer isso. Eu cedi.

"Sugeri 'It Ain't Necessarily So' da magistral ópera *Porgy and Bess*, de George Gershwin. Ele compreendia muito a linguagem do blues e, junto às letras espirituosas de seu irmão Ira, escreveu excelentes canções para vozes negras. Eu estava um pouco preocupado que a história, que questionava sutilmente a verdade literal da Bíblia, pudesse ser problemática. Mas o reverendo Franklin não se preocupou nem um pouco. Ele me disse o quanto admirava os Gershwin. Também disse que, quando se tratava de análise das escrituras, ele era contra o literalismo. Fiquei muito impressionado com a erudição e a teologia liberal do reverendo.

"No entanto, tivemos divergências quando ele sugeriu com veemência a inclusão de uma música gospel. Sou um fã apaixonado do gospel. Levei a irmã Rosetta Tharpe e o Golden Gate Quartet para o Carnegie Hall em 1938. Não há música pela qual eu tenha maior apreço. Ao mesmo tempo, não pensei que colocar uma única faixa gospel ajudaria na coesão do primeiro disco. O reverendo Franklin discordou. Discutimos longamente, e ele e Aretha chegaram a um acordo: uma música chamada 'Are You Sure' do musical da Broadway *The Unsinkable Molly Brown*. A música tinha uma certa mensagem espiritual. O reverendo Franklin a viu como adequada aos brancos. Para mim, era anêmica. Eu queria algo muito mais próximo do que Aretha estava cantando na igreja, mas, outra vez, fui derrotado.

"Quando terminamos de gravar e ouvimos os *playbacks* no estúdio, Aretha e seu pai não poderiam estar mais satisfeitos. O objetivo deles era cobrir todas as vertentes. Meu objetivo era capturar a essência daquele jovem talento notável. Com exceção de algumas músicas, receio não ter feito isso. Mas, no geral, as críticas foram excelentes e 'Today I Sing the Blues' e 'Won't Be Long' chegaram ao Top 10 da lista Rhythm and Blues da Billboard. Elas não desfrutaram de vendas significativas, mas de fato foram ao ar. Nesse sentido, o disco, por todas as minhas dúvidas, foi visto como um semissucesso."

As sessões de gravação começaram em agosto de 1960 e, de forma intermitente, continuaram por seis meses. Hammond explicou que foi devido à disputa sobre o material.

— A empresa queria lançar dois singles antes que o álbum estivesse completo — contou ele. — "Love Is the Only Thing" saiu e não foi bem. Então lançamos "Today I Sing the Blues".

A Billboard deu três estrelas a cada um dos singles. O crítico chamou o primeiro de "um blues estilizado de forma inteligente pela garota em dois canais de áudio. Ao fundo, ouve-se um refinado piano estilo gospel. Ela faz um bom trabalho com a voz no jazz". Sobre o segundo, a Billboard escreveu: "Um blues de ritmo lento com a cantora acompanhada por um bom estilo de guitarra, piano e baixo. A artista tem talento e deve ser observada".

Para o terceiro e quarto singles, "Won't Be Long" e "Right Now", lançados antes do Natal de 1960, a *Billboard* foi igualmente generosa: "A jovem sabiá do blues Aretha Franklin se supera com um estilo sólido em seu segundo lançamento para a gravadora. Ela lida com o balanço de 'Won't Be Long' com um toque vocal firme e faz um bom trabalho no *flip* também. Desempenho forte."

De acordo com Dunstan Prial, biógrafo de Hammond, o produtor escreveu à empresária de Aretha que "I Won't Be Long" havia vendido 40 mil cópias e estava prestes a se tornar um grande sucesso. Mas essa previsão não se provou verdadeira. O single chegou ao sétimo lugar nas paradas de R&B e não passou para o território pop. Na melhor das hipóteses, foi um pequeno sucesso.

— Não deu certo porque Aretha não apareceu para várias entrevistas e eventos de imprensa — Hammond me contou. — Ela se recusou a promovê-lo da maneira adequada. Não sei quais eram os problemas dela, mas ela tinha o hábito de perder datas importantes. Suspeito que tenha entrado em uma espécie de estado depressivo. Acho que ela tinha muitos desafios na área da saúde mental.

Antes do lançamento do álbum em fevereiro, Jo King já havia contratado Aretha para o Village Vanguard, talvez o mais sagrado de todos os clubes de jazz de Nova York.

Aretha contou aos entrevistadores sobre sua oportunidade inicial de se apresentar no Apollo. Mas ela escolheu o Vanguard por causa do enorme prestígio do estabelecimento de jazz.

Na memória de Hammond, foi diferente. Ele me disse que Aretha simplesmente não apareceu no Apollo. Ela havia perdido vários encontros em estúdios e clubes, sempre sem explicação.

— Às vezes ela dizia que estava com dor de garganta — disse Hammond —, mas na maioria das vezes não dava desculpas.

Depois que Aretha perdeu o evento no Apollo e também um compromisso no Village Gate de Nova York, Dunstan Prial cita uma carta de Hammond para ela: "Se você não tomar jeito logo, será uma lenda na indústria, mas com uma péssima história."

Em seu livro, Aretha não comenta nenhum atrito com Hammond. A intenção dela parecia estar em desenvolver uma base de jazz antes do R&B. Como Ray Charles disse uma vez: "Prove-se como um verdadeiro artista de jazz, e todo o resto acontecerá. Jazz é a coisa mais difícil que fazemos. Se você cantar jazz direito, os críticos vão ter que respeitá-lo".

E, no entanto, de acordo com três relatos de testemunhas oculares, Aretha não fez uma verdadeira apresentação de jazz.

Jack Maher, da *Billboard*, escreveu em outubro de 1960: "Quando Aretha Franklin se sentou ao piano e cantou blues, o público do Village Vanguard em Greenwich Village irrompeu em aplausos. A cantora, que tem apenas um disco na gravadora Columbia, tem uma voz bonita e forte que dá frutos emocionais quando é canalizada para o material que ela conhece e sente melhor. A estreia da srta. Franklin como cantora em Nova York foi um sucesso marcante quando ela relaxou e cantou músicas de blues como 'Love Is The Only Thing' e 'Won't Be Long'. Ela tem um sotaque gospel muito verdadeiro e forte que não apenas é familiar nesse material do tipo blues, mas que continua em muitas outras coisas que ela faz.

"Embora essa mesma projeção descontraída e forte estivesse faltando nas canções que compunham o resto de sua apresentação, os toques desse sotaque comovente estavam evidentes. Uma versão de 'Tell Me Right Now' ao estilo de Duke Ellington e versões aceleradas de 'Hello Young Lovers' e 'Lover Come Back To Me' tinham leves traços do elemento gospel, mas foi só quando a lenta 'Ain't Necessarily So' tocou que um momento de forte sentimento se expressou – aliás, que a beleza total do blues apareceu.

"Aretha Franklin foi acompanhada por um belo trio sob a direção do pianista Ellis Larkin, com Major Holley no baixo e Floyd William Jr. na bateria."

Major Holley me disse:

— Ficamos surpresos com o modo como ela misturou o material. Ela queria que Ray Bryant tocasse, mas ele não estava disponível, então sugeri Ellis Larkin. Não existe pianista de jazz melhor. Durante anos ele trabalhou com Ella. Quando contei isso para Aretha, ela ficou empolgada e durante os ensaios nos fez usar músicas que Ella havia cantado – 'I Thought About You', 'A Foggy Day', 'I've Got a Crush On You'. Aretha as cantou magnificamente. Mas um ou dois dias antes da estreia, ela decidiu cantar as músicas que estava ensaiando para o álbum. As músicas de blues eram ótimas, mas as músicas novas – acho que ela pensava que seriam sucessos – pareciam inferiores a ela. Aretha também insistiu em incluir músicas da Broadway. Para mim, tudo parecia meio desconexo.

— A primeira vez que vi Aretha — disse Carmen McRae, a grande cantora de jazz — foi no Vanguard no início dos anos 1960. Meu conhecimento de gospel é limitado, então eu não tinha ouvido falar dela nem de seu pai. Mas Max Gordon, dono do Vanguard, me contou dela. Ele disse que ela seria a próxima Dinah.

"Ela me impressionou – vou dizer isso para começar. Eu me inclinei para Max e disse: 'Você está certo. Ela tem o talento de Dinah Washington'. Ela cantou blues bem demais e colocou uma dor em 'Ain't Necessarily So' que achei perfeita. Mas a única coisa que lhe faltava era gosto pelo material. Ela cantava muitas porcarias. Talvez ela estivesse procurando por um sucesso adolescente, mas Aretha cantou pelo menos quatro ou cinco músicas que eram lixo. Por outro lado, ela pegou uma música brega como 'Hello Young Lover' e a transformou. Fazia muito tempo que eu não ouvia uma cantora expressar tanta emoção em sua voz. Depois da primeira parte, Max me apresentou a ela e, considerando a emoção com que Aretha cantava, eu esperava que ela tivesse uma personalidade emocional supercarregada como Dinah. Em vez disso, ela era a coisinha mais tímida que já conheci. Não me olhava nos olhos. Não disse mais do que duas palavras. Quero dizer, aquela vadia dava um novo significado para a palavra 'tímida'. De qualquer forma, eu não lhe dei nenhum conselho porque ela não pediu, mas eu sabia muito bem que, por melhor que ela fosse – e ela era absolutamente maravilhosa –, ela teria que decidir se queria ser Della Reese, Dinah Washington ou Sarah Vaughan. Eu também tive a sensação de que ela não se importaria em ser Leslie Uggams ou Diahann Carroll. Lembro de ter pensado que se Aretha não descobrisse quem era – e logo –, ela se perderia nas ervas daninhas da indústria da música. E sou testemunha de que essas ervas daninhas são densas pra caralho."

Carmen viu a situação exatamente como era. Animada por estar em Nova York, animada pela cena do jazz, pela cena da Broadway, pela cena R&B e pela cena da música pop, Aretha seguiu em direções diferentes ao mesmo tempo.

— Se, no começo, ela tivesse feito sucesso como artista *mainstream*, nós dois nunca teríamos trabalhado juntos — afirmou Jerry Wexler. — Ela teria ficado muito feliz de ter uma carreira no estilo de Nancy Wilson.

Wilson, descoberta em Ohio por Cannonball Adderly, veio para Nova York e assinou com a Capitol Records em 1960, mesmo ano em que Aretha assinou com a Columbia. Seu primeiro single, "Guess Who I Saw Today", um conto musical primorosamente articulado, foi um grande sucesso e arremessou Nancy para o topo das cantoras de jazz de cabaré/discoteca/salões de jazz.

Do outro lado, Mary Wells assinou com a Motown naquele mesmo ano (1960) e decolou logo depois com sucessos como "Bye Bye Love". Ironicamente, foi o antigo vizinho de Aretha e melhor amigo de seu irmão, Smokey Robinson, cujas produções e músicas – "Two Lovers", "You Beat Me to the Punch", "My Guy" – formaram a base do sucesso sem precedentes da Motown. Eram canções adolescentes, comparáveis a "Sweet Lover" de Aretha e "Love is the Only Thing" de seu álbum de estreia na Columbia.

Ao ouvir as primeiras gravações de Aretha lado a lado com as primeiras de Mary Wells e de Nancy Wilson, as diferenças são óbvias. "Guess Who I Saw Today" de Nancy é um exercício na exímia arte de contar histórias de jazz, e o arranjo é um paradigma de eufemismo. Mary não estava apenas trabalhando com material fantástico, mas seu som, com a ajuda de Smokey, foi esculpido com grande sutileza.

Ao contrário do trabalho de Wilson com Smokey, o trabalho de Aretha com Hammond resultou em vendas fracas. Como era de se esperar, Aretha ficou frustrada. Ela esperava uma grande mistura de gêneros e ficou decepcionada quando isso não aconteceu. Estava convencida de que a Columbia não conseguira promovê-la da maneira adequada. Eles enfatizaram o material dela do R&B, como "I Sing the Blues", em detrimento de seu material pop. Ela não se via em posição de desafiar o departamento de marketing. Esse era trabalho de sua empresária. Foi especialmente frustrante porque, para onde quer que olhasse, Aretha via cantores negros passando para o mercado branco.

O ano de 1960 foi marcado por "Twist" de Chubby Checker e "Georgia on My Mind" de Ray Charles. Sam Cooke fez sucesso com "Chain Gang", Jackie Wilson com "Doggin' Around" e Dinah Washington e Brook Benton com "Rockin' Good Way". As Shirelles tinham "Tonight's the Night", e os Drifters, "Save The Last Dance For Me".

Aretha estava certa: por toda parte, a música negra estava atravessando fronteiras. Quando perguntei se ela achava que a produção e o material poderiam ter sido impedimentos para essa mistura de gêneros, ela respondeu inflexível:

— Nem um pouco. Eu nunca comprometi meu material. Mesmo naquela época, eu sabia distinguir uma música boa de uma ruim. E se Hammond, uma das lendas do ramo, não sabia produzir um disco, quem saberia? Não, a culpa foi do marketing. O chefe da Columbia era um famoso executivo chamado Goddard Lieberson. Ele era o chefão e supostamente muito próximo de Mahalia. Era o executivo que podia aprovar os orçamentos dos anúncios e garantir que você recebesse a atenção da mídia necessária para vender discos. Mas, em todos os meus anos na gravadora, nunca conheci o homem. Ele nunca se preocupou em vir ao estúdio enquanto eu gravava, nem mesmo me ligar para dizer que gostava do que eu estava fazendo. Simplesmente fui negligenciada em favor de grandes estrelas da Columbia como Percy Faith e Guy Mitchell. Logo depois que eu assinei, Andy Williams e Barbra Streisand vieram para a gravadora. Eles receberam grandes orçamentos de marketing. Eu não.

Hammond contestou isso.

— Quando Aretha assinou conosco — disse ele —, nós a vimos como uma estrela em todos os sentidos. Eu não acredito que ela tenha sido negligenciada em qualquer área. Em minha longa carreira, conheci poucos artistas que não tenham culpado a gravadora por não ter conseguido sucesso comercial. É a história mais antiga no mundo da música.

No inverno de 1961, quando John F. Kennedy assumiu a Casa Branca, o álbum de estreia de Aretha foi lançado. Apesar da introdução de uma das vozes mais persuasivas dos tempos modernos, Aretha causou pouco impacto. Sua carreira secular começou com incerteza.

Sua vida pessoal também não estava muito animada. Ela estava namorando vários homens em Nova York, mas sentia falta de seus filhos, que estavam sendo criados por Big Mama.

— Aretha estava comprometida com Nova York — disse Carolyn —, mas acho que o fato de nosso pai estar sempre em Detroit a incomodava. Ela teria preferido que ele encontrasse uma igreja em Nova York e se mudasse para lá para que ela pudesse tê-lo por perto. Aretha é uma daquelas mulheres que precisavam e queriam um homem forte. Ela mudou ao longo dos anos, mas naqueles primeiros anos, quando almejava o estrelato, era muito importante ter um homem ao lado dela para ajudá-la a escolher a direção certa.

Aretha encontrou essa direção com uma fonte surpreendente, combinando sua vida profissional e pessoal em um movimento que enfureceria o reverendo Franklin e, pela primeira vez, romperia a sagrada relação entre pai e filha.

8
CAFETÃO CAVALHEIRO

Em maio de 1961, a Jet, a revista com a qual Aretha teria um relacionamento caloroso e próximo nos cinquenta anos seguintes, relatou em sua coluna "New York Beat" que "Marv Johnson e Aretha Franklin, filha do pregador de Detroit, não estão contando aos amigos sobre seu romance ardoroso, que pode chegar ao altar."

— Ree não ficou com Marv Johnson por muito tempo, mas foi um tempo importante — contou Erma. — Marv lançou seu primeiro sucesso pela Motown, "Come to Me", e era um cara bonito com uma voz estilo Jackie Wilson e Sam Cooke. Marv, como Aretha, estava ascendendo.

— Minha irmã não precisava de um homem que tivesse a própria carreira — disse Carolyn. — Ela mesma estava procurando uma carreira. Marv estava muito envolvido em buscar os próprios sucessos. Ele não dava a Aretha o tipo de atenção que ela exigia. Por outro lado, Ted White deu toda a atenção de que ela precisava. Ele viu o potencial dela. E ele veio da cultura de músicos de Detroit, com a qual Aretha tinha afinidade. Ted pode não ter sido Berry Gordy, mas de certa forma ele era mais descolado que isso. Ele era mais firme e confiante que Berry, que sempre foi um carinha nervoso. Não havia nenhum nervosismo em Ted.

— Não se pode entender a cultura musical de Detroit no início dos anos 1960 — disse a cantora de R&B Bettye LaVette, que emergiu dessa cultura — sem entender o papel do cafetão. Os cafetões e produtores musicais geralmente eram as mesmas pessoas. A sensibilidade era a mesma - fazer as mulheres trabalharem para você; fazer as mulheres ganharem dinheiro para você. Nós demonizamos os cafetões agora, mas naquela época eles eram admirados pelos homens e procurados pelas mulheres. Eles tinham poder. Sabiam como sobreviver ao gueto e ir além do gueto. Alguns dos meus melhores amigos homens eram cafetões. Algumas das mulheres que eu mais admirava trabalhavam para eles - mulheres elegantes, sofisticadas e bem-vestidas. Eu não tinha o necessário para ser uma prostituta de classe alta do tipo que os melhores cafetões gostam de exibir, mas, como cantora, certamente fui usada por certos produtores - e com alegria.

"Naquela época, as mulheres eram impotentes. Se quiséssemos avançar no show business, tínhamos que nos adaptar ao sistema. O maior exemplo desse sistema foi provavelmente a Motown, onde a primeira esposa de Berry Gordy, Raynoma Singleton, alegou que o próprio Berry havia prostituído mulheres. Ele não era bom com prostitutas, mas era ótimo com cantoras. O paralelo é forte."

Bettye LaVette também era próxima de Ted White, o homem que, em 1961, se tornaria o primeiro marido de Aretha.

— Eu diria que Ted era um cafetão cavalheiro — disse ela. — Ele estava um nível acima. A geração mais velha dos famosos cafetões de Detroit que vieram antes de Ted – como Jimmy Joy, outro amigo meu – eram homens carismáticos, mas tinham o estilo chamativo de gueto. Ted melhorou esse estilo. Ele se vestia como um empresário de sucesso: ternos de alta costura, casacos de camurça, ternos feitos sob medida importados da Inglaterra. Ele também era instruído e erudito. Ele tinha sido bem criado. Ted foi o primeiro homem a me levar a restaurantes franceses chiques. Ele entendia de vinhos. Sabia quais perfumes combinavam mais comigo. Quando estávamos comendo em alguma sala de jantar elegante, ele me dizia para baixar a voz e agir como uma dama. Ele me ajudou a me tornar uma dama. Além disso, estava sempre por perto quando eu precisava dele. Quando eu ficava presa fora da cidade porque um promotor não tinha me pagado por um show, Ted me mandava uma passagem de avião para voltar para casa. Eu tinha muito respeito por ele.

"Eu o conheci em 1963, depois que ele se casou com Aretha, mas isso não o impediu de flertar comigo. Eu não era fisicamente atraída por ele. Eu era socialmente atraída por ele. Ele representava uma classe mais alta. Ted sempre teve muitas mulheres – mulheres que eram amantes, mulheres que eram putas e mulheres que eram cantoras. Fiquei lisonjeada por ele me querer. Eu tinha 17 anos e Aretha tinha 21. Ela não tinha muito a dizer naquela época. Aqueles eram seus dias pré-estrelato."

— Ted White era famoso antes mesmo de se juntar com Aretha — Etta James me disse. — Meu namorado na época, Harvey Fuqua, costumava falar dele. Ted devia ser o cafetão mais habilidoso de Detroit. Quando fiquei sabendo que Aretha tinha se casado com ele, não fiquei surpresa. Muitas das grandes cantoras que idolatrávamos quando jovens – como Billie Holiday e Sarah Vaughan – tinham cafetões como namorados e empresários. Esse era o padrão. Até minha mãe ganhava a vida assim. Quando estávamos começando, esse estilo de vida fazia parte do ramo da música. Estava em nossos genes. Parte da tentação dos cafetões era que eles garantiam nosso pagamento. Eles nos protegiam. Também nos batiam. Muitas garotas sentiam que, se não apanhassem de seu homem, não eram amadas por ele. Lembro de minha mãe me mostrando o disco em que Billie Holiday cantava: "Prefiro que meu homem me bata do que traia e me largue". Ela estava dizendo que, se seu cafetão não tivesse dinheiro e ela dissesse "Pegue o meu [dinheiro], amor", não era da porra da conta de ninguém, só dela. Acho que muitas de nós nos sentíamos assim – até a surra ficar tão forte que não aguentávamos mais. Naturalmente, a liberdade feminina surgiu e mudou tudo isso. Fico feliz com a liberdade feminina. Eu mesma sou uma libertária das mulheres. Mas nos anos 1950 e início dos anos 1960, era um mundo diferente. Éramos meninas procurando sucesso a qualquer custo. Queríamos homens que pudessem nos levar para onde queríamos.

Como Aretha conheceu o homem que ela esperava poder levá-la para onde ela queria, o mesmo homem que ela, na infância, viu carregar Dinah Washington bêbada para fora da sala de estar de seu pai?

Aretha afirmou que foi sua irmã que os apresentou.

— Eu conhecia Ted White — contou Erma —, assim como a maioria dos artistas de Detroit. Ele era uma referência nos clubes. Era um homem bonito, com bons modos e muito bom gosto. Ele frequentou nossa casa durante várias festas. Eu não precisei apresentá-lo a Aretha. Ela já o conhecia.

— Houve tensão entre Aretha e meu pai a respeito da gestão da carreira antes mesmo de ela assinar com a Columbia — Carolyn me disse. — Ela sabia que meu pai compreendia o mundo gospel, mas questionava seu conhecimento do mundo da música popular. Mas a ruptura só aconteceu após a chegada de Ted White. Ted mudou toda a dinâmica emocional. Meu pai não queria Aretha perto dele.

— Todo mundo passa por períodos de rebeldia — disse Cecil. — A rebeldia de Aretha começou quando ela tinha uns 18 anos. Ela queria se tornar uma cantora pop da pior maneira. Ela não queria mais ser vista como cantora de igreja. A total ambição tomou conta dela e, embora nosso pai não quisesse nada além do sucesso dela, ele ainda achava que sabia o que era melhor. Ele se orgulhava de saber julgar o caráter alheio. A esse respeito, ele não tinha muita consideração por Ted White. Ele sabia que Ted era um tanto estranho e achava que a parceria prejudicaria Aretha.

No livro de Aretha, não há indícios de atividades estranhas de White.

— Qualquer um que não visse Ted White como um cafetão só podia ser surdo, mudo e cego — disse Harvey Fuqua. — Ele não se esforçava para esconder. Ele tinha orgulho. Tinha orgulho de ser um dos mais habilidosos de Detroit. Era preciso alguém habilidoso assim para agarrar um grande talento como Aretha.

Antes de Ted White, para C.L. Franklin, perder o controle da carreira de Aretha era uma ideia absurda. De todos os filhos dele, ela era a mais próxima. Ele a havia motivado a cada passo. Quando ela tinha 17 anos, C.L. lhe disse que estava pronta. Quando ela tinha 18 anos, ele reuniu a equipe de apoio para levá-la a Nova York e levá-la ao seu grande momento.

— Naqueles anos — disse Erma —, a história de Aretha era praticamente uma disputa por sua carreira, entre dois homens: nosso pai e Ted. Ted ganhou porque podia focar totalmente em Aretha, e meu pai não. Além de ser o pregador de uma enorme igreja de

Detroit, ele continuou a viajar. E mais: aqueles eram justamente os anos em que o movimento pelos direitos civis estava ganhando força. Nosso pai se provaria um líder nacional nesse movimento. Ele e o Dr. King não eram apenas amigos íntimos, mas aliados espirituais. Eles pensavam do mesmo jeito. Ambos eram intelectuais, liberais e apoiadores da não-violência. Eles não discordavam em nenhuma questão. Tudo isso significava que, mais do que em qualquer outra época de sua vida, meu pai estava engajado politicamente. Ele não tinha mais tempo de zelar pela carreira de Aretha. Isso não significava que ele aprovava que Ted assumisse o controle. Ele não aprovava. Meu pai tentou convencer Aretha a continuar com Jo King ou encontrar outro empresário, mas a essa altura Ted já havia dominado. Em pouco tempo, ele passou de amante para marido e empresário.

— As pessoas esquecem — disse Cecil —, mas naqueles primeiros anos Aretha teve problemas financeiros. O adiantamento da Columbia era pouco. Seus discos eram todos respeitados, mas nunca vendiam bem. Não sei nem se ela chegou a ver algum cheque de royalties da Columbia.

— Ted era um empresário diligente — contou Cecil. — Ele foi responsável por colocá-la em uma breve turnê com Jackie Wilson e outra com Sam Cooke.

Aretha contou como, dividindo um camarim com Sam Cooke, Huey Piano Smith and the Clowns, e Sugar Pie DeSanto, percebeu que não teria privacidade para vestir suas roupas de palco. Sam conseguiu montar uma seção só para Aretha.

— Acho que Ted White era o homem que Aretha realmente precisava — disse Bettye LaVette. — Ted tinha tudo o que ela precisava: sofisticação, bom gosto e conhecimento. Se ela falasse muito alto em um restaurante ou fizesse comentários errados para um agente, Ted a avisava rapidamente. Ele era mais velho e sabia como transformá-la em uma dama. Ele também tinha algum dinheiro que poderia investir na carreira dela. Uma das garotas que trabalhavam para ele – uma linda garota – ganhava muito bem. Ted me disse que usou o lucro dela para ajudar a financiar o início da carreira de Aretha. Aretha tinha todos os motivos para ser grata a Ted, e por muito tempo ela foi.

— Você pode comparar a situação Aretha e Ted — disse Etta James — com Ike e Tina. Não há dúvidas que Ike lançou Tina. Ele desenvolveu o talento dela. Ele mostrou a ela o que significava ser cantora. Ele a tornou famosa. Claro que Ted White não era um artista, mas tinha experiência com o mundo. Quando Harvey Fuqua me apresentou a ele – isso foi nos anos 1950, antes de ele estar com Aretha –, eu o vi como um cara superdescolado. Gostei dele. Ele entendia de música. Ele conhecia compositores que estavam escrevendo canções de sucesso. Ele tinha boas maneiras. Mais tarde, quando encontrei com ele e Aretha – isso foi nos anos 1960 – vi que ela não estava tão tímida como costumava ser. Ted a trouxe à tona. Fez com que ela se vestisse com mais classe. Aretha se tornou mais descolada, fumando um pouco de baseado, bebendo um pouco de vinho. Não sei se foi tão ruim assim para ela, já que Aretha queria dar certo no grande e complicado mundo do *show biz*. Ted lhe deu a vantagem de que ela precisava. E se as coisas dessem errado para Aretha mais tarde, bem, a vida é assim. Era isso que acontecia para a maioria de nós e de nossos homens. Eles vinham para nos promover em um momento em que queríamos ajuda da pior maneira. Eles nos juntavam a outros promotores e produtores habilidosos. Eles nos vestiam e nos levavam para fora do palco. Na época – e essa é a parte que ninguém entende –, nós não ligávamos. Gostávamos pra caralho! Esperávamos que esses caras nos escolhessem, nos vendessem e nos mostrassem como superar. Esse era o lado bom. O lado ruim era quando o diabo tomava conta deles e eles pensavam que podiam nos controlar para sempre. Era aí que a violência começava. Assim como Billie e Sarah, passei por isso. Assim como eu, Aretha passou por isso. Mas, enquanto isso, nós nos tornamos estrelas. Poderíamos ter um sem o outro – uma carreira sem os cafetões nos vendendo? Porra, como vou saber?

Duas matérias de agosto de 1961 indicam o estado de ânimo de Aretha na época do noivado com White. O primeiro é o anúncio na revista *DownBeat* de que ela havia ganhado o prêmio de "Nova Estrela" na 9ª Pesquisa Internacional de Críticos de Jazz da revista. Aretha recebeu trinta votos contra os 25 de Abbey Lincoln. O resto da lista incluía LaVern Baker, Helem Humes, Nina Simone, Marjorie Hendricks (cantora de apoio de Ray Charles), Gloria Lynne, Nancy Wilson, Etta Jones e Carol Sloane. Essa foi uma dura competição para Aretha, de 19 anos, e uma indicação de que o argumento de Hammond – que ela era um sucesso crítico, se não comercial – era inegavelmente verdadeiro.

Pouco depois de a *DownBeat* chegar às bancas, Aretha foi colunista convidada do *New York Amsterdam News*, uma importante publicação afro-americana, com a coluna "From Gospel to Jazz Is Not Disrespect for the Lord" [Do gospel ao jazz não é falta de respeito com o Senhor].

"Eu não acho, de modo algum, que eu tenha feito um desserviço ao Senhor quando decidi mudar há dois anos", ela escreveu. "Afinal, o blues é uma música nascida dos sofrimentos dos tempos de escravidão do meu povo."

A afirmação dela é a mesma que seu pai fez por muito tempo – que a música negra em sua raiz, por mais que se ramifique, contém um espírito divino.

O que é interessante, porém, é que o primeiro single do segundo álbum lançado nesse período, *The Electrifying Aretha Franklin*, é muito mais entusiasmo do *show biz* do que jazz. O arranjo de "Rock-A-Bye Your Baby With a Dixie Melody" foi escrito por Bob Mersey, que logo se tornaria uma figura importante na carreira de Aretha na Columbia. Ele era o diretor musical da gravadora e redator da equipe da CBS. Ao mesmo tempo em que começou a produzir Aretha, ele fez o arranjo de "Moon River" para Andy Williams. Um ano depois, em 1963, Mersey produziria o disco de estreia de Barbra Streisand, também pela Columbia.

Usando *blackface*, Al Jolson cantou "Rock-A-Bye" nos anos 1920. Mais tarde, foi revisitado por Sammy Davis, Judy Garland e Jerry Lewis. Embora fosse uma música essencial dos EUA, parecia uma escolha estranha para Aretha, principalmente no início do movimento pelos direitos civis.

Cecil me explicou o amor de C.L. Franklin por Al Jolson e sua razão para insistir que Aretha incluísse aquela música.

— Meu pai me contou como Jolson nutria grande afeição pelos negros — disse Cecil. — O *blackface* dele foi uma forma de prestar homenagem ao nosso gênio musical. Meu pai conhecia a história do entretenimento estadunidense e já tinha lido como Jolson contratara escritores negros e ajudara a impulsionar a carreira de Cab Calloway. Hoje nós esquecemos, mas antigamente Al Jolson e os negros tinham uma sociedade de admiração mútua.

Apesar do espirituoso argumento de Cecil sobre a inclusão da música, para mim é difícil ouvir a versão de Aretha, mesmo com o vocal entusiasmado, sem sentir vergonha alheia. As notas soam anêmicas, a buzina é brega, e o *grand finale* é forçado e falso. Uma leitura mais generosa apreciaria a introdução do soul no piano, feita pela própria Aretha, e o floreio um tanto irônico da banda no grande desfecho da música.

Aretha gostou tanto de "Rock-A-Bye" que a cantou em sua estreia na televisão. Em 30 de outubro de 1961, ela apareceu no *American Bandstand*, onde o público adolescente parecia confuso com a escolha de uma música associada à geração de seus pais ou avós. A seleção de Aretha pode parecer totalmente inadequada, mas essas escolhas seriam parte de seu padrão nos anos seguintes.

— Achei que a música de Jolson foi um erro — John Hammond me disse. — Não tinha nada a ver com os álbuns de Aretha Franklin. A ideia era apresentá-la como uma grande artista de jazz/blues, não uma revisionista da tradição do show business. Achei ultrajante, mas o que eu pensava não importava mais desde que me disseram que Aretha estava irritada comigo. Enquanto eu estava de férias na Europa, um olheiro da Epic, uma subsidiária da Columbia, ofereceu um contrato para a irmã de Aretha, Erma. Aparentemente havia intensa rivalidade entre as irmãs, e Aretha não estava nada satisfeita. Ela presumiu que eu era o homem por trás da mudança, embora não fosse o caso. Tentei explicar, mas a essa altura ela já havia se retraído em um silêncio tumular e não estava interessada em ouvir explicações.

— Foi meu pai quem sugeriu à Columbia que me ouvissem cantar — Erma me contou. — Um dos executivos tinha me visto cantar em um clube. Na época, eu estava com Lloyd Price. Na verdade, Lloyd tinha me pedido para pegar a estrada com ele um ano antes, mas meu pai, sempre protetor, achava que eu não estava pronta. Então, em 1961, eu me juntei a Lloyd para o que seria um relacionamento profissional de quase cinco anos. Minha sogra, Ollie Patterson, estava cuidando de meus filhos, Thomas e Sabrina, em Detroit.

"O olheiro da Columbia ficou tão impressionado com meu canto que disse ao meu pai que talvez pudesse conseguir um contrato para mim. O homem também disse que eu estaria na Epic, que era uma marca diferente da Columbia. Eles faziam parte da mesma empresa, mas eu teria meus próprios produtores e uma identidade separada da de Aretha. Achei que ela ficaria feliz. Ela não ficou. Teve um chilique. Ela disse ao meu pai que não me queria na Epic, que isso prejudicaria sua carreira e que as pessoas ficariam confusas por haver muitas irmãs Franklin cantando. A essa altura, ela e meu pai estavam com problemas por causa do relacionamento dela com Ted. Não sei o que se passou na conversa deles, mas sei que meu pai ficou do meu lado e falou para Ree que ela não era a única na família que queria - e merecia - uma carreira na música. Mais tarde, quando Carolyn foi tentar seguir carreira, Aretha teve a mesma reação.

Enquanto a confusão com Erma continuava, Aretha trabalhava no estúdio em seu segundo trabalho. *The Electrifying Aretha Franklin*, a primeira vez que a ouvimos com cordas e uma grande banda, nomeia John Hammond como seu produtor, mas Hammond afirma que era apenas um título. Seu trabalho com Aretha havia essencialmente terminado.

— Disseram que eu poderia fazer músicas avulsas com ela — disse ele —, mas os produtores da empresa estavam assumindo o controle. Pensavam que eles, e não eu, estavam em melhor posição para produzir sucessos. Eles pegaram as verbas acumuladas nas minhas sessões, que eram de custo extremamente baixo, e as aplicaram em produções maiores. Achei essas produções insípidas. Eu ainda estava interessado em documentar a destreza dela como artista de jazz e blues. As últimas músicas que me lembro de ter produzido com Aretha foram no inverno de 1961. Eram relacionadas a Ray Charles. A primeira era instrumental, escrita por Ray Charles, chamada "Hard Times (No One Knows Better Than I)", que Aretha tocou no piano e acrescentou um grande floreio vocal no final ao cantar "Ray Charles diz que foram tempos difíceis, mas me sinto bem". Foi uma excelente demonstração da espontaneidade do blues. A empresa não a considerou digna de ser lançada. A segunda música apareceu no *Electrifying*. Era "Lucky Old Sun". Frankie Laine, é claro, gravou a faixa com a Mercury nos anos 1940. Louis Armstrong e Sinatra também a gravaram, mas era da versão de Sam Cooke que Aretha se lembrava. Eu a ouvi basicamente como uma balada de blues assombrosa, e ela a interpretou com grande sentimento e inteligência. Meu amigo Sid Feller, que na época era produtor de Ray Charles, me disse que Ray ouviu a versão de Aretha e decidiu cantá-la em seu álbum *Ingredients for a Recipe for Soul*, lançado um ano depois do *Electrifying* de Aretha. A essa altura, a palavra "soul" estava começando a substituir "rhythm and blues" como sinônimo de música negra popular.

A grande balada do soul nas paradas de rhythm and blues em 1961 foi "At Last", de Etta James, a música de Mack Gordon/Harry Warren que fez sucesso com Glenn Miller em 1942. Enquanto trabalhava com Etta em seu livro, perguntei por que ela achava que sua faixa de jazz com cordas pesadas foi um sucesso enquanto, naquele mesmo ano, Aretha não conseguia sucesso com um blues como "That Lucky Old Sun".

— A resposta é fácil — respondeu Etta. — Aretha cantava muito bem essas faixas - tão bem quanto eu, talvez até melhor. Mas a Columbia não sabia como alcançar os ouvintes negros, e minha empresa, Chess, sabia. Leonard Chess tinha um instinto para sentir a comunidade negra. Jerry Wexler também. Eles eram judeus brancos que jamais usariam a palavra "pretos", mas eles conheciam a nós, pretos, melhor do que nós mesmos. A Columbia não tinha ninguém assim. Eles tinham John Hammond, mas ele era como um professor universitário lá em cima na torre de marfim. Ele não era das ruas como Chess ou Wexler. Para ter sucesso na indústria negra, precisa entender as ruas negras, a gente precisa trabalhar nessas ruas e trabalhar com esses DJs para tocar nas estações negras. Não se aplica a tudo o que ela fez na Columbia, mas em geral o que Aretha fazia na Columbia não era negro o suficiente para os negros e era negro demais para os brancos. Ou, pensando bem, naqueles dias era necessário fazer com que o público negro te amasse e depois esperar que o amor passasse para o lado dos brancos. A Columbia não sabia nada sobre essa travessia.

Como um embrulho puramente musical, *Electrifying* é mistificador, alternando entre brilhante e banal. Leslie McFarland, um compositor viajante que contribuiu com cinco músicas para o primeiro álbum de Aretha, tem mais quatro no segundo álbum dela – "It's So Heartbreakin'", uma canção levemente voltada para adolescentes com Aretha ao piano; "I Told You So", uma cantiga de blues ainda mais sem substância com apoio da banda; e a chocante "Rough Lover", cuja história parece espelhar o relacionamento que Aretha tinha com Ted White. Ela imagina alguém que ficará no comando e, caso ela se atreva, "seja um homem que ouse me calar". Ela não quer um homem manso; ela quer um "chefe", "um demônio quando contrariado". Há convicção em sua voz.

Há também grandeza em sua leitura de "Just for You", de McFarland, uma balada pungente que se beneficia não apenas de um conjunto de cordas sutil, mas também do acompanhamento sensível de Tommy Flanagan, o grande artista de jazz que passou mais de dez anos como pianista de Ella Fitzgerald. Aqui Aretha, aos 20 anos, expressa a riqueza emocional de uma mulher décadas mais velha. Como Ray Charles, que afirmava que o material adolescente nunca se encaixou na estética dele, a arte de Aretha requer um material mais dramático e profundo.

Esse material chega na forma de duas músicas do *Electrifying*. "Blue Holiday" foi composta por Luther Dixon, compositor de "Sixteen Candles" dos Crests. As músicas de Dixon para Perry Como, Bobby Darin e Elvis Presley chamaram a atenção de Florence Greenburg, a chefe da Scepter Records, a gravadora que logo explodiria com sucessos produzidos por Dixon para as Shirelles.

De fato, "Blue Holiday" foi gravada pelas Shirelles em 1961. Quando Aretha a cantou em Nova York na época de Natal daquele ano, ela se lembrava de estar especialmente com saudade de sua família em Detroit. Ela também estava grávida de quase oito meses de seu terceiro filho, o primeiro de Ted White. A versão das Shirelles apresenta a vocalista Shirley Brown oferecendo uma leitura sincera de uma adolescente que anseia por um amor perdido. Em contraste, Aretha torna a música um clássico do jazz. Ajuda muito o fato de ela estar cercada por um excelente acompanhamento – dois companheiros de banda de Miles Davis: o baixista Wynton Kelly e o baterista Jimmy Cobb; o trompetista Joe Newman e o trombonista Al Grey da orquestra de Count Basie; o veterano guitarrista Mundell Lowe, e o saxofonista/arranjador Oliver Nelson.

— Eu nem sabia quem ela era — Joe Newman me disse. — Acho que foi John Hammond quem me contratou para a sessão. Nem me lembro se ele estava no estúdio naquele dia. Eu estava tão feliz por tocar, principalmente porque Wynton e Jimmy estavam lá. Eles tinham feito *Kind of Blue* com Miles para a Columbia e eram os caras mais badalados de Nova York. Achei que Aretha Franklin era uma daquelas garotas promissoras como Dakota Staton, que queria ser Dinah Washington. Como eu estava errado! Aretha era o verdadeiro lance! Quero dizer, ela nos abalou. Wynton definiu os ritmos e ela flutuou neles como a antiga Sarah Vaughan. Só que – pelo menos para meus ouvidos – ela tinha mais alma do que Sarah, mais igreja, mais dor, mais mágoa. Me lembro de "Blue Holiday" e de outra música matadora chamada "Nobody Like Me". Era uma linda balada de blues em que ela tocava piano. Eu tinha certeza de que tinha sido composta por alguém como Ray Charles. Quando perguntei a Aretha sobre o compositor, ela disse que era James Cleveland, o cara gospel que liderava o coral de seu pai em Detroit. "Você está brincando", eu falei. "Um homem da igreja escreveu isso?". Aretha não falava muito no estúdio – ela era uma coisinha tímida que só se concentrava em sua música –, mas quando falei isso, ela olhou para mim e disse: "Joe, tudo é igreja". E calei a boca.

"Blue Holiday" e "Nobody Like Me" representam o último e mais eficaz esforço de Hammond para trazer à tona a beleza de Aretha Franklin. Ela atinge o ponto ideal em que o jazz, o blues e o R&B se encontram. Como disse Quincy Jones, que produziu Aretha nos anos 1970:

— Todos os grandes reúnem as correntes. Ray Charles era tanto jazz quanto R&B. Marvin Gaye tinha um tremendo instinto de jazz. Ouça o sentimento de suas frases. O mesmo vale para Stevie Wonder. Aretha se encaixa nessa categoria.

9

ÁGUA, ÁGUA POR TODA PARTE

Em 31 de janeiro de 1962, Aretha deu à luz seu terceiro filho, Theodore White II, no Hospital Osteopático de Detroit.

— Quando Ree voltou para Detroit para ter o bebê — disse Carolyn —, esperávamos que houvesse uma reconciliação entre ela e meu pai. É claro que nosso pai foi ao hospital para ver o neto - ele sempre foi um avô maravilhoso -, mas fez questão de aparecer quando Ted não estava por lá. Todos ficamos com Aretha durante o parto e, por alguns dias, ela ficou em casa com o pequeno Teddy. Mas, assim como Clarence e Edward, ela entregou o bebê para Big Mama, que estava emocionada por ter outra criança para criar. Antes que eu me desse conta, Ree estava de volta a Nova York tocando em clubes e gravando discos.

A essa altura, Erma também estava.

— Eu me mudei para Nova York, bem na época em que Aretha teve Teddy, quando meu primeiro single na Epic, "Hello Again", foi lançado. Muita coisa aconteceu, saiu uma boa crítica na *Billboard* e fiz alguns shows prestigiosos, incluindo o Small's Paradise Lounge, no Harlem, onde muitas vezes tive a companhia de Bettye LaVette, uma cantora maravilhosa de Detroit, e de Esther Phillips, que estava usando drogas pesadas. As drogas, claro, faziam parte daqueles tempos, principalmente no mundo do rhythm and blues. Eu usei. Na verdade, todos os Franklin usaram. Mas isso só se tornou um problema no fim dos anos 1960.

"Ainda era o início dos anos 1960 quando Aretha estava no centro da cidade enquanto eu tocava na parte norte. Deve ser uns quinze quilômetros, mas poderia ser mil. A gente se encontrava, mas quando acontecia, era um tanto frio. Alguns de nossos amigos, como Mary Wells ou Smokey, tinham lançado grandes sucessos. E como Aretha ainda não tinha lançado o que poderia ser considerado um sucesso, ela temia que eu lançasse antes dela."

Em 20 de fevereiro, menos de três semanas após o nascimento de Teddy, Aretha apareceu no Village Gate, um clube de jazz, onde dividiu o palco com o colega artista da Columbia Thelonious Monk. De acordo com Robin D.G. Kelley, o incrível biógrafo de Monk, quase quinhentas pessoas lotaram o pequeno clube. As sobrinhas e os sobrinhos de Monk estavam lá, tão animados quanto seu tio para ver Aretha.

— Eu estava lá — disse Erma. — Eu queria ver como Aretha estava depois do nascimento de Teddy. Ela parecia bem. Estava pronta para voltar ao trabalho. Todos nós Franklin temos uma forte ética de trabalho e nada nos mantém longe dele por muito tempo. Cecil também foi à cidade naquela noite porque Monk era um de seus heróis. Na companhia do grande mestre, Aretha se saiu mais que bem.

— Sou fanático por jazz — Cecil me contou — e se eu tivesse que citar meus três pianistas favoritos, seriam Erroll Garner, Oscar

Peterson e Thelonious Monk. Eu não podia perder Monk junto a Ree. Foi uma noite incrível. Monk tinha acabado de assinar com a Columbia – acho que foi por isso que ele e Ree estavam se apresentando juntos – e ele tinha seu amigo Charlie Rouse como tenor. Não sei se ele já tinha começado a gravar aquele primeiro álbum que fez para a Columbia – *Monk's Dream* –, mas sei que ele tocou "Body and Soul" e "Just a Gigolo", músicas que apareceram naquele disco – um disco que eu escutei umas cem vezes.

"Ree me disse antes do show: 'Você parece mais interessado em ouvir Monk do que eu'. E eu respondi: 'Estou animado para ver vocês dois, mana. Animado para ver você com ele'."

"Acho que Aretha direcionou mais seu show para o jazz por causa da presença de Monk. Ela queria mostrar ao público do jazz que ela era um deles – e ela era. Acho que foi uma das primeiras vezes que Aretha cantou 'Skylark', uma música que ela logo gravou para a Columbia. O mesmo aconteceu com 'Just for a Thrill' e 'God Bless the Child'. Todos ouvimos Ray Charles tocar 'Just for a Thrill' em seu álbum *Genius*, e ouvíamos 'Child' de Billie Holiday desde que éramos crianças. Ela arrasou nas duas. Monk tinha seus fãs e ganhou seu respeito naquela noite. Mas a irmã Ree, que havia aprendido a arrasar na igreja, arrasou naquele clube. Sabíamos que ela estava prestes a ter aquele sucesso monstruoso que todos esperávamos."

O sucesso monstruoso não chegou na época – e não chegaria por mais cinco anos. Enquanto isso, Bob Mersey assumiu a carreira de estúdio de Aretha.

— Mersey era um produto puro da cultura da Columbia — disse Bobby Scott, que dali a um ano se tornaria uma grande figura da música na vida de Aretha. — Trabalhei com Bob por muito tempo. Éramos produtores e arranjadores, mas com origens muito diferentes. Goddard Lieberson, que dirigia a empresa, via Mersey como o

Paxá do Pop. O grande paxá antes dele foi Mitch Miller, o homem que definiu a música pop dos anos 1950, fez uma fortuna para a gravadora e definiu o tom para a Columbia nos anos seguintes. Mitch era um músico de primeira classe e um excelente oboísta – tocava oboé na famosa sessão *Charlie Parker with Strings* –, mas seu negócio eram vendas. Para vender música, é preciso deixá-la mais simples. O lance dele era Rosemary Clooney interpretando "Come On-A My House" e Sinatra cantando "Mama Will Bark" com Dagmar. Lieberson fez uma fortuna para a gravadora com a trilha sonora de *Minha bela dama* e Lieberson colocou Bob Mersey com Andy Williams, outra estratégia para fazer dinheiro. Quando ficou claro que Aretha não estava feliz com Hammond, Mersey era a escolha lógica de Lieberson. Se ela não vendia como artista de R&B, a ideia era transformá-la em pop. Mas como ela tinha algumas credenciais sólidas como artista de jazz, a gravadora sentiu que não poderia abandonar o gênero por completo. Foi aí que eu entrei. Sou pianista de jazz. Fui pianista de Lester Young quando ainda era adolescente. Também posso tocar gospel e blues quando quero. Também sou compositor – os Beatles fizeram um cover da minha "A Taste of Honey" e os Hollies e Neil Diamond fizeram sucesso com a minha "He Ain't Heavy, He's My Brother". Trabalhei durante anos como diretor musical de Bobby Darin. No entanto, quando conheci Aretha, fui considerado um auxiliar de jazz de Mersey. Ele se tornou o homem principal dela. Eu estava no set, mas, metaforicamente falando, eu era um pianista de intervalo. Goddard depositou todas as suas esperanças em Mersey, e se você ouvir os álbuns que ele fez com Aretha, vai achar que Goddard teve a ideia certa.

Mersey contribuiu com três álbuns importantes para a obra de Franklin: *The Tender, the Moving, the Swinging Aretha*, de 1962, *Laughing on the Outside*, de 1963, e *Unforgettable: A Tribute to Dinah*

Washington, em 1964. Cada um tem momentos de graça singular e até de imortalidade.

Para Aretha, o destaque de sua parceria com Mersey veio em *The Tender* com "Without the One You Love", sua própria música. Foi a primeira vez que ela criou uma melodia, escreveu a letra e viu tudo se transformar em uma enorme orquestração de cordas.

A balada de blues, modelada com base em "The Masquerade Is Over", foi um prenúncio de composições ainda mais ousadas que Aretha faria. Não havia dúvida de que ela tinha o dom da composição. (Uma versão sem cordas e muito mais emocionante da música seria gravada ao vivo, com a própria Aretha no piano, em seu álbum *Yeah!!!*, de 1965.)

Há erros em *The Tender* – uma música medíocre de Berry Gordy, "I'm Wandering", um cover pesado do sucesso de Billy Eckstine de 1949, "I Apologize", uma versão brega de "Look for the Silver Lining" –, mas Aretha redime tudo com sua versão impressionante de três músicas – "God Bless the Child", "Just for a Thrill" e "Try a Little Tenderness". De acordo com Jerry Wexler, a versão de Aretha de "Tenderness" inspirou Otis Redding a gravá-la no próprio estilo único. (O biógrafo de Redding, Scott Freeman, sugere que foi Phil Walden, empresário de Otis, que o incentivou a cantá-la, mas quando falei com Walden nos anos 1990, ele confirmou a história de Wexler.)

— Otis tinha o álbum da Columbia de Aretha, em que ela canta "Tenderness" e "God Bless the Child" — Walden me disse. — Não há dúvida de que a visão de Otis sobre "Tenderness" se tornou icônica por causa de sua transição de tempo duplo. Mas eu sei que ele estava tentando canalizar Aretha. Ele também queria gravar "God Bless the Child", mas nunca teve chance. Foi Aretha, junto com Sam Cooke, que tornou Otis Redding uma referência, o que é irônico, já que foi a regravação de Aretha do "Respect" dele que transformou a pequena música de R&B dele em uma referência duradoura.

The Tender, the Moving, the Swinging Aretha Franklin foi gravado em abril e maio de 1962. Em julho, ela apareceu no Newport Jazz Festival no mesmo cartaz com os amigos de seu pai, Clara Ward e Oscar Peterson. O *lineup* também incluiu Sonny Rollins; Count Basie; Jimmy Rushing, o ex-vozeirão do blues de Basie; Thelonious Monk e Duke Ellington.

O crítico de jazz Jack Maher escreveu a crítica da *Billboard*: "Durante o tempo em que Ellington esteve no átrio, Thelonious Monk mostrou suas habilidades únicas como compositor e solista em uma performance de 'Monk's Dream', escrita especialmente para a banda. Duke conduziu. Outro momento especial com Ellington foi a participação de Aretha Franklin, cujos vocais gospels trouxeram gritos de 'bis' da multidão."

Mais tarde naquele mesmo mês, o Dr. Martin Luther King Jr. foi preso por participar de uma manifestação em Albany, na Georgia.

— Lembro de meu pai contando de como Martin e ele estavam conversando sobre uma manifestação em Detroit — disse Cecil. — Eles conversavam com frequência, e o Dr. King sabia que podia contar com meu pai. Eu diria que eram almas gêmeas com a mesma missão.

Em agosto, a *Billboard* fez uma crítica de "Just for a Thrill" e "Try a Little Tenderness", dizendo: "Aqui estão duas das melhores versões que Aretha já fez e isso diz muito. Ela mostra alguns de seus melhores trabalhos vocais até agora nas duas faixas, e uma ou ambas podem se tornar seu maior sucesso de vendas até hoje."

Em 2 de agosto, Aretha apareceu no *American Bandstand* pela segunda vez. Ela cantou "Don't Cry Baby" e "Try a Little Tenderness". Mas nenhuma das músicas chegou às paradas.

— Todos estávamos ouvindo "You'll Lose a Good Thing", de Barbara Lynn — disse Erma. — Foi um sucesso e nós adoramos. Adoramos "Locomotion" de Little Eva, e "Duke of Earl" de Gene Chandler, e "Unchain My Heart" de Ray Charles. Todas eram sucessos, todas ótimas, mas será que eram melhores que as músicas que Aretha cantava na Columbia? Acho que não. Ree sentiu como se houvesse água, água por toda parte, mas nem uma gota para beber.

Em 27 de setembro, o Departamento de Justiça dos Estados Unidos entrou com uma ação para acabar com a dessegregação pública. Três dias depois, o governador do Mississippi, Ross Barnett, impediu que James Meredith se matriculasse na universidade estadual.

Em meados de outubro, a crise dos mísseis cubanos traumatizou a nação por duas semanas. Aretha pouco lembrava da crise, mas tinha memórias específicas dos comediantes que fizeram abertura de seus shows. Ela falou de Buddy Hackett e sua apresentação como garçom chinês e o professor Irwin Corey, com seu cabelo frisado e louca especialidade em tudo e nada. Ela tinha uma consideração especial pelo intelectual Dick Gregory, com quem trabalhou no Playboy Club em Chicago.

Os shows ficaram maiores a ponto de Aretha estar pronta para mudar de agente. Em novembro, a *Jet* informou que "a separação de Aretha Franklin e sua empresária, Jo King, pode acabar no tribunal porque a jovem estrela em ascensão quer rescindir o contrato e a empresária quer fazer um acordo de nove mil dólares".

— Quando Ted assumiu — disse Erma —, o homem tomou conta *mesmo*. O lance dele era recomeçar do zero. Jo King era passado. Qualquer um no círculo de Jo era passado. Qualquer um que já tivesse se envolvido com a carreira de Aretha - incluindo seu próprio pai - foi marginalizado. Ted exigiu e obteve o controle total.

— Por que Aretha permitiria isso? — perguntei a Erma.

— Acho que ela tinha mais medo do mundo exterior do que o resto de nós — respondeu Erma. — Acho que ela sentiu que precisava de proteção. Nosso pai tinha sido extremamente protetor com Aretha. Talvez até superprotetor. Ele a levou para o mundo do show business, mas depois teve que retornar ao mundo da igreja. Ele não podia mais desempenhar o papel que tinha assumido desde que Aretha começou a viajar com ele. Ele não podia mais protegê-la diariamente. Quando isso ficou claro, ela buscou um protetor substituto. Sei que parece absurdo, mas Ted White tinha muitos dos atributos de nosso pai - era seguro de si, carismático, definitivamente um cara mulherengo, muito inteligente, muito organizado e capaz de lidar com eficácia com o mundo frio e cruel. Meu pai ajudou Aretha a alcançar fama na música sacra. Aretha esperava que Ted fizesse exatamente isso na música secular. Você não precisa de um doutorado em psicologia para perceber que há uma razão de nós, garotas, muitas vezes chamarmos nossos amantes e maridos de "papai".

Para o papai biológico de Aretha, o ano de 1963 foi um marco. O reverendo C.L. Franklin tinha visto, alguns anos antes, um projeto de renovação urbana demolir a Hastings Street - os bares, os clubes e a igreja batista New Bethel - para construir o que se tornaria a Chrysler Freeway. A congregação de Franklin encontrou um espaço temporário em outro lugar, enquanto o ministro passava mais tempo na estrada. De acordo com o biógrafo dele, Nick Salvatore, foi um período em que Los Angeles se tornou seu lar longe do lar. Os sermões em igrejas de todo o país aumentaram junto ao envolvimento dele na política local de Detroit. C.L. se tornou presidente-fundador da Metropolitan Civic League for Legal Action [Liga Cívica Metropolitana para Ações Legais]. Como um político progressista, sua hora havia chegado. Seus sermões enfatizando o orgulho étnico e a autoestima, sua mensagem usual, tornaram-se referência conforme o movimento nacional pelos direitos civis ganhava força e maior exposição.

Em 10 de março, ele ganhou um púlpito novo e mais proeminente quando a *nova* New Bethel abriu suas portas no cruzamento das ruas Linwood e Philadelphia. O prédio, que antes era um teatro, foi transformado em um santuário de 2.500 lugares por – como C.L. era rápido em destacar – uma empresa de construção civil totalmente negra. O ministro ressaltou que não se tratava de racismo reverso. Ele disse que era prova do que "como raça, podemos fazer por nós mesmos se aproveitarmos as oportunidades para nos qualificarmos".

Em maio, Franklin estava nos estágios finais da formulação de seu plano para realizar uma grande marcha pela liberdade em Detroit com seu amigo Dr. King como o principal orador. A conservadora e influente Aliança Ministerial Batista se opôs à marcha – ou pelo menos a uma marcha liderada por Franklin. A importância nacional de C.L. provocou inveja entre muitos de seus colegas. Quando ele foi à reunião da Aliança para argumentar e foi informado pelo presidente da organização que não poderia falar porque suas taxas da Aliança estavam em atraso, C.L. explodiu e partiu para cima de seu adversário. Os colegas de Franklin o seguraram e evitaram a luta física. No final, C.L. venceu graças a seu relacionamento próximo com o Dr. King. Se Franklin conseguisse que King liderasse uma marcha pela liberdade em Detroit, essa marcha iria adiante, por mais veemente que fosse a oposição ao envolvimento de Franklin.

Em 27 de maio, Mahalia Jackson patrocinou um comício beneficente para a conferência de Liderança Cristã do Sul do Dr. King no McCormick Place em Chicago. O Freedom Festival Fund contou com Al Hibbler, o prefeito Richard Daley, Dick Gregory, Eartha Kitt e Aretha Franklin. A revista *Jet* relatou "como a cantora de gospel e blues Aretha Franklin ficou numa posição difícil depois de todos os pregadores e grandes estrelas no comício de Mahalia Jackson para Martin Luther King e literalmente encerrou o show ao fazer a multidão ir para casa gritando quando cantou uma versão de 'Precious Lord'. Filha do reverendo C.L. Franklin de Detroit, Aretha jogou quatro notas de 100 dólares nas mãos de Mahalia por fazer parte do evento."

— A outra área em que meu pai ainda dominava Aretha — disse Cecil — era fazê-la cumprir seu dever cívico. Ele incutiu isso em todos nós. Ted White tinha total domínio sobre ela quando se tratava de quais compromissos aceitar e quais músicas cantar. Mas se meu pai ligasse e dissesse: "Ree, quero que você cante para o Dr. King", ela largava tudo e simplesmente cantava. Eu não acho que Ted tivesse objeções ao apoio dela à causa do Dr. King, e ele viu que isso aumentaria a visibilidade dela. Mas me lembro da vez em que houve um conflito entre fazer um show em uma grande casa noturna e participar de um comício para o Dr. King. Ted disse: "Vá para a casa noturna. Precisamos do dinheiro". Mas Ree disse: "O Dr. King precisa mais de mim". Ela desafiou o marido. Talvez esse tenha sido o começo de seus problemas conjugais. O lance deles sempre foi conturbado porque era baseado em um usando o outro. De qualquer maneira, minha irmã provou ser uma forte combatente na luta pelos direitos civis. Isso me deixou orgulhoso dela e impediu que seu relacionamento com nosso pai desmoronasse por completo.

Pouco depois de voltar de Chicago, Aretha entrou no estúdio e gravou o que poderia ser considerada sua maior performance na Columbia.

— Eu diria que foi sua melhor performance de todos os tempos — disse Etta James. — Todo mundo adora as coisas dela na Atlantic, e sem dúvida são clássicos, mas quando eu a ouvi cantar "Skylark", eu disse para Esther Phillips, minha companheira de corrida na época: "Aquela garota arrasou naquela música do começo ao fim". Veio em um momento em que todos queríamos conquistar o público branco cantando músicas de referência. Eu tinha "Sunday Kind of Love" e "Trust In Me" e Sam Cooke estava tocando "Tennessee Waltz" e "When I Fall In Love" no Copa. Estávamos todos tentando ser tão de classe média. Foi o começo do *negro extravagante*. Eu acho mesmo que Aretha teve vantagem sobre nós, já que era filha de um pregador rico e cresceu extravagante. Mas, diabos, o motivo não importa. Ela levou "Skylark" a outro nível. Quando ela volta e canta o refrão pela segunda vez, uma oitava acima - cara, ela está *gritando* -, *eu* tive que coçar a cabeça e me perguntar, *como diabos essa vadia fez isso*? Me lembro de ter encontrado Sarah Vaughan, que sempre me intimidou. Sarah disse: "Você já ouviu falar dessa tal de Aretha Franklin?". Eu disse: "Você a ouviu cantando 'Skylark', não foi?". Sarah disse: "Sim, ouvi, e nunca mais vou cantar essa música".

O disco que contém "Skylark", *Laughing on the Outside*, foi gravado durante a primavera e o verão de 1963 e é o mais consistente e satisfatório dos álbuns de Robert Mersey/Aretha Franklin. Está entre as interpretações mais memoráveis dela de qualquer música em qualquer gênero.

— Quando ouvi "Skylark" — disse Jerry Wexler —, liguei para John Hammond para parabenizá-lo. Pensei que ele ainda era o principal produtor dela. Era impressionante de tão boa. Mas John me disse que não tinha nada a ver com aquilo. Aretha estava zangada com ele, porque achava que John havia contratado Erma, e a Columbia estava querendo colocá-la com Bob Mersey, um cara popular do pop. Pode dizer o que quiser sobre esses caras, mas às vezes até o mais brega deles – como meu bom amigo Mitch Miller – pode fazer coisas brilhantes. Mersey foi muito bom para Aretha. Temos que dar um crédito ao cara. Os arranjos dele eram lindos.

"Mais tarde nos anos 1960, quando conheci Donny Hathaway e ele começou a falar sobre referências de cantores, ele mencionou o álbum *Laughing on the Outside*. Ele o tinha memorizado. Ele queria fazer "For All We Know" no estilo de Aretha. Se ouvir a versão dele, que é linda de arrepiar, você o ouvirá canalizando Aretha."

Aretha falou muitas vezes de sua consideração por Frank Sinatra e comparou favoravelmente a própria versão de "Where Are You?" de seu álbum *Laughing* com a dele.

— Existem dois lados na minha irmã — disse Cecil quando mencionei a ousada comparação dela com Sinatra. — Ela sempre teve confiança em seu canto. Ela sempre soube que tinha o dom – um dom tão grande que não pode ser negado, nem mesmo por uma pessoa insegura. Todos os crentes que a ouviram cantar na igreja disseram que ela era fenomenal. Mas mesmo sabendo como era boa – e que aos 21 anos ela podia cantar uma balada com a profundidade de Frank Sinatra ou de Billie Holiday –, outra parte dela era superinsegura. A insegurança não era com seu talento, mas com sua capacidade de se superar e ser uma estrela no show business. É por isso que ela estava disposta a tentar qualquer coisa para crescer – pop, blues, baladas, R&B, você escolhe. É também por isso que ela estava disposta a deixar um cara durão como Ted White liderar o caminho. Aretha pensou que precisava de um touro para derrubar as portas para ela. Ela nunca achou que poderia fazer isso sozinha – e estava certa.

As músicas dizem tudo – a solitária "Solitude" de Duke Ellington, "If Ever I Would Leave You" de Lerner and Loewe, "I Wanna Be Around" de Johnny Mercer. A faixa-título, "Laughing on the Outside", diz o mesmo – que, por trás das aparências, por trás das luzes da foto de capa e do glamour do vestido brilhante de Aretha, há um reservatório de sentimentos profundos que transcendem o tempo e o espaço. Ela ri por fora e chora por dentro.

Nesse mesmo disco, Aretha cantou uma música que Ray Charles havia gravado apenas alguns meses antes em Los Angeles. A sessão de Aretha em Nova York aconteceu no dia 12 de junho. A canção ("Old Man River", de Rogers e Hammerstein) é uma das grandes clássicas da música estadunidense. Contém uma metáfora essencial: o tempo é um rio, o tempo continua passando, o tempo é indiferente à dor, ah, se pudéssemos desaparecer no anonimato do tempo e deixar para trás os fardos deste mundo. É também um veículo dramático escrito por homens brancos e feito para ser cantado por negros. A versão de Paul Robeson é talvez a mais icônica. Ray Charles a cantou no auge de seu vício em heroína. O produtor dele, Sid Feller, me disse: "Ray caiu de cara no teclado. Primeiro, achei que ele tivesse morrido de ataque cardíaco, mas logo vi que era o efeito das drogas. Quando ele acordou, como se nada tivesse acontecido, começou a cantar a música na versão mais emocionante que eu já ouvi. É difícil imaginar a profundidade que ele adquire. Ele literalmente chora."

Aretha levou a música em outra direção – alegre e excêntrica, com uma seção rítmica de jazz balançando ao fundo. Ela se recusou a procurar o sofrimento sombrio, apenas o manteve na superfície.

— Disseram que era para ser cantada por um homem — disse Aretha —, mas cantei assim mesmo. Foi escrita para um musical da Broadway e eu queria dar uma sensação da Broadway ao estilo jazz.

Mas não com "Say It Isn't So" de Irving Berlin.

— Essa é outra de que me lembro daquele disco — disse Etta James. — Minha mãe costumava tocar a versão de Billie e Dinah, mas foi só quando ouvi Aretha cantar "Say It Isn't So" que a entendi de fato como uma música de soul. Depois de cantar uma vez, Aretha volta e arrasa com a música. Ela cospe um "Say everything is still okay" de uma forma que você sabe que ela andou ouvindo Ray. Estávamos todos ouvindo Ray, mas Aretha era tão boa quanto ele. Ela podia dominar totalmente uma música, com tanta tristeza e fogo, que você nunca mais iria querer escutar na voz de outra pessoa. Levei quarenta anos para cantar essa música - para você ver o quanto eu reverenciava a versão de Aretha. E quando finalmente a cantei, em um álbum chamado *Heart of a Woman*, coloquei uma batida latina nos fundos e acelerei o ritmo, e claro que eu estava cantando aquelas mesmas notas de Aretha que tinham ficado enterradas na minha cabeça todos aqueles anos.

No domingo, 23 de junho de 1963, dez dias após a sessão final da gravação de *Laughing on the Outside*, mais de 100 mil pessoas foram às ruas em Detroit na marcha pela liberdade liderada pelos reverendos C.L. Franklin e Martin Luther King. Estava programada para começar às quatro da tarde, mas assim que os cultos acabaram, a multidão começou a crescer. C.L. afirmava que 200 mil pessoas participaram; estimativas mais conservadoras reconheciam 125 mil. De qualquer forma, seria um evento marcante na história da grande cidade industrial e nunca teria acontecido se não fosse pela tenacidade e poder de C.L. Franklin. Um repórter do *Michigan Chronicle* escreveu: "Negros de todas as classes - transeuntes, médicos, idosos, bêbados, clérigos e suas congregações etc. - vieram de todas as partes para 'marchar pela liberdade'". O biógrafo Nick Salvatore escreveu: "Os alegres manifestantes tomaram conta das ruas do principal distrito comercial e de entretenimento da cidade, onde, até pouco tempo atrás, lhes era negado tratamento igualitário. A marcha foi principalmente coisa do povo negro. Os manifestantes brancos não apareceram em números expressivos... Alguns sindicalistas negros expressaram decepção com a notável ausência da maioria de seus colegas de trabalho brancos".

A marcha terminou no Cobo Hall, onde C.L. havia providenciado que o Dr. King falasse. No entanto, antes do discurso houve entretenimento – o pianista de jazz Ramsey Lewis, a rainha do blues e amiga íntima de C.L. Dinah Washington, o organista de jazz Jimmy McGriff, os Four Tops e Erma Franklin. Aretha não compareceu.

— Acho que cantei uma música gospel — disse Erma —, mas não posso afirmar. O que me lembro é da emoção. Foi um daqueles momentos em que, como meu pai diria, "a presença de Deus estava em toda parte". Havia uma união entre nosso povo que eu nunca havia sentido antes, um orgulho e um senso de propósito. Considerando a mentalidade aberta de meu pai e do Dr. King, era perfeitamente apropriado que houvesse artistas de jazz e artistas de blues junto com um coro da igreja que cantava "Lift Every Voice and Sing". O presidente Kennedy e também Walter Reuther, o líder sindical, nos parabenizaram. Mal posso expressar como eu estava orgulhosa de meu pai e do que ele havia realizado. O Dr. King o chamou de "seu bom amigo" e fez um discurso emocionante. Saímos do Cobo Hall acreditando que a maré havia mudado e que um novo mundo mais brilhante estava por vir. Para mim, foi o momento mais brilhante dos anos 1960.

A ocasião também é notável pela famosa frase do Dr. King em seu discurso: "Nesta tarde, eu tenho um sonho. É um sonho profundamente enraizado no sonho americano". De fato, King estava antecipando o discurso que faria dois meses depois no Lincoln Memorial, um momento importante na longa luta pelos direitos civis. Berry Gordy lançou o discurso em LP e o chamou de *A Grande Marcha para a Liberdade.*

Em setembro, Aretha voltou aos estúdios da Columbia em Nova York, onde conheceu Bobby Scott, o brilhante pianista/arranjador/compositor que havia sido contratado por Bob Mersey para fazer uma série de sessões voltadas para o jazz.

— Minha primeira lembrança de Aretha é que ela não olhava para mim quando eu falava — Scott me contou. — Fiquei intrigado com o modo como ela se retirou do encontro. No começo pensei que ela era apenas tímida - e ela era -, mas também senti que ela estava me analisando. Não tive vergonha de contar a ela minhas realizações, e só quando contei das minhas vitórias que senti que eu tinha chamado sua atenção. O que mais me chocou, porém, foi quando eu disse a ela que tinha sido acompanhante de Lester Young. "Você toca para o presidente?". Apenas os aficionados mais badalados do jazz sabiam daquele apelido, "Pres", de presidente. Isso me disse que ela era muito mais do que uma menina de igreja. Claro que eu tinha ouvido as coisas que ela tinha feito com Mersey. "Skylark" me arrebatou. Depois dessa música, Mersey me procurou para colocar Aretha em uma coisa mais jazz. Mas a verdade é que a musicalidade dela não conhecia limites. O único outro cantor com quem trabalhei que tinha esse mesmo instinto foi Marvin Gaye.

Mais tarde nos anos 1960, Scott fez uma sessão de balada notável com Marvin intitulada postumamente de *Vulnerable*. Perguntei a Bobby qual elo comum ele via entre Marvin e Aretha.

— Os dois esculpiam e melhoravam qualquer música que cantavam. Os dois vieram de um lugar sagrado que cria gênios. Estranho, mas quando comecei a trabalhar com Marvin, ele havia lançado uma série de sucessos e não ligava para as vendas. Ele queria arte. Mas naquela primeira reunião em que ela me chamou de sr. Scott e pediu que eu a chamasse de srta. Franklin, Aretha disse algo que nunca esquecerei. Apesar de toda a sua consideração com minha experiência e de sua relutância em falar, quando ela me olhou nos olhos, foi com uma intensidade silenciosa antes de dizer: "Gosto de todas as suas ideias, sr. Scott, mas lembre-se de que eu quero sucessos".

As sessões de Aretha e Scott ocorreram durante três dias em outubro de 1963. Em vez das sessões orientadas para o jazz que Mersey havia imaginado originalmente, o repertório final, como quase tudo que Aretha cantou na Columbia, parecia estar indo em várias direções ao mesmo tempo.

— Aretha queria cantar "Harbor Lights", uma música que ela conhecia dos Platters — disse Scott. — Ela disse que achava que, na era pós-doo-wop do início dos anos 1960, poderia voltar a ser um sucesso. Eu ouvia essa música desde pequeno. Todos, de Guy Lombardo a Bing Crosby, fizeram versões dela. Vi a possibilidade de reinventá-la – especialmente nas mãos de uma grande cantora de baladas de blues. Então fomos com tudo. Aretha me ajudou com os arranjos vocais femininos de apoio – ela era ótima nisso –, eu trabalhei na melodia, encontrei um ritmo adequado e pensei que chegaríamos às paradas. Não chegamos.

"Como compositor, estou sempre forçando os grandes cantores a fazerem o que quero, e com Aretha não foi diferente. Apresentei a ela muitas músicas de jazz, mas ela não gostou de nenhuma. Em vez disso, ela era atraída por baladas – 'Tiny Sparrow', uma das coisas mais espirituais e metafóricas que escrevi. Ela disse que a canção a fazia se lembrar da igreja. Ela cantou a minha 'Johnny', um tema que escrevi sob a influência de Rogers e Hammerstein. Quando toquei para ela 'Looking Through a Tear', que também escrevi no estilo da Broadway, Aretha quis cantá-la. De repente, largamos a ideia de um álbum de jazz. Ela trouxe algo do irmão de Sam Cooke, L.C., chamado 'Once In a While'. Ela achou que poderia ser um sucesso de R&B, eu não, fizemos e não foi. Achei sem graça. Tive a mesma reação ao 'Bill Bailey Won't You Please Come Home'. Amo Jimmy Durante cantando essa, mas Aretha Franklin? 'Eu a imagino com o som da banda de Count Basie ao fundo', ela me disse. 'Posso fazer isso', falei. 'Posso escrever um arranjo estilo Ernie Wilkins-Count Basie'. Eu admito que ela cantou com alma, mas parecia uma música de boate para mim, inadequada para uma artista do calibre de Aretha.

"Até então, em termos de tema ou coesão de estilo, tínhamos perdido o rumo. Mas Aretha e seu marido Ted não pareciam preocupados. Eles eram tão confiantes no canto dela que tinham certeza de que todas as músicas que gravamos – até mesmo 'Moon River' ou 'I May Never Get to Heaven' – seriam um sucesso. Eu entendi o entusiasmo deles, e eu também o sentia, mas não havia comunicação entre o estúdio e o pessoal de vendas. Quando os vendedores souberam o que havíamos feito, eles disseram: 'O que faremos com isto?'. Era ótimo, mas não tinha uma definição. Ouvindo décadas depois, ainda é forte. Aretha é sempre Aretha. Ela pegou o arranjo que escrevi para 'I Won't Cry Anymore' e arrasou. Tony Bennett a havia cantado. Assim como Charles Brown e Big Maybelle e Dinah Washington e Joe Williams. Mas Aretha a interpretou de uma forma que pensei que ninguém conseguiria imitar. Foi só quando reescrevi o arranjo, adicionei um violão e entreguei a Marvin Gaye que vi que eu estava errado. Quando se tratava de reinvenção melódica e interpretação destemida, Marvin e Aretha estavam empatados. Odiei que eles nunca cantaram juntos".

Em 22 de novembro de 1963, Aretha estava grávida de sete meses e estava no Broadway Market em Detroit, uma loja de comida gourmet, quando ouviu a notícia do assassinato de John F. Kennedy. Em seu livro, ela conta que entre suas lembranças mais fortes daquele dia estavam os cheiros fortes de presuntos, salames e queijos pendurados. Em outras ocasiões, ela refletiu que, após a morte do presidente, encontrou conforto na presença do pai.

Erma tinha um ponto de vista semelhante.

— Meu pai era muito forte — disse ela. — Especialmente nos anos 1960, quando as mudanças aconteciam muito rápido e grandes líderes começaram a cair, ele se manteve firme. Ele ensinou todos nós a ficar no caminho certo. Ele acreditava num futuro em que o mal seria corrigido e o amor do Deus poderoso prevaleceria. Ele nos criou, nos nutriu e nos consolou em tempos de angústia.

"Ted White era um marido muito possessivo e poderia ser assustador. Mas quando o mundo ficou instável e os medos estavam à solta, Aretha perdeu o medo dele e foi para casa com meu pai. Por maiores que fossem os nossos desentendimentos passados, sempre nos reconciliávamos com nosso pai. Nosso vínculo com ele era mais forte do que nosso vínculo com qualquer outra pessoa."

Um mês depois, outra morte súbita teve um impacto maior na família Franklin. Em 14 de dezembro, os moradores de Detroit, junto com o resto do país, se chocaram ao saber que em sua cidade Dinah

Washington havia morrido de uma combinação tóxica de drogas (secobarbital e amobarbital) aos 39 anos. Casada com seu sétimo marido, Dick "Night Train" Lane, zagueiro do Detroit Lions All-Pro, Dinah parecia estar no auge do sucesso ou, nas palavras de sua biógrafa Nadine Cohodas, "parecia que Dinah tinha sido arrancada [de seus amigos] na plenitude da vida".

— Ted e Aretha estavam em Nova York e correram de volta para Detroit — lembrou Cecil. — Mais do que qualquer um, meu pai estava arrasado. Ele e Dinah eram amigos fazia anos. Lembro que Aretha parecia assustada, como se a morte estivesse chegando muito perto de todos nós. A resposta de Ted foi: "A rainha está morta. Vida longa à rainha. Aretha é a nova rainha".

10

COMO UM DIA FAZ DIFERENÇA

— **Tenho uma história da** Dinah Washington para contar — Etta James me disse. — Eu era uma jovem com um ou dois sucessos de jazz na conta. Eu estava tocando em um pequeno clube em Providence enquanto Dinah tocaria no grande Loew's State Theatre. Quando me disseram que ela viria ver meu show da meia-noite, quase desmaiei. Dinah estava lá! Pensando nisso, decidi abrir com seu grande sucesso, "Unforgettable". Eu nem tinha chegado ao refrão quando ouvi um estrondo de abalar a terra. Dinah se levantou da cadeira, jogou no chão todos os copos e pratos da mesa, e estava apontando para mim, gritando: "Vadia, nunca mais cante canções da rainha quando a rainha estiver bem na sua frente!".

"Saí do palco chorando. Nem terminei de cantar. Ninguém conseguia me consolar. Eu não queria ver ninguém. Mas foi a própria Dinah quem foi ao meu camarim e disse: 'Desculpe, me estressei por um momento, mas veja bem, garota, você aprendeu uma lição valiosa. Se uma estrela está por perto, você nunca canta as músicas dela. *Nunca*'. Eu só consegui dizer 'Sim, senhora'. Ela me convidou para seu show no Loew's no dia seguinte. Eu fui e nos tornamos próximas. Amo a Dinah, mas, cara, ela era uma peça".

O encontro com Dinah que Aretha reconta em *From These Roots* também envolveu um encontro no camarim. Depois de seu show em um clube de Detroit, Aretha recebeu em seu camarim a visita de Dinah Washington. Dinah criticou Aretha pela bagunça – roupas e sapatos estavam espalhados por toda parte. Aretha ficou muito magoada com os comentários e pensou que Dinah estava agindo como uma diva – sendo petulante.

Quando Dinah faleceu, Aretha tinha 20 anos e claramente não era uma diva. Ela trabalhava em clubes de jazz, com passagens ocasionais em locais como o Apollo, e estava construindo sua reputação. O dinheiro era mínimo. Não havia royalties, e os adiantamentos da Columbia eram pequenos. Por outro lado, seus shows eram estáveis. Ela viajou com o trio formado por Ted White – Teddy Harris no piano, o baterista Hindell Butts e o baixista Roderick Hicks. Quando Harris não estava disponível, Earl Van Dyke costumava substituí-lo. Eram músicos esplêndidos. Para aqueles que ouviam com atenção – John Hammond, Carmen McRae, Bobby Scott, Jerry Wexler –, não havia dúvida de que a grandeza dela já estava estabelecida. Seu potencial era ilimitado. Ao mesmo tempo, seu comportamento público permaneceu tão tímido que era triste de se ver.

— Aretha falava comigo — disse Ruth Bowen, a mulher que, em vários momentos, contratou Dinah e Aretha —, mas não muito. Só me tornei sua agente e confidente alguns anos depois. Antes disso, eu a via de vez em quando e sabia que ela tinha muito medo de se afirmar. Ela falava por meio de Ted – e foi Ted quem sugeriu que ela fosse ao estúdio e gravasse um álbum de tributo a Dinah. Ted sempre viu Aretha como a nova Dinah, e ele não perdeu um minuto tentando fazer isso acontecer.

Houve dois funerais para Dinah – o primeiro em Detroit, na New Bethel, onde C.L. presidiu e Aretha cantou. O segundo foi na cidade natal de Dinah, Chicago.

— Fui aos dois — disse Ruth. — Foi em Detroit, logo após o culto, que Ted me disse algo sobre Aretha cantar um disco de tributo. Aquele não parecia o lugar certo para mencionar isso, mas acho que Ted sabia como Dinah e eu éramos próximas – nós fundamos juntas a Queen Booking Agency – e queria minha aprovação. Ele também queria que eu desse a Aretha o tipo de atenção que eu tinha dado a Dinah. Eu queria dizer: "Ted, o corpo dela nem esfriou. Não podemos esperar para conversar sobre negócios daqui algumas semanas?", mas não falei nada. Eu estava sofrendo tanto. Perder Dinah foi como perder uma irmã.

A Columbia estava tão ansiosa quanto Ted para gravar o tributo. Eles encararam como uma grande oportunidade e partiram para uma grande produção. Bob Mersey e Aretha selecionaram as músicas, Mersey rapidamente escreveu os arranjos e, em 7 de fevereiro de 1964, oito semanas após a morte de Dinah (e apenas um mês após Aretha dar à luz Ted White Jr.), a primeira sessão começou no estúdio da gravadora no número 799 da Seventh Avenue, em Nova York.

— A dedicação de Aretha à sua carreira e seu ofício é algo que as pessoas subestimam — disse Erma. — O que quer que ela esteja vivendo – dando à luz ou passando por um luto –, ela volta de imediato ao trabalho, porque seu trabalho, sua capacidade de expressar sentimentos profundos na música, é o que a faz sobreviver.

Aretha soa ao mesmo tempo vulnerável e poderosa. O álbum é doce, atrevido e triste, um tributo musical apropriado – e às vezes ascendente – à rainha caída feito pela aspirante ao título. Sob qualquer ótica, é um clássico.

— Ted queria nomeá-lo de *What a Difference a Day Makes* [Como um dia faz diferença] — disse Ruth Bowen —, mas não gostei. Achei que isso significava que em um dia o reinado de Dinah havia acabado e o de Aretha havia começado. Fiquei aliviada quando eles mudaram para *Unforgettable*. Melhor assim.

A faixa-título é uma maravilha de eufemismo e sinceridade. Aretha vem para essa homenagem com muito respeito pela mística de Dinah. Enquanto Dinah cantava "Cold Cold Heart" de Hank Williams em uma veia jazzística, Aretha coloca um pesado toque de gospel-blues na música, um presságio de seu material na Atlantic. Como aconteceria na Atlantic, Aretha também desempenhou o papel de coprodutora não creditada. O arranjo foi construído com base em seu conceito.

Em seus dias de igreja, Aretha refletia a sensibilidade de Clara Ward e Jackie Verdell, mas seu estilo único estava lá desde o início. O vocal extravagante é uma parte essencial da gramática do canto gospel, mas o vocal característico de Aretha, no qual ela salta oitavas e forja floreios ao mesmo tempo simples e complexos, é totalmente seu.

A interpretação de Aretha de "What a Difference a Day Makes" é especialmente sensível e respeitosa à original. Aretha não tenta reinventar a música. Ela não quer esquecer Dinah. Dinah está em sua mente. Sentimos o espírito de Dinah no coração dela. Aretha não ataca a música; ela a apresenta com uma confiança gentil, mas firme. Ela canta normalmente nos primeiros compassos, contando uma história lenta da descoberta do amor. Ela só começa a acariciar a letra a partir do verso "My yesterdays were blue, dear". Ela alonga e exagera o "blues" para avisar que, embora seja uma homenagem a Dinah, Aretha pretende que a música seja sua.

Todas as músicas de *Unforgettable* se tornam de Aretha. E, depois de ouvir, não há dúvida - em espírito, técnica, imaginação, criatividade e alma pura - de que Aretha está à altura de Dinah. Mas o álbum causou pouco impacto no mundo da música, que estava no meio de dois grandes fenômenos.

Em 1964, os Beatles chegaram aos Estados Unidos, atingindo a cultura pop com mais força do que qualquer um desde Elvis. Enquanto isso, a Motown explodiu. The Supremes estourou com uma série de sucessos no topo das paradas, começando com "Where Did Our Love Go"; Mary Wells com "My Guy"; Martha and the Vandellas com "Dancing in the Streets"; e os Temptations and Four Tops passaram para o Top 10 do pop.

Justo quando Ted White e os executivos da Columbia queriam que o mundo medisse Aretha pelo passado - por Dinah, uma das artistas mais duradouras da década anterior -, os fãs estavam olhando para o futuro. O pop negro, voltado para um público branco, enfim se destacava, e Aretha não estava envolvida. Ela foi apresentada como uma adulta madura. Apesar de ter apenas 21 anos, os homens do marketing a direcionaram para um grupo demográfico muito mais velho.

— *Unforgettable* é provavelmente a melhor coisa que ela fez na Columbia — John Hammond me disse. — Mersey encontrou uma base sólida de jazz para o projeto. Em "Evil Gal Blues" e "Soulville" ele utilizou um órgão Hammond B3 que criou uma sensação de blues maravilhosamente autêntica. "Drinking Again" é uma evocação maravilhosa de um bar que funciona até altas horas. Dinah a cantou lindamente, mas Aretha a colocou na categoria Sinatra. É uma reminiscência da música dele "One for My Baby". Acredito que é tão boa quanto. O problema não era o material ou os vocais. O material era perfeito e os vocais eram impressionantes. Lembro que pensei que, se Aretha nunca mais gravasse outro álbum, ela seria lembrada por *Unforgettable*. Não, o problema foi o momento. Dinah havia morrido e, fora da comunidade negra, o interesse por ela havia diminuído drasticamente. A música popular estava em um momento radical e revolucionário, e esse momento nada tinha a ver com Dinah Washington, por melhor que ela fosse, e sempre será.

— Se não me engano — disse Clyde Otis, que seria a próxima grande figura na vida musical de Aretha —, *Unforgettable* foi a primeira vez que Aretha cantou uma de minhas músicas. Estou falando de "This Bitter Earth". Eu estava na equipe da Mercury quando levei a música para Dinah, que a gravou em 1960. Foi um de seus maiores sucessos. Eu também estava produzindo sucessos em Brook Benton e, claro, tinha feito duetos de sucesso com Brook e Dinah – "Baby (You Got What It Takes)" e "It's a Rocking Good Way (To Mess Around and Fall in Love)". Quando Bob Mersey, meu vizinho em Englewood, Nova Jersey, mencionou que Aretha estava fazendo um tributo a Dinah, eu disse que achava que seria natural escolher "This Bitter Earth". Aretha queria cantá-la antes mesmo de eu ter sugerido. Eu adoraria produzir, mas Bob estava comandando as sessões desse álbum. Quando ouvi o que Aretha fez com a música, percebi que não havia nada que eu pudesse acrescentar. Ninguém amava e admirava Dinah mais do que eu. Mas Aretha levou a música aos céus. Depois de sua versão, eu sabia que daquele dia em diante minha composição seria considerada uma referência. Ela criou a referência. Ela estabeleceu a referência. As outras versões são incríveis – adoro a maneira como Nancy Wilson a cantou. Mas Aretha... aquela garota rasgou a música e a remontou de uma forma que me fez balançar a cabeça, maravilhado. Para mim, essa música é dela e de mais ninguém.

Aretha sentiu o drama intrínseco da composição. Uma das melhores baladas de blues, "This Bitter Earth", vai do desespero à esperança. Assim como o blues mais verdadeiro é transformador – o próprio ato de cantar ou ouvir o blues permite que você perca a tristeza –, "This Bitter Earth" nos leva a uma jornada para fora das profundezas da depressão. É a principal conquista de *Unforgettable*, a mais esquecida e subestimada das muitas grandes conquistas de Aretha.

Quando o disco foi lançado, em fevereiro, o single inicial era "Soulville", uma farra com ritmo acelerado voltada para o mercado de R&B. Pela primeira vez, Aretha fornece vozes de apoio com estilo próprio; ela dubla seus vocais com as próprias harmonias, uma técnica que, no final da década, Marvin Gaye aperfeiçoaria em seu álbum *What's Going On*.

— Achei que lançar "Soulville" foi um erro — disse Hammond. — Bob Mersey produziu um álbum clássico. Por que não promovê-lo dessa forma? Em vez disso, a Columbia foi para o mercado jovem quando, na verdade, não era um projeto voltado para jovens. Sam Cooke havia feito um álbum maravilhoso de tributo a Billie Holiday, e no mesmo clima Aretha estava evocando o espírito de Dinah. Em uma tentativa desesperada de sucesso, eles deturparam o álbum. Ironicamente, enquanto os vendedores tentavam lançá-la nas paradas de R&B, os publicitários a levaram ao programa de TV de Steve Allen, onde ela cantou o material mais adulto, como "Skylark". Uma semana depois, pesquisei e vi que eles também a levariam para *Shindig* cantando "Soulville". Impressionante a confusão demográfica que cercou o marketing dela.

Em março, a *Ebony* fez seu primeiro artigo sobre Aretha. Começou mencionando que "ela se tornou a principal intérprete feminina de um estilo de blues com toques de gospel, iniciado pelo próprio velho 'pregador do blues', Ray Charles". A seguir, menciona que ela tinha "vários singles que vendem rápido e quatro álbuns da Columbia... algumas participações como convidada na TV e uma rotina corrida de apresentações em boates e teatros que devem render pelo menos 100 mil dólares este ano". Em outro lugar, o artigo afirma que John Hammond "a contratou como uma das 'artistas de cinco por cento' da Columbia – um acordo que garantiu à cantora de 18 anos royalties altos por cinco anos". O redator conclui com uma ladainha de reclamações de Aretha: que sua ex-empresária a desrespeitou; que seus agentes não atendiam às suas necessidades; e que a Columbia não lhe dava a "mesma atenção" que dava a Robert Goulet ou a Barbra Streisand.

Em resposta ao problema com os agentes, Ruth Bowen me disse:

— Não sei dizer quantas vezes ao longo de várias décadas fui demitida e recontratada por Aretha. Ela é assim. Se algo não dava certo em um show, a primeira reação dela era culpar o agente. As circunstâncias não importavam. Uma tempestade de neve repentina poderia resultar em um público pequeno, mas era minha culpa por ter marcado uma apresentação em um clube que não apreciava seu estilo de canto. Eu estava acostumada com artistas de gênio forte porque, afinal, eu havia trabalhado com Dinah. Mas Aretha era mais temperamental que a maioria. Depois de um tempo, parei de levar para o lado pessoal. Quando um show ia bem, como era o caso da maioria, eu era muito elogiada. Quando um piano estava um pouco desafinado ou o camarim era muito pequeno, era um inferno. Eu dava de ombros e levava na esportiva. Trabalhar com um gênio era assim.

A genialidade de Aretha é evidente em suas apresentações no programa de TV de Steve Allen, primeiro em março, depois outra vez em maio. Allen afirma que ela é "uma das jovens cantoras mais empolgantes do mercado atual" e mostra o recém-lançado álbum *Unforgettable*. Curiosamente, apenas uma das músicas que ela canta durante suas várias apresentações é do álbum tributo a Dinah. Ela rasga uma feroz "Lover Come Back to Me", vai para o piano e toca "Rock-A-Bye Your Baby With a Dixie Melody", fica ali para uma chocante "Won't Be Long", eviscera "Skylark", e retorna ao piano para uma emocionante "Evil Gal Blues", um dos favoritos de Dinah. Na câmera, Aretha está fabulosa – esbelta e sexy. Seus vestidos são elegantes. Como artista, ela está com tudo.

Vinte e cinco anos depois que ela apareceu em seu programa, Steve Allen me disse:

— Como sou pianista de jazz, eu reconheci as habilidades de jazz dela. Eram tremendas. Mas também vi que ela tinha equilíbrio e experiência suficientes para cantar músicas de referência. Minha motivação para levá-la ao programa era simplesmente apresentar seu grande talento, mas eu queria que ela cantasse algumas das minhas músicas. Por sorte, ela cantou. Com a ajuda do meu amigo Clyde Otis, um ano depois consegui convencê-la a gravar duas músicas minhas, reforçando assim o status de referências – "This Could Be the Start of Something Big" e "Impossible".

Apesar das boas críticas, *Unforgettable* definhou nas prateleiras e, mais uma vez, os executivos da Columbia tentaram descobrir uma maneira de vender Aretha para um público mais amplo.

— Foi quando eles a entregaram para mim — disse Clyde Otis. — O próprio Goddard Lieberson me ligou e disse: "Sabemos que ela é tão cantora quanto Barbra Streisand, mas não conseguimos vendê-la para o mercado adulto. Não conseguimos fazê-la avançar. Você conhece o mercado de R&B, Otis. Você gravou sucessos. Lance um sucesso de R&B com ela e vamos seguir a deixa da Motown e passá-la para o pop". Não tive nenhum problema com isso, exceto por uma coisa: Ted White não concordava com Goddard. Ele viu como Barbra Streisand estava vendendo para as massas e esse era o mercado que ele queria para Aretha. Ele queria ir atrás do público branco. Sou um cara de personalidade forte, mas Ted era muito mais. E Aretha estava do lado dele. Os dois tinham ouvido "Only the Lonely" de Sinatra. Eles ouviram Pat Boone e Johnny Mathis cantando "Friendly Persuasion". Cara, eles até queriam que eu fizesse um arranjo de "That's Entertainment". Tentei explicar que estavam indo na direção errada, mas eram dois contra um. Mas tudo bem porque, no modo *mainstream*, eu tinha uma música minha que queria gravada. Eu sabia que Aretha poderia cantá-la perfeitamente.

"Liguei para Goddard e contei a ele a situação. Eu disse: 'Eles querem o mercado branco'. Ele disse: 'Bem, talvez ela consiga um sucesso entre os brancos se a letra da música for sua. Então escreva para ela um sucesso branco, Clyde, e mantenha o orçamento baixo'.

"O orçamento foi alto e eu consegui um sucesso que alcançaria os brancos. Chamei de 'Take a Look'. Aretha o chamou de sucesso. Ted também. Eu o mostrei para Goddard. Ele até disse que ia ser a música divisora de águas dela. Era pop, mas era mais profundo que pop. Era cheio de alma e tinha uma mensagem. Ia passá-la na frente de Streisand. Não tinha erro."

11
TOLOS

Os grandes sucessos pop de 1964 eram uma aposta surpreendente. O etéreo jazz brasileiro chegou às paradas na forma da releitura primorosa de "Girl from Ipanema", de Stan Getz e Astrud Gilberto, por Antônio Carlos Jobim. Pela primeira vez em sua carreira, o gigante do jazz Louis Armstrong tinha um sucesso pop número um com "Hello, Dolly". Além dos sucessos iniciais dos Beatles e dos Supremes, houve também os 4 Seasons ("Rag Doll"), os Dixie Cups ("The Chapel of Love"), os Beach Boys ("I Get Around"), os Shangri-La's ("Leader of the Pack"), Dean Martin ("Everybody Loves Somebody") e Roy Orbison ("Pretty Woman").

O cenário pop estava, e imagino que sempre estará, repleto de uma mistura eclética de música, entre joias e porcarias. Aretha estava certa em pensar que havia criado uma joia ao cantar a magistral "Take a Look", de Clyde Otis, a música que ele e Lieberson tinham certeza de que a elevaria a um nível comercial mais alto. A melodia era sublime. A letra, uma análise do confronto interno no coração sombrio da humanidade, espelha "This Bitter Earth". O movimento vai do desespero à esperança. Otis pergunta o que aconteceu com o precioso sonho. Ele o vê flutuando em uma "bloody bloody stream" – uma corrente muito sangrenta. Ouvimos que não há vencedor quando o prêmio é o ódio; só o amor pode mudar nosso destino.

Aretha ataca as primeiras seis palavras – "Take a look in the mirror" (olhe no espelho) – com um imediatismo surpreendente. É uma ordem que não se pode ignorar. Ela arranca a alma da música com o tipo de intensidade que convenceria até o mais cético executivo de uma gravadora de que o single teria que vender. Não vendeu.

— Fiquei chateado — disse Clyde Otis. — Se você ouvir algo como "Mr. Lonely" de Bobby Vinton, um sucesso número um nas paradas que saiu no mesmo ano que "Take a Look", ouvirá uma música sobre a solidão da guerra do ponto de vista de um soldado. Não há nada de errado com a melodia ou com a história. Mas tenho que dizer que é um clichê, uma melodia clichê com letra clichê. Mesmo assim, foi um sucesso estrondoso. Mas a compare com "Take a Look", e fica claro. Aretha não é clichê. Ela está cantando para toda a humanidade. Ela está cantando sobre o mistério mais profundo que existe – por que o mal é tão forte. Lembre-se, estávamos gravando esse álbum durante o que chamavam de Freedom Summer [Verão da liberdade]. Todos ficamos chocados com aqueles três jovens voluntários – Michael Schwerner, Andrew Goodman e James Chaney – terem sido mortos a sangue frio pela Ku Klux Klan no Mississippi. O único crime deles foi tentar registrar eleitores negros. Então, quando Aretha estava cantando "Take a Look", era isso que queríamos que as pessoas vissem.

"Aretha cantou com tanta intensidade que nós a produzimos de duas maneiras – com cordas e novamente com harmonia de metais e backing vocals femininas. Uma versão era melhor que a outra, mas mesmo assim não tivemos qualquer resultado nas paradas.

"Talvez estivéssemos à frente do nosso tempo. Talvez se eu tivesse esperado alguns anos, eu estaria em sincronia com os Curtis Mayfields e os Marvin Gayes que lançaram canções com mensagens que fizeram bastante sucesso. Há homens na indústria que afirmam serem capazes de ler as folhas de chá. Dizem que podem prever os sucessos. Eu era um deles – e sabia que esse seria meu maior sucesso, até que o mercado me disse o contrário. Aretha, por outro lado, estava irredutível em sua determinação de vencer Barbra Streisand no próprio jogo de Barbra. Eu dizia: 'Ree, você consegue cantar melhor do que Streisand quando quiser. Essa não é a questão. A questão é encontrar um sucesso'. Mas naquele verão ela só queria baladas. Ela insistiu em cantar 'People', um sucesso de Streisand. Aretha arrasou, mas ninguém vai vencer Barbra em seu próprio jogo. Ela também insistiu em cantar 'My Coloring Book', outra música que Streisand havia lançado. Bob Mersey havia escrito um lindo arranjo para Barbra. 'Escreva um arranjo mais bonito', Aretha disse ao meu arranjador Sinky Hendricks. Eu disse a Ted White que achava um erro enfrentar Streisand. 'Aretha quer que o mundo ouça que, qualquer material que Streisand grave, Aretha pode refiná-lo mais ainda', disse Ted. 'Para Aretha, o mais importante é marcar o próprio território', argumentei. Não adiantou. Ela e Ted também exigiram que incluíssemos um blues que eles escreveram chamado 'I'll Keep On Smiling'. Achei desprezível. Claro que eu não poderia dizer isso a ela. Eu não poderia dizer a ela que achava que a inclusão de 'Jim' – uma balada de jazz extremamente sutil feita por Sarah Vaughan que Aretha tinha ouvido no fonógrafo do irmão quando eles eram crianças em Detroit – não seria um sucesso. A verdade é que Aretha podia e cantava todas essas coisas com bastante facilidade e de forma maravilhosa. Mas onde estava a continuidade? Eu tinha a sensação de que ela queria ser todas essas pessoas – Sarah, Streisand e Sinatra –, mas ainda não sabia quem ela mesma era. 'Ela é uma máquina de sucessos', Ted White me dizia, 'arrume sucessos para ela'. 'Então por que você está fazendo ela cantar músicas de referência?', perguntei. 'Ela está cantando de tudo porque ela pode cantar de tudo', disse Ted. 'Vamos juntar tudo e ver o que dá certo. Quanto mais variedade, melhor'.

"Era Ted quem dava as ordens, então entrei em contato com outros compositores. Liguei para Van McCoy, um compositor brilhante e promissor. Eu sabia que Van tinha escrito 'Abracadabra', que a irmã de Aretha, Erma, havia gravado na Epic. Eu gostava da música e gostava de Van. Perguntei se ele tinha alguma coisa para Aretha. Ele me deu 'Sweet Bitter Love', e eu pensei que seria perfeito para ela. E ela adorou a música. Adorou tanto que continuou cantando, mesmo quando saiu da Columbia. Ela era devotada a essa música. Acredito que ela tenha se apegado tanto à melodia porque era verdadeira. Ted e ela estavam começando a ter problemas. Ela estava cansada de receber ordens dele. Aretha estava vivendo um 'Sweet Bitter Love' [um amor agridoce]. Quando chega à transição e canta: 'My magic dreams have lost their spell' [meus sonhos mágicos perderam sua magia], ela a transforma em uma grande ópera. Era uma obra-prima? Claro que sim. Era um sucesso? De jeito nenhum.

"E falando em obras-primas, que tal a versão dela de 'But Beautiful', gravada durante essas mesmas sessões? Aretha tinha a versão de Nat Cole em mente, mas eu disse ao Sinky para ouvir o arranjo de orquestra que Ray Ellis escrevera para Billie Holiday. Eu o desafiei a melhorá-lo. Esse foi o único álbum que Billie gravou para a

Columbia, pouco antes de falecer no final dos anos 1950. Achei que 'But Beautiful' de Billie era a referência, mas não a toquei para Aretha porque ela não precisava de inspiração ou motivação. Toda vez que Aretha cantava, ela estava motivada a superar todas as versões que vieram antes dela. O arranjo de Sinky ficou lindo e Aretha trouxe seu talento. Ela não é Billie, mas Billie não é Aretha. Billie sangra. Em cada música ela tem uma morte lenta. Ela é como o cisne moribundo naquele balé. Aretha atravessa a dor e sai por cima dela. Billie morreu jovem. Trabalhando com Aretha, eu sabia que, o que quer que acontecesse, ela não morreria jovem. Ela era introvertida por fora, mas por dentro era durona. Por dentro, era feita de aço. Apesar de todas as suas incertezas, ela tinha o que é preciso para sobreviver a essa porcaria de indústria musical".

Otis entendia Aretha em um nível profundamente pessoal e criativo. No entanto, apesar do relacionamento, o trabalho inicial deles estava longe de ser um sucesso de vendas. Quando as sessões de verão de 1964 falharam em produzir um único sucesso, Clyde Otis recebeu a notícia de que era hora de mudar completamente o curso.

— Lieberson e Mersey se reuniram e decidiram que era hora de parar de enrolar e ir direto ao mercado adolescente — Otis me disse. — Nessa época, Ted e Aretha estavam frustrados o suficiente para seguir as instruções. Eles sabiam que tinham que deixar de lado estratégia do "vai que cola". E estavam prontos. Esqueça as referências. Chega de "That's Entertainment", chega de músicas de Judy Garland. Nosso alvo eram os jovens. Eu tinha encontrado para ela uma música chamada "Runnin' Out of Fools", que pensei que resultaria em transmissões no rádio. Era uma música na qual coloquei um pouco de R&B. Ted não gostou. A essa altura, Ted e eu estávamos quase nos engalfinhando. Ele tinha certeza de que eu era o produtor errado, e eu tinha certeza de que ele era o empresário errado. Aretha não podia se livrar de mim porque seu contrato com a Columbia ia até 1966, e a Columbia achava que eu era o cara certo para a carreira dela. Eu não podia me livrar de Ted porque Aretha achava que ele era o cara certo para a carreira dela. De qualquer forma, nós lançamos "Fools" e por mais que não tenha sido um sucesso, foi tocada nas rádios e a gente a escutava por todo o Harlem. Acabou sendo o único semissucesso que ela teve na Columbia. Até hoje as pessoas ainda se lembram da música.

"Aretha gostava muito de covers. Vez ou outra, ela e Ted me traziam uma música que eles tinham escrito, mas geralmente não dava certo. Mais tarde, Aretha me contou que era ela quem escrevia. Ele só acrescentava o próprio nome. De qualquer forma, ela não era o que chamamos de uma escritora prolífica, mas, como intérprete, ela sempre sentiu que podia superar o original. E geralmente superava. No álbum *Runnin' Out of Fools*, ela cantou algumas coisas da Motown. Aretha sempre falava de seu bom amigo Smokey Robinson e gravou o grande sucesso que ele tinha com Mary Wells, 'My Guy'. Nós até seguimos o arranjo original de Smokey. Achei que a energia da música era animadinha demais para Aretha, mas ela a cantou assim mesmo. Ela regravou o outro grande sucesso da Motown naquela temporada, 'Every Little Bit Hurts', de Brenda Holloway. Já que ela gostava tanto de covers, então poderia também fazer um cover de uma música minha. Os royalties me cairiam bem. Então fiz com que ela cantasse 'It's Just a Matter of Time', uma música que Sinky e eu compusemos com Brook Benton nos anos 1950. Inez e Charlie Foxx tinham gravado 'Mockingbird' no ano anterior, e Ree queria regravá-la. A mesma coisa com outros sucessos adolescentes, como 'The Shoop Shoop Song'. Dionne Warwick estava cantando aquelas músicas de Burt

Bacharach e Hal David. Praticamente todas chegaram ao Top 10. É por isso que Aretha cantou 'Walk On By'. Ela achou que poderia emplacar um sucesso, assim como Dionne. Eu não achei. Eu disse: 'Dionne tinha essa coisa suave e sutil que funciona com as melodias de Burt. Você é forte demais para as coisas dele'. Ela cantou mesmo assim. Mais tarde, ela provou que eu estava errado em outra combinação de Bacharach e Dione ('Say a Little Prayer'), mas na época ela havia estabelecido sua própria identidade na Atlantic e praticamente tudo o que ela gravava vendia. Isso aconteceu anos antes, durante seus últimos anos na Columbia e, na minha opinião, ela estava parecendo desesperada. Para mim, *Runnin' Out of Fools* não é o melhor de Aretha. É Aretha e Ted sentindo que estão ficando sem tempo. Eu disse que eles eram tolos de correrem atrás de todos aqueles sucessos adolescentes. Se eles tivessem me dado mais tempo, Sinky e eu poderíamos ter escrito sucessos originais no estilo R&B para ela, assim como fizemos para Dinah Washington e Brook Benton. Mas, cara, Ted e Aretha estavam com pressa. Eles pensaram que o trem estava partindo sem eles."

— O mais triste — disse Jerry Wexler, que logo seria o herói no próximo capítulo da história musical de Aretha — é que Clyde, apesar de todo o seu talento, estava para trás. Suas sessões de arranjos de cordas e de jazz com Aretha foram boas, mas quando ele a colocou no R&B, era uma coisa pelo menos cinco anos atrasada. Simplesmente não havia nenhum sucesso ali. O som que ele deu Dinah no início dos anos 1960 estava bem, mas era ultrapassado. R&B é muito direto, muito imediato. Os ritmos estavam cansados.

— Eu tinha duas desvantagens distintas — explicou Otis. — Primeiro, meu relacionamento com Ted não estava indo a lugar nenhum. Nós não gostávamos um do outro. Ele achava que eu era ultrapassado. Achava que eu demorava demais no estúdio. Para mim, ele era apenas mais um amador dando palpites só porque ele era o marido da artista. Ele ficava dizendo como tinha bancado a carreira de Aretha durante anos com o próprio dinheiro. Dizia que, se não tivesse sido por seu apoio financeiro, ela nunca teria chegado tão longe. Mas eu sabia que ele estava exagerando muito. Desde que Aretha chegou na Columbia, ela trabalhou sem parar – fez shows de R&B, cantou em boates, festivais de jazz. Não estou dizendo que ela estava ficando rica, mas estava embolsando um bom dinheiro – e suspeito que ele estava vivendo às custas dela. O que me leva à minha segunda desvantagem. Ted e Aretha brigavam demais. Eles não eram unidos. Acho que ela estava chegando à mesma conclusão que eu – que Ted estava vivendo às custas dela. Ela tinha problemas com Ted, mas também tinha seus próprios problemas. Ela faltou a muitas sessões sem nunca me dizer o motivo. Simplesmente não aparecia. Algumas pessoas disseram que ela estava bebendo, mas eu não vi nada disso. Vi que ela ficava deprimida às vezes e não queria trabalhar. Vi como Ted a forçava a trabalhar – e talvez ela precisasse desse empurrão. Mas também vi que às vezes esse empurrão se tornava uma agressão. Ele não hesitava em dar um tapa nela e não se importava se tinha alguém por perto vendo tudo.

"Tudo ficou mais louco quando recebi a notícia do chefe, Goddard Lieberson, de que ela provavelmente não assinaria outra vez com a Columbia quando seu contrato terminasse em mais ou menos um ano. Eles queriam obter o máximo de inventário possível antes que o contrato dela acabasse. Como eu a tinha visto ao vivo nos clubes de jazz e sabia como ela se dava bem naquele ambiente, sugeri um álbum ao vivo. Mas naquela época o equipamento portátil era caro e nem sempre confiável, então me disseram para fazer um álbum de estúdio com o trio de jazz dela, que era liderado por Teddy Harris, e depois adicionar aplausos para fazer soar como uma boate. Chamamos o disco de *Yeah!!! In Person With Her Quartet*, e pensei que era um dos melhores dela. Se você quiser ouvir exatamente quem era Aretha Franklin naquele período de sua vida – pouco antes de mudar de gravadora –, ouça *Yeah!!!*

"Consegui que Kenny Burrell, o guitarrista de jazz de Detroit que é um dos melhores que existe, se juntasse ao trio. Kenny acrescentou muita sutileza e classe. Os caras que costumavam tocar com ela – Beans Richardson no baixo e Hindel Butts na bateria – arrasaram do começo ao fim. As sessões transcorreram tranquilamente. Eu nem me lembro de Ted estar lá. Mas lembro que Steve Allen apareceu para ouvir duas das músicas – 'This Could Be the Start of Something Big' e 'Impossible', a faixa que Nat Cole gravou nos anos 1950. Ele ficou extasiado. Fiquei extasiado com o modo como ela interpretou 'Misty' de Erroll Garner. Erroll era meu amigo, e alguns meses depois, toquei a versão de Aretha para ele. Sarah tinha cantado 'Misty' – *todo mundo* tinha cantado 'Misty' –, mas Erroll estava literalmente com lágrimas nos olhos depois de ouvir Aretha. 'Caramba', disse ele, 'ela faz parecer que *ela* escreveu isso'.

"Ela também cantou uma música de sua autoria com arranjo de Mersey alguns anos antes – 'Without the One You Love'. Sou muito competitivo com outros compositores e raramente faço elogios, mas tinha certeza de que ela havia criado uma referência. Se você ouvir o disco, é ela, não Teddy Harris, que está no piano. Quando ela se ancora ao teclado, é uma Aretha totalmente diferente. Ela fica mais centrada e poderosa.

"A cena folk começou e Aretha, que sempre queria estar atualizada, falou de cantar 'Puff the Magic Dragon' de Peter, Paul e Mary. Achei que não era uma boa ideia. Em vez disso, toquei para ela a versão de Sam Cooke de 'If I Had a Hammer', de Pete Seeger, outro sucesso de Peter, Paul e Mary. Sam a tinha tocado em sua participação ao vivo no Copa, e isso era tudo que Aretha precisava saber. Ela era louca por Sam. Na verdade, estávamos no estúdio gravando quando veio a notícia de que Sam havia sido morto por uma mulher em Los Angeles. Aretha se levantou e foi embora, e não voltou por uma semana. Eu com certeza compreendi."

No final de janeiro de 1965, Aretha apareceu no *Shindig* promovendo "Can't You See Me", outra tentativa da jovem de 23 anos no mercado adolescente.

— Sinky escreveu a música, uma coisa dançante, que achamos que poderia funcionar. Mas naquela época nada estava funcionando, pelo menos não comercialmente. No lado B fizemos algo chamado "Miss Raggedy Ann", uma música sobre uma boneca. Aretha achou fofa. Disse que a fazia lembrar da infância. Achei a canção inferior a ela, mas eu tinha recebido ordens de gravar o maior número possível de músicas para ela, então foi o que fiz. Nosso último ano juntos no estúdio foi o mais louco. Ted não estava exatamente falando comigo e fiquei feliz por não falar com ele. Aretha estava tão isolada quanto possível. Senti que ela precisava de aconselhamento porque ficava perdendo shows e recebendo todos os tipos de abuso de Ted. Mas ninguém me nomeou conselheiro dela e eu simplesmente calei a boca e supervisionei a sessão. Ficou bizarro.

"Eu era amigo de Neal Hefti, o maravilhoso compositor que fez canções e arranjos fabulosos para Count Basie. Neal escreveu um tema para um filme de Jack Lemmon, 'How to Murder Your Wife'. Não era um dos melhores de Neal, mas a Columbia queria que eu o produzisse para Aretha. Acabou sendo outro fracasso. Dá para resumir tudo com os versos de abertura de uma música que ela queria gravar chamada 'A Little Bit of Soul'. Fala de como ela está com dificuldades de compor uma música e, para citar a letra, 'if I don't get me a hit soon I won't be here long' [se eu não tiver um sucesso em breve, não ficarei aqui por muito tempo]. Bem, não demorou muito para que Columbia e Aretha decidissem que já estavam fartas uma da outra."

Em março, um mês após o assassinato de Malcolm X no Aubudon Ballroom em Nova York, Aretha apareceu no *Shindig* e cantou "Can't You See Me". A música entrou na parada pop na 95ª posição e não subiu mais. Enquanto isso, "How Sweet It Is" de Marvin Gaye, "My Girl" dos Temptations, "You've Lost that Loving Feeling" dos Righteous Brothers e "Downtown" de Petula Clark não se tornaram apenas sucessos, mas clássicos que seriam tocados várias vezes nas décadas seguintes.

Em abril, o presidente Lyndon Johnson ordenou que tropas entrassem no Vietnã.

Em maio, "One Step Ahead" de Aretha, outro single, foi lançado e, embora nunca tenha furado a bolha, subiu para o Top 20 de R&B.

— Foi a nossa resposta ao fenômeno Dionne Warwick — disse Clyde. — Não era um cover ou uma música de Bacharach, mas tentava criar aquela sensação refinada e relaxada. É claro que Aretha é duas vezes a cantora que Dionne jamais será, mas Dionne tinha essa personalidade definida - essa personalidade musical muito atraente - e acho que Aretha ainda não tinha uma identidade.

Em 29 de maio, a *Billboard* informou que a Columbia havia recrutado um de seus homens do R&B, Bob Johnston, para trazer Aretha para Nashville "com a esperança de duplicar o sucesso dele 'Hush, Hush, Sweet Charlotte' de Patti Page". Essas sessões, que aconteceram em maio e outubro de 1965, na verdade foram gravadas em Nova York e foram as últimas de Aretha para o selo.

— Se eu fiquei magoado por não ser mais o produtor de Ree? — disse Clyde Otis. — Bem, eu não estava feliz. Eu ainda me via como o cara que poderia transformá-la em uma superestrela. No fundo do meu coração, eu acreditava que ela era tão grande quanto Dinah. Nenhuma outra mulher poderia chegar aos pés dela, e mesmo assim eu tinha que admitir que nosso trabalho juntos não tinha chegado a lugar nenhum. Além de cinco ou seis gravações excelentes, eu não tinha capturado sua grandeza. Eu não tinha sido capaz de dar a ela uma identidade. Claro, eu poderia dizer que o desespero acabou conosco. Tanto ela quanto Ted estavam tão desesperados para ter sucesso que perderam a noção e estavam indo em cinco direções diferentes ao mesmo tempo. O alto escalão da Columbia também estava desesperado para recuperar os adiantamentos que tinham dado a ela. Mas muita música boa foi criada em tempos de desespero. No nosso caso, as estrelas simplesmente não estavam alinhadas.

"Eu conhecia Bob Johnston fazia anos. Na verdade, produzi Bob nos anos 1950, quando ele queria ser cantor. Gravei uma de suas músicas - 'Born to Love One Woman' - e o levei do Texas para Nova York. Eu sabia que Bob era um verdadeiro talento. Desejei a ele boa sorte com Aretha, mas também lhe disse que ele teria sorte se ela aparecesse na metade das vezes. Pelo que entendi, minhas previsões acabaram sendo otimistas. Por muito tempo, Aretha entrou em um casulo e ninguém sabia onde encontrá-la, nem mesmo seu marido. Mulher estranha. Mulher brilhante. Uma mulher abençoada com um talento enorme. E, no entanto, apesar de todo o nosso tempo juntos, uma mulher que eu nunca entendi ou mesmo conheci. Eu a via como uma mulher com uma dor secreta - e não tive permissão para saber desses segredos."

* * *

A primeira sessão de Bob Johnston e Aretha, em 25 de maio, produziu quatro músicas, incluindo uma tentativa equivocada e cheia de cordas e sopros de reinventar "Why Was I Born", de Jerome Kern e Oscar Hammerstein, como um lamento gospel. A segunda sessão, prevista para começar mais tarde, no verão, foi adiada para outubro.

— Me pediram para localizar Aretha — disse Otis —, disseram que ela tinha desaparecido. Mas eu sabia tanto do paradeiro dela quanto a alta cúpula da CBS. Desejei sorte a eles e segui meu caminho. Minha esperança era que a sessão de quarteto "ao vivo" - *Yeah!!!* - que produzi e que saiu naquele verão desse resultado. Quando não aconteceu, eu sabia que estava permanentemente fora do negócio de Aretha Franklin.

Em um universo alternativo, mas próximo, Bob Dylan, colega de gravadora de Aretha, entrou na mesma Columbia Studios no número 799 da Seventh Avenue nos dias 15 e 16 de junho e gravou a primeira sessão para o que se tornaria seu marco, *Highway 61 Revisited*. Seu produtor foi Tom Wilson. Em julho, Dylan abalou o mundo folk ao eletrizar em Newport. Dias depois, ele estava de volta ao estúdio, desta vez com um novo produtor - o mesmo Bob Johnston que já tinha trabalhado com Aretha. Foi Johnston quem supervisionou a gravação de "Desolation Row", entre outras músicas.

Dois meses depois, Johnston estava de volta com Aretha, que, depois de uma estadia prolongada em Detroit, enfim apareceu no estúdio do centro da cidade, onde gravou seus três últimos singles com a Columbia. Parece apropriado que dois deles ("Swanee" e "You Made Me Love You") representassem um retorno ao estilo mainstream do show business que ela havia adotado quatro anos antes com "Rock-A-Bye Your Baby With a Dixie Melody".

— Foi decepcionante — disse John Hammond. — Bob Johnston é um grande produtor. Veja o que ele fez com Dylan. Ele também fez um ótimo trabalho com Simon & Garfunkel, Johnny Cash e Leonard Cohen. Não culpe Bob. A essa altura, a confusão em torno de Aretha era suficiente para minar qualquer projeto.

Naquele mesmo verão de 1965, entre as duas sessões de Johnston, Aretha foi para casa em Detroit para ajudar seu irmão e irmã a celebrar o 19º ano de C.L. como pastor na New Bethel.

— Não me lembro de Ted estar no evento — contou Carolyn. — Me lembro de ter ficado aliviada por não ter que lidar com a tensão que sempre existiu entre Ted e meu pai. Queríamos ter Aretha só para nós - de volta ao seio de sua família. Eu tinha acabado de completar 21 anos e comecei a me sentir energética. Como Erma, eu tinha lançado meu próprio disco de R&B e estava determinada a ter minha própria carreira como compositora e cantora. Uma das coisas bonitas de cantar para o nosso pai foi que, pelo menos por uma noite, podíamos deixar para trás qualquer ciúme besta que estivesse se formando com Ree. Erma sempre incentivou minha carreira e depois Aretha também me incentivou. Mas durante esse tempo em que ela ainda não tinha lançado um grande sucesso, acho que ela tinha uma preocupação secreta de que chegássemos lá antes dela. Pessoalmente, eu não me preocupava com isso. Erma e eu éramos boas, muito boas, mas Aretha era ótima.

— De certa forma — Erma me disse —, dava para nos comparar com os Jackson. Jermaine sabia cantar, Jackie sabia cantar e Marlon também. Todos os irmãos têm um talento imenso. Mas aí vem Michael, um talento raro. Ele levou a música para outro nível - o nível da genialidade. Acho que era assim que víamos Aretha. Sua habilidade não era deste mundo. Ao mesmo tempo, Carolyn e eu sabíamos que nossos pontos fortes não eram irrelevantes. Também desejávamos que Aretha fosse notada, admirada, e paga. Naquela época, eu tinha gravado algumas dúzias de músicas para a Epic – não sucessos, mas tudo sólido. Senti que Ree continuava a se ressentir da minha presença no mercado musical. Eu só queria que pudéssemos ter sentado juntas para discutir essas questões – Carolyn e eu com certeza estávamos ansiosas para fazer exatamente isso –, mas Aretha não era do tipo que expressava seus sentimentos. Ela mantinha tudo dentro de si, até a hora de cantar. Então ela jogava todas as emoções bem na nossa cara. Isso era bom para a arte dela, mas não para a nossa irmandade. Tirando essas ocasiões maravilhosas, quando nosso foco estava em nosso amado pai, tínhamos mal-entendidos. Essa tensão, junto com o amor e preocupação entre irmãs, durou para sempre.

Depois da comemoração do aniversário do pai, Aretha se escondeu. Erma se lembrava de tê-la visitado uma ou duas vezes no apartamento que ela e Ted dividiam no centro da cidade. Carolyn lembrava que ela visitava Detroit a cada poucas semanas para ver os filhos. Cecil lembrava que era uma época em que ela e Ted se separavam e voltavam.

— Ele tinha outras mulheres e ela sabia — disse Cecil. — Todo mundo sabia. Ela não estava apenas frustrada com isso, mas também pelo fato de que Columbia não a havia representado corretamente. Ela estava pensando seriamente em deixar Ted, a Columbia e recomeçar.

Pelo resto de 1965 e por todo o ano de 1966, Aretha não gravou outro disco.

— Sei que muitos dos produtores fizeram muitas coisas para tentar atraí-la de volta ao estúdio — Hammond disse —, mas ela parou de atender as ligações de todos. Pensei que ela poderia querer voltar ao nosso plano original de cinco anos antes e gravar um álbum de puro blues. Outra pessoa teve a ideia de que ela gravasse um álbum gospel no estilo Mahalia de hinos sagrados com arranjos modernos de orquestra. Mas, a essa altura, ela tinha fechado a porta. Presumi que ela estava simplesmente esperando que nosso contrato acabasse. Presumi que seu empresário estava tentando vendê-la para outras gravadoras.

Anos depois, Aretha olhou para sua experiência na Columbia de forma positiva. Ela havia sido apresentada ao mundo como uma grande artista. Ela provou que podia cantar jazz, pop, blues e rhythm and blues com uma força emocional incrível. Sua técnica vocal era irrepreensível. De "Today I Sing the Blues" a "That Lucky Old Sun", "Just for a Thrill", "Skylark", "This Bitter Earth", "Take a Look" a "Impossible", ela gravou uma série de obras-primas. Apesar de todas as gravações e apresentações que deixou de fazer, ela mostrou que, ano após ano, era capaz de aparecer e produzir um fluxo constante de performances brilhantes. Em cinco anos, ela gravou cerca de oito álbuns. Aretha apareceu na televisão como uma figura bem cuidada, uma cantora interessante cujas interpretações de músicas em vários gêneros eram quase sempre emocionantes.

E, mesmo assim, ninguém estava animado - nem Aretha, nem seu marido Ted, e certamente nem os executivos da Columbia Records. Todos queriam mais. Todos queriam sucessos. Afinal, Aretha havia passado do gospel para o pop não por mera aclamação da crítica. Ela havia feito essa transição em busca dos sonhos americanos - glória e ouro.

— Ela com certeza caiu em depressão — disse Erma. — Lembro que eu estava no apartamento dela em Nova York observando-a olhar pela janela o céu cinza e a neve caindo. "No que você está pensando, Ree?", perguntei. "Não estou pensando", disse ela. "Estou apenas sonhando." "Sonhando o quê?" "Que as coisas vão melhorar", ela respondeu.

Elas melhoraram – ficaram espetacularmente melhores – mesmo que, nesse meio-tempo, ficassem espetacularmente piores.

Parte 3
ATLANTIC

12
NEVER LOVED

Em 1966, Jerry Wexler, de 49 anos, era um homem faminto – faminto por um sucesso ainda maior em uma área na qual ele já havia se estabelecido. A área – justo R&B raiz – era a paixão de sua vida.

— Nasci com fome — ele me disse. — Essa fome nunca passou. Na verdade, acredito que a fome voraz é a força motriz por trás de todos os grandes produtores de discos. E mais do que tudo, eu queria ser um grande produtor de discos.

Wexler era um dínamo – elegante, carismático, teimoso, confiante a ponto de ser arrogante. Junto a Ahmet e Nesuhi Ertegün, ele era um dos proprietários da Atlantic Records. Filhos do embaixador turco nos Estados Unidos, os Ertegün eram aristocratas renegados e altamente educados que, como Wexler, tinha sido consumidos pela música negra desde a infância. Esse fanatismo pelo funk havia impulsionado a empresa desde 1949, quando, com seu primeiro sucesso, "Drinking Wine, Spo-Dee-O-Dee, Drinking Wine", de Stick McGhee, ela se estabeleceu como um selo independente e audacioso, disposto a ir aonde os mainstream não iam. A Columbia corporativa e a pequena Atlantic estavam nos extremos opostos do polo dos negócios da música.

— Quando entrei na Atlantic nos anos 1950 — disse Wexler —, Ahmet já tinha contratado Ray Charles. Antes dele, Ruth Brown era a grande produtora de sucessos. Eu só consegui colaborar no estúdio a partir dos anos 1960, quando produzi um sucesso com Solomon Burke e Wilson Pickett. Enquanto a Motown se especializava em um soul calmante – que, aliás, era lindo –, eu era mais atraído por um soul gritante. Gosto dele cru. Felizmente, entrei cedo no que estava se tornando a Era de Ouro do Soul. Ao mesmo tempo, a invasão britânica estava acontecendo a todo vapor. Mas isso atraiu Ahmet, que é um internacionalista nato, muito mais que eu. Enquanto ele estava assinando com Cream, King Crimson e os Bee Gees, eu me vi até o pescoço na região de Memphis e Muscle Shoals, onde um pequeno exército de garotos brancos interessados em blues estava escrevendo brilhantes arranjos principais – basicamente arranjos improvisados na hora em estúdio. A metodologia espontânea deles se tornou uma das grandes epifanias da minha vida.

"Mas, é claro, a maneira mais tradicional eram arranjos para orquestras escritos bem antes da etapa do estúdio. Para resumir, música escrita para os músicos lerem. Mas os garotos do sul simplesmente gostavam de tocar – e meu Deus, eles tocavam muito! Visionários como Chips Momam, Tommy Cogbill, Roger Hawkins, Spooner Oldham, Jimmy Johnson e David Hood podiam parecer caipiras, mas eram gênios secretos do bom ritmo. Eles o faziam sem preparo ou planejamento. A coisa só acontecia.

"Além de ser magnífica, a música vendia como água. Pickett estava em todas as paradas. Além disso, fiz um acordo de distribuição favorável com Jim Stewart na gravadora Stax, no qual Sam, Dave e Otis Redding, apoiados por uma das seções rítmicas mais ferozes de todos os tempos - Booker T. Jones, Al Jackson, Steve Cropper e Duck Dunn -, tinham decolado feito um foguete. O mundo do soul estava explodindo ao meu redor. Então, enquanto Ahmet vasculhava o continente em busca de talentos do rock, eu estava minerando Memphis e Muscle Shoals, onde, um tanto tarde na vida, eu estava recebendo toda uma educação sobre como fazer uma sessão de gravação."

— Víamos Wexler como um salvador — disse Jimmy Johnson, o guitarrista que tocaria em muitos discos de Aretha. — Ele disse que ficou encantado com nossos modos descontraídos do sul, mas, cara, foi ele quem nos encantou. Ele tinha o sotaque novaiorquino mais forte que eu já tinha ouvido. Ele tinha mais energia do que um cão de caça perseguindo um coelho. Ele era um trabalhador, no melhor sentido da palavra - determinado - e, o melhor de tudo, ele era importante e nós com certeza não éramos. Fosse lá o que ele tivesse - conexões, habilidades de divulgação, capacidade de colocar músicas no rádio -, nós queríamos. Além disso, ele tinha ouvidos afiados. Ele queria tudo bem chocante. Ele tinha as melhores histórias sobre Ray Charles e Professor Longhair e Clyde McPhatter e qualquer outra pessoa que você possa imaginar.

— Minha história com Aretha começou no outono de 1966, quando eu estava em Muscle Shoals gravando Wilson Pickett — Wexler me contou. — Percy Sledge, outro de nossos cantores de soul, veio ao estúdio e começou a perturbar Pickett, dizendo que estava soando como Otis ou James Brown. Bem, Wilson odiava James - eles tinham brigado por causa de uma mulher - e desta vez Pickett, puto, foi atrás de Sledge, literalmente. Para proteger o interesse da minha gravadora – afinal, esses dois cantores estavam nos dando muito dinheiro –, eu intervim. Pickett me empurrou e estava pronto para cair na porrada com Percy, um ex-boxeador, quando de repente o telefone tocou. "Fiquem calmos, porra", implorei. Os homens recuaram quando peguei o telefone. "Jerry", disse uma voz feminina. "Louise Bishop falando. Aretha está pronta para você."

"Fazia tempos que eu estava esperando ouvir essas palavras. Louise Bishop era uma DJ gospel da Filadélfia. Na época, a melhor maneira de chegar a Aretha era pelo mundo gospel. Mais de um ano antes, quando fiquei sabendo que Aretha estava infeliz na Columbia, eu disse para Louise e para outras pessoas que adoraria conversar com ela. A pessoa que me atendeu, porém, não foi Aretha. Foi Ted White. De John Hammond e Clyde Otis, eu tinha ouvido as histórias de Ted White – de como ele não só comandava a coisa, mas queria comandar as sessões de gravação dela. Mas amigos de Detroit me disseram que White representava compositores sérios e tinha um senso musical apurado. Desde o primeiro momento em que conversamos, percebi que ele não era fácil.

— Sr. Wexler — disse ele.

— Me chame de Jerry.

— Me chame de Ted.

— Ouvi dizer que sua artista está disponível, Ted.

— Ouvi dizer que você estava interessado na minha artista, Jerry.

— Muito interessado. Profundamente interessado.

— Então devemos nos encontrar.

— Imediatamente — falei.

— Diga a hora e o lugar.

— Segunda-feira em Nova York. No meu escritório ao meio-dia.

— Estaremos lá.

"E eles estavam. Bem na hora. Adorei ver que eles vieram sem advogado nem agente. Em nosso primeiro encontro, Aretha usava um terno marrom tradicional. Ela olhou pouco pra mim e ficou de boca fechada. Não consegui que ela me chamasse de Jerry. Era 'sr. Wexler'. Embora eu não costumasse agir assim, tive que retribuir e chamá-la de 'srta. Franklin'. Não consegui fazê-la dizer nada sobre o tipo de música que ela queria além de 'quero sucessos'. Quando perguntei a ela sobre sua experiência na Columbia, tudo o que ela disse foi: 'Foi boa. Fiz algumas coisas boas. Mas agora quero sucessos'.

— E dinheiro — acrescentou Ted.

— Posso adiantar 25 mil dólares para o seu primeiro álbum — falei. — Assim que assinarmos, você receberá o cheque.

Esperei que a negociação começasse. Tive certeza de que Ted pediria 50 mil. Mas, para a minha surpresa, ele não pediu.

— Vamos aceitar os 25 — disse ele. — Por mais importante que seja o dinheiro adiantado, o que mais importa é que a Atlantic estabeleça Aretha como uma superestrela. Não há motivo para ela não estar vendendo tantos discos quanto Otis, Sam e Dave.

— Concordo plenamente com você, Ted. É por isso que quero entregá-la a Jim Stewart, da Stax. Fazemos a distribuição e divulgação deles. Nós somos o braço de vendas deles, e eles são um dos nossos braços de produção. Ela vai adorar Jim.

— A Stax teve muitos sucessos — disse Aretha, sem se opor à minha sugestão.

— E eles estão apenas começando.

Quando Wexler me contou que a princípio escolheu não produzir Aretha, fiquei surpreso. Ele disse que acompanhara a carreira dela desde o início e a considerou um grande talento. Então por que ele iria querer entregá-la a Jim Stewart?

— A voz de Aretha sempre esteve lá, sem dúvida — disse ele. — E eu com certeza a via como parte do nosso time. Porém, a essa altura, eu estava delegando. Estava querendo ganhar mais tempo para mim. Eu estava de olho nos invernos na Flórida. Por causa do nosso sucesso, comecei a pensar no que significaria vender a empresa e ir embora. No início, Ahmet e Nesuhi não ficaram encantados com a ideia, mas, como persistência é meu nome do meio, continuei a insistir. Junto com a Motown, éramos as estrelas das gravadoras independentes dos anos 1960. O início dos anos 1960 – principalmente depois que Ray Charles nos deixou pela ABC Paramount – não foi fácil para nós. Agora que tínhamos uma forte sequência de sucessos, quem podia dizer quanto tempo duraria? Eu não queria arriscar. Então, quando Aretha chegou, minha mente não estava focada em produzir, e sim em encontrar um comprador. Além disso, a feroz Stax transformou um cantor cru de rhythm and blues como Otis Redding em uma sensação internacional. Não havia motivo para que eles não fazerem o mesmo com Aretha. Então você pode imaginar como fiquei surpreso quando Jim Stewart recusou.

— Tem certeza que quer dispensar Aretha Franklin? — perguntei a Jim.

— Ela é ótima — disse ele. — Eu apenas não a vejo gravando neste ambiente.

"Eu discordava completamente, mas Jim tinha as próprias opiniões. Ele não a contratou – eu contratei – então agora cabia a mim investir meu tempo e dinheiro nisso. Pensando agora, vejo que entregá-la a Stewart teria sido um erro colossal. Meu ateísmo não me permite agradecer a Deus pela decisão de Jim de rejeitá-la. Em vez disso, agradeço aos bons anjos do R&B que estavam protegendo Aretha e, por extensão, a mim, seu humilde servo."

Enquanto Wexler firmava o contrato com Aretha, a notícia chegou à Columbia.

— Um memorando interno veio de cima indicando que Aretha estava conversando com a Atlantic e que o acordo deles estava praticamente feito — John Hammond me disse. — Claro que não fiquei satisfeito, mas o que eu poderia fazer? Fazia anos que ela não estava sob o meu comando. E embora eu admirasse o material mais recente que Clyde Otis havia desenvolvido para ela, percebi que, apesar de todos os enormes recursos da Columbia, não havíamos feito bem a ela. Claro que Ted White e Aretha nem sempre ajudavam. Eles tinham as próprias ideias, que muitas vezes conflitavam com os produtores da Columbia. Os resultados costumavam ser confusos. Nosso pessoal de divulgação e vendas também estava confuso sobre como vender Aretha. Tudo isso é uma pena porque, pelo menos na teoria, uma grande gravadora como a Columbia deveria ter feito dela uma estrela internacional. Ao mesmo tempo, eu tinha esperança de que a Atlantic fornecesse a ela o tipo de cultura que combinava com sua personalidade. A Atlantic não era uma grande corporação, mas uma pequena gravadora especializada em R&B, onde os proprietários - Jerry, Ahmet e Nesuhi - produziam o próprio artista. Eles eram produtores apaixonados e altamente qualificados. Wexler era especialmente adepto da promoção. Quando gostava de um produto, ele ia até os confins do mundo para garantir que as pessoas certas o ouvissem e o tocassem no rádio.

O artigo da *Billboard* de 3 de dezembro de 1966 tornou tudo oficial. Abaixo da foto, a legenda dizia: "Jerry Wexler, vice-presidente da Atlantic Records, assina contrato exclusivo com a cantora de blues Aretha Franklin enquanto o empresário dela, Ted White, observa. O primeiro lançamento com a Atlantic está previsto para janeiro".

— Quando expliquei a Ted e Aretha que seu produtor seria eu, e não Jim Stewart — disse Wexler —, eles não fizeram objeções e até pareceram um pouco aliviados. Eles gostaram da ideia de que um dos chefes da Atlantic iria ao estúdio com eles. E aí veio a discussão sobre o estúdio. Eles queriam gravar em Nova York. Eu argumentei muito, insistindo que gravássemos em Muscle Shoals. Citei o fato de que Percy Sledge havia gravado seu monstruoso sucesso "When a Man Loves a Woman" no Fame – o estúdio que eu queria usar – e também que eu tinha gravado vários sucessos com Pickett, todos no Fame. Ted afirmou que estava apreensivo em relação ao sul e que ouvira dizer que Rick Hall, o dono do Fame, era autoritário. Eu brinquei e disse que a única personalidade autoritária era a minha – e que eu comandaria as sessões. O papel de Rick seria mínimo. Ele não ia produzir. Ted disse que Aretha estava acostumada a gravar em Nova York. Nova York era sua zona de conforto. Argumentei que Muscle Shoals seria uma zona de conforto ainda melhor, porque íamos gravar de uma maneira totalmente diferente. Nós não teríamos arranjos preparados como eles tinham na Columbia. Nada estaria escrito. "Isso é bom", disse Ted, "porque ela não sabe ler nem escrever música". Contei a Ted minha teoria dos gênios pré-alfabetizados – músicos que ignoram notações musicais porque ouvem tudo em sua cabeça. Eles sabem as notas de ouvido. Eles cantam as notas. Não precisam fazer notações. Cantam só de ouvir. "Aretha é assim", disse Ted. "Ela sabe tudo antes mesmo de começar. Estamos tentando dizer isso aos produtores há anos." "Você não precisa me convencer", falei. "Estou dentro".

"Ted afirmou que queria me vender algumas músicas, músicas de compositores de sua empresa, compostas sob medida para Aretha. Eu era todo ouvidos. A primeira era 'I Never Loved a Man (the Way I Love You)', escrita por Ronnie Shannon, um dos caras dele em

Detroit. Eu adorei. 'Que ótimo', disse Ted, 'ela já está pensando em como gravá-la'. 'Tudo bem', respondi. 'Os caras em Muscle Shoals não podiam ser mais flexíveis. Flexibilidade é o lance aqui.'

"Ele me mostrou uma gravação de uma música e disse que Aretha havia escrito, o nome era 'Dr. Feelgood'. Só ela e o piano. Só consegui sorrir e acenar como se estivesse na igreja. 'É fabulosa', falei. Eu vi a música na tradição de Bessie Smith e Dinah, uma mulher exigindo sua satisfação sexual. 'Não diga isso a Aretha', pediu Ted. 'Ela não gosta de pensar que escreve músicas sensuais'. Sugeri dois covers – 'Drown In My Own Tears', de Henry Glover, que ficou famosa na voz de Ray Charles, e 'A Change Is Gonna Come', de Sam Cooke. 'Ela gosta das duas', disse Ted. 'Estamos de acordo. Ela tem outro cover que faz ao vivo – 'Respect', de Otis Redding'. 'Certo, desde que ela mude o original', falei. 'Você não precisa se preocupar com isso, Wex', disse White. 'Ela muda bastante'."

— Jerry Wexler merece todo o crédito por produzir Aretha da maneira certa — disse Ruth Bowen —, mas acho que deveria ficar claro que, antes de conhecer Wexler, ela estava desenvolvendo o próprio som e estilo sem a ajuda de ninguém. Na verdade, eu a ouvi cantando essa versão de "Respect" ao vivo, aquela que se tornou a maior música de sua carreira. Ela cantava "Respect" antes mesmo de assinar com a Atlantic. Jerry definitivamente a colocou com os músicos certos, mas ela já chegou bem-preparada. Ela trouxe a mercadoria.

Se por um lado os elementos musicais da vida de Aretha eram harmonizados, por outro, os elementos pessoais ficaram mais dissonantes do que nunca.

— Se Ted não tivesse ajudado a fazer aquele acordo com a Atlantic — disse Erma —, acho que o casamento deles não teria durado muito. O relacionamento deles estava nas últimas. Trocar de gravadora apenas adiou o inevitável. Foi o início de um período estranho, mas bonito na vida de Aretha, em que ela se apoiou mais na família. Ela estava organizando seu som – do seu jeito – e percebeu que ninguém poderia amplificar aquele som melhor que Carolyn e eu. Não me importo com a opinião alheia, mas irmãos que cantam – principalmente irmãos que iniciaram a carreira catando na igreja – têm uma certa harmonia inata que não se encontra em nenhum outro lugar. Pense nas Irmãs Clark e nos Winans. Aretha sabia disso, e quando começou a imaginar vozes de apoio no estilo gospel para destacar seus vocais principais, ela nos procurou. Estávamos de braços abertos. Apesar do atrito passado – e o atrito tinha sido sério –, continuamos irmãs em Cristo. Nosso pai nos ensinou isso.

— Demorou um tempo para Aretha deixar a Columbia e ir para a Atlantic — disse Carolyn —, porque a Columbia era a gravadora de maior prestígio. Acho que ela sentiu que estaria desistindo do status. Mas Aretha também estava ciente do mercado atual, e decidiu que a Columbia não estava. Ironicamente, quando ela desistiu da ideia de passar para o mainstream com referências jazzísticas, como Ella ou Sarah e Dinah, foi quando ela mais passou. Isso aconteceu porque ela havia se tornado mais autêntica ainda.

Quanto aos estúdios, a opinião de Wexler prevaleceu, convencendo Ted e Aretha de que Muscle Shoals era o lugar onde a magia acontecia. Eles combinaram de se encontrar na cidade no final de janeiro de 1967. As esperanças, a confiança e as expectativas eram altas.

— Parecia impossível que algo desse errado — disse Wexler.

E então tudo deu errado.

— Antes de chegarmos a Muscle Shoals, Aretha havia elaborado o arranjo para as músicas em casa, em seu Fender Rhodes — explicou Wexler. — Ela e suas irmãs trabalharam nas vozes de fundo. O plano era fazê-la entrar no estúdio, mostrar o rascunho dela para os músicos de Muscle Shoals e deixá-los tocar com base nisso. Pensei que era importante não ter uma banda formada apenas por brancos, então me certifiquei de conseguir a dupla Memphis Horns e o trompetista Bowlegs Miller. Adorei todo o material que Ted e Aretha trouxeram – "A Change Is Gonna Come" e "Good Times" de Sam Cooke, "Respect" de Otis, e as três músicas de Aretha: "Dr. Feelgood", "Don't Let Me Lose This Dream" e "Baby, Baby, Baby", escrita com Carolyn.

Wexler amava King Curtis que, com Junior Walker da Motown, era o rei dos saxofonistas tenores de R&B. Além de suas proezas instrumentais, King era um prolífico compositor e arranjador. Ele logo se tornaria o diretor musical de Aretha. Para esse primeiro disco, Wexler deu a Aretha uma das melhores de King, "Soul Serenade", uma música que Curtis escrevera com Luther Dixon, autor de "Blue Holiday", que Aretha havia cantado na Columbia.

— O primeiro dia começou bem — lembrou Wexler. — Tínhamos Chips Moman e Jimmy Johnson no violão, Roger Hawkins na bateria e Tommy Cogbill no baixo. Spooner Oldham impressionou todo mundo – incluindo Aretha – com aqueles acordes de abertura no piano elétrico. Foram alguns riffs tristes e dançantes que se tornaram parte permanente da música. Aretha estava no piano acústico e, como ela havia chegado preparada, tudo aconteceu rapidamente.

— Ela era uma mulher muito tímida e retraída — Roger Hawkins me disse. — Chamava todo mundo de "senhor" e nós a chamávamos de "srta. Franklin". Não havia conversa fiada. Ela ia direto ao assunto. Isso me deixava nervoso, porque na maioria das vezes fazíamos sessões com cantores que pegavam nosso jeito relaxado logo de cara. Aretha não. Ela ficava na dela. Mas quando se sentava ao piano e começava a tocar aqueles acordes e aquele som saía de sua boca, nada importava. Na minha época, já ouvi muita gente cantando com a alma, mas nada se comparava a ela.

— Aretha cantava com a convicção de um santo — disse Dan Penn, que estava na sessão em que ele e Chips Moman compuseram ali na hora a música "Do Right Woman - Do Right Man", que seria incluída na gravação.

— Antes de Aretha começar a tocar, estávamos preocupados que ela pudesse ter reservas quanto a tocar com uma seção rítmica branca — disse Jimmy Johnson —, mas quando começávamos, era tudo uma festa. Ela não gostou do apoio que demos a ela - ela *amou*. Ela sabia que a cor não importava, estávamos todos vindo do mesmo lugar. A mulher apenas cantou, cantou e cantou mais. Estávamos histéricos de tão felizes, alegres como criancinhas, correndo para o estúdio para ouvir a reprodução. Cada um de nós percebeu que estávamos assistindo ao nascimento de uma superestrela. Aquela experiência deu um novo significado à palavra alegria.

Até que a alegria parou e o drama pesado começou.

— Meu plano era fazer tudo ao vivo — disse Wexler. — Fazer Aretha e os músicos tocarem juntos em tempo real. Claro que Rick Hall estava lá, porque estávamos usando seu estúdio. Antes, houve tensão entre mim e Rick sobre Clarence Carter, um artista de R&B que vendeu muito com sucessos como "Slip Away" e "Patches". Hall o havia roubado de nós. Mas deixei isso de lado para ter uma sessão tranquila com Aretha. A euforia dessas primeiras gravações de "I Never Loved a Man" levou a uma comemoração com bebidas naquela noite. Eu tinha saído do estúdio antes que a situação ficasse ruim, mas ao que parece, a coisa ficou feia entre Ted e Rick Hall.

— Confesso que eu tinha bebido um pouco — Hall me contou —, mas Ted também tinha. E Aretha também. Ninguém estava em seu juízo perfeito. Começou quando um dos trompetistas brancos, que também tinha bebido, começou a discutir com Ted. Se a questão racial começou com Ted ou com o trompetista, não sei. Mas começou. Ted saiu com raiva da sessão e levou Aretha com ele. Foi uma pena porque a sessão tinha ido tão bem. Eu sabia que Wexler, que era meu cliente, ficaria puto. Então fui ao quarto de Ted e Aretha para tentar aclamar os ânimos. Piorei tudo. Ted não queria ouvir explicações, mas eu expliquei mesmo assim. Isso só levou a uma gritaria, com Ted me dizendo como ele nunca deveria ter levado sua esposa para o Alabama para tocar com aqueles jecas. "Quem você está chamando de jeca?", perguntei. "Quem você está chamando de preto?", devolveu ele. "Eu nunca usaria essa palavra", me defendi. "Mas estava pensando nela, não estava?". "Eu só estava pensando que você devia ir se foder". Com isso, Ted tentou me dar um soco, eu me esquivei e nós dois acertamos alguns bons socos e, quando dei por mim, estava em uma briga de verdade com Ted White.

— Eu tinha me esforçado tanto para evitar a animosidade racial — disse Wexler — e foi exatamente isso que a sessão noturna provocou. Todo mundo estava falando de raça. No hotel houve gritos e berros e portas batendo. Às seis da manhã eu estava no quarto de Ted e Aretha tentando desfazer o que Rick tinha feito. Ted, porém, não podia ser consolado. "Foi você quem disse que Muscle Shoals era o paraíso do soul", disse ele. "Até onde vejo, Muscle Shoals é uma merda para o soul. Esses branquelos aqui são uns filhos da puta nojentos. Jamais submeterei minha esposa a isso. A gente vai dar o fora". "Mas e a programação?", perguntei. "Nós íamos fazer todos os vocais dela esta semana e finalizar na próxima semana. Só temos uma música completa - 'I Never Loved' - e o começo de 'Do Right'. Cara, eu só tenho isso". "Na verdade, o que você tem, Wexler", disse Ted, "é uma confusão da porra. Não tenho certeza se ela vai querer gravar para a Atlantic novamente". E com isso, ele me botou para fora.

Quando Aretha escreveu sobre o incidente, ela tinha uma lembrança totalmente diferente. Ela disse que não conseguia se lembrar de nenhum detalhe e não estava na sala onde Hall e White se engalfinharam. Ela sabia que houve discórdia e discussões intensas o suficiente para fazê-la querer ir embora. Mas em seu relato, Aretha foi embora sozinha, sem Ted. Ela fez as malas e foi para o aeroporto. Por coincidência, ela viu que ele também estava no aeroporto, então embarcaram no mesmo avião e falaram sobre o incidente.

— Nunca fiquei tão frustrado na vida — disse Wexler. — Em todos os meus anos na indústria fonográfica, eu nunca tinha visto uma sessão melhor. Eu sabia que tínhamos a droga de um sucesso e agora parecia que tudo tinha sido em vão. O marido e empresário da cantora deu indicações de que queria romper o contrato. Ele havia lutado fisicamente com o dono do estúdio. Aretha e ele fugiram de Muscle Shoals logo no primeiro dia. Fiquei devastado.

"Quando voltei para Nova York, Ahmet disse que eu parecia estar à beira de um colapso nervoso. Eu disse que estava à beira do que com certeza poderia ser um dos discos mais importantes e bem-sucedidos da história da Atlantic e, de repente, tudo desmoronou. Eu não podia deixar isso acontecer. Liguei para Ted, mas não fui atendido. Fiquei sabendo que Aretha estava de volta a Detroit – sem Ted. Consegui um número. Carolyn atendeu. Ela disse que não podia me dizer nada, que sua irmã precisava de um tempo sozinha."

— Depois daquele incidente em Muscle Shoals — disse Carolyn —, eu tinha certeza de que Aretha e Ted iam se separar. Ela sentiu que ele havia prejudicado a sessão. Disse que ele estava bêbado metade do tempo e muito agressivo. Disse que não queria mais vê-lo.

— Eu estava enlouquecendo — disse Wexler. — Fiz disc jockeys ligarem para ela, fiz pastores ligarem para ela, eu estava prestes a chamar o FBI e a polícia montada canadense. Ao mesmo tempo, eu tinha uma música completa – "I Never Loved a Man" –, mas apenas metade de outra. Tínhamos apenas começado a gravar a música que Dan e Chips haviam escrito no estúdio – "Do Right Woman – Do Right Man". Não gravamos a voz. Onde estava minha artista? Onde estava o empresário dela? Eles abandonariam a gravadora antes mesmo de começarmos?

"Enfim consegui falar com Ted White ao telefone. Ele ainda estava puto. Eu queria saber o que estava acontecendo. Ele não tinha nada além de desdém. Ainda estava com ódio de Rick Hall e Muscle Shoals e da minha insistência em gravar lá. Pedi desculpas por Hall pela vigésima vez, mas não fez diferença. Eu disse a ele que o passado era o passado e que tínhamos um sucesso nas mãos, mas eu precisava que Aretha voltasse ao estúdio. Ele disse algo que me surpreendeu: 'Nem tenho certeza se sou o empresário dela. Não posso controlá-la. Ninguém pode'.

"Então, com a artista desaparecida e o empresário em dúvida, o que eu deveria fazer? Resolvi arriscar, como eu costumava fazer. Decidi agir. Eu tinha uma música que sabia que daria certo. Fiz algumas dúzias de cópias de acetato de 'I Never Loved a Man' para DJs nos principais mercados. Eu podia contar com aqueles caras. Eles me avisariam se eu tinha gravado um sucesso ou não. Em poucas horas, recebi a resposta de que eu precisava – eles adoraram, seus ouvintes adoraram, as linhas telefônicas estavam explodindo. A transmissão de rádio foi imediata, mas e as vendas?

"Bem, há dois lados em um disco de single, e eu tinha apenas um. Eu precisava de outra música. Nossos distribuidores, que tinham ouvido 'I Never Loved' no rádio, começaram a exigir produtos.

Eles me conheciam como um profissional de marketing agressivo e queriam saber o que havia de errado. Eu não ia dizer que havia perdido o controle da minha artista. Eu só podia dizer: 'Esperem'. Enquanto isso, a cada minuto que o single tocava no rádio, mas não estava disponível nas lojas, estávamos perdendo dinheiro. Para ser muito sincero, o outro pensamento que tive foi o seguinte: se eu conseguisse colocar Aretha Franklin nas paradas pop e estabelecê-la como um sucesso de vendas, o valor da Atlantic aumentaria consideravelmente, e eu realizaria meu sonho de vender com mais facilidade. Com certeza, eu estava motivado.

"Dez dias se passaram, dez dos dias mais difíceis da minha vida, antes de eu enfim receber a ligação.

— Sr. Wexler, aqui é a senhorita Franklin. Estou pronta para gravar. Mas não vou gravar em Muscle Shoals. Gravarei em Nova York. Sei que você tem estúdios em Nova York.

— Temos sim. E a banda?

— Traga os meninos de Muscle Shoals. Eles me entendem. Quanto às vozes de apoio, farei com minhas irmãs.

— Perfeito.

— Lembro de quando cheguei a Nova York com Aretha — disse Carolyn —, senti que estávamos em uma missão. Percebemos que nossa irmã estava prestes a mostrar ao mundo o que sempre soubemos, que ela era de longe a melhor cantora do mundo. Quando ela estava em seu território, ninguém chegava aos pés dela. Bem, nós éramos o território. Chegamos a Nova York como uma família unida, percebendo que os problemas com Ted a deixavam no limite. Tanto dentro quanto fora do estúdio, ela precisava do nosso apoio.

"Penso em Aretha como Nossa Senhora das Dores", escreveu Wexler em seu livro de memórias, *Rhythm and the Blues*. "Os olhos dela são incríveis, olhos luminosos que escondem uma dor inexplicável. A depressão dela podia ser tão profunda quanto o mar escuro. Não vou fingir que conheço a origem de sua angústia, mas a angústia envolve Aretha tão seguramente quanto a glória de sua aura musical".

De acordo com Wexler, quando Aretha apareceu no Atlantic Studios no número 1841 da Broadway, no centro de Manhattan, Ted não estava com ela, apenas suas irmãs. Ela não deu desculpas ou explicações de seu sumiço.

— Ela veio preparada — disse Tommy Dowd, o engenheiro da Atlantic que estava nos controles. — Foi direto para o piano e, sem dizer uma palavra, tocou sobre a faixa "Do Right" que já tínhamos. Ela, Erma e Carolyn estabeleceram as harmonias vocais, um arranjo que veio do céu. Só faltava o vocal de Aretha. Ela o testou uma vez. Graças a Deus eu tinha pressionado aquele botão de gravar, mas o teste foi sobrenatural. Havia uma calma em sua entrega, uma atitude que dizia: "Irmão, essa música é minha, farei no meu tempo, e vou gravá-la em sua alma". Quando ela terminou, não havia nada a fazer a não ser balançar a cabeça, maravilhado.

— Quando se tratava de produzir os vocais de Aretha — disse Wexler —, era o mesmo que com Ray Charles. Eu não falava nada. Ela não precisava da minha crítica. Ela não precisava da crítica de ninguém. Seu instinto para os vocais e versos curtos era absolutamente impecável. Com apenas 24 anos, ela já tinha a postura, a autoridade e a autoconfiança de alguém que cantava fazia 60 anos. Sua voz era jovem e vital, mas também vinha de um lugar de antiga sabedoria secreta.

— O método que ela começou em Muscle Shoals continuou em Nova York — explicou Dowd. — Ela tocou os instrumentais com a banda enquanto cantava um vocal inicial para ajudar os músicos a entender exatamente como ela contaria a história. Depois, jogamos fora o vocal e, com um instrumental que ela julgou aceitável, ela foi para o estúdio cantar a faixa principal. Esse era o momento da verdade. Ela estava lá sozinha do outro lado do vidro, eu estava atrás do quadro na cabine de controle com Wexler e todos os músicos reunidos ao redor. Depois de poucas tentativas, ela acertou "Do Right" em cheio, eternizando-a. Ficamos sem palavras. Ficamos atordoados. Sabíamos que estávamos na presença de uma grandeza rara e imortal.

"Do Right Woman – Do Right Man" foi gravada em 8 de fevereiro. Dois dias depois, Wexler a lançou como um lado B de "I Never Loved a Man (The Way I Loved You)". A reação foi imediata. "I Never Loved" voou para o topo das paradas de R&B e rapidamente passou para o Top 10 do pop e ultrapassou "Penny Lane" dos Beatles, "Love Is Here and Now You're Gone" das Supremes, "Ruby Tuesday" dos Rolling Stones e "Happy Together" dos Turtles. A Atlantic levou duas semanas para fazer o que a Columbia não conseguiu fazer em cinco anos – transformar Aretha Franklin em uma superestrela. "I Never Loved" se tornou o primeiro disco de sua carreira com um milhão de vendas.

Cecil achou que o sucesso do primeiro single ajudou a curar o casamento de Ted e Aretha.

— Afinal, foi o compositor de Ted, Ronny Shannon, que escreveu a música, e foi Ted quem levou a música para Aretha. Essa foi a música que abriu as portas. Aretha estava ciente. Isso a fez pensar que talvez, apesar de tudo, ela precisasse de Ted para chegar aonde estava indo. Mas isso foi só o início. Aquele primeiro single – "I Never Loved" e "Do Right" – não foi nada comparado ao próximo, com "Respect" e "Dr. Feelgood". O segundo single a colocou em órbita. As coisas ficaram loucas depois que essas músicas chegaram. O mundo todo a queria, e ela precisava de ajuda.

— A Atlantic era muito diferente da Motown — disse Wexler —, gravadora que também gerenciava e agendava os shows. Tínhamos o cuidado de garantir que nossos artistas tivessem gestores externos, consultores externos e agentes externos. Aretha não era uma pessoa que costumava confiar nos outros - e com razão - e era importante para ela ter seus próprios conselheiros. Vi que o relacionamento dela com White estava no mínimo complicado, e eu poderia ter tentado influenciá-la a deixá-lo. Eu poderia tê-la convencido a contratar um empresário que fosse mais simpático com a Atlantic, mas sabia que seria um erro. Eu tinha que separar as coisas. O produtor/executivo de gravação é uma coisa. O empresário/agente é outra. Além disso, seu empresário/agente também era seu marido.

De acordo com os irmãos de Aretha, além de ser um empresário experiente, White era alguém que reconhecia os talentos dela como compositora.

— Apesar de tudo o que podemos dizer sobre Ted — disse Cecil —, foi ele quem conseguiu que Aretha compusesse. Isso foi em parte porque ele se preocupava muito com a publicação das músicas e queria construir seu inventário de direitos autorais, mas também porque ele viu que o talento dela como compositora rivalizava com seu talento como cantora.

Ao falar com Luther Vandross sobre o primeiro álbum de Aretha com a Atlantic em 1990, o primeiro comentário dele foi a respeito da composição dela, não de seu canto.

— Não estou dizendo que ela não cantava pra caramba — Luther explicou. — Ela cantava. Mas o que me impressionou ainda mais foi que ela escreveu ou coescreveu as quatro melhores músicas do disco: "Don't Let Me Lose This Dream", "Baby, Baby, Baby", "Dr. Feelgood" e "Save Me". Por mais que eu adore Diana Ross e Dionne

Warwick, não posso dizer o mesmo delas. Excelentes cantoras, mas dificilmente compositoras.

"Quando produzi Aretha nos anos 1980, a primeira coisa que disse a ela foi o quanto eu amava 'Don't Let Me Lose This Dream'. Tinha esse ritmo suave estilo bossa nova que era como o paraíso. Perguntei a ela de onde vinha a música. Ela disse que estava ouvindo Astrud Gilberto, a garota que cantava com Stan Getz, e queria escrever algo com aquela sensação do soul latino. Passamos de lá para 'Dr. Feelgood', que é basicamente nada mais que um blues de 12 compassos. Mas as letras, nossa! E ela tocando piano! Parece algo que minha avó ouvia – uma daquelas cantoras originais, como Bessie Smith ou Ma Rainey. Na minha opinião, é um dos maiores blues já escritos. O mesmo vale para 'Baby, Baby, Baby', que ela escreveu com sua irmã Carolyn, outro grande talento. É outra variação brilhante de blues com um verso que eu gostaria de ter escrito – 'I'm bewildered, I'm lonely and I'm loveless' [Estou confuso, sozinho e sem amor]."

Aretha escreveu sobre a composição de "Save Me" com King Curtis. Ela o chamou de cavalheiro porque, embora ela tenha dito que a contribuição musical dela e de Carolyn fora menor, King deu a elas todo o crédito como colaboradoras. Ela também cantou a intensa "Soul Serenade", de King, outra prova do papel fundamental do grande trompetista em ajudar Aretha a se tornar Aretha.

É claro que a peça central do primeiro álbum de Aretha é seu cover de "Respect", de Otis Redding. Wexler me disse que ele tocou pessoalmente a versão dela para Otis.

— Ele deu um sorrisão — lembrou Wexler —, e disse: "A garota tirou essa música de mim. Não é mais minha música. De agora em diante, pertence a ela". E então ele me pediu para tocar de novo, e depois uma terceira vez. Ele sorriu o tempo todo.

"Se você ouvir o original de Otis e depois o cover de Aretha, a primeira coisa que perceberá é que o ritmo dela é mais dramático. Ela inventou essa síncope de parar bruscamente. Ela mostrou aos músicos que eu tinha enviado do Alabama - Jimmy Johnson, Tommy Cogbill e Roger Hawkins - como fazer. Eu sabia que ela estivera curiosa com aquela música havia alguns anos e a tinha interpretado no palco. Ela já tinha inventado essa nova batida. Mas a criação dos vocais de apoio e o inventivo jogo de palavras foi feito na hora, no próprio estúdio. Os vocais de apoio eram melismas maravilhosos. Deram à música um forte tom sexual. O pedido de respeito se tornou uma exigência. E então, considerando os direitos civis e o fervor feminista que crescia nos anos 1960, o respeito - principalmente da forma como Aretha o articulou com tanta força - assumiu um novo significado. "Respect" começou como uma música soul e acabou como uma espécie de hino nacional. Praticamente definiu a cultura dos EUA naquele momento da história."

— A parte "sock it to me" [me diga a verdade] certamente ajudou a moldar a música — disse Carolyn. — Eu tinha ouvido a expressão nas ruas e pensei que poderia funcionar como resposta com "Respect". Obviamente Otis escreveu a música do ponto de vista de um homem, mas quando Erma, Aretha e eu trabalhamos nela, tivemos que mexer na perspectiva. Vimos como algo mais terreno, uma mulher que não tem problema em discutir suas necessidades. Acabou que a música que foi interpretada de muitas maneiras diferentes - relacionada à política sexual ou racial. Na minha opinião, todas essas interpretações estão corretas, porque todos precisam de respeito em todos os níveis.

O verso "sock it to me" ganhou ainda mais fama como piada em *Laugh In*, o programa de comédia de televisão que chegou às ondas do rádio no ano seguinte. Até Richard Nixon teve uma participação especial, na qual ele estranhamente exigia: "Sock it to me".

O título soletrado ("R.E.S.P.E.C.T.") ao mesmo tempo em que as exigências ("Find out what it means to me" e "and take care of TCB") foi um adorno lírico adicional. "TCB" ecoou a própria letra de Aretha de "Dr. Feelgood", na qual ela proclamou que "taking care of business is really this man's game" [esse cara é bom mesmo em cuidar dos negócios]. No final da música, ela também se referiu ao seu passado recente cantando: "I get tired, keep on trying, running out of fools and I ain't lying" [eu me canso, continuo tentando, não tenho mais a quem enganar e não estou mentindo]. "Running Out of Fools" foi o maior single de R&B dela na Columbia. Ao citar o título, ela honrou a tradição da música soul de mencionar os próprios sucessos anteriores. Ela também fecha com chave de ouro ao personalizar a música para que, nas próprias palavras do compositor, "pertença a ela".

— Também interpretei "Respect" como parte das brigas que estavam acontecendo entre ela e Ted — disse Cecil. — Ele podia respeitar o talento dela, mas não a respeitava como ser humano. Era um cara violento, e essa violência só piorava. Senti como se Aretha estivesse cantando "Respect" para Ted, mas não fez diferença. Ele continuou batendo nela e não se importava com quem presenciasse as agressões.

Em abril, a primeira vez que Aretha apareceu na capa de uma revista nacional, a *Jet* cita White sobre o sucesso de sua esposa:

— Estamos recebendo ligações de todo o país pedindo que ela se apresente... a cena europeia está louca por ela. Tivemos que adiar até o fim do ano uma turnê europeia agendada para maio, porque não conseguimos encaixá-la na agenda atual.

Ele também estimava que sua artista/esposa passaria de ganhar 100 mil dólares em 1966 para 250 mil em 1967.

"Respect" chegou às paradas pop em 29 de abril, um dia depois que Mohammed Ali perdeu o título ao se recusar a entrar para o exército dos Estados Unidos. A música seria a número um nas paradas de R&B e pop, e logo definiria e mudaria para sempre a carreira de Aretha. Como resultado, alguns meses mais tarde, no começo de seu show no Regal Theatre de Chicago, ela seria coroada Rainha do Soul pelo DJ Pervis Spann (o Blues Man). Aretha levou a cerimônia a sério, percebendo a beleza da "coroa cravejada de joias" colocada em sua cabeça, onde, metaforicamente, permaneceria pelas cinco décadas seguintes.

Havia Bessie, havia Dinah e agora havia Aretha.

O sonho dela estava se tornando realidade – o sonho de conto de fadas de uma garotinha cujo pai havia lhe prometido a lua. O sonho, no entanto, estava enraizado na perspectiva de livros em que todos viviam felizes para sempre. Aretha passou a acreditar nesse conto de fadas quando criança e se agarrou a isso apesar da dura realidade. Dura realidade que mais parecia um pesadelo. Em 1967, o ano de seu enorme sucesso, ela estava no meio do caos emocional. Mesmo com o marido/empresário controlando uma carreira que, em questão de poucos meses, havia decolado como um foguete, seu casamento havia oficialmente se tornado um sofrimento.

13
ESCUTE O QUE O BLUES DIZ

— O blues é difícil pra caralho — disse Carmen McRae — e nem todo mundo consegue cantá-lo. É mais que versos. Você precisa vivê-lo. Se me perguntar, o melhor álbum da Billie Holiday é *Lady in Satin*, feito pouco antes de ela morrer. A voz dela precisava ser lapidada, mas seus blues eram os mais profundos. No caso de Aretha, o melhor álbum dela é seu primeiro na Atlantic, quando a voz dela estava mais forte mas, pelo que ouvi, o blues dela também era o mais profundo.

— Os EUA tinham o blues — disse Jerry Wexler —, e o blues de Aretha refletia isso. O sentimento antigoverno estava fervilhando. O movimento pelos diretos civis estava fervilhando. Aquela merda de Guerra do Vietnã estava crescendo. Mas esse era um tipo diferente de blues. Era blues com atitude - atitude negra. Na primeira parte dos anos 1960, a Motown refletiu menos os desejos dos militantes de classe média. A Motown era linda, mas a Motown, pelo menos em suas configurações iniciais, era branda. Aretha era tudo, exceto branda. Sua voz carregava a assertividade de uma nova classe formada não só por negros que não estavam mais dispostos a aceitar a situação, mas também por jovens brancos profundamente decepcionados com o status quo. As sementes da revolução do soul tinham sido plantadas por artistas como Ray Charles e Solomon Burke e Sam and Dave. Mas só deram frutos com Aretha. O "Respect" de Aretha aconteceu em 1967. O "Say it Loud (I'm Black and I'm Proud)" de James Brown, por mais incrível que fosse, só deu certo em 1968.

— Engraçado — Ray Charles me disse —, mas a primeira música de Aretha que me lembro de ter adorado não era "Respect" nem nenhum daqueles primeiros sucessos, mas sim "A Change Is Gonna Come", de Sam Cooke. Eu achava que essa era a música que explicava quem ela era e como ela estava mudando as coisas. Quando a ouvi, percebi que Aretha era minha verdadeira e única irmã do soul.

Ela também provou ser uma irmã devotada quando fez uma pausa em sua rotina caótica para ir ao casamento de seu irmão Cecil com Earline no dia 30 de abril, celebrado pelo reverendo C.L. Franklin na igreja batista New Bethel. Duas mil pessoas compareceram.

— Aretha não poderia ter sido mais gentil — Earline me disse. — Ela até ajudou a desenhar meu vestido. No começo, minha cunhada me deu todos os sinais de que eu seria bem-vinda na família. Ela era amorosa e solidária, pelo menos nos primeiros dois ou três anos. Mas quando a vida pessoal dela começou a se desfazer, nosso relacionamento também foi se desfazendo. Quanto mais ela amava e dependia de Cecil, mais ela se magoava e se distanciava de mim.

Na primavera de 1967, Aretha estava num ritmo frenético. A demanda por seus shows disparara da noite para o dia. As taxas de performance dela quadriplicaram.

— Ted estava doido para ganhar dinheiro — disse Cecil. — Sua atitude era de alguém que havia persistido, esperando por aquele momento – e não ia perder a chance. Então, usando Ruth Bowen, ele marcava shows onde podia. Era uma coisa muito louca, porque Ted e Aretha estavam bebendo mais que o normal. Nenhum deles ficava bem quando estavam bêbados. A bebida trazia à tona o pior lado deles.

— Eu tinha marcado shows para Erma e Carolyn antes que Aretha viesse me pedir oficialmente para ser agente dela — disse Ruth Bowen. — O momento era perfeito. Eu estava presente no nascimento de uma estrela e feliz em ajudar a ela e Ted. Eu gostava de Ted. Eu sabia que ele tinha sido cafetão, mas o homem era um cafetão classudo e dedicado à carreira da esposa. Ele era inteligente, falava bem e trabalhava duro. Ele concordava com Aretha que eu era a agente certa para descobrir como maximizar os ganhos dela. Eu podia marcar shows para ela em locais maiores e mais renomados. Os dias de Village Vanguard e Village Gate haviam acabado.

"Um dos primeiros grandes trabalhos que consegui para ela foi em uma boate de Chicago que Gene Chandler ia inaugurar. Fui até lá para garantir que tudo estivesse nos conformes. Não estava. Aretha chegou majestosa, mas quando ela se sentou ao piano, o banco se despedaçou. Ela caiu de bunda no chão. Mas sendo uma profissional completa, fez uma piada, se levantou e tocou de pé até que trouxessem um banquinho mais forte. Eu queria matar Gene. Era meu primeiro trabalho para minha cliente nova e ele não podia sequer providenciar um banquinho decente! Eu tinha certeza que ela nunca mais trabalharia comigo. Mas tenho que dizer que ela foi muito compreensiva. Ela fez uma performance emocionante e me agradeceu pelo que tinha sido um dia de pagamento gordo.

"Mas o que não percebi quando comecei a trabalhar com Aretha era que ela não só fumava muito como também bebia muito.

Ela tinha o hábito de encher a cara antes de se apresentar. Isso não a ajudava nadinha a cantar. Quando se tratava de cantar, Aretha não precisava de ajuda nenhuma. Todo mundo sabe que ela possui uma genialidade natural. Mas ela estava usando a bebida para aliviar a dor de seu casamento ruim. Tinha se tornado uma muleta. Essa é a palavra que usei – "muleta" – ao mencionar o problema. Desde o primeiro dia, fui sincera com ela. Também falei que fumar como uma chaminé não estava sendo nada bom para ela – eram três maços por dia. Ela disse que fumar e beber acalmava seus nervos. Eu disse que era mentira. A bebida não acalmava os nervos dela nem um pouco. A bebida só a tornava desleixada. Falei isso na cara dela. Ela não gostou de ouvir. Bem, foi difícil porque eu tinha aumentado o cachê dela de cerca de 750 dólares por apresentação para 5 mil e logo para 10 mil.

"Bem, eu não estava em Columbus, Georgia, no incidente seguinte. Foi quando ela caiu do palco e quebrou o braço. Ela disse que foi porque as luzes do palco a cegaram. Talvez. A assistente dela me disse que foi porque ela estava bêbada. Seja lá o que for, eu esperava que ela tivesse aprendido a lição. Infelizmente, ela não aprendeu".

A edição da revista *Jet* de 18 de maio de 1967 tem uma foto de Aretha no Ford Hospital em Detroit, o braço em uma tala. A história afirma que era necessário fazer uma cirurgia.

Em 20 de junho, ela estava de volta aos estúdios Atlantic.

— Aquele primeiro álbum nos colocou em uma maré de sucesso — disse Wexler. — Tudo em mim dizia: "Continue, grave mais, continue trazendo sucessos". Ela estava com tudo, e eu não tinha motivo para acreditar que a onda de sucessos acabaria. Por outro lado, eu tinha estado por perto. Eu sabia que seria tolice – e talvez até irresponsável da minha parte – não continuar quando a coisa estava fresca. Eu também tinha motivos pessoais. Um financista da Wall

Street concordara em ver o que podíamos conseguir com a Atlantic Records. Por mais que Ahmet e Nesuhi não tivessem entrado num acordo sobre o valor de venda, eles concordaram com meu plano de deixar o financista testar nosso valor no amplo mercado. Eu estava sempre ávido para lançar sucessos, mas naquele momento eu estava a todo vapor. Nesse sentido, eu tinha Ted White como bom parceiro, que achava o mesmo. Ele queria lançar o máximo de produtos possível.

"A notícia de que Aretha tinha se machucado em um show era alarmante, mas Ted me garantiu que ela logo voltaria ao estúdio. Ela não apareceu nos primeiros encontros. E esse acabou se tornando o comportamento padrão de Aretha. Não perguntei o motivo. Ela não era a primeira artista emocionalmente frágil com a qual eu trabalhara e não seria a última. Percebi que meu trabalho era fazer o dela o mais confortável possível. Eu sabia que, quando ela aparecesse, a espera teria valido a pena.

"Acabou que o motivo de seu sumiço não tinha nada a ver com seu ferimento. Ela não me disse diretamente – ser direta não era o estilo de Aretha –, mas por fim consegui arrancar de Ted a verdade. Aretha estava puta comigo porque sua irmã Erma conseguira um contrato. Ela pensou que eu armara a situação. Nada poderia estar mais distante da verdade."

Erma me contou a história.

— Eu ainda morava em Nova York — disse ela — e não cantava mais com Lloyd Price. Depois de cinco anos, eu não tinha conseguido um aumento sequer e estava farta. Eu era grata pela música que fizera na Epic, mas as canções, por melhores que fossem, nunca entraram nas paradas. Arrumei emprego na IBM e estava bem satisfeita. Não que eu tivesse desistido de cantar – cantar sempre seria minha paixão –, mas a praticidade exigia que eu trabalhasse. Também fiquei feliz de ter ajudado Aretha naquelas primeiras sessões. Daí veio "Respect". Bem, essa música abriu todas as portas. Aretha levou o nome Franklin a outro nível. Recebi várias ligações de produtores. A mais interessante foi de Bert Berns, que disse que tinha sido sócio de Jerry Wexler e Ahmet Ertegün. Ele falou que tinha a própria gravadora, Shout, e que tinha composto "Twist and Shout", um sucesso para os Isle Brothers e para os Beatles. Desta vez, ele havia escrito outra canção que achava que seria ainda maior. Ele e um cavalheiro de nome Jerry Ragovoy haviam composto "Piece of My Heat" e queriam saber se eu queria ouvir. Eu queria. Gostei, embora tenha pensado que o ritmo calipso não combinava com meu estilo. Depois da sessão de gravação, eles me deixaram mudar para um ritmo de soul. Todos acharam o resultado ótimo, inclusive eu. Bert ficou tão animado que imediatamente me propôs um contrato para um álbum. Conseguimos transmissão quase imediata. Fiquei muito feliz quando foi ao Top 10 das paradas de R&B. Não tenho certeza de como Aretha se sentiu com isso.

— Implorei a Ted que contasse a Aretha a verdade sobre mim e Bert Berns — disse Wexler. — Bert e eu tivemos um mal-entendido feio, embora eu tivesse enorme respeito por ele. Afinal de contas, foi ele quem trouxe o guitarrista Jimmy Page da Inglaterra para tocar em nossas sessões. Bert, Ahmet, Nesuhi e eu começamos uma gravadora juntos (Bang!), na qual Bert produziu o primeiro álbum de Van Morrison. Mas Bert também tinha uma inclinação a problemas. Ele nos levou à justiça. Queria controle total de cada aspecto da nossa empresa. No fim das contas, foi demais e os Ertegün e eu o demitimos. Ele nos processou por quebra de contrato e, de repente, nos tornamos inimigos. Senti que ele assinou com Erma, uma excelente cantora, não apenas pelo talento dela, mas como uma forma de se vingar de mim. Se eu podia lançar um sucesso com Aretha, ele me ultrapassaria lançando outro ainda maior com Erma. E o histórico de rivalidade entre as irmãs só aumentou a tensão.

Aretha viu a história se repetir. Ela ainda acreditava que John Hammond tinha agido por suas costas ao assinar com Erma na Columbia. Agora, Wexler estava fazendo a mesma coisa, usando Bert Berns em sua tática.

— Não sei se Ted White conseguiu explicar a história para ela — disse Wexler —, mas Aretha por fim apareceu. Havia um calafrio no ar. Embora fôssemos "Jerry e Aretha" depois do primeiro álbum dela, ela voltou a me chamar de "sr. Wexler" e eu tive que voltar a chamá-la de "srta. Franklin". Ela também ainda estava tendo problemas de mobilidade com o cotovelo. Mesmo assim, quando se sentava ao piano, ela tocava os ritmos mais profundos imagináveis. Lembro de ter pensado, *cara, quando Aretha chega, todos os problemas supérfluos desaparecem*. Foi aí que eu soube que tínhamos que chamar esse segundo álbum de *Aretha Arrives* [Aretha chega].

Em quatro músicas, Aretha usou suas irmãs Erma e Carolyn como vozes de apoio. Elas podem ser ouvidas com mais destaque no grande sucesso do álbum, "Baby, I Love You", de Ronnie Shannon, compositor de "I Never Loved a Man".

— Mas em algum momento enquanto fazíamos o álbum, o humor de Aretha mudou — disse Carolyn. — Ela não gostava da ideia de Erma trabalhar com Bert Berns nem de me ver seguindo carreira. Foi quando ela acatou a decisão de Jerry Wexler de usar as meninas do grupo Sweet Inspirations.

Cissy Houston, líder das Inspirations, já tinha cantado duas canções de *I Never Loved a Man*. Aretha e ela tinham o mesmo histórico de canto gospel. As outras Inspirations – Estelle Brown, Sylvia Shemwell, e Myrna Smith – também estavam criando harmonias próximas no estilo gospel ousado. Wexler disse que elas eram "um dos pilares da Igreja Atlantic do Soul da década de 1960". Elas se provaram boas substitutas das irmãs de Aretha e no futuro se tornariam uma parte semipermanente do som de estúdio dela.

Músicos importantes de Muscle Shoals - Spooner Oldham, Tommy Cogbill e Roger Hawkins - foram trazidos. De Atlanta, Jerry Wexler também recrutou Joe South, o grande guitarrista/compositor.

— Quando vi Aretha naquele estúdio em Nova York — South me contou —, fiquei maravilhado. Eu tinha ouvido a primeira gravação dela e a considerava uma santa. Eu compusera "Hush", que se tornou um sucesso para o Deep Purple, e ainda não tinha composto "Games People Play", e não era tão confiante assim. Sempre senti que a música soul era o meu coração, mas, cara, aquela era a hora. Além disso, eu era branco e ia tocar com a artista mais negra e mais genial desde Ray Charles. "Não se trata da cor da pele", disse Wex. "Aretha não enxerga cores. Ela já viu como aqueles garotos de Muscle Shoals podem ser incríveis. Ela vai te amar." Wex estava certo. Ela amou. Eu me lembro de ter ficado lá enquanto ela cantava aquele blues antigo, "Going Down Slow", aquele que todos tinham tocado, desde Guitar Slim a B.B. King. Quer dizer, ela estava cantando de uma forma que me arrepiou. Ela me olhou e assentiu para que eu tocasse algumas notas. Dei tudo de mim e, de repente, ela sorriu. A mulher sorriu! Irmão, aquele sorriso me carregou pelo resto da vida. Aquele sorriso era a única validação que eu precisava para saber que eu pertencia ao mesmo lugar que ela. Aretha Franklin sorriu!

Wexler convidou o crítico Nat Hentoff para as sessões. Em suas notas, ele escreveu: "Ela ainda não tem completa mobilidade do cotovelo, mas mesmo assim, em várias das canções mais lentas, ela deu um acompanhamento e tanto no piano. Para as canções mais aceleradas, ela não podia tocar com a mão direita, mas em 'You Are My Sunshine', destemida, ela usou apenas a mão esquerda, e o impulso rítmico resultante é prova do nível de entusiasmo que ela carrega na alma".

Quando falei com Hentoff cerca de trinta anos depois da sessão, a memória dela ainda estava vívida.

— Você precisa adicionar o contexto — disse ele. — Foi no final da década de 1960, quando o jazz livre dominava a cena de Nova York. Eu estava faminto por algo mais acessível. Eu estava ávido por um som que reafirmasse as raízes da música que eu mais amava. Vi Aretha como uma manifestação física dessa reafirmação. Como a maioria dos críticos de jazz, eu tinha preconceito com músicas pop e aquele estilo repetitivo. Mas Aretha acabou com esse preconceito. As músicas dela tinham um ótimo apelo pop. Na verdade, ela se tornou uma das artistas pop mais importantes de nosso tempo. Mas ao fazer isso, ela jamais comprometeu um grama de sua autenticidade como artista educada na mais profunda e mais criativa tradição de blues, gospel e jazz.

Naquela mesma sessão, ela tocou "It Was You", uma canção de James Brown do final dos anos 1950.

— Aretha queria lançá-la como primeiro single — disse Wexler. — Ela cantou lindamente, mas achei que o arranjo estava um pouco engessado. Então a deixamos para depois, junto a uma canção forte de Van McCoy, "So Soon". Ouvindo anos depois, não consigo acreditar que não foi lançada na época. Mas Aretha tinha tanto material excelente e estava gravando de forma tão rápida e furiosa que, a qualquer momento, tínhamos muito mais do que poderíamos usar. Por muito tempo, lançávamos dois álbuns por ano e tínhamos material para lançar ainda mais. Quanto às vendas, estávamos nos saindo fabulosamente bem.

"Atlantic quebra os próprios recordes de vendas", informou a *Billboard*. "A venda da Atlantic-Atco no primeiro trimestre deste ano aumentou quase 100% em relação ao mesmo período de 1966."

A *Time* também fez um artigo sobre o sucesso da Atlantic. Na cabeça de Wexler, mais que nunca, era hora de vender. Ele convenceu os irmãos Ertegün a aceitar 17,5 milhões de dólares da Warner Bros-Seven Arts.

— De um garoto pobre de Washington Heighs — contou Wexler —, eu de repente me tornei milionário, o primeiro da minha antiga vizinhança. Eu estava pulando de alegria. Mas também fui tolo. Estava convencido de que, graças a Aretha, a Atlantic Records havia atingido o topo do sucesso. Eu estava ridiculamente errado. Conforme os anos passavam, a indústria encarou nosso acordo como piada. Se tivemos esperado alguns anos, poderíamos ter recebido dez vezes mais. Na época, eu enxerguei a venda como um triunfo. Mais tarde, percebi que havia sido um desastre.

O outro desastre veio no último dia da sessão de *Aretha Arrives* (domingo, 23 de julho), quando a revolta da 12th Street explodiu em Detroit.

— Nunca tive tanto medo na vida — disse Earline. — Cecil tinha ido a Nova York porque Ree estava brigando demais com Ted. Carolyn e Erma também estavam fora da cidade. Eu estava sozinha em casa e assim que vi os incêndios e as pilhagens, liguei para Cecil, que me disse para ir à casa do reverendo. Pensei que seria o lugar mais seguro. Quando cheguei lá, o telefone estava tocando sem parar – Erma, Carolyn e Aretha estavam ligando para garantir que o pai estava bem. O pai era tudo para elas. O reverendo estava tranquilo. O reverendo estava sempre tranquilo. Nada o incomodava. Acho que ele sentia que tinha uma proteção especial de Deus. Eu tive esperança de pegar emprestado um pouco daquela proteção. Aquele dia pareceu o fim do mundo.

— Eu estava chocado e, ao mesmo tempo, não estava — disse Cecil. — Começou com o ataque da polícia, mas era muito mais que isso. A brutalidade policial vinha infestando a cidade fazia décadas. A agitação civil estava em toda parte. Meu pai vinha trabalhando durante anos para encontrar soluções para a indiferente política municipal que ignorava os direitos básicos de nosso povo. Não foi preciso muita faísca para acender o fogo. A polícia invadiu um clube e foi isso. Meu primeiro pensamento, é claro, foi em meu pai e Earline. Quando fiquei sabendo que estavam bem, entrei com contato com Aretha que, devido ao atrito com Ted, não estava bem. Ela estava bebendo, e a notícia a assustou. Ela começou a falar sobre contratar detetives particulares para ir até a cidade e resgatar meu pai. Eu disse a ela que o pai estava bem, que ninguém era mais respeitado pelo próprio povo do que o reverendo. Falei com vários diáconos da New Bethel, e eles garantiram que a casa dele estava sendo protegida. Mas Aretha estava inconsolável. Ela tinha certeza de que algo terrível aconteceria com meu pai. Esse pensamento a deixou fora de si.

Aretha estava preocupada com o pai por outros motivos. Em 1966, ele tinha sido indiciado por quatro acusações de sonegação de impostos. O governo alegou que ele havia deixado de declarar mais de 75 mil dólares de renda nos anos de 1959 a 1962. Ele alegou – e mais tarde sua filha também – que um congregado descontente havia ido à Receita Federal para prejudicá-lo. C.L. chegou a escrever para o presidente Lyndon Johnson, argumentando que não sabia que doações em dinheiro de sua congregação eram consideradas renda. O presidente não respondeu. Em 1967, Franklin não contestou as acusações, foi multado em 2.500 dólares e colocado em liberdade condicional.

— Ele contou a todos nós — disse Cecil — que estava convencido de que seu papel como líder de direitos civis e companheiro de viagens do Dr. King foi o que colocou a Receita em sua cola.

"Voltamos para Detroit, que estava rodeada de revoltas e parecia uma zona de guerra. Mais de quarenta pessoas tinham sido assassinadas, quase 2 mil ficaram feridas, e cerca de 7 mil foram presas. Diziam que era uma das piores revoltas na história dos EUA. O governador Romney tinha chamado a Guarda Nacional, e então o presidente Johnson convocou a 82ª Divisão Aerotransportada. Detroit tinha enlouquecido. Aretha implorou ao meu pai que mudasse de cidade. Ela queria que ele encontrasse outra congregação na Califórnia, onde ele era extremamente popular, ou que pelo menos se mudasse para a periferia. Mas ele não ouvia. Ele disse que, mais que nunca, a presença dele era necessária para apontar as causas dessas revoltas – a inequidade econômica, o racismo dominante nas instituições civis, as escolas lamentavelmente inadequadas no centro de Detroit e a destruição em massa de nossos bairros pela renovação urbana. Alguns ministros fugiram da cidade, mas nosso pai não. O terror daqueles eventos só o motivou ainda mais. Ele não abandonaria sua agenda política. Lembro que alguém falou: 'Reverendo, o senhor não tem medo de ficar?'. Ele gostou dessa pergunta porque lhe deu a chance de citar o versículo que diz: 'O perfeito amor afasta todo o medo'. Meu pai tinha pouquíssimo medo."

No final do verão, "Baby, I Love You" já valia ouro, o terceiro single de Aretha com um milhão de vendas, quando ela se apresentava para o Dr. King no banquete anual da Southern Christian Leadership Conference em Atlanta. King perguntou se ela se juntaria a outros artistas – incluindo Joan Baez, Sammy Davis Jr., Harry Belafonte e Sidney Poitier – para aparecer em meia dúzia de shows beneficentes em outubro, para ajudar a organização dele. Aretha concordou prontamente. De Atlanta, ela voou para a Califórnia, onde, de acordo com sua agente Ruth Bowen, arrecadou 100 mil dólares para shows em San Diego, Long Beach e Oakland.

— Fiquei preocupada com ela — disse Ruth — por conta de toda a bebedeira. Acho que a felicidade de tanto sucesso acontecendo tão de repente – junto à ansiedade causada pelas revoltas – a afetou. Falei com Ted White sobre isso, mas ele estava bebendo mais que ela. Por um tempo, ela se separou dele, mas então voltou porque temia que sua carreira desabasse sem ele. Cecil e eu conversamos muito. Eu disse: "Escuta, em algum momento ela vai decidir que não aguenta mais, e é aí você vai ter que intervir". "Esse papel será do meu pai", disse Cecil. "Ele lidou com ela antes e lidará com ela de novo". "Não seja ridículo", falei. "Um ministro famoso como ele não tem tempo nem conhecimento para lidar com uma superestrela como Aretha". "Bem, eu também não tenho o conhecimento", disse Cecil. "Mas eu tenho", falei, "e vou te ensinar tudo o que você precisa saber".

O problema conjugal, no entanto, não era algo que Aretha discutia.

— Todo mundo sabia — disse a cunhada Earline. — Todo mundo sabia que Ted White era um homem brutal. Mas Aretha... bem, ela ainda se agarrava à narrativa de contos de fadas. Ela queria que o mundo pensasse que ela tinha um casamento exemplar. Ela odeia admitir que está errada – que escolheu o homem errado para compartilhar a vida e gerenciar sua carreira. Em vez de admitir isso, ela continuou a viver com o erro por mais tempo que o necessário. É exatamente o que aconteceu com ela e White. Ela se livrou dele dois anos depois do que deveria. O cara devia ter sido cortado muito antes. Mas ela estava lançando todos aqueles sucessos e ganhando todo aquele dinheiro. Ela estava com medo de balançar o barco, até que um dia o barco virou e ela quase se afogou.

14
NATURAL

O ritmo era frenético. Enquanto Aretha entrava na segunda metade de seus 20 anos, ela estava encurralada por um empresário/marido que, junto ao seu produtor Jerry Wexler, projetou com sucesso uma carreira que avançava na velocidade da luz. Bem como Wexler queria que ela gravasse a maior quantidade de canções possível, Ted White queria que ela fosse o destaque dos maiores estabelecimentos e estava ávido para agendar as apresentações dela. Ambiciosa desde a infância, Aretha queria atender a essas demandas - e atendeu, mas tinha um preço.

— Às vezes ela me ligava de noite — contou Wexler — e, naquela voz de garotinha quase inaudível dela, me contava que não tinha certeza se podia continuar. Ela sempre falava generalizando. Nunca mencionava o marido, nunca me deu detalhes de quem estava fazendo o que com quem. E é claro que eu sabia que não podia perguntar. Ela só dizia que estava cansada de lidar com tanta coisa. Meu coração doeu por ela. Aretha era uma mulher que sofria em silêncio. Ela guardava tanto dentro de si. Eu dizia a ela para descansar o tempo que precisasse. Tínhamos muitas canções que podíamos lançar sem precisar de material novo. "Ah, não, Jerry", dizia ela. "Não posso parar de gravar. Escrevi umas canções novas, Carolyn escreveu canções novas para mim. Precisamos gravá-las". "Tem certeza?", eu perguntava. "Tenho", dizia ela. Eu marcava as datas e era normal ela não aparecer na primeira ou na segunda sessão. Carolyn ou Erma me ligava e dizia: "Ree não está se sentindo bem". Isso era difícil porque tínhamos chamado pessoas como Joe South e Bobby Womack para tocar nas sessões. Então eu remarcava, na esperança de que ela aparecesse. Não importa como você olhar, o trabalho que ela fez durante 1967, o primeiro ano dela na Atlantic, ficará na história como um dos mais fortes R&B que a nação do soul já produziu.

O álbum intitulado *Lady Soul*, gravado em 1967 e lançado no começo de 1968, é notável por quatro sucessos: "Chain of Fools", "Natural Woman", "Since You've Been Gone" e "Ain't No Way".

Antes de as sessões finais começarem em dezembro, Aretha participou do desfile do Dia de Ação de Graças da Macy's em um carro alegórico "Lady in the Show".

Uma semana depois, a *Jet* publicou uma foto de Aretha "recebendo a ligação de um fã" enquanto a estrela "suscetível a se machucar" era atendida por uma enfermeira no Daly Hospital em Detroit. O "machucado no olho sofrido em uma queda" resultou em uma série de compromissos cancelados.

— Ela aparecia nas nossas sessões parecendo que literalmente tomara uma surra — disse Wexler. — Mas eu não fazia perguntas. Eu dava a ela um grande abraço e dizia que estávamos muito felizes de vê-la. Olha, quando Aretha aparecia, fosse duas horas ou duas semanas atrasada, não importava. Nós sabíamos que ela estava pronta para cantar para valer.

"Tirando qualquer agonia que ela estivesse vivendo, havia outro problema que nenhum de nós podia ignorar. Apenas alguns dias antes de Aretha aparecer em Nova York, Otis Redding, junto aos membros do Bar-Keys, tinha morrido em um desastre de avião no Wisconsin. Isso aconteceu no dia 10 de dezembro de 1967, quando minha esposa Shirley e eu voltávamos de uma conferência da indústria da música onde eu recebera o prêmio de Executivo Musical do Ano pela terceira vez seguida. Meu ego estava nas alturas. Mas a notícia trágica colocou meus pés de volta no chão. Fiquei destruído. Otis só tinha 26 anos. Me pediram que discursasse no memorial em Macon. Aretha já havia começado as sessões, e perguntei se ela queria se juntar a mim. Ela disse que seria devastador demais. Então fechamos o estúdio por um dia e voei para a Georgia. Foi uma cerimônia incrível. Joe Simon cantou "Jesus Keep Me Near the Cross". Johnny Taylor cantou "I'll Be Standing By". Todos choravam – James Brown, Wilson Pickett, Isaac Hayes, Joe Tex, Arthur Conley, Solomon Burke, Don Covay –, a completa realeza do soul. Eu disse: "A música 'Respect' de Otis se tornou um hino de esperança para pessoas por toda parte. Respeito é algo que Otis conquistou. Otis cantou: 'Respeito é quando venho para casa'. E Otis voltou para casa". Eu só queria que Aretha estivesse lá para cantar essa canção.

"Voltei ao estúdio no dia seguinte. Aretha queria saber tudo sobre o funeral e eu não poupei detalhes. Ela chorou enquanto eu descrevia o memorial. Aretha não precisava de motivação extra para cantar com o coração. Ela sempre fez isso. Mas se muitos dos vocais em *Lady Soul* parecem ter uma profundidade ainda maior, acredito que seja porque Otis estava na mente de Aretha".

— Acho que *Lady Soul* contém Aretha em sua melhor voz — disse Carolyn. — Eu o vejo como o melhor álbum dela - e não só porque ela cantou a minha "Ain't No Way". Eu o adoro pelas duas canções que Aretha compôs: "Since You've Been Gone" e "Good to Me As I Am to You'. Erma e eu cantamos nas duas. Aretha gostava de dizer que eu era a compositora da família, mas assim como ela tinha o maior talento como cantora, ela tinha o mesmo talento como compositora. A diferença era que ela se dedicava ao canto com todas as forças, mas negligenciava a escrita.

As duas canções-símbolo de *Lady Soul* não foram escritas por Aretha. "Chain of Fools" foi composta por Don Covay e "Natural Woman" foi criação de Carole King e Gerry Goffin. (Wexler sugeriu o título e, por gratidão, King e Goffin o creditaram como coautor.)

Arif Mardin, o sócio turco-americano dos irmãos Ertegün que se tornou um arranjador de equipe e por fim um produtor importante na Atlantic, trabalhou com Wexler e Tom Dowd nos primeiros álbuns de Aretha.

— Fui listado como arranjador de "Chain of Fools", mas não posso aceitar o crédito — Arif me contou. — Aretha entrou no estúdio com o arranjo inteiro pronto na cabeça. O arranjo é baseado nas harmonias vocais dadas por Carolyn e Erma. Para adicionar volume, o Sweet Inspirations se juntou. A visão da canção é totalmente de Aretha.

— Aumentamos a ideia de Aretha em certo nível — disse Wexler. — Joe South fez uma apresentação dos Pop Staples no violão ao abaixar o som do instrumento e aumentar o vibrato. Isso criou uma intro característica que disparava os fogos de artifício. Quando acabamos, eu estava tão animado que toquei a versão inicial para todos que eu conhecia, incluindo a famosa compositora Ellie Greenwich. "Os vocais de apoio não são fabulosos?", perguntei. "São", respondeu ela, "mas ouço outra parte vocal". "Impossível", falei. "Quer ouvir, Jerry?".

Eu queria. Ellie cantou e, simples assim, eu a levei para o estúdio e ela gravou, tornando as harmonias superpotentes ainda mais potentes.

— Aretha não compôs "Chain" — disse Carolyn —, mas poderia ter composto. Era a história dela. Quando estávamos no estúdio gravando os vocais de apoio com Ree conduzindo, eu sabia que ela estava cantando sobre Ted. Escute a letra, fala de como, por muitos anos, ela pensou que ele fosse o homem dela. Então, ela descobriu que ela mesma era apenas um elo na corrente. Depois, ela canta que o pai a mandou voltar para casa. E ele mandou. Ela canta sobre o médico falando para ela pegar leve. E ele falou. Ela estava bebendo demais e pensávamos que estava à beira de um colapso. Mas a frase que me pegou foi aquela que dizia que, qualquer dia, a corrente se partiria, mas que até lá ela aguentaria o que pudesse. Isso resumia tudo. Ree sabia muito bem que esse homem estava se aproveitando dela desde a Jump Street. Mas de alguma forma ela aguentou até o ponto de ruptura. Não consigo ouvir essa música sem pensar no ponto de virada na longa história feia entre ela e Ted.

Se "Chain of Fools" definia o relacionamento de Aretha com um homem abusivo, "Natural Woman" sinalizava a força interna dela, o elemento esquivo na personalidade dela que Wexler identificou como essencial para sua sobrevivência emocional. King e Goffin colocaram a mulher natural em contexto romântico. É um homem que é "peça-chave para a paz interior dela". Aretha, no entanto, a levou para a igreja. Ela contou a entrevistadores que ouvira a canção como uma oração. Ela estava adorando e cantando para o Senhor. Quando a alma dela estava perdida, não foi um homem que a salvou, foi Deus.

— A canção tinha um quê de hino — explicou Arif Mardin —, e foi por isso que usamos um arranjo escrito mais tradicional. Spooner Oldham tocou aquela introdução cheia de sentimento no piano acústico. Mas foi Aretha que mostrou a ele exatamente o que ela queria que ele tocasse. Ela amava aquela canção a ponto de querer concentrar o vocal e apenas o vocal. Eu tinha composto um arranjo de cordas e de metais para incrementar o refrão, e contratado Ralph Burns para conduzir. Depois de apenas umas duas gravações, estava pronto. Foi quando Ralph se virou para mim com um deslumbre no olhar. Ralph era um dos arranjadores mais celebrados da era moderna. Ele tinha composto "Early Autumn" para Woody Herman e Stan Getz, e "Georgia on My Mind" para Ray Charles. Ele tinha trabalhado com todo mundo. "A mulher veio de outro planeta", foi tudo o que Ralph disse. "Ela está só visitando a Terra".

Entre os visitantes das sessões estava Eric Clapton, levado ao estúdio por seu mentor, Ahmet Ertegün. Clapton estava nos estúdios Atlantic para a gravação de *Disraeli Gears*, o álbum do Cream que incluía "Sunshine of Your Love". Por coincidência, em sua gravação Clapton estava usando Tom Dowd, engenheiro de Aretha.

— Eric chegou quando Aretha estava trabalhando no vocal de "Good To Me as I Am to You" — disse Wexler. — Era uma brilhante balada de blues, uma daquelas canções com uma forte tensão autobiográfica – Aretha mandando uma mensagem para o homem dela ou para todos os homens: me trate direito ou dê o fora. Mais tarde, quando os papéis dos direitos autorais foram entregues, vi o nome de Ted White como coautor, mas Aretha disse que era só por motivos jurídicos. Ela me garantiu que tinha composto a canção totalmente sozinha. Enfim, ela estava arrasando no estúdio, cantando bem demais a canção quando Ahmet ouviu um espaço para uns acordes de violão. Ele encorajou Eric a tentar. Eu fui a favor. Mas Eric, por mais incrível que fosse, estava assustado com a ideia de tocar na presença da poderosa Aretha. Ele errou feio. Mas, para o crédito dele, voltou no dia seguinte e, sem Aretha no estúdio, tocou perfeitamente. Os riffs dele eram elegantes e precisos. Eric não foi o primeiro e não seria o último músico a ficar intimidado pela rainha.

"Embora Felix Cavaliere e Eddie Brigati amassem o cover que Aretha fez da música 'Groovin' deles, acho que eles tiveram dúvidas mais tarde quando a versão dela se tornou mais aclamada que a deles. Mais cedo, Ahmet e eu tínhamos assinado com os Rascals para a Atlantic por meio do empresário deles, Sid Bernstein, o homem que levara os Beatles para os Estados Unidos. Lembro que Sid falou: 'Ela tinha mesmo que cantar tão bem assim? Agora ela está fazendo os fãs pensarem que o sucesso dos Rascals – a porra do original – é um cover da versão dela'."

— Eu amo todo o *Lady Soul* — disse Erma —, mas a música que mais me emocionou foi "People Get Ready". Todo mundo na família Franklin tinha total respeito por Curtis Mayfield, que escreveu e gravou essa canção. Nós o chamávamos de Gigante Gentil e o víamos como um Duke Ellington moderno. Ele era abençoado com uma profunda genialidade divina. Ree sentiu a divindade da música dele, e se você ouvir a canção até o final, escutará a parte em que ela começa a orar. Aquelas são palavras dela, não de Curtis, quando ela diz: "I thank you because I'm living" [eu Te agradeço por estar viva], antes de dizer "I thank you today because I need a new beginning" [eu hoje Te agradeço porque preciso de um recomeço]. Essa é a perfeita definição de onde ela estava. Nosso pai nos ensinou a sermos gratos. Ela era grata por todas as coisas maravilhosas que estavam acontecendo. Mas ela também percebeu que não podia continuar assim por muito tempo. Ela precisava de um recomeço.

Apesar da percepção, Aretha viu o fim de 1967 (o maior ano da carreira dela) com Ted White ainda ao seu lado.

— Ela estava com medo de deixá-lo — disse Carolyn. — O medo tomou conta dela.

— A carreira dela estava disparando — Wexler explicou. — Administrar e resolver desafios profissionais e pessoais era demais. Ela não achava que conseguiria fazer as duas coisas, e eu não a culpo. Poucas pessoas conseguiam. Então, ela deixou de lado a parte pessoal e se concentrou na profissional. Profissionalmente, a carreira dela estava nas alturas. Com *Lady Soul*, ela era de longe a artista mais admirada do país.

"Ao mesmo tempo, ela dedicou uma grande parte da vida ao movimento pelos direitos civis. Ela entrou de cara no combate político no exato momento em que tudo estava explodindo. Ela podia simplesmente não ter participado dos comícios políticos e dos eventos beneficentes em que se apresentou, mas não fez isso. Quando o dr. King a chamava, ela estava sempre lá – em Chicago, em Atlanta, em qualquer lugar. Ela era uma apoiadora firme dele."

— No final de 1967 — Ruth Bowen lembrou —, eu tinha quase certeza de que Aretha teria um colapso. Não digo isso para criticar. No lugar dela, a maioria das pessoas teria tido um colapso. Ela estava presa em um casamento terrível, mas não estava pronta para dar um fim nele, porque temia que largar seu marido/empresário também arruinasse sua carreira. Além disso, ela detestava propagandas negativas e achava que a notícia ruim acabaria com sua carreira. O pai dela e o dr. King estavam colocando pressão nela para cantar em toda parte, e ela se sentia obrigada. E a gravadora estava exigindo mais músicas. E eu tinha uma montanha de ofertas na minha mesa que só aumentava a cada hora. Eles a queriam na Europa. Eles a queriam na América Latina. Eles a queriam em todos os maiores estabelecimentos dos Estados Unidos. Os canais de TV estavam atrás dela. Queriam que ela aparecesse como convidada em todos os programas, de Carol Burnett a Andy Williams, ao *Hollywood Palace*. Ela queria estar em todos, mas também não queria estar em nenhum. Ela queria todos porque ela é uma artista que queima de ambição. E ela não queria nenhum porque estava emocionalmente exausta. Ela precisava se afastar e renovar suas forças. Eu disse isso a ela pelo menos uma dúzia de vezes. Ela disse que ia, mas não me deu ouvidos. Eu não a culpava. Artistas estão em busca de glória, e no fim de 1967, Aretha estava recebendo mais glória que em qualquer outro período de sua vida. Em 1968, essa glória aumentou dez vezes. Mas, de novo, isso também aconteceu com a dor que a assombrava desde a infância.

De coração partido ou não, Aretha apareceu pela primeira vez no horário nobre da TV quando o *Kraft Music Hall* foi ao ar no dia 27 de dezembro. Outros artistas incluíam Liza Minnelli, de 21 anos, e Woody Allen, de 32.

Então, no Natal de 1967, ela apareceu no programa de Mike Douglas e, sentada ao piano, cantou um dueto com Frankie Valli, um cover de "That's Life", do Frank Sinatra. Valli, o incrível vocalista principal do Four Seasons e assistente do grande Little Jimmy Scott, praticamente caiu da cadeira. A potência de Aretha foi demais para ele.

Em 28 de dezembro de 1967, na edição de final de ano da *Jet*, a coluna "People Are Talking About", de Charles Higgins, publicou:

"Aretha Franklin revelou que não precisa de uma casa porque recentemente comprou uma belezura de quatro quartos (valor estimado: 60 mil dólares) no exclusivo Northwest Side, em Detroit... o marido dela, Ted White, acabou de comprar para ela um adorável casaco branco de vison. Então, ela perguntou: 'Que tal se o Papai Noel me trouxer um pouquinho mais de amor?'".

— O mundo estava enchendo minha irmã de amor — disse Erma —, mas o amor dentro de casa, o tipo de amor necessário para nossa sobrevivência, não estava chegando a ela. Como cantora, ela estava aproveitando o maior sucesso de sua vida, mas isso não significa que ela não estava sofrendo.

15
ANO DOS ANOS

Em 1968 - ano da Ofensiva do Tet, da revolta crescente nas ruas da América, do assassinato de Martin Luther King Jr., das revoltas da raça e da brutal convenção democrática em Chicago –, aos 26 anos, Aretha Franklin se tornou a artista mais admirada do país. E mesmo assim, de acordo com seus irmãos, empresário, produtor e agente, ela estava mais triste que nunca.

— Ree estava em uma encruzilhada — disse Carolyn — e não sabia para que lado ir. Ela cantou uma música de Ronnie Shannon, o mesmo cara que escreveu "I Never Loved a Man", que dizia "I just can't see myself leaving you" [não consigo me ver te deixando]. Mas então ela cantou outra canção, uma que ela compôs. Ela a chamou de "Think". Ted colocou o nome dele como autor, mas não era verdade. Eu estava lá quando Aretha a compôs, sozinha. Na letra, ela diz que ele deve pensar no que está tentando fazer com ela. Aretha grita por sua liberdade. Ela cantou "Think" de forma tão potente quanto qualquer coisa que já cantou na vida.

— Tenho certeza de que "Think" tinha um significado pessoal para Aretha — disse Wexler. — Mas também tinha um nível cultural enorme. Jovens estavam dizendo aos responsáveis pela guerra que pensassem no que estavam fazendo. Os negros estadunidenses estavam dizendo aos brancos que pensassem no que estavam fazendo. A canção falava com todos e, assim como "Respect", também fez com que Aretha se tornasse porta-voz de sua geração.

"Think", parte de *Aretha Now*, o quarto álbum dela na Atlantic, só foi lançada em junho de 1968.

No inverno anterior, com vocais de apoio das meninas de minissaia do Sweet Inspirations, ela arrasou ao cantar "Chain of Fools" no *Jonathan Winters Show*.

A *Billboard* informou que em Inglewood, Califórnia, no dia 23 de janeiro, "Aretha Franklin inaugurou o novo espaço de 16 milhões de dólares do The Forum como um local para shows". O artigo prosseguia dizendo que, por mais improvável que parecesse, ela abrira o show com "No Business Like Show Business", uma lembrança do principal material dela na Columbia.

— Não tínhamos nada a ver com as apresentações dela — disse Wexler. — Isso era do domínio exclusivo dela. Ela tinha noites de folga, claro, mas nas noites em que trabalhava, Aretha era a artista perfeita. Na minha opinião, ela foi desafiada pelo que eu considero lapsos no gosto pessoal. Não só por algumas das estranhas roupas que ela usava no palco, mas também pelas canções que escolhia. Lembro que uma vez perguntei gentilmente a Aretha se ela imaginava que sua performance estilo Judy Garland/Al Jolson pudesse não funcionar na turbulenta década de 1960. Ela me olhou como se eu tivesse enlouquecido. Ela não disse essas palavras, mas a expressão dela me disse: "Melhor você se preocupar com os discos, deixe que eu me preocupo com o meu show".

Os elogios vieram.

O prefeito de Detroit, James Cavanagh, foi ao show dela no Cobo Hall em 16 de fevereiro para entregar a ela uma proclamação declarando o "Dia de Aretha Franklin". O próprio dr. King voou até lá para a ocasião, citando o extraordinário trabalho dela para a Liderança Cristã Sulista dele.

A presença de King foi uma completa surpresa para Aretha. Foi a última vez que ela o viu vivo.

Naquela mesma noite, três revistas do ramo – *Record World*, *Billboard* e *Cash Box* – a presentearam com placas que diziam "Vocalista Feminina do Ano".

— Foi neste momento que acreditei que ela levava a coisa de rainha a sério — disse Erma. — Mas quem poderia culpá-la? Elogios vinham de todas as partes. Ela recebia prêmios de organizações de todo o mundo. As honras a deixaram atordoada.

— As honras a fizeram se esforçar ainda mais cantando — disse Cecil, que estava lá naquela noite. — As honras a levaram a um novo patamar em sua arte. Nunca na minha vida – nem na igreja, nem em qualquer show – eu havia ouvido a plateia gritar como gritou naquela noite no Cobo. Quando ela cantou "Respect", a multidão acordou os mortos e os mortos dançaram de alegria.

"Meu pai, é claro, estava radiante de orgulho. Depois do show, ele se encontrou com o dr. King. Eu ouvi o dr. King discutir a situação em Memphis, onde dois trabalhadores da coleta de lixo tinham sido esmagados até a morte por um caminhão com defeito. Aqueles trabalhadores operavam sob condições horrendas, e o sindicato entrou em ação. O dr. King disse ao meu pai que precisava de ajuda em algo que estava se moldando como a próxima grande batalha na luta dos direitos humanos. Meu pai garantiu a ele que faria o que pudesse e, de fato, em março meu pai viajou para Memphis e deu seu apoio.

O reverendo Franklin estava de volta a Detroit quando, no dia 4 de abril, o dr. King foi assassinado na varanda do Lorraine Motel.

— Meu pai me ligou para contar a notícia. — Lembrou-se Cecil. — Não sei ao certo como ele ficou sabendo, mas a primeira coisa que ele disse foi que estava tentando ligar para Aretha e não conseguia completar a ligação. Aretha estava no meio de seu pior período com Ted. Além disso, as demandas loucas da carreira dela cresciam a cada dia. Ela estava planejando essa monstruosa turnê europeia e pensava em uma turnê mundial. Meu pai ficou preocupado com o impacto que a notícia teria para ela. O telefone dele estava tocando sem parar, e ele me pediu para tentar entrar em contato com ela. Quando consegui, ela já sabia e estava em choque. Como Aretha era a cantora favorita do dr. King, eu sabia que a sra. King ia querer que ela cantasse no funeral. Eu falei "Ree, tem muita coisa acontecendo na sua vida agora. Se não puder, não se preocupe". "Não, Cecil", disse ela, "Se me pedirem, eu vou. Preciso ir". E é claro que ela foi.

Aretha fretou um avião para ir ao funeral em Atlanta. Quando perguntei a ela sobre cantar no funeral, ela não tinha uma memória distinta. Além disso, não lembrava qual canção Mahalia Jackson havia cantado. O único detalhe do qual ela se lembrava era o fato de que os Gladys Knight and the Pips não tinham encontrado um voo comercial e perguntaram se podiam voar no avião dela. Ela os acomodou e se lembrava distintamente de que eles nunca lhe agradeceram. Ela insistiu que esse momento que ela considerava um gesto de ingratidão fosse registrado em sua autobiografia.

— Todos temos mecanismos para lidar com a dor indescritível — disse Cecil. — O de Aretha é focar em alguma coisinha que a ofendeu. Essa é a forma dela de lidar com a enorme mágoa. Depois do funeral – com tanta loucura acontecendo na vida dela –, me perguntei se ela ia cancelar a sessão de gravação com uma grande banda de jazz que Wexler organizara em Nova York e a turnê europeia que viria a seguir. Pensei que seria demais. Mas ela foi – ela, Ted, e toda a comitiva de gerentes de turnê e músicos.

Antes do começo das sessões e da turnê, ela assinou um novo contrato com a Atlantic. Wexler transformou isso em um grande evento de mídia. A *Billboard* disse: "Aretha Franklin e a Atlantic Records negociaram um novo contrato, embora o contrato original dela com o selo ainda tivesse muitos anos de vigência. No almoço no Hotel St. Regis para celebrar o novo acordo e a partida dela para a primeira turnê europeia, Jerry Wexler, vice-presidente executivo da Atlantic, disse que a srta. Franklin receberá uma das maiores garantias dadas a qualquer estrela da música, mas que revelar a quantia seria 'de mau gosto'. A srta. Franklin assinou com a Atlantic em outubro de 1966, e seu primeiro single foi lançado em fevereiro de 1967. Desde então, ela lançou cinco singles que venderam mais de um milhão de cópias e um álbum que vendeu mais de um milhão de dólares. Durante o ano passado, ela ganhou praticamente todo prêmio na indústria musical".

Wexler continuou a incitar a mídia. Ele disse à *Jet* que o contrato era "o melhor que qualquer cantor já assinou na história da indústria da música". A revista disse: "Ele se recusou, no entanto, a divulgar a quantidade de dinheiro envolvida, mas acrescentou que 'era mais que um milhão de dólares'".

Em abril, Aretha apareceu duas vezes no Atlantic Studios em Nova York para começar o que Wexler chamou de o "primeiro álbum de jazz de verdade" dela. A ideia era simples: imitar o famoso álbum *Genius of Ray Charles* que a Atlanta gravou em 1959, no qual Charles se apresentou com uma grande banda estilo Count Basie, inclusive com membros da banda de Basie.

— Era hora de sair do buraco — explicou Wexler. — Aretha era uma excelente cantora, em jazz ou qualquer outro gênero - gospel, R&B ou blues - e eu queria que o mundo soubesse. Nós já tínhamos preparado material suficiente para lançar, e eu sabia que podia lançar um novo single quando quisesse. Dessa vez, eu não estava em busca de um single. Eu a queria cantando diante de uma grande banda.

— Recebi a honra de escrever os arranjos — disse Arif Mardin — e me inspirei em Ernie Wilkins - para mim, um dos maiores orquestradores de Basie. A essa altura, Tommy Dowd estava coproduzindo junto a Jerry.

— Jerry me deixou lidar com quase toda a logística — Dowd me contou — e comigo ao teclado, conseguimos escrever os arranjos rapidamente. Ele fez várias sugestões de canções para Aretha, e eu também, mas no fim ela mesma escolheu as canções que ela queria. Ela trouxe canções de Smokey Robinson, Percy Mayfield e Sam Cooke. Ela tinha um gosto fabuloso. Fiquei surpreso que a primeira coisa que ela queria gravar era "Today I Sing the Blues", porque ela já a tinha gravado em seu primeiro álbum da Columbia. "Mas não fiz direito", ela me disse. "Eu não valorizei o nível da música". Quando Arif terminou seu novo arranjo, o nível havia subido novamente.

David Fathead Newman, o grande saxofonista e arranjador da banda de Ray Charles, tocou tanto no *Genius of Ray Charles* quanto nessas sessões com Aretha.

— Pensei que aquele álbum de Ray fosse uma experiência única na vida, mas Aretha criou uma segunda experiência — David explicou. — Como Ray, ela veio e dominou. Sei que Wexler e Tommy eram chamados de produtores, mas foi Aretha que comandou. Ela sabia onde queria cada nota. Se o terceiro trompete estivesse desafinado, ela falava. Se o instrumental não estivesse certo, ela consertava. Toda a energia vinha dela, quer ela estivesse sentada ao piano ou de pé diante do microfone. Ela não precisava gravar mais que uma ou duas tomadas. Ela nos fez tocar divinamente. Joe Newman, Ernie Royal e Snookie Young – todos membros do Basie que também estavam no álbum de Ray – tinham tocado com todo mundo desde Jimmy Rushing a Joe Williams a Arthur Prysock. Mas na presença de Aretha, eles ficaram humildes, assim como eu ouvi dizer que Miles e Dizzy ficaram humildes na presença de Charlie Parker. Eu me lembro, depois que gravamos "Today I Sing the Blues", de Joe Newman balançando a cabeça e sussurrando para mim: "Cara, essa vadia é tão boa que, se eu tiver um ataque cardíaco e cair morto bem aqui, serei um homem feliz".

"Today I Sing the Blues" foi gravada no dia 17 de abril.

— Queríamos gravar pelo menos duas ou três canções por dia — falou Wexler. — Essa era a maneira mais econômica de fazer. Mas depois da primeira sessão, Aretha sumiu. Ela não deu motivo. Simplesmente desapareceu.

No dia seguinte, ela apareceu para gravar a majestosa "Tracks of My Tears" de Smokey Robinson, um grande sucesso de Smokey Robinson and the Miracles em 1965.

— Não parecia uma canção óbvia para uma grande banda de jazz — disse Arif —, já que é essencialmente uma canção do R&B. Mas Aretha insistiu que funcionaria. Ela me deu ideias para harmonizar os metais e construir o refrão. Embora ela não soubesse ler nem escrevesse música, ela era uma coarranjadora. Ela tinha o instrumental mapeado em sua mente e eu essencialmente seguia o plano dela.

O plano de completar o álbum antes que ela saísse para a primeira turnê europeia, no entanto, teve que ser abandonado quando, sem explicação, Aretha cancelou o resto das sessões de abril.

— Não tínhamos certeza se ela conseguiria fazer a viagem à Europa — disse Carolyn —, mas ela apareceu no aeroporto. Fiquei feliz quando fui convidada para ser backing vocal. Quando chegamos a Paris no início de maio, Ree ficou feliz rapidinho. Paris era linda. Paris era o ponto alto. A cidade sempre teve um papel importante na imaginação de Aretha. Ela é uma francófila. Em diferentes momentos da vida, ela começou a estudar francês. Ela ama a culinária francesa e os designers franceses. Então, tocar no Olympia foi uma grande emoção. A audiência parisiense a amou. A Atlantic nos gravou para lançar um álbum ao vivo. O único problema foi a banda. Wexler não a organizou. Foi Ted. A banda não tinha o fogo com o qual estávamos acostumados no estúdio. E então a banda se tornou outro ponto de disputa entre Aretha e Ted. Ela o acusou de contratar os músicos errados. Ele a acusou de cantar de forma desleixada. Ficou ruim, mesmo com uma plateia cada vez maior.

Em Londres, Aretha passou um tempo com Ahmet Ertegün em seu Rolls Royce com motorista particular.

— Aretha amava Jerry Wexler porque ele era um grande fã e um grande produtor e um genuíno cara das ruas que sabia como vender álbuns — disse Carolyn. — Mas acho que ela se divertiu mais com Ahmet porque ele era muito sofisticado. Ele era da realeza europeia. Ele nos levou a clubes privados exclusivos e butiques chiques na Carnaby Street onde era necessário fazer uma reserva para comprar. Ahmet estava no topo. Ele se vestia como se estivesse indo visitar a rainha da Inglaterra. O homem era mais limpo que a Vigilância Sanitária. Ele nos levou até uma loja onde um homem fazia sapatos sob medida. Ele nos disse que tinha mais de sessenta pares. Eu sequer conhecia uma mulher com tantos sapatos assim. A esposa do sapateiro fazia cachecóis de caxemira, e Ahmet comprou para cada uma de nós seis cachecóis em diferentes e suaves tons pastel. Foi um dia lindo. Naquela noite, ela foi ao nosso show no Finsbury Park Astoria, onde Lou Rawls apareceu e fez um dueto com Ree.

O concerto sueco filmado, que recebeu a presença do príncipe da Coroa Carl Gustav e da princesa Cristina, mostra Aretha abrindo com "There's No Business Like Show Business", seguida por "Come Back To Me". A plateia parece um tanto em choque. Eles foram por um show de soul, não um show de variedades da Broadway. Mas com sua apresentação de "Satisfaction", dos Rolling Stones, ela está a todo o vapor. Nesse ano, mesmo sendo seu segundo ano na Atlantic, ela tem sucessos da Atlantic suficientes para completar a noite e dar à multidão o que eles querem ouvir. Ela se senta ao piano e invoca o espírito do "Dr. Feelgood" com força sobrenatural.

No que mais tarde seria marcado como "O Lendário Concertgebouw" em Amsterdã, Ted concordou em permitir câmeras nos bastidores para uma breve entrevista antes do show. Aretha parece sobrecarregada, dolorosamente tímida e estranhamente inarticulada. Ela responde às perguntas com uma ou duas palavras com uma voz de menininha tímida. Quando o repórter pede que ela explique o impressionante avanço de sua carreira, ela diz apenas: "Atlantic Records". Ted White, vestido com elegância, esgueira-se nos fundos. Quando ela chega ao palco, o promoter tem dificuldades em gerenciar a multidão. Os fãs tentam tocá-la, balançam no ar cópias de seus álbuns, gritam histericamente. Alguns correm para o palco. A segurança é terrivelmente inadequada. Aretha parece assustada. Ted está no palco com ela, pronto para afastar a multidão. Mais tarde, ela se senta ao piano para tocar um impressionante "Good to

Me as I Am to You", fãs a rodeando, sentados junto a ela. A cena é desconfortável, e mesmo assim, no momento em que abre a boca para cantar, ela está em total controle criativo.

Wexler tinha uma opinião diferente.

— Ela não está em seu melhor momento — ele disse sobre o álbum dela *Live in Paris*, gravado no show no Olympia Theater. — Aretha e a banda não estão de acordo. Estão fora de sincronia, erram o tempo e não conseguem encontrar o ritmo certo. Claro, ela estava animada para se apresentar na Europa pela primeira vez, e é claro que tinha sido emocionante para ela ver o escopo de seu sucesso internacional, mas quando a música não soa bem, Aretha não está bem. Como Ray Charles, ela ouve cada nota que cada membro da banda está tocando. E uma nota errada - e, acredite em mim, havia muitas notas erradas - para Aretha é como um giz arranhando uma lousa. Dói. Quando ela voltou para casa, estava sofrendo. Lá estava a principal cantora de nosso tempo, em turnê pelo continente com uma banda desorganizada, ideal para apoiar um mero cantor de blues de quinta categoria em algum fim de mundo na Louisiana. Foi ultrajante.

Aretha não via as coisas dessa forma. Com ou sem banda desafinada, ela havia dominado Londres, Frankfurt, Estocolmo, Roterdã, Amsterdã e Paris.

Quando Aretha voltou para casa no final de maio, seu último lançamento, "Think", estava disparando nas paradas. Seu último álbum, *Lady Soul*, foi aclamado como seu melhor até então.

Ela arrumou tempo para acompanhar o pai na primeira convenção da Conferência de Liderança Cristã do Sul desde a morte do dr. King, onde cantou em homenagem ao falecimento do grande homem.

Naquela primavera, ela também se encontrou com o crítico de jazz Leonard Feather para o Blindfold Test, no qual a revista DownBeat toca discos e o entrevistado tenta identificá-los. Aretha conseguiu nomear Sam and Dave, Peggy Lee, Nancy Wilson e Esther Phillips. Mas não reconheceu Marlena Shaw e, surpreendentemente, confundiu Barbra Streisand com Diahann Carroll.

Sua aparição seguinte na imprensa foi a maior de sua carreira.

— Quando soubemos que a revista *Time* colocaria Ree na capa — disse Cecil —, vimos como a maior das honras. A capa da *Time* tinha presidentes. Primeiros-ministros. Ganhadores do prêmio Nobel. Aretha lembrou que Barbra Streisand havia sido capa da *Time* - a mesma Barbra que começara na Columbia na mesma época de Ree. Então, em se tratando de relações públicas, aquela seria a joia mais brilhante na coroa dela. Mas depois, claro, acabou sendo uma vergonha enorme, que ela levou anos para superar. Pensando bem, não tenho certeza se ela superou.

A matéria que saiu no dia 28 de junho tinha comentários que Aretha alegou serem imprecisos ou tirados de contexto. Por exemplo, de acordo com a *Time*, ela disse:

— Posso ter apenas 26 anos, mas sou uma velha disfarçada. Por dentro, tenho 65.

Aretha ficou horrorizada com o tratamento que seu pai recebeu, que ela considerou desrespeitoso. O artigo falava sobre como "o Cadillac, os prendedores de gravata de diamante e os sapatos de crocodilo de 60 dólares testemunham um pastorado claramente bem-sucedido". Também mencionava a falha dele em apresentar declarações de impostos de renda. O ministro de 51 anos foi descrito como um "encantador vigoroso e forte que nunca deixou que seu chamado espiritual inibisse seus comportamentos amorosos".

Ela ficou ainda mais furiosa com a insinuação de que sua mãe havia abandonado a ela e a seus irmãos, e como Ted White era "um traficante de esquina" que "a agrediu em público na Regency Hyatt House de Atlanta".

Mas foi a imagem geral de si mesma que Aretha achou mais perturbadora. A *Time* a caracterizou como uma mulher que "dorme até tarde, depois chora na frente da televisão, fumando um Kools atrás do outro e comendo compulsivamente".

Cecil é citado: "Nos últimos anos, Aretha simplesmente não é Aretha. Vemos vislumbres dela, e então ela volta para sua concha".

Antes de a *Time* publicar a matéria de capa, Aretha estava ansiosa por qualquer cobertura da mídia. Quanto mais histórias, mais vendas. Mas, de repente, ela descobriu que perfis detalhados podiam ser muito mais reveladores – e pouco lisonjeiros – do que ela imaginara. Em geral, ela estava acostumada a mandar em tudo nas revistas *Billboard, DownBeat, Ebony* e *Jet*. Ela presumira que a *Time* não lhe ofereceria nada além de elogios. Qual seria o outro motivo de colocá-la na capa?

— O choque foi enorme — disse Ruth Bowen. — Definitivamente foi um ponto de virada para Aretha. Ela jamais confiaria na imprensa outra vez. Ela levou um longo tempo para concordar com novas entrevistas. Isso se tornou mais um dos muitos medos dela – o medo de ter segredos revelados. Nós duas até discutimos por causa disso. Eu disse que todo mundo tem problemas. A maioria das mulheres passa por relacionamentos complicados. Milhões de mulheres têm problemas com álcool. Não há vergonha nisso – é a vida. Mas Aretha, que Deus a abençoe, não quer ser vista como a maioria das pessoas. Ela tem uma imagem e quer mantê-la. E quando a *Time* estragou essa imagem, ela enlouqueceu. Até falou de processá-los. "Para quê?", perguntei. "Não foi difamação nem calúnia. Era só um perfil de como um repórter te viu. Em geral, foi uma carta de amor sobre sua genialidade como artista. Além disso, um processo vai fazer mais pessoas lerem um artigo que você odeia". Eu a convenci, mas não consegui convencer Ted. Ele processou a *Time*, mas o processo não deu em nada. A ironia, é claro, era que Ted estava furioso por ter sido descrito como espancador de esposa enquanto nós, que conhecíamos a história em primeira mão, sabíamos que era a verdade absoluta.

— Ree ficou bastante inconsolável por causa do artigo da *Time* — contou Erma. — Ela estava convencida de que isso arruinaria sua carreira. Na verdade, nada poderia arruinar a carreira dela - não com sucesso atrás de sucesso. A matéria de capa saiu na primavera, mais ou menos ao mesmo tempo em que "Think" estava no topo das paradas. Naquele verão, ofereceram para ela todos os tipos de participação na TV. Ela apareceu no Johnny Carson, prova de que a matéria da *Time* não fez estrago algum. A verdade era o oposto: aumentou o desejo do público de ouvir os discos dela e vê-la pessoalmente. As taxas dela dispararam, mas o orgulho dela estava ferido, e ela não conseguia parar de falar das mentiras que a *Time* espalhara. Ela queria que o mundo acreditasse que ela estava em um casamento feliz.

O artigo de Ed Ochs na Billboard de 13 de julho prova o que Erma disse. Aretha afirmou ao repórter que, além de assinar outra vez com a Atlantic, ela também assinou novamente com o marido para gerenciamento pessoal, acrescentando:

— Até agora, não tivemos nenhum problema de verdade.

Depois de ir ao programa de Carson, ela tocou no novo Madison Square Garden na Eighth Avenue para cerca de 21 mil fãs. Wexler estava lá.

— Eu tinha acabado de voltar da convenção da indústria da música em Miami, onde aceitei um prêmio em nome de Aretha

— Wexler se lembrou. — Na Flórida, o que eu pensei que seria um prazer se transformou em um pesadelo. Elementos perigosos haviam tomado conta do movimento black power da indústria da música. Durante o banquete, King Curtis veio até mim e disse: "Vamos te tirar daqui. Você está marcado". King me tirou de lá com segurança. Mais tarde, me tornei uma efígie. Phil Walden, o empresário branco de Otis, recebeu ameaças de morte. Marshall Sehorn, um agente de promoção branco, levou uma coronhada. Foi assustador pra caralho.

"Quando voltei à relativa segurança da cidade de Nova York, eu não podia estar mais grato a King Curtis. Jurei que convenceria Aretha a contratá-lo como diretor musical para apresentações ao vivo – não apenas porque ele se provou um aliado tão precioso para mim, mas porque ele era o homem mais adequado para o trabalho. King era um músico consumado – um tenor determinado, que dominava tanto o jazz quanto o R&B. O obstáculo era Ted White, que tinha o próprio candidato. Evitei Ted e coloquei Aretha contra a parede. 'King Curtis é o cara certo', falei. 'Você sabe tão bem quanto eu. King pode te levar ao topo de uma maneira que ninguém mais pode'.

" Aretha nunca reconheceu o fato de que eu estava certo sobre o item de quinta categoria que estava em turnê com ela, mas acabou concordando em trabalhar com King. Como resultado, seus shows ao vivo, começando com o show no Madison Square Garden, estavam começando a ter um som tão bom quanto as gravações. A mudança também me indicou que Ted estava perdendo influência. Quanto ao casamento, fazia tempos que estava por um fio. Eu só sabia que ela estava perto de dar um pé na bunda dele".

— Aretha não discutia seus relacionamentos íntimos — disse Erma —, nem com as irmãs - aliás, principalmente com as irmãs, pois já tínhamos brigado por conta de homens. Mas depois do artigo da *Time*, ela começou a me ligar mais e querer minha companhia. Eu havia assinado um novo contrato com a Brunswick Records. Aretha com certeza me ajudou. Não foi apenas o sucesso dela que convenceu outra gravadora a apostar em mim, foi o envolvimento dela. Foi ela quem sugeriu a canção de Carole King e Gerry Goffin "You Don't Have the Right to Cry". Ela imaginou que, se ela podia fazer sucesso com "Natural Woman" deles, eu poderia fazer sucesso com "Cry". Ela até me ajudou a arranjar e cantar as partes de fundo. Claro que fiquei decepcionada quando não consegui uma transmissão enorme, mas fiquei feliz demais de ver que minha irmã e eu éramos próximas mais uma vez. Quanto mais ela se afastava de Ted, mais próxima ficava da família. Todos sabíamos que ela estava sob uma pressão enorme. Era evidente porque ela começou a ganhar peso. Aretha come suas emoções. Quando não está feliz, exagera na comida. Ela também estava bebendo mais que nunca.

Em sua edição de 22 de agosto, a *Jet* relatou que amigos estavam preocupados com o problema de peso de Aretha. "Recentemente, em um show em Chicago, alguns ficaram surpresos ao ver o quanto ela havia engordado desde a última vez."

A mesma edição, em outro artigo, destacou um desastre no anfiteatro Red Rock de Denver. Quando alguns shows locais de abertura finalmente terminaram, Aretha subiu ao palco e, de acordo com o porta-voz da polícia de Denver, "sugeriu que as pessoas recebessem seu dinheiro de volta porque um contrato entre ela e o produtor não havia sido cumprido e ela não se apresentaria". A reação dos fãs foi uma revolta: a propriedade foi destruída e três pessoas foram presas.

— Aquele foi um verão infernal — disse Ruth. — Eu estava agendando as apresentações dela com a aprovação de Ted, mas então Ted sumiu e Aretha tentou se autogerenciar. Foi uma catástrofe. Ela não é boa com detalhes. Por que deveria ser? Ela é uma artista, e artistas não são bons de logística. Mas ela tem problemas em confiar e, em certo ponto, não havia ninguém ao redor dela em que ela pudesse confiar. Ela chamava Cecil, mas ele não tinha conhecimento dos planos, que tinham sido feitos muito antes que ele chegasse. Para resumir, foi uma bagunça. Ela me demitiu várias vezes durante aquele verão, alegando falsamente que certos promotores haviam concordado em pagar certas taxas. A verdade era que ela havia inflado aquelas taxas em sua mente. Em mais de uma ocasião ela simplesmente se recusou a cantar.

Mas quando Aretha cantava no estúdio, os resultados continuavam sendo positivos. No final de agosto, dois sucessos dela subiram nas paradas, ambos gravados em abril. Uma canção de ninar, transformada em um lamento comovente, "The House That Jack Built" [A casa que Jack construiu] soa como uma metáfora para o casamento falido de Aretha. A casa que Ted construiu está desmoronando. A segunda música, ainda mais poderosa e igualmente improvável, é um cover de Burt Bacharach e Hal David: "I Say a Little Prayer", um grande sucesso pop que alcançou o quarto lugar em dezembro.

— Aconselhei Aretha a não gravá-la — disse Wexler. — Eu me opus por dois motivos. Primeiro, fazer cover de uma música apenas doze semanas depois que a original chegou ao topo das paradas não era uma boa. O padrão é revisitar um sucesso assim de oito meses a um ano depois. Mas, mais que isso, a melodia de Bacharach, embora adorável, era especificamente adequada a um instrumento flexível como a voz de Dionne Warwick – uma voz suave sem os cantos escuros ou as profundidades emocionais que definem Aretha. Além disso, a letra de Hal David era um tanto feminina e não tinha a seriedade que Aretha exigia.

"Aretha costumava me dar ouvidos no estúdio, mas não dessa vez. Ela havia escrito para o grupo Sweet Inspirations um arranjo vocal que certamente era forte. Cissy Houston, prima de Dionne, me disse que Aretha estava no caminho certo – estava se aproximando daquela música de uma nova maneira e tinha inventado um novo ritmo. Cissy estava do lado de Aretha. Tommy Dowd e Arif estavam do lado de Aretha. Então minha única escolha era ceder. Os instrumentistas do Muscle Shoals – Spooner Oldham, Jimmy Johnson, Roger Hawkins, além do mestre do ritmo Jerry Jemmott no baixo – seguiram a liderança de Aretha. Sentei e escutei. Devo dizer que adorei. Ela arrasou na música, mas eu sabia que não seria um sucesso. E, cara, como eu estava errado! Ficou nas paradas por três meses. Assim como encontrou uma maneira de se apropriar de 'Respect' de Otis, Aretha fez a mesma coisa com 'I Say A Little Prayer' de Dionne. Ela redefiniu a música, reestruturando o som e transformando o que era suave e delicado em algo sério, obsessivo e assombroso".

— Por mais que eu goste da versão original de Dionne — Burt Bacharach me disse —, não tenho dúvida de que a gravação de Aretha é melhor. Ela deu à canção um soul pesado e a levou para um lugar bem mais profundo. A versão dela é a definitiva.

Fora do mundo da música, Aretha continuou a aumentar seu perfil. Em 26 de agosto, ela abriu a conturbada Convenção Nacional do Partido Democrata em Chicago com uma interpretação do hino nacional.

— Quase me escondi de vergonha quando assisti — confessou Wexler. — A orquestra estava muito desafinada. Aretha fez o melhor que pôde, mas não foi o melhor momento dela.

— A essa altura, ela havia se livrado de Ted — disse Cecil —, e me pediu para ir à convenção com ela. Somos democratas desde sempre, então fazia sentido que Aretha fizesse sua apresentação lá. Aretha acompanha a política, mas não tanto quanto meu pai e eu. Assim como o dr. King, não gostamos das políticas da Guerra do Vietnã perpetuadas por Johnson e adotadas por Humphrey. Gostávamos de Bobby Kennedy e, se ele não tivesse sido assassinado antes do verão, nós o teríamos apoiado na convenção.

"A convenção foi um caos. Havia manifestantes por toda parte e parecia um acampamento armado. A atmosfera do lugar afetou o estado de espírito de Ree, que também estava sitiado. Ted deu muito trabalho para ir embora. Aretha tinha sido sua fonte de renda por sete ou oito anos, e ele não desistiria facilmente. A família – meu pai, Erma, Carolyn, minha esposa Earline e eu – teria que ser uma cerca protetora em torno de nossa irmã. Não permitiríamos que Ted se aproximasse dela. Chamamos advogados. Conseguimos ordens de restrição. Ela estava determinada a viver a vida sem esse homem, e fizemos tudo ao nosso alcance para apoiar essa decisão. Ela conseguiria fazer isso? Ela faria isso? Teríamos que ver. Mas pelo menos naquele momento, ele sumiu. Isso agravou o alcoolismo dela, mas, enfim, um problema de cada vez. Estávamos indo para a América Latina para uma pequena turnê e, de repente, eu me tornei empresário dela".

— Fiquei profundamente aliviada quando Ted saiu e Cecil entrou — disse Ruth Bowen. — Eu vinha pedindo essa mudança por um longo tempo. Além do abuso, Aretha nunca confiou de fato nas transações empresariais de Ted. Aretha nunca confiou em ninguém de fora da família. Cheguei tão perto de conseguir a confiança dela quanto qualquer outra pessoa, mas por vezes fui acusada de esconder ou controlar o dinheiro dela. Por outro lado, Cecil era um cara brilhante que logo aprendeu as particularidades da indústria e confiava em mim completamente. Éramos aliados em colocar Aretha de volta nos trilhos – mantê-la no estúdio, no palco e longe da bebida. Isso levou um tempo.

A *Billboard* relatou: "O irmão de Aretha Franklin, o reverendo Cecil Franklin, assumiu as tarefas de gerenciamento que antes pertenciam ao marido-gerente de Aretha, Ted White. Uma separação relatada entre a cantora de soul e seu marido-empresário, que administrou seus negócios durante grande parte do casamento de cinco anos, quase acabou com o 'casamento de negócios', embora White afirme que a srta. Franklin ainda tem um contrato com ele. O reverendo Franklin, que acompanhou a cantora em sua turnê de sucesso pela América do Sul, é pastor assistente da igreja batista New Bethel de seu pai em Detroit".

— O incidente que escondi da imprensa aconteceu na nossa viagem para Caracas, Venezuela — disse Ruth. — Quando entramos no avião, Aretha começou a beber. Bem, àquela altura, eu havia dado a ela apenas dois drinques, uma restrição que a magoava. "Mamãe Ganso", disse ela, usando o apelido inventado por ela. "Você não é a minha mãe. Vou beber o quanto eu quiser". No final da viagem, ela estava tão bêbada que se escondeu no banheiro. Ela ficou lá tanto tempo que a comissária acabou batendo na porta, dizendo que só podíamos pousar se ela voltasse ao assento. Mas Aretha não saiu. O piloto pousou assim mesmo. Mesmo para quem estava sentado e com o cinto, o pouso foi difícil. Aretha deve ter esbarrado em algo. Quando estávamos chegando ao portão, ela enfim apareceu. Os olhos dela me diziam duas coisas – que o pouso foi traumatizante para ela, e que ela ainda estava caindo de bêbada. Olhei pela janela e vi uma multidão de repórteres esperando. Não podia deixar que a entrevistassem naquelas condições. Então, com a ajuda do piloto, consegui que uma limusine nos encontrasse aos pés da escada na saída traseira do avião. Eu a coloquei no carro e fomos embora. Um minuto depois, ela perdeu a consciência. A imprensa da América Latina se sentiu ofendida. Escreveram todo tipo de coisas terríveis. Mas dada a condição dela, foi bem melhor do que reportar que a rainha chegara caindo de bêbada.

De volta da América Latina, Aretha voltou ao estúdio da Atlantic em Manhattan para terminar de gravar o álbum de jazz. No final de setembro, ela gravou dez canções em quatro dias.

— Tenho muitas sessões favoritas de Aretha — disse Wexler —, mas aquela semana está no topo. Primeiro porque não tinha mais o Ted. Obrigado, Jesus. A ausência dele deu a ela a liberdade de ficar mais no comando. Em abril, quando havia gravado as duas primeiras faixas, ela tinha adorado a banda. Por meses, ela tinha pensado em voltar àquela banda - principalmente depois da banda terrível que Ted contratou na Europa - e quando ela chegou ao estúdio, disparou como um foguete.

Quando foi lançado, em janeiro de 1969, o álbum foi chamado de *Soul '69*, um título que Wexler mais tarde considerou um erro.

— Eu queria chamá-lo de *Aretha's Jazz* — ele explicou —, mas o jazz era um território governado pelo meu parceiro Nesuhi Ertegün. Nesuhi e seu irmão Ahmet pensaram que o título de jazz limitaria o mercado, já que na época o mercado de Aretha era pop. Gosto do nome de jazz porque é o que era. E queria gritar para o mundo. Os Ertegün foram contra, e estou infeliz com a decisão desde então. *Soul '69* é, ironicamente, o melhor álbum de jazz de Aretha.

— *Soul '69* é o meu álbum favorito da Aretha — Carmen McRae me disse. — Foi quando aquela pequena irmandade de cantoras de jazz sugeriu que Aretha era um membro em boa posição. Lembro que ouvi isso na casa de Sarah Vaughan. Como eu, Sarah é muito crítica quando se trata de outras garotas que pensam que são de arrasar. Mas não desta vez. Ela não parava de falar sobre como Aretha cantou "Crazy He Calls Me". Essa era a faixa favorita dela. E se tornou a minha também. Começa devagar, só com Aretha e um trio. Ela toma seu tempo. Ela canta normalmente, mas então altera a letra ao dizer: "I say I'll go through fire, yes, and I will *kill* fire" [Digo que vou passar pelo fogo, sim, e *eu* vou *matar* o fogo]. O "matar" foi invenção dela e nos transporta a outro lugar. Temos Joe Zawinul tocando órgão atrás dela, Kenny Burrell dando aquele toque gentil e suave na guitarra e Fathead sussurrando no ouvido dela. É necessário comparar com Ella, Billie ou Sarah para entender a magnitude. Aretha não canta. Ela voa.

— Quando ela trouxe "Gentle In My Mind" — disse Wexler —, eu tinha certeza de que não funcionaria. Tinha sido um sucesso quase country para Glen Campbell, e eu não via como iria se transformar em um jazz. Mas ela e Arif deram um jeito. Isso aconteceu porque Aretha colocou um ritmo ótimo. É Aretha que faz a introdução ao piano, é Aretha que dá voz às cantoras de fundo, é Aretha que cria aquela parte do bongo, é Aretha que lidera as tropas à vitória. Ficou tão bom que lançamos como um single.

As aparições de Aretha na televisão nacional ficaram mais frequentes. No início de novembro, ela estrelou como convidada no programa de variedades *The Hollywood Palace*.

Sammy Davis Jr., com cabelos afro e medalhão de ouro, era o anfitrião. Ainda ostentando uma peruca alta, Aretha apareceu corpulenta em um vestido amarelo sem mangas. A troca musical deles foi desconfortável – Sammy, um cara da velha guarda da música desesperado para ser moderno, perguntando a Aretha o significado da alma enquanto eles cantavam um dueto incompatível em "Think", "Respect" e "What'd I Say".

Naquela mesma semana, Richard Nixon foi eleito presidente.

O ano acabou mal. Depois de uma forte queda no Havaí, Aretha retornou a Detroit, onde foi hospitalizada com uma grave lesão na perna. De acordo com a *Jet*, na semana seguinte ela foi indiciada pelo tribunal de trânsito de Detroit por "conduzir seu Eldorado de forma imprudente com a carteira de motorista vencida. Ela nega as acusações, incluindo a de que os policiais encontraram uma garrafa de bebida debaixo do banco da frente do carro que ela dirigia".

— Aretha estava em negação — disse Ruth Bowen. — Ela não queria ouvir que tinha um problema com bebida. Não importava quantas quedas ela sofria, quantas multas tomava, quantas apresentações ruins ela fazia por estar embriagada. O talento dela a protegia. Mesmo bêbada, ela podia cantar melhor que 99% dos cantores. A maioria das pessoas não conseguia ver que havia algo errado. Por exemplo, em outubro ela se apresentou duas vezes em Nova York no Philharmonic Hall, com fãs de pé nos assentos e gritando. Em uma dessas noites, o pai dela subiu no palco para entregar a ela um disco de ouro por *Lady Soul* e um EP de ouro por "Say a Little Prayer". Foi tudo muito doce. O mundo estava aos pés dela, e não dava para ver que ela tinha um problema. Mas com um alcoólatra de verdade - e acredito que Aretha era - o comportamento só piora, e mesmo Aretha Franklin, por melhor que fosse, não podia conter o dano que a bebida estava causando nela.

Ao final de 1968, Aretha estava exausta. Ela tinha aproveitado um triunfo extremo e sofrido retrocessos extremos. Seu alcoolismo estava fora de controle. Com a popularidade ainda maior, a carreira exigia dela mais do que nunca.

— Eu não sabia se ela conseguiria seguir em frente — disse Ruth Bowen. — Por outro lado, eu não sabia se ela não conseguiria. Ela era uma artista e, não importa o que aconteça, artistas fazem arte.

16
EXIGENTE

Dennis Edwards, o poderoso tenor que surgira no gospel e vocalista principal dos Temptations, me contou a respeito do encontro com Aretha no final dos anos 1960. Nossa conversa aconteceu em 1985, depois de seu show em Los Angeles. Ele havia deixado os Temptations para uma carreira solo e sua música "Don't Look Any Further", um dueto com Siedah Garrett, foi um grande sucesso nas paradas de R&B.

— Conheci Ree em Detroit quando ela tinha uma casa na Sorrento Drive — disse ele. — Ted White não estava por perto. Não sei se eles estavam oficialmente divorciados, mas todos entendiam que o lance deles tinha terminado. Fui à casa com os Temptations para mostrar a ela algumas músicas e pedir a ela que cantasse conosco. Nós éramos os caras na época. David Ruffin saiu para seguir carreira solo e Norman Whitfield havia composto umas faixas psicodélicas em que eu cantava – "Cloud Nine", "Runaway Child", "I Can't Get Next to You".

"Você precisa entender que os Franklin e os Temptations se conheciam desde sempre. Eu conhecia Cecil, Carolyn e já tinha saído com Erma. Eu conhecia e respeitava o pai deles e tinha ido à igreja para ouvi-lo pregar. Éramos uma família. Eu realmente via Aretha como parte da família estendida da Motown, e sempre fui parte da família gospel. Mas naquele dia, ficou claro que Aretha estava interessada em mais do que na minha música. Para ser sincero, eu não era bem um homem de mulher só, mas os boatos sobre Aretha diziam que ela não era uma mulher de um homem só. Ela parecia pronta para brincar, e eu também estava. Mas o problema era que eu ainda estava saindo com Erma de vez em quando. Erma era uma grande mulher: engraçada e inteligente e uma grande cantora. Eu não podia ficar com as duas irmãs – isso podia acabar na morte de um homem – e como Aretha era bem mais agressiva, fiquei com ela".

— Aretha era muito possessiva em relação aos homens — disse Erma. — Eu não tinha nenhuma ilusão dele me levando para uma linda casinha com cerca branca. Eu sabia que ele não era famoso por sua lealdade às mulheres. Mas eu e ele estávamos saindo, e estávamos nos divertindo, e não gostei de Aretha não ter respeitado isso. Ela simplesmente o arrancou de mim.

Aretha não via dessa forma. Ela me disse que não achava nada sério o relacionamento de Erma com Dennis. O clima ficou pesado e, uma noite, durante o jantar na casa do pai delas, as acusações começaram. Até um copo foi jogado. Aretha se lembrou de Erma jogando um copo em sua cabeça.

— Fiquei furiosa — falou Erma —, mas joguei o copo na parede, não em Aretha. Não chegou nem perto dela.

— Eu vi tudo — disse Carolyn. — Meu pai as separou e disse para elas saírem da mesa. Elas foram lá para cima e provavelmente se engalfinharam e puxaram cabelo até a raiva passar. Isso era comum para as minhas irmãs. As brigas delas podiam ser físicas, mas no dia seguinte elas ficavam bem. Mas quando se tratava de Dennis Edwards, um homem que claramente era um cafajeste, Aretha ganhou o dia. Mas, se você me perguntar, ela dificilmente saiu com o prêmio. Ela pensou ter Dennis na palma da mão, mas ele a fez passar por algumas mudanças.

Aretha detalhou essas mudanças em *From These Roots*. Ela falou do apartamento de luxo de Dennis no número 1.300 da Lafayette, no centro de Detroit, que ela costumava visitar por impulso. Se Dennis não estivesse lá – ou se outra das namoradas de Dennis abrisse a porta – Aretha ainda assim se convidaria para entrar e esperaria até que ele chegasse. Em uma ocasião, entediada com a espera, Aretha decidiu dar uma festa no apartamento e convidou um grupo de amigos. Quando Dennis apareceu, ele não ficou nada feliz.

— Ree era exigente — Dennis me contou. — Ela não era uma namorada fácil. Dava ordens e queria que tudo acontecesse à sua maneira. Ela era uma estrela muito maior que eu – cara, ela era a rainha do soul – e acho que às vezes ela via seus namorados como servos. Eu a amo e a respeito. Mas ser capacho de mulher não é a minha natureza. Quando falei isso na cara dela, Ree teve uma reação estranha. Ela se levantou e foi direto para o pequeno piano que eu tinha no meu apartamento. Ela se sentou e arriscou alguns acordes. Não tocou a canção inteira naquele dia, mas cerca de um ano depois, quando ouvi "Day Dreaming", um dos maiores sucessos dela, reconheci a canção. Aquele sucesso falava de mim.

Quando Aretha voltou aos estúdios da Atlantic, em janeiro de 1969, "See Saw" era o sucesso atual dela e estava prestes a ganhar o certificado de ouro. Nessas sessões de inverno, "Day Dreaming" não foi uma das canções que ela gravou. Isso só aconteceria mais de dois anos depois.

— Ela disse que estava compondo — Wexler se lembrou — e é claro que essa notícia era boa. Eu sempre a incentivei a ir para as sessões com material original. Mas ela disse que as novas canções dela não estavam prontas. Eu sabia que não devia pressioná-la. Quando se tratava das próprias coisas dela, Ree não se apressava. O clima também estava tenso na sessão de janeiro porque eu tinha acabado de lançar um álbum de sucesso de Dusty Springfield, *Dusty in Memphis*. Diziam que o disco era de um clássico do soul e a comparavam com Aretha. Aretha não gostava que eu produzisse outras cantoras. Eu disse que ela era o ídolo de Dusty, e que Dusty não estava tentando roubar o trono dela. Aretha deu aquele famoso sorrisinho passivo só dela - aquele sorriso que me disse que ela não estava feliz. Para piorar, "Son of a Preacher Man" era o grande sucesso do álbum de Dusty. Aquela canção havia sido escrita para Aretha e, na verdade, eu tinha dito a ela para gravar um ano antes. Aretha se recusou porque a considerava desrespeitosa com seu pai e a igreja dele. Pensei que a ideia dela estivesse errada, mas meu argumento não deu em nada. Ela estava irredutível. Agora que era um sucesso com Dusty, ela não estava nada feliz.

"Mesmo assim, conseguimos quatro canções com ela naquela semana. A melhor foi "The Weight", que tinha sido um grande sucesso da Band em seu álbum *Music From Big Pink*, que saiu no ano anterior. Aretha ouviu e disse que não fazia ideia do significado da letra. Eu disse que também não sabia, mas que a música tinha um ritmo violento e ela podia arrasar. E eu achava que o mercado hippie da década de 1960 estava disponível. Eles amavam o Jefferson Airplane, mas também amavam o soul, então por que não arriscar?"

O raciocínio de Wexler venceu. No primeiro trimestre de 1969, a versão de Aretha de "The Weight" chegou ao Top 20 do pop e alcançou o terceiro lugar nas paradas de R&B. Mesmo depois do funk reformulado de Sly and the Family Stone, Aretha manteve seu sucesso.

Foi também no início de 1969 que Aretha conheceu Ken Cunningham, um cavalheiro elegante com quem ela logo moraria.

— Jerry Wexler havia se mudado para Miami e estava incentivando Ree a gravar lá — disse Cecil. — Ele nos colocou em uma suíte no Hotel Fontainebleau. Ele queria levar a gente para passear em seu barco, foi tudo muito divertido. Minha irmã ainda estava distraída com o rompimento com Ted. Ela e seus advogados estavam no meio das negociações do divórcio, que ficaram um pouco difíceis. Ainda levaria muitos meses para chegarem a um acordo. Ree não estava com vontade de gravar. Ela nem queria passear no barco de Wexler. Bem, eu passeei. Wexler era um ótimo anfitrião. Quando voltei, Aretha estava toda animada com um cara que ela tinha conhecido, ele estava em busca de investidores. Sua empresa se chamava New Breeders, e eles faziam roupas e sapatos no estilo afro. Ela o descreveu como um cara bonito em uma camisa dashiki e um grande black power. Foi uma época em que todos estávamos nos convertendo ao afro. Será que eu o conheceria? Eu ouviria sua proposta de vendas? Claro, por que não?

Não se sabe se Aretha investiu financeiramente nos New Breeders, mas não há dúvida de que investiu emocionalmente em Cunningham. Quando ela saiu de Miami e foi para Nova York, ele fazia parte da comitiva.

— Ela nunca aparecia para as sessões de gravação que eu tinha organizado em Miami — disse Wexler. — Foi uma decepção. O Criteria Studios era um local famoso. Foi onde James Brown gravou "I Got You (I Feel Good)". Eu tinha reunido os melhores músicos do

Sul para ajudar Aretha em algumas faixas novas, mas onde diabos ela estava? Mais tarde, fiquei sabendo por meio de Cecil que o amor havia bloqueado seu caminho do hotel ao estúdio. Não havia como discutir com o sentimento. Depois de tudo o que ela passou, Aretha merecia um pouco de amor. Naquele mesmo inverno, quando conheci Ken Cunningham em Nova York, ele parecia um cara legal. No momento em que os negros passavam por um período de afrocentrismo, ele era um orgulhoso defensor do movimento.

Quando Cunningham conheceu Aretha, ele era casado e tinha uma filha pequena. Aretha disse aos irmãos que o casamento já havia acabado e que Ken, que ela chamava de Wolf, já havia decidido que pediria o divórcio.

— Ken é um bom homem — disse Brenda Corbett, que começou a trabalhar como voz de apoio para sua prima em shows e nos estúdios. — Ele ajudou Aretha a se recuperar. Ele a ajudou a parar de beber. No início dos anos 1970, Aretha tinha parado de beber, e isso nunca mais foi um problema. Foi uma bênção enorme. Ken também era muito sério em relação a livros e arte, e amava todo tipo de música. Ele chegou na hora certa. Aretha precisava de um homem que a colocasse em um rumo positivo.

— Quando visitei Aretha em Nova York — começou Earline, esposa de Cecil —, ela e Ken estavam morando em um arranha-céu no centro da cidade, perto da Seventh Avenue. A primeira coisa que ela disse foi que Ed McMahon, parceiro de Johnny Carson, era vizinho dela. Era um ambiente grande com uma vista linda. Os filhos dela, Clarence e Eddie, estavam de volta a Detroit, sob os cuidados de Big Mama. Teddy estava sendo criado pela família do pai. Então Ken e Aretha tinham o lugar só para eles.

— Era algo que ela merecia — disse Carolyn. — Fazia tempos que ela não conhecia a felicidade doméstica. Wolf gostava do estilo de vida saudável – comida saudável, pensamento saudável. Ele lidou com o alcoolismo dela de uma forma que o resto de nós não podia. Se ela o queria por perto, teria que parar de beber e parar de agir como uma tola. O método dele funcionou. Ele se tornou uma excelente influência na vida dela.

— Todo mundo gostava de Ken Cunningham — falou Ruth Bowen —, e eu também. Ele ajudou a moldar Aretha. Todos diziam que ele a estava transformando em uma nova mulher. Por mais que eu acredite que Ken ajudou Aretha demais, também sei que gênios como ela têm personalidades que não mudam facilmente, ou, na maioria dos casos, não mudam nada. As pessoas aparecem na vida deles e, sem dúvida, têm uma grande influência, mas – especialmente no caso de mulheres como Dinah Washington e Aretha Franklin – essas pessoas tendem a ir e vir.

— Quando Ken apareceu — disse Erma —, todos gostavam dele. E Aretha se tornou muito mais fácil de lidar. O problema que previ, no entanto, foi Cecil. A essa altura, Cecil havia consolidado sua posição como empresário de Aretha. Eu imaginava que Ken também tinha as próprias ideias de gerenciamento em relação à carreira de Aretha. Nesse sentindo, o conflito seria inevitável.

Confrontos políticos também ameaçavam a família Franklin.

Em 29 de março, uma batalha mortal aconteceu na igreja batista New Bethel do reverendo Franklin entre membros da Republic of New Africa (um grupo militante do poder negro) e a polícia de Detroit.

— Meu pai alugava a igreja para muitas organizações — narrou Cecil —, desde que a ideologia deles refletisse sua posição a favor do poder negro. Eles não precisavam concordar com a posição não violenta de meu pai para usar nossas instalações para os encontros. A Republic of New Africa (RNA) era um desses grupos. Quando a RNA se reuniu naquela noite, eles apareceram fortemente armados com rifles carregados. Meu pai, que não estava presente, não fazia ideia de que isso aconteceria. Uma viatura patrulhando a área avistou alguns membros da RNA do lado de fora da igreja, armados. Um dos policiais foi morto a tiros e o outro pediu reforços. Dentro de quinze ou vinte minutos, cinquenta policiais invadiram a igreja – eles de fato vandalizaram a igreja – e prenderam cerca de 150 pessoas e apreenderam um lote considerável de rifles e armas. A notícia sensacional percorreu Detroit. Meu pai foi criticado por abrigar radicais, mas não se desculpou por seu apoio ao poder negro. No dia seguinte, ele até convocou uma coletiva de imprensa. Falou do policial morto e ofereceu suas mais profundas condolências à família do homem. Mas também não recuou em seu apoio aos objetivos da RNA quando reafirmou que não aprovava a metodologia deles. Ralph Abernathy foi à nossa igreja no dia seguinte e apoiou meu pai. Na verdade, meu pai disse que continuaria a alugar para a RNA desde que eles prometessem não levar armas para a igreja.

"O Grito da New Bethel", como o incidente foi nomeado, causou sérios danos à reputação do reverendo Franklin como líder cívico. A igreja dele havia se transformado em um campo de batalha. Um mês depois, voltando de uma viagem a Dallas, onde planejava um evento musical e cultural africano estrelado por Aretha chamado "The Soul Bowl", a American Airlines perdeu as malas dele. Quando elas foram localizadas, os policiais as revistaram e encontraram uma pequena quantidade de maconha. Prestaram queixa. C.L. alegou que as drogas haviam sido plantadas para envergonhá-lo ainda mais. As acusações foram retiradas um mês depois, mas a essa altura, por causa da publicidade negativa, o "The Soul Bowl" foi cancelado. Franklin processou as companhias aéreas, mas logo soube que o estado do Michigan agora estava atrás dele por impostos atrasados.

— Meu pai foi perseguido e vitimado por oficiais do governo, tanto nacionais quanto locais, que eram contra a posição política dele e estavam determinados a humilhá-lo — disse Cecil. — Ele lutou, respondeu a cada alegação, conseguiu pagar seus impostos e, com relação à congregação, limpou seu nome. Mas tenho que dizer que, depois do que aconteceu a ele naquela estranha temporada em 1969, ele nunca mais foi o mesmo.

Enquanto isso, Aretha teve dificuldade em tolerar as ambições de carreira de sua irmã Carolyn. Quando um artigo da *Jet*, em 3 de abril de 1969, informou que Carolyn havia recebido 10 mil dólares para assinar com a RCA Records, Aretha não ficou feliz.

— Aretha ficou irritada porque achou que eu continuaria a viajar com ela e ser cantora de apoio — Carolyn me contou. — Ela disse que estava contando comigo. Falei que eu tinha que contar comigo mesma. Achei que estava na hora de tentar a carreira solo de novo. Eu estava prestes a completar 25 anos e tinha a impressão de ter vivido pelo menos cinco ou seis vidas. Havia a vida com nossa mãe. A vida com nosso pai. A vida em que meu pai disse que eu não podia mais morar com ele e me entregou a vizinhos que se tornaram meus pais temporários. Minha vida de adulta responsável quando eu trabalhava nos correios. E minha vida musical, que começou pra valer quando eu tinha 19 anos e, por meio de Erma, conheci Lloyd Price, que me contratou para o selo Double L. Naquela época – para garantir que eu tivesse minha própria identidade –, criei o nome artístico Candy Carroll. Gravei alguns singles, mas nada aconteceu. Não fiquei desmotivada porque eu sabia que eu era uma boa cantora e compositora. Quando "Ain't No Way" se tornou um grande sucesso de Aretha, ela me encorajou a me concentrar nas composições em vez de cantar. Mas minha ideia foi: por que não fazer as duas coisas? Quem disse que uma tem que impedir a outra?

"O sucesso de Aretha com certeza ajudou Erma a conseguir seu contrato com a Shout. Sua música 'Piece of My Heart' foi um sucesso de R&B, mas quando Janis Joplin fez um cover e a transformou em um sucesso pop com milhões de vendas, Erma prosseguiu. Ela conseguiu outro contrato com a Brunswick Records. Aretha não é a única irmã Franklin determinada e motivada. Se o sucesso de Aretha podia ajudar Erma, também podia me ajudar. E certamente ajudou. Não sei se eu teria conseguido o contrato com a RCA se eu tivesse continuado com o nome Candy Carroll. Mas quando consegui entrar, dei tudo o que eu tinha."

E deu mesmo. *Baby Dynamite*, álbum de estreia de Carolyn, é totalmente soul. Os vocais dela se igualam aos dos cantores mais fortes da época. As paradas estavam apertadas e as canções – principalmente a assustadora "I Don't Want to Lose You", de Carolyn, e a engenhosa "Boxer" – são contagiantes. O som é dos metais de Sly Stone, do Stax, e Volt, de Muscle Shoals, com ritmo e batida R&B do final da década de 1960.

— Cantei naquelas sessões — disse a prima Brenda Corbett. — Era a mesma sensação que durante as sessões de Aretha. Muito livres, muito soltas, muito espontâneas. Todos sabíamos que Carolyn, como Erma, era uma cantora sensacional, e ela provou que estávamos certos. Ficamos muito felizes com o resultado.

— Minha ideia era mostrar as músicas para Ree e fazer com que ela me promovesse escrevendo a mensagem do encarte — disse Carolyn. — Dei a ela uma versão inicial e esperei várias semanas pela resposta dela. Como ela não respondeu, eu enfim liguei e a coloquei contra a parede. "Escutei sim", disse ela, "e amei, mas não sei o que escrever". "Escreva que você amou", falei. "Escreva o que quiser, Ree, mas escreva alguma coisa. Minha gravadora está esperando sua recomendação".

"Por fim, tive que apelar para o meu pai. Ele disse que faria Aretha escrever algo. Mas nem ele conseguiu. Em vez disso, ele mesmo escreveu a mensagem e fez um lindo trabalho".

"Musicalmente", escreveu o reverendo Franklin, "em termos de treinamento formal em música, é provável que Carolyn supere ambas as irmãs (Erma e Aretha). Ela tem uma rica experiência musical, pois se formou em teoria musical e harmonia na Universidade do Sul da Califórnia. Como compositora, ela também é um gênio, fato bem conhecido pelos artistas e pela maioria das pessoas na indústria musical."

Tentando fazer as pazes entre as filhas, o reverendo conclui suas observações em um tom diplomático: "Agora que Carolyn embarca na própria carreira como artista, acho que usarei as palavras de sua irmã Aretha, a quem ela pediu para escrever o encarte deste álbum. Aretha escreveu: 'Esta é minha irmã Carolyn, e ela está pronta!'. Quando foi informada de que isso não era suficiente para o encarte, Aretha disse: 'Isso é tudo o que tenho a dizer'."

O álbum recebeu alguns elogios da crítica, mas não rendeu sucessos. Algumas semanas depois, "Gotta Find Me a Lover (24 Hours a Day)", de Erma, também foi lançado, mas não rendeu sucessos. Enquanto isso, "I Can't See Myself Leaving You", de Aretha, subiu para o terceiro lugar nas paradas de R&B, onde permaneceu por nove semanas.

Em 14 de abril, Frank Sinatra apresentou Aretha Franklin na 41ª cerimônia do Oscar. Ela cantou "Funny Girl" enquanto sua ex-colega de gravadora na Columbia, Barbra Streisand, assistia de seu assento na primeira fila. Indicada para melhor atriz por seu trabalho no filme, Streisand dividiu o prêmio com Katharine Hepburn por *O leão no inverno*.

— Pra ser honesta, eu arranjei aquilo — Ruth Bowen me contou. — O produtor não tinha certeza de que Aretha daria conta de uma música como "Funny Girl". "Ah, pare", falei para ele. "Aretha conseguia cantar o hino nacional da França melhor que Edith Piaf. Quando ela terminar de cantar 'Funny Girl', a srta. Streisand nunca mais vai querer chegar perto da música". Ele me deu ouvidos, e no dia seguinte à cerimônia, se desculpou por ter duvidado. A apresentação colocou Aretha no centro do palco do entretenimento dos EUA – uma posição que ela nunca perdeu.

Aretha se lembrava da introdução de Frank Sinatra, do vestido Arnold Scassi que Diahann Carroll usou no baile do governador, e de sua própria roupa com um extravagante acessório dourado na cabeça. (Ela escolheu uma fotografia colorida daquela apresentação na cerimônia para enfeitar o verso de sua autobiografia.)

Quanto maior o perfil público dela, maiores suas ambições empreendedoras. Em maio, por exemplo, a *Jet* informou que Aretha tinha planos de lançar a própria revista, *Respect*, e a própria gravadora, *Respect Records*.

— Mas esses empreendimentos não deram em nada — disse Ruth Bowen. — A verdade é que Aretha não tem as noções básicas para os negócios. Ela não é organizada. Ela não é disciplinada. Todos os projetos dela que não envolviam música falharam. Eu ficava dizendo a ela: deixe os negócios conosco e cuide da música.

Em 26 de maio, Aretha voltou à música. Ela estava mais uma vez nos estúdios da Atlantic em Nova York com os músicos de Muscle Shoals – Barry Beckett no teclado, Jimmy Johnson na guitarra, David Hood no baixo e Roger Hawkins na bateria. Eddie Hinton, que Wexler afirmava ser o "Otis Redding branco", e o grande Duane Allman tocaram guitarra juntos na versão ardente de Aretha de "When the Battle Is Over", de Jessie Hill e Dr. John. Ela também cantou "Honest I Do", de Jimmy Reed, e "Oh No Not My Baby", de Carole King e Gerry Goffin.

A essa altura, Arif Mardin e Tommy Dowd haviam se tornado coprodutores de pleno direito com Wexler.

— Eles costumavam ficar em Nova York — explicou Wexler — e eu ficava mais em Miami. É claro que eu comparecia a todas as sessões vocais, mas era menos participativo. Estava me sentindo menos controlador e mais disposto a entregar muitas das decisões de estúdio para Tommy e Arif. Para conseguir o som certo, minha presença realmente não era necessária.

— Aretha deveria ter sido listada como quarta produtora — disse Cecil. — Ela deveria ter sido listada como produtora principal. Era ela que estava no comando daquelas sessões. Falei com Wexler sobre o assunto, mas ele não quis ceder. Ele dizia que ela recebeu crédito como a artista. Ela recebeu toda a glória de que precisava. Além disso, ele disse, as pessoas nem se importavam com o produtor mesmo. Talvez, mas justo é justo, e senti fortemente que o papel dela estava sendo escondido do público. Aretha também se sentia assim, mas, dada sua lucrativa história com a Atlantic, ela não estava disposta a reclamar. A opinião dela era que as habilidades promocionais de Wexler eram tão boas quanto suas habilidades de produtor. Ele tinha um entusiasmo tão grande por tudo que Aretha fazia que se tornou seu maior apoiador. Ela pensou que, se insistisse em ganhar crédito como produtora, ele poderia ficar irritado e perder esse entusiasmo. Eu não concordei. Wexler e os Ertegün estavam ganhando uma fortuna com a minha irmã. Eles não estavam prestes a recuar, não importava o que acontecesse. Eu queria que dessem a ela o crédito que ela merecia. Que dessem a ela pontos extras pela produção. Que fossem justos.

Isso demoraria mais alguns anos para acontecer. Aretha seguiu em frente, mas estava magoada.

— A personalidade da minha irmã tem partes passivas e agressivas — disse Erma. — Ela deixa a raiva acumular por semanas, meses ou até anos. Então, algo irrelevante a provoca e, de repente, toda a raiva explode.

Na época da sessão de "Honest I Do", Aretha descobriu que estava grávida de Ken Cunningham.

— Ela ficou feliz em saber que ia ter um filho com Ken — disse Ruth —, mas também estava determinada a não se casar. Disse que um casamento já tinha sido suficiente. Ela estava feliz por viver com ele sem nenhum compromisso legal. Mas houve um compromisso que acabou prejudicado por sua gravidez: um evento de uma semana que eu tinha agendado para ela em Las Vegas. Era importante para Aretha, tanto em termos de localização quanto de pagamento. Vegas era o próximo passo óbvio em sua carreira. Mas então, Aretha agiu como Aretha e cancelou em cima da hora. Quando me disse que era por causa do enjoo matinal, eu disse que ela não tinha que cantar de manhã, apenas à noite. O resultado foi uma bagunça jurídica.

A *Jet* relatou, em sua coluna "People Are Talking About": "A cantora de soul Aretha Franklin e seu paradeiro desde que adoeceu em Las Vegas e não conseguiu atender a seu compromisso no prestigioso Caesar's Palace. Foi anunciado na época que a srta. Franklin estava sendo levada às pressas para Detroit para ser atendida por seu médico, mas um contato com sua casa, dias depois, trouxe a informação de que a srta. Franklin não estava lá e que, de fato, fazia semanas que ela não aparecia em casa".

— Aretha estava sempre se envolvendo em suas confusões — disse Ruth —, e era meu trabalho consertar tudo.

Em 24 de julho de 1969, a *Jet* se referiu à matéria anterior: "O mistério foi esclarecido quando sua amiga e agente Ruth Bowen revelou que Aretha está internada no Ford Hospital de Detroit tratando uma infecção na garganta, e a sra. Bowen declara que Aretha está 'ainda mais doente por ter que cancelar dois compromissos, um em Tampa, na Flórida, e outro em Nova Orleans, que teriam enriquecido sua conta bancária em 100 mil dólares'. Os dois shows foram remarcados, assim como o compromisso cancelado do Caesar's Palace.

Naquele mesmo verão, Carolyn se lembrou da reação de sua irmã às revoltas de Stonewall em Greenwich Village, a faísca que acendeu o movimento pelos direitos dos homossexuais.

— Meus amigos e eu estávamos falando disso como algo importante — disse Carolyn. — Os direitos civis tinham recebido destaque. Os direitos das mulheres estavam sendo discutidos. Agora, pela primeira vez, podia haver uma conversa sobre os direitos dos homossexuais. Mas quando mencionei isso para Aretha, ela disse que achava o assunto ofensivo. "Você me acha ofensiva?", perguntei a ela. "De jeito nenhum, você é minha irmã e eu te amo. Agora, vamos falar de outra coisa".

Em 26 de julho, o *The New York Times* noticiou: "Aretha Franklin, a cantora de soul, se declarou culpada de má conduta ontem e foi multada em 50 dólares no Tribunal Municipal de Highland Park. As acusações foram resultado de um acidente de trânsito na noite de terça-feira, quando, segundo as autoridades, a srta. Franklin se tornou agressiva com o policial que investigava.

— A gravidez não foi fácil — disse Ruth Bowen. — Ela estava mais mal-humorada do que o normal. Um dia, ela era engraçada pra cacete, fazendo sua imitação de Jimmy Durante ou Judy Garland. Aretha tinha um maravilhoso senso de humor e também era uma ótima mímica. Mas no dia seguinte, pode esquecer. Quando artigos sobre sua "má conduta" apareceram no jornal, seu primeiro instinto foi demitir qualquer publicitário que tivesse contratado. Então ela ligava para um de seus amigos na *Jet* para limpar a história e escrever outra. Às vezes, a *Jet* cooperava, mas nem sempre.

Em 7 de agosto, a *Jet* relatou: "A rainha do soul Aretha Franklin, alegando estar muito perturbada com a morte do reverendo A.D. Williams King e com a morte precoce da cantora Judy Garland, não compareceu ao tribunal em Highland Park (Detroit), Michigan, e teve que pagar uma fiança de 50 dólares. No tribunal no dia seguinte, no entanto, uma srta. Franklin subjugada apareceu e pagou uma multa de 50 dólares por acusações de má conduta. A polícia disse que a cantora de 27 anos, dirigindo um Cadillac, bateu em um carro estacionado em um estacionamento, tornou-se "agressiva" e se recusou a cooperar com a polícia. Eles disseram que ela também jogou uma nota de 100 dólares na mesa e foi embora quando sua fiança foi fixada em 50 dólares e ela não tinha dinheiro trocado".

Enquanto isso, a música dela continuou vendendo. Em agosto, a versão empolgante de Aretha de "Share Your Love With", de Al "TNT" Braggs, sucesso com Bobby Bland, se tornou um sucesso ainda maior na voz da rainha. Chegou às paradas pop, subindo para o 13º lugar.

Uma semana depois, "It's True I'm Gonna Miss You", de Carolyn, chegou às paradas de R&B – que mais tarde se tornaram as paradas de soul –, mas nunca passou da 23ª posição.

Então, em setembro, Aretha cancelou todas as aparições pessoais e shows pelo resto do ano.

— A disputa com Ted sobre o acordo de divórcio a estava enlouquecendo — confidenciou Cecil. — Ted sentia que tinha direito a muitas coisas, pois, na cabeça dele, ele era o responsável pelo sucesso dela. Naturalmente, Ree não estava de acordo.

— Aretha nunca me contou pessoalmente sobre os cancelamentos — disse Ruth Bowen. — Fiquei sabendo pela mídia, como todo mundo. É claro que fiquei furiosa. Já que eu tinha agendado esses shows, eu não tinha direito a um aviso prévio sobre cancelamentos? Não conseguia falar com Aretha, mas fiz Cecil comer o pão que o diabo amassou. Me senti mal com isso porque sabia que Cecil, como todos nós, estava apenas servindo a uma rainha impulsiva.

Em *From These Roots*, Aretha escreveu que, embora estivesse com Ken Cunningham, ela também saía com Dennis Edwards de vez em quando. Ela admitiu que seu fascínio com o membro dos Temptations não havia passado completamente e, apesar de seu acordo doméstico com Cunningham, ela também arrumou tempo para Edwards. Quando pressionada, ela disse que Cunningham não se sentia ameaçado por suas amizades com outros homens.

— Quando Aretha apareceu em Miami em outubro, ela estava de mau humor — disse Wexler. — Ela decidiu gravar "Son of a Preacher Man", desta vez alegando que sempre quis cantá-la, mas que eu tinha dado a música para Dusty Springfield antes que ela tivesse a chance. Ela se recusou a lembrar que eu tinha oferecido a música a ela primeiro. Mas não importa, ela arrasou. Ela arrasou em tudo durante as sessões do Criteria. Era um ótimo estúdio e os garotos de Muscle Shoals vieram para apoiá-la com as meninas do Sweet Inspirations. Foi a primeira vez que ela tocou músicas dos Beatles – "Eleanor Rigby" e "'Let It Be".

"McCartney e Lennon compuseram 'Let It Be' especificamente para Aretha, mas quando toquei a demo para ela muitos meses antes, Ree não tinha certeza se as implicações religiosas eram compatíveis com sua formação na igreja batista. Ela pensou que a referência 'Mother Mary' poderia ser um pouco católica. Então adiou a gravação. Paul e John sabiam que tinham um sucesso em mãos, cansaram de esperar por ela e lançaram sua versão primeiro. A versão de Aretha é magnífica, mas naquela época os Beatles haviam deixado a primeira e mais duradoura impressão. Poderia ter sido mais uma de suas canções marcantes, mas, como em 'Preacher Man', seu equívoco custou caro."

— Quando se tratava das letras e do significado das músicas — disse Ruth Bowen —, Aretha era difícil de interpretar. Por exemplo, ela me ligou um dia e disse que tinha acabado de sair no meio de uma entrevista porque um repórter queria saber como o pai dela se sentia com ela cantando músicas tão sensuais. "Eu não canto músicas sensuais", ela disse ao repórter. "Eu canto música soul." Ele usou "Dr. Feelgood" como exemplo de uma música claramente sensual. "Dr. Feelgood", ela disse, "fala de romance, não de sexo." Quando o repórter deu outros exemplos, como o verso "sock it to me" em "Respect", ela se levantou e foi embora. Ela me disse que não iria tolerar perguntas de alguém que vê sexo em cada frase. Naturalmente eu não disse uma palavra porque não era da minha conta. Mas para alguém como Aretha, que não era exatamente reticente em expressar suas necessidades sexuais, sua atitude recatada parecia um tanto ridícula.

— Ela também estava um pouco hesitante antes de gravar "Dark End of the Street", aquela música inesquecível de Dan Penn e Chips Moman — disse Wexler —, porque tratava de adultério. James Carr tinha gravado esse sucesso de R&B em 1967, mas eu estava convencido de que Aretha poderia levar aquele lamento baseado no blues a outro nível. Nós repassamos a letra muitas vezes antes de Aretha finalmente racionalizar que o casal estava apenas *discutindo* o que poderiam fazer no escuro da rua. Eles ainda não tinham feito nada. Graças a Deus ela decidiu que poderia cantá-la porque sua versão, embora nunca lançada como single, é definitiva.

"Ela não tinha problema em cantar 'This Girl's In Love With You', de Bacharach e David, uma música que alcançou o número um com Herb Alpert. A ideia, é claro, era revisitar o procedimento que ela havia aplicado em "I Say a Little Prayer" – trazer o funk para a coisa. Ela tinha tanta certeza de que daria certo duas vezes que insistiu que déssemos ao álbum o mesmo nome da música. Acontece que o verdadeiro sucesso daquela sessão foi algo que a própria Aretha havia escrito – 'Call Me', uma música que lembra o trabalho de Carolyn. Era doce e sincero e cheio de saudade. Ela trouxe outra música maravilhosa de Carolyn, 'Pullin', com um gancho especialmente sedutor. Naquela mesma sessão, Aretha também cantou outra de suas originais, 'Try Matty's', um blues animado sobre seu restaurante de costelas favorito. Quando a sessão acabou, todos nós fomos comer churrasco.

"Quando estava de bom humor, Aretha também era famosa por chegar à sessão com baldes de churrasco. Ela gostava de alimentar os rapazes da banda. Ela também procurava ótimas lanchonetes. Lembro que ela estava hospedada na suíte presidencial do Fontainebleau quando, por meio de meu amigo DJ, Fat Daddy, ficou sabendo de um empório de pés de porco do outro lado da cidade. Ela correu até lá, pegou uma grande sacola cheia de pés de porco e voltou para o hotel. Mas, enquanto ela andava pelo saguão, os pés de porco molhados romperam a sacola e se espalharam por todo o tapete chique. Aretha nem se incomodou. Ela reagiu entrando no modo rainha. Ela não parecia alarmada, não se abaixou, não se incomodou em tentar pegá-los. Com as costas eretas, ela caminhou direto para o elevador e subiu para seu quarto.

"No final daquela semana em Miami, tínhamos mais material do que precisávamos. 'Pullin' e 'Try Matty's' foram engavetadas e não entraram no álbum *This Girl's In Love With You*, lançado em janeiro de 1970. Nós as colocamos em *Spirit in the Dark*, lançado no verão de 1970. Não importava para onde olhávamos, 1970 estava se preparando para ser o maior ano de Aretha até então."

Ao mesmo tempo em que Aretha estava gravando no Criteria em Miami, a Motown lançou o primeiro single do Jackson 5, "I Want You Back". O quinteto com influências de Sly Stone logo se tornaria a sensação mais badalada da música soul desde Aretha.

Musicalmente, o resto de 1969 foi marcado por "Sugar Sugar" dos Archies, "Sweet Caroline" de Neil Diamond, "A Boy Named Sue" de Johnny Cash e "Honky Tonk Women" dos Rolling Stones.

Alguns meses antes, o homem andara na lua. Naquele mesmo verão, os assassinatos de Charles Manson abalaram Hollywood. Em agosto, a nação hippie se reuniu pacificamente em Woodstock. Em dezembro, a paz foi abalada em Altamont. Em Washington, o presidente Richard Nixon, que citou a reconciliação como sua primeira prioridade, presidiu uma nação dolorosamente (e muitas vezes violentamente) dividida.

Em janeiro de 1970, Aretha Franklin, grávida de sete meses, viu-se envolvida em um pesado drama doméstico que, apesar de seus melhores esforços, não escapou da mira da imprensa.

17
ESPÍRITO

Da Jet, 15 de janeiro de 1970: "*O irmão de Sam Cooke, Charles, é baleado em Detroit*: a polícia de Detroit está investigando o caso, que ocorreu hoje de manhã e teve como vítima Charles Cooke, 42, irmão do cantor assassinado Sam Cooke. A polícia disse que Charles, hóspede na casa da rainha do soul Aretha Franklin, foi baleado na virilha após uma briga com o ex-marido da srta. Franklin, Theodore (Ted) White, 38".

White disse à *Jet*, "Tenho o direito de ir para minha casa", explicando que comprou a casa, que ele só tinha visitado duas vezes nos últimos dois anos desde que se separou de Aretha. Quando pediu para falar a sós com Aretha, Cooke recusou-se a sair da sala.

"Cooke sentiu que tinha que proteger Aretha como se eu fosse algum tipo de gorila ou algo assim", disse White, que admitiu ter empurrado Cooke para fora da sala.

"Quando Cooke voltou", a *Jet* relatou, "White atirou nele".

Cooke foi levado às pressas para o Hospital New Grace, onde sobreviveu a uma operação de emergência. Oficiais da 12ª Delegacia de Detroit questionaram Aretha, que, depois de prestar depoimento, foi liberada.

— Aretha ficou furiosa com a *Jet* por ter publicado algo assim — disse Ruth Bowen. — Ela disse que se sentiu desrespeitada. Bem, a *Jet* é basicamente o jornal do bairro para a América negra. As pessoas negras sempre tiveram curiosidade em relação a Aretha. Ela é nossa rainha. A *Jet* estava apenas divulgando as notícias sobre nossa rainha. Eles estavam relatando fatos. Aretha não conseguia lidar com isso. Ela disse: "Eles fazem parecer coisa de gueto". Eu falei: "Bom, isso *é* coisa de gueto. Foi você que se casou com esse homem". Ela não queria ouvir. "Estou grávida", ela disse. "As mulheres grávidas não deviam ser tratadas assim." "A gravidez não tem nada a ver com isso, Aretha. Você ainda está em guerra com Ted e, até que a guerra termine, os jornais vão relatar as batalhas."

— Meu segundo álbum para a RCA, *Chain Reaction*, estava sendo lançado na mesma época dessa confusão do Ted atirando na casa — disse Carolyn. — Pensei que era a melhor coisa que eu tinha feito, e estava buscando publicidade. Quando deixei Aretha ouvir, ela foi generosa em seu elogio. Ela acreditava que esse álbum poderia ser meu ponto de virada. Um repórter disse que faria uma matéria a meu respeito se Aretha também concordasse em dar uma entrevista dizendo o que pensava de mim e de Erma, que também lançara algumas canções ótimas. Aretha se recusou, dizendo que não podia confiar na imprensa. Ela disse que eles acabariam fazendo perguntas sobre Ted ter atirado na casa. "Não responda a essas perguntas", falei com ela. "Só fale de música". Ela disse que não funciona assim. Ela apontou para o título do meu álbum. "É uma reação em cadeia", disse ela. "Eles têm a minha vida profissional ligada à minha vida pessoal. Bem, vou ficar longe. Cansei da imprensa".

A notícia seguinte sobre Aretha foi feliz: em março ela deu à luz seu quarto filho, Kecalf (pronuncia-se Kalf), cujo nome é formado pelas iniciais do pai (Ken E. Cunningham) e da mãe (Aretha Louise Franklin).

— Aretha sempre voltava para Detroit para ter os filhos — disse Erma. — Ela deixou a cobertura em Nova York e todo aquele glamour pelo conforto do pai, da avó e de toda a família. Acredito que ela ficou apenas algumas semanas. Ela ama muito os filhos – assim como eu amo os meus –, mas fomos parte daquela geração de jovens cantoras que definitivamente sacrificaram tempo com os filhos para cuidar da carreira. Fizemos isso de maneira consciente. Fizemos isso com o apoio de meu pai e de Big Mama e de tantos outros parentes que se importavam conosco. Mas também fizemos isso com muita culpa. Éramos mães que tinham tomado a decisão de colocar a profissão de artista em primeiro lugar. Não tenho certeza se Aretha um dia vai admitir isso, mas é a verdade. Como resultado, sofremos muito em silêncio.

Cinco semanas depois de dar à luz, Aretha estava em Miami para completar o que seria o álbum *Spirit in the Dark*, a ser lançado no final do verão.

— Ela estava radiante — disse Wexler. — Não estava mais bebendo. Ela foi ao estúdio com um punhado de canções que escrevera durante a gravidez. Eu estava exultante. Eram todas boas, mas a melhor era "Spirit in the Dark". Era uma daquelas misturas perfeitas de R&B sagrado e secular, e as letras ambíguas atraíam fãs de toda a estirpe. O que é isso, o espírito? É Deus? Ou é o deus do bom orgasmo? É Aretha conduzindo a igreja no meio da boate enfumaçada. É tudo para todos. Ajudou que, quando ela gravou, eu tinha os Dixie Flyers prontos. Era a minha banda local em Miami, que incluía Jim Dickinson no teclado, Charlie Freeman na guitarra, Tommy McClure no baixo e Sammy Creason na bateria.

"Ela também veio com B.B. King em mente. Estava decidida a fazer um cover de 'The Thrill Is Gone', o primeiro real sucesso pop de King, e de sua eterna 'Why I Sing the Blues'. Escute o solo de piano eletrizante dela em 'Thrill' e entenderá por que eu implorei a ela para fazer um álbum instrumental, assim como implorei a ela para fazer um álbum totalmente gospel. Entre as gravações, ela falou sobre o relacionamento de seu pai com B.B. 'Meu pai é o pregador de B, e B é o cantor de blues do meu pai', disse ela. 'É uma coisa linda'."

— Se você procurar — disse Cecil —, verá também que Ree fez uma versão de "My Way", a canção que Paul Anka compôs para Sinatra. Se Anka algum dia a ouvisse, estaria convencido de que a compôs inconscientemente para Aretha , porque ela deixou a música mais animada no estilo soul. Depois que ela cantou, ficamos em êxtase. Achávamos que seria a nova "Respect". Parecia que seria um hino. Quando Wexler decidiu que não a lançaria como single nem a colocaria no álbum, ficamos impressionados. Mas havia tantos outros sucessos de Aretha sendo lançados que não podíamos reclamar.

Quando mencionei a versão de "My Way" de Aretha para Wexler em 1992, ele não conseguia se lembrar da gravação. Mas em 2007, quando a ouvimos juntos para uma reedição que estávamos coproduzindo, *Aretha Franklin: Rare and Unreleased Recordings from the Golden Age of Soul* [Aretha Franklin: gravações raras e inéditas da era de ouro do soul], a memória retornou a ele. Wexler a chamou de "uma descoberta de enorme valor. Ouvindo agora, esqueço de Paul e Frank e só penso em Aretha, Aretha, Aretha. Ela toma posse e reivindica a vitória. A canção se transforma em um pronunciamento real da verdade incontestável: é uma obra-prima."

"Spirit in the Dark" foi o primeiro single do álbum. Em maio, entrou nas paradas de R&B, subiu para o terceiro lugar e permaneceu por nove semanas. "The Thrill Is Gone" foi o segundo single e permaneceu na lista por oito semanas. O terceiro single, a versão de Aretha de "Don't Play That Song", escrita por Ahmet Ertegün, um cover do sucesso de Ben E. King em 1962, foi número 1 nas paradas de R&B e número 11 nas paradas de pop.

Em casa, as coisas estavam tranquilas.

— Íamos a Nova York visitar Aretha praticamente todo final de semana — disse Earline. — Ela havia mobiliado seu apartamento no alto do arranha-céu, onde tudo brilhava. Ken também a havia colocado em uma boa rotina. Ela estava emagrecendo e não estava bebendo. Usava um black power e passava menos tempo brincando com maquiagem e tal. Ken levava muito a sério o lance de "mulher natural", e a mudança foi boa para Aretha. Ela parecia mais relaxada.

— Todas as canções dela estavam fazendo muito sucesso — disse Carolyn — e eu ainda estava com dificuldade de entrar nas paradas. Para ser sincera, acho que isso deu um certo alívio a ela. Agora que Aretha sabia que eu não era concorrente, ela começou a me ligar. Acho que ela se sentiu um pouco culpada por não ter escrito meu encarte. De qualquer forma, eu tinha começado a trabalhar com Jimmy Radcliff, compositor e produtor, em um show da Broadway baseado em música gospel. Isso foi antes do advento de musicais de sucesso como *Don't Bother Me, I Can't Cope*, de Micki Grant; ou *Your Arms Too Short to Box With God*, do professor Alex Bradford. Jimmy e eu estávamos à frente do nosso tempo. Ree gostou da ideia. Barbra Streisand tinha sido uma estrela na Broadway e não havia razão para minha irmã não ser também. Jimmy e eu escrevemos o papel principal pensando nela. Aretha até investiu um pouco de dinheiro no início do projeto. Mas de alguma forma ela perdeu o interesse ao longo do caminho. Aretha se distrai facilmente e, embora tenha boas intenções, acompanhar as coisas é um grande desafio para ela.

— As pessoas sempre chegavam perto de Aretha com ideias de investimento — Cecil confirmou. — Como ela é uma pessoa de coração aberto, é fácil vender para ela. E se você for parente, é duplamente fácil. Ela sempre quis ajudar a família. Mas, para falar a verdade, eu sequer ouvi falar do projeto que Carolyn e Jimmy Radcliff estavam fazendo juntos até que li um artigo na *Billboard*. A essa altura, Ree já havia passado para outra coisa. A essa altura, ela havia conhecido Donny Hathaway.

Hathaway, o cantor de soul mais influente desde Sam Cooke, havia sido produtor da Curtom Records de Curtis Mayfield, em Chicago. Depois de ouvi-lo cantar em uma convenção de música, King Curtis pediu a Jerry Wexler que o contratasse. Wexler aceitou sem hesitar. Descreveu a voz de Hathaway como uma voz de "veludo suave, ampla e profunda. É uma voz de igreja pop-jazz azul-enevoada de tremenda potência e convicção. Ele é o terceiro componente da Santíssima Trindade do Soul da Atlantic. Primeiro foi Ray Charles, depois Aretha, agora Donny".

O primeiro álbum de Hathaway, o autoproduzido *Everything is Everything*, incluiu "The Ghetto", uma sensação da crítica e um sucesso de R&B.

— Quando mostrei "The Ghetto" para Aretha — disse Wexler —, ela ficou animada. A primeira coisa que ela disse foi: "Quero trabalhar com esse cara. Viemos do mesmo lugar".

— Aretha teve a reação oposta — disse Joel Dom, outro produtor figurão da Atlantic — quando ouviu as primeiras coisas que fizemos com Roberta Flack na gravadora. Embora fossem artistas muito diferentes, Aretha via Roberta como uma ameaça. Ela literalmente se levantou e saiu enquanto eu tocava para ela aquele primeiro álbum de Roberta. Depois, ela reclamou com Ahmet que não era apropriado que a Atlantic tentasse emplacar outra cantora de soul. Ahmet a acalmou, de um jeito que só ele consegue, mas ela nunca ficou feliz com Roberta como companheira de gravadora. Por outro lado, ela adorava Donny – até Donny começar a fazer aqueles duetos com Roberta.

King Curtis, diretor musical de Aretha nos últimos treze meses, pediu que ela tocasse junto a Donny Hathaway no primeiro álbum solo de Sam Moore, um disco sensacional que ficou guardado nos cofres por mais de trinta anos até ser lançado em 2002. Curtis foi o principal produtor e, além de seu sax tenor e das meninas do Sweet Inspirations nos vocais de apoio, Aretha e Donny tocaram teclado em várias faixas.

— Nunca pensei que isso fosse acontecer — comentou Cecil. — Nunca pensei que Aretha um dia gravaria apenas como "apoio", sem cantar. Mas as circunstâncias eram especiais. Sam estava sempre brigando com seu parceiro, Dave Prater. Eles eram harmoniosos no palco, mas fora dele não se suportavam. Curtis queria fazer de Sam uma estrela por conta própria e montou um grande grupo de gravação para apoiá-lo. Quando estava em busca da cereja do bolo, escolheu Donny e Aretha. Aretha amava Curtis e tinha grande respeito por Sam. Wexler havia falado de Donny para Aretha, que estava curiosa para gravar em estúdio com ele. Ela não se decepcionou. Não sei por que eles não lançaram o álbum, exceto que Sam estava tendo sérios problemas com drogas naquela época. Mesmo assim, com ou sem problemas com drogas, o álbum era um monstro.

— Fazia quase um ano que Aretha não se apresentava ao vivo — falou Ruth. — Ela dera à luz Kecalf, tinha ido ao estúdio para gravar "Spirit in the Dark" e pensei que estava pronta para enfim fazer o grande show em Las Vegas. Não consegui trazê-la de volta ao Caesar's, onde ela havia cancelado, mas convenci o International Hotel a agendar um show para ela. A data chegou em junho. Ela não estava na melhor forma. Não sei se tinha começado a beber de novo, mas suspeitei que sim. Sua voz não estava em sua melhor forma. Emocionalmente, ela estava muito frágil. Quando perguntei a Cecil se eu podia fazer algo para ajudar, ele disse: "Só precisamos deixá-la em paz. Ela vai superar". Ela superou, mas por pouco. Quando fiquei sabendo do que aconteceu algumas semanas depois em St. Louis, não fiquei surpresa.

"Aretha adoece em St. Louis; segue em tratamento em Nova York", dizia a manchete da *Jet* de 16 de julho de 1970. "O promotor de Chicago e DJ de rádio (WVON) Pervis Spann disse à *Jet* que estavam esgotados os ingressos para três dos quatro shows do Auditorium Theatre que teriam como atração principal a rainha do soul Aretha Franklin. Mas a srta. Franklin não apareceu, decepcionando milhares. Spann disse: 'Eu tive que reembolsar cerca de 50 mil dólares para os fãs. O prejuízo foi todo meu. E quero dizer que estive com Aretha, fui para Detroit e a busquei para o show que estávamos fazendo no St. Louis's Kiel Auditorium. Tínhamos um público de 6 mil pessoas e, depois que cantou uma música ('Respect'), ela não conseguiu mais cantar. Ela desabou. Agora, ela está em Nova York sob cuidados especiais. Quero que todos saibam que não havia nenhum estimulante envolvido. A mulher simplesmente ficou doente. Ela teve um colapso nervoso por causa de problemas pessoais extremos'. Spann disse que a estrela pediu desculpas a 'todos os seus fãs de Chicago e St. Louis e promete compensá-los no futuro', quando estiver bem outra vez."

— O súbito desaparecimento de Aretha era uma ocorrência frequente — disse Wexler. — Ruth Bowen, ou o irmão dela, Cecil, me ligava e dizia: "Ela precisa se afastar. Pode levar um tempo". Ninguém usava o termo "colapso nervoso", mas nós sabíamos.

— Às vezes, ela me ligava — falou Erma —, ou ligava para Carolyn. Ela falava em se afastar de tudo. Ela dizia que estava indo rápido demais, que as exigências eram intensas demais, que havia gente demais puxando-a para direções que eram diferentes demais. Houve vezes em que Carolyn e eu simplesmente nos sentávamos com ela. Cecil, é claro, fazia o mesmo. "Por favor, não conte ao papai o que está acontecendo comigo", ela me dizia. "Ele não precisa saber". Mas é claro que ele sabia. Ele sabia mais que qualquer um. Ele sabia que, apesar da vontade dela de continuar gravando e fazendo shows e aumentando o status de estrela, por dentro ela era uma bagunça. Ela tinha medos enormes que não estava disposta a encarar ou sequer nomear. Mas, quando esses medos se tornavam grandes demais, ela desabava. Cecil a colocava em um hospital em algum lugar remoto em Connecticut para que a imprensa não descobrisse. Cecil chamava de "exaustão nervosa". Ela descansava, renovava as forças e voltava. Esse padrão continuou por anos.

Quando perguntei a Carolyn quais exatamente eram os medos de Aretha, ela disse:

— Acho que ela estava basicamente com medo de não ser boa o bastante. Sei que parece loucura, mas ela tinha medo de não ser uma cantora boa o bastante, ou uma mulher bonita o bastante, ou uma mãe devotada o bastante. Não sei como chamar, exceto de uma profunda insegurança. Os psicanalistas poderiam ter determinado a fonte da insegurança se ela tivesse feito terapia, mas esse não é o estilo dela. Seu estilo era beber para aliviar a ansiedade ou, quando isso parasse de funcionar, desaparecer por um tempo, encontrar seu rumo e voltar ao palco e usar a coroa da diva impenetrável.

De fato, ela voltou ao palco naquele verão, quando tocou no Festival de Jazz de Antibes, na Riviera Francesa. Nele também tocaram Archie Shepp, Grant Green, Erroll Garner, Lionel Hampton, Clara Ward Singers e Stan Getz.

— Fiquei sabendo que ela olhava para Clara Ward da mesma forma que eu olhava para Lester Young — adicionou Getz. — Clara era a original. Clara era o modelo. E Clara era fantástica, uma cantora gospel inspirada que sabia entreter. Mas Aretha foi muito mais fundo. Ela gritava com uma dor que era quase intensa demais para se imaginar. Eu ficava profundamente comovido e artisticamente inspirado. Mas eu tinha medo por ela. Aretha estava canalizando mais emoção do que qualquer ser humano poderia suportar. Lembro que me aproximei dela apenas para agradecer. O irmão dela era fã de jazz e sabia quem eu era. Aretha também conhecia meu trabalho. Ela disse algo tipo, "Ah, sim, sr. Getz, eu gosto de suas gravações", e então desviou o olhar. Ela não conseguia me olhar nos olhos. Não queria permitir nenhuma conversa. Estava perturbada demais para lidar comigo, um estranho ansioso para oferecer palavras de conforto e incentivo.

De volta aos Estados Unidos em meados de agosto, Aretha apareceu nos estúdios da Atlantic, em Nova York, pronta para gravar.

— Eram só covers — disse Wexler —, mas o que me fascinou foram quais covers viraram sucessos e quais não. Ela cantou "Border Song (Holy Moses)" de Elton John e Bernie Taupin com grande paixão, e a música era boa, mas definhou nas paradas de R&B e nem chegou às paradas pop. Isso é significativo porque nossa estratégia de vendas com Aretha nunca mudou. Era a mesma estratégia de vendas que existia com artistas negros havia décadas. Eles aparecem nas paradas de R&B e então esperamos que o sucesso passe para as paradas do público branco, as paradas pop. Mas público de R&B não se identificou com a letra opaca de "Border Song". Os hippies gostavam de histórias ambíguas com imagens desconexas, mas os principais fãs de Aretha não. Por outro lado, esses fãs gostaram de "Bridge Over Troubled Water" de Paul Simon, que pode ser lido como gospel puro. É um hino magnífico, uma canção de esperança e redenção, o tipo de mensagem que Aretha e seu público adoram. Ele disparou para o número 1 nas paradas de R&B antes de chegar ao Top 10 do pop.

Após as sessões de gravação, Aretha viajou para a Califórnia para cumprir diversas obrigações profissionais. Começaram os indícios de seu medo de voar, uma fobia que se desenvolveria na década seguinte.

Em setembro de 1970, a *Jet* relatou: "*A rainha do soul Aretha Franklin e a viagem de trem por todo o país que ela fez com seu caloroso amigo Ken Cunningham*". O artigo falava da turnê pela Europa, onde "os gritos exigindo sua aparição estavam quase ensurdecedores". Também relatou que, por causa da apreensão de Aretha em voar, ela estava pegando o trem de Nova York para Hollywood para uma próxima aparição na TV. "A viagem lenta vai ser meio romântica", disse Aretha.

Em outubro ela gravou em *This is Tom Jones!*, programa de variedades da televisão em Los Angeles, e foi brilhante. Aretha aparece saudável, vibrante e feliz. Na primeira sequência, usa um turbante prateado brilhante e, com confiança feroz e desembaraço sutil, arrasa cantando "Say a Little Prayer". A partir de então, divide as funções com Tom, obviamente inspirado e em sua melhor performance. A segunda sequência tem Aretha usando um turbante africano preto e dourado enquanto faz uma deliciosa releitura de "It's Not Unusual" de Tom, mais uma demonstração de sua rara habilidade de transformar o superficial em profundo. Juntos, ela, Tom e uma gangue de dançarinos arrasam em "See Saw" e encontram o coração pulsante de "Spirit in the Dark". Na terceira sequência, sentada ao piano (sem enfeite na cabeça desta vez, apenas o cabelo afro com um penteado perfeito), Aretha canta "The Party's Over" com requintada moderação e bom gosto infalível. Tom tem dificuldade em mudar do soul para o jazz puro, mas Aretha mostra o caminho.

— O show foi incrível — disse Ruth Bowen — e eu a parabenizei pelo sucesso, mas não podia permitir que ela ficasse na Califórnia. Ela queria ficar e passear ao ar livre. Aretha gosta da preguiça. Mas eu não ia cancelar o evento que programei em Nova York. O Philharmonic Hall estava esgotado. Nem consigo dizer quantos shows em Nova York ela já tinha cancelado. Eu não podia passar por isso de novo. Mas ela ficava adiando a viagem de volta até não dar mais tempo de pegar o trem. Então, pedi a Cecil, Erma e Carolyn que voassem para Los Angeles e voltassem com ela para Nova York. Foi assim que Erma e Carolyn acabaram cantando com Aretha naquela noite.

— Erma abriu o show — lembrou-se Carolyn — e continuou com "Little Piece of My Heart". Depois, eu cantei "Chain Reaction". Nós duas tínhamos quinze ou vinte minutos cada, e ficamos gratas pela chance. Tínhamos ajudado Ree a superar alguns meses bem difíceis, e agora ela estava nos ajudando a conseguir a exposição que nós duas buscávamos. Ela também tinha dançarinos e percursionistas da escola Olatunji. Quando ela saiu depois do intervalo, havia uma orquestra sinfônica, uma banda de jazz com dezoito membros, e as meninas do Sweet Inspirations atrás dela. Está entre uma de suas melhores performances. Não muitas semanas antes, ela havia sofrido um colapso nervoso, mas lá estava ela, comandando o palco e emocionando o público. Percebi que, de fato, a verdadeira cura de Aretha acontece quando ela canta. É nesse momento que ela é capaz de expurgar seus demônios, encontrar seu equilíbrio e se conectar com o poder criativo de um Deus amoroso.

Em novembro, Aretha e Wexler voltaram aos estúdios da Atlantic em Nova York, onde ela gravou duas canções. A primeira, "Oh Me Oh My (I'm a Fool for You Baby)", seria lançada no verso do single "Rock Steady" um ano depois. A segunda, "Young, Gifted and Black" estaria em seu álbum de 1972, que levou o mesmo nome.

— Wexler me convidou para tocar órgão naquele dia — disse Billy Preston. — Naturalmente, fiquei honrado. Eu conhecia Aretha desde sempre. Nós íamos à igreja juntos. Éramos estudiosos de James Cleveland e feitos no mesmo molde musical. Amo essa mulher. Eu me lembro de ter me sentido da mesma maneira quando toquei com Ray Charles. A carga elétrica era quase forte demais para aguentar. Também me lembro que ela e Jerry Wexler estavam discutindo se ela deveria cantar "Young, Gifted and Black". Wexler estava tentando ser diplomático. Ele disse que Nina Simone não apenas a escreveu, mas também acertou tão em cheio que talvez Aretha devesse deixar essa música pra lá. Wexler contou a Aretha que Ray Charles havia dito que nunca cantaria "The Christmas Song (Chestnuts Roasting on an Open Fire)" porque Nat Cole a cantou perfeitamente. Enquanto essa discussão estava acontecendo, fiquei quieto. Eu estava lá como acompanhante. Mas quando Aretha se voltou para mim e disse: "O que você acha, Billy?", tive que dizer: "Acho que você vai arrasar, Ree. Acho que vai fazê-los esquecer de Nina". E foi isso o que ela fez.

Após a sessão, Aretha voou para Las Vegas, onde, segundo a *Jet*, Sammy Davis Jr. havia prometido ao International Hotel que, se ela não aparecesse, ele se apresentaria no lugar dela.

— Sammy era um cliente e um amigo querido — disse Ruth Bowen. — Ele fez esta garantia para Aretha como um favor para mim. Sammy também teve alguns colapsos emocionais, então ele tem uma sensibilidade especial com artistas frágeis. Além disso, considerando as dezenas de cancelamentos que marcaram a história de Aretha, essa foi a única maneira de conseguir que o Internacional a agendasse por duas semanas.

Ao abordar os rumores de um colapso nervoso, Aretha disse à *Jet*: "Eu estava toda ferrada." O artigo diz: "Hoje, aparentemente à vontade com o mundo, ela credita seu triunfo sobre suas 'dificuldades' a um médico e 'leitor de mentes' de Detroit que, afirma ela, 'me endireitou'. Hoje, quando mencionam o assunto para Aretha, ela confidencia: 'Estou bem agora. Tudo está ótimo'. E ela acrescenta, 'Eu quero começar a atuar. E não estou falando de atuar em musicais. Estou falando de atuação dramática'."

Um mês depois, na edição de 3 de dezembro, a *Jet* a pegou em um estado de espírito político bem incomum.

— Houve um período em que, como muitos de nós, ela expressou certa militância — disse Cecil. — Viemos de um contexto político altamente carregado e fomos criados por um pai que não tem medo de falar o que pensa. E embora não fosse nada que o público geral quisesse ouvir, Aretha não estava disposta a se conter. E por que deveria?

A manchete da *Jet* diz: "Aretha diz que pagará a fiança de Angela se tiver a oportunidade... A rainha do soul Aretha Franklin diz que está pronta para pagar a fiança de Angela Davis, 'quer seja 100 mil ou 250 mil dólares', se o tribunal permitir". O artigo afirma que Angela Davis,

26, a ex-professora de filosofia da UCLA, estava detida em Nova York sem fiança, aguardando extradição para San Rafael, Califórnia, onde enfrentava acusações de sequestro e conspiração, em conexão com uma tentativa de fuga no tribunal que custou quatro vidas.

— Meu pai diz que não sei o que estou fazendo — disse Aretha à *Jet*. — Bem, eu o respeito, é claro, mas vou manter minhas crenças. Angela Davis deve ser libertada. Os negros serão livres... Sei que, quando você não consegue paz, tem que perturbar a paz. A prisão é um inferno. Vou libertá-la se houver alguma justiça em nossos tribunais, não porque acredito no comunismo, mas porque ela é uma mulher negra e quer liberdade para os negros. Eu tenho o dinheiro; consegui esse dinheiro graças aos negros – eles me apoiaram financeiramente e hoje tenho boas condições – e quero usá-lo de maneiras que ajudem nosso povo.

Duas semanas depois, a *Jet* relatou que "Franklin e sua família estão formando uma fundação de caridade que receberá os fundos de 'pelo menos cinco shows por ano'. Aretha disse que quer que o dinheiro seja usado principalmente para ajudar mães carentes".

— Eu incentivei as posições políticas da minha irmã — afirmou Cecil. — Acho que a ajudaram. Quando estava engajada politicamente, ela recuperou um senso mais forte de si mesma. O envolvimento político a fazia tirar o foco de si mesma e de seus problemas pessoais. Ela não pensava em si mesma. Quando sua fragilidade emocional estava no auge, eu costumava entregar a ela um artigo sobre o que estava acontecendo na política – apenas para trazê-la de volta à Terra. Alguns dizem que sua música "Spirit in the Dark" falava de sexo. Alguns dizem que falava de Deus. Mas também havia um poderoso espírito político que varreu o país no início dos anos 1970. Aretha fazia parte desse espírito. Ela contribuiu para isso e, de muitas maneiras, deu voz a ele.

18
O BOM REVERENDO

No final de janeiro, Aretha esteve em Nova York, na Atlantic Studios, onde gravou "First Snow In Kokomo", certamente sua composição mais abstrata. É a única música dela escrita com base no ritmo. Não há nenhuma batida. Aretha me explicou que Kokomo, em Indiana, era o lar da mãe de Ken Cunningham, uma mulher que ela adorava. Ela tinha ido lá com Ken em uma visita à família e ficou reflexiva, descrevendo como Cunningham e seus amigos artistas do New Breeder estavam curtindo e tocando música. Um casal que esperava um bebê apareceu. O clima estava calmo. Por alguns dias felizes, Aretha encontrou uma maneira de descansar. Sem turnês, sem gravações, sem demandas de carreira.

— Em certos momentos durante seu relacionamento com Ken, ela enfim conseguiu relaxar — falou Carolyn. — De muitas maneiras, esse relacionamento foi uma cura. Você ouve "Kokomo" e começa a entender o tipo de vida que, de tempos em tempos, Aretha desejava – uma vida de felicidade doméstica. Quando ela tocou a música para mim no estúdio, fiquei triste, sabendo que, devido ao seu talento e à sua ambição, aquele tipo de vida calma e fácil provavelmente nunca aconteceria. Ao mesmo tempo, foi um momento lindo em que ela expôs uma Aretha completamente descontraída. É Aretha como espectadora da vida, em vez de Aretha no centro da ação. Erma e eu fizemos os vocais de apoio da música e ficamos muito emocionadas. A música nos mostrou que Aretha tinha o coração tranquilo de um poeta. Era uma declaração muito simples, mas também muito comovente. No entanto, acabou sendo algo saído de um conto de fadas.

— A música ressoou de verdade em mim porque veio em um momento em que eu estava no final do meu próprio conto de fadas — disse Erma. — O meu era ter uma grande carreira e me tornar uma grande estrela. Na verdade, construí uma pequena carreira e era uma estrela menor. Em 1971, senti que era hora de acordar para a realidade. Eu adorava cantar. Adorava o show business. Adorava os discos que eu tinha feito. Mas não conseguia me manter como artista. Não conseguia mais ganhar a vida. Decidi deixar Nova York, voltar para Detroit e criar meus filhos. Eu precisava de um emprego normal com um salário fixo e benefícios. Encontrei esse emprego em Boysville, uma agência maravilhosa de cuidados infantis e a maior de Michigan, onde trabalhei como desenvolvedora de programas e arrecadadora de fundos. Comprei uma casa no noroeste de Detroit e fui abençoada quando minha filha Sabrina, na época adolescente, foi morar comigo. Encontrei muita felicidade doméstica que não tive por anos. Para mim, esse é o tema de "First Snow in Kokomo" – o sonho da felicidade doméstica.

— Como uma mulher solteira sem filhos — iniciou Carolyn —, eu estava em uma posição muito diferente da de Erma. Minha intenção era continuar a seguir minha carreira, tanto como artista quanto como escritora. Eu ainda tinha meu contrato com a RCA e planejava não apenas compor a maioria das músicas do meu próximo álbum, mas também produzi-lo. Odiava como Aretha nunca recebeu crédito por ser sua própria produtora de pleno direito na Atlantic. Decidi que isso não aconteceria comigo.

— Aretha surgiu nos anos 1960, quando os produtores dominavam — disse Ruth Bowen. — Os artistas tinham dívida com o produtor. Wexler conduzia sua operação com mão de ferro. Ele não estava disposto a abrir mão de seu dinheiro como produtor para um artista. Veja a Motown. Os produtores estavam no controle. Os artistas eram peças intercambiáveis. As coisas só começaram a mudar quando Marvin Gaye se rebelou contra o sistema e produziu seu próprio disco *What's Going On*. Mas isso aconteceu apenas em 1971.

— Comecei a incentivar que Aretha tivesse crédito como produtora na época de "Spirit in the Dark" — falou Cecil. — Todos sabiam que ela era o elemento-chave na composição desses discos. Mas se você olhar os álbuns, verá os nomes de Jerry Wexler, Tommy Dowd e Arif Mardin como produtores. Sim, Jerry era o homem no comando. Sim, Tommy era um grande engenheiro e Arif um grande arranjador. Mas Aretha tinha a grande visão de como o som das músicas deveria ser. Os arranjos, tanto instrumentais quanto vocais, estavam todos na cabeça dela. Era ela quem fornecia as harmonias, fornecia os ritmos, tinha a vibração musical que tornava seus discos diferentes. Mas Aretha não queria questionar. Estava ganhando muito dinheiro com esse time. Estava lançando sucesso após sucesso, e estava com medo de estragar tudo. Percebeu que já tinha problemas suficientes sem criar problemas com sua gravadora. Ela não era uma pessoa feliz.

— As emoções intensas que são uma parte essencial do show business não promovem a felicidade pessoal — afirmou Ruth Bowen. — A maioria dos artistas é muito incentivada, por adulação ou riqueza, a manter os pés firmes no chão. Aretha não é exceção. Embora estivesse profundamente apaixonada por Ken Cunningham, ela não havia terminado o relacionamento com Dennis Edwards. Isso complicou muito as coisas. Mas ainda mais exigente do que seus desejos românticos era sua carreira. A carreira dela queria atenção e conseguiu. E, acredite, ela amava a carreira tanto quanto a carreira a amava. Na minha opinião, esse era o relacionamento essencial dela.

No âmbito musical, Wexler conseguiu convencê-la a ir para a Flórida. Em 16 de fevereiro, Aretha apareceu nos estúdios Criteria em Miami junto com suas irmãs e sua prima Brenda. Também trouxera três composições originais.

— Fazia algum tempo que Aretha havia escrito a base de "Day Dreaming" — relatou Carolyn —, e quando ouvi pela primeira vez, sabia que era potente. Tratava de Dennis Edwards e uma famosa viagem de limusine que os dois fizeram juntos de Saratoga Springs a Nova York com champanhe à vontade e cortinas fechadas. É uma música de amor profundo com um ritmo suave e sedoso e gostoso. Ree levou a mim, a Erma e Brenda para Miami para cantar com ela. Estávamos todas empolgadas. Era um sucesso garantido.

— Foi um dia maravilhoso — disse Erma. — Na mesma sessão, Aretha gravou seu "Rock Steady". Jerry Wexler teve o bom senso de trazer Donny Hathaway. Ele era um rapaz extremamente tímido, mas, cara, quando ele tocou aquela abertura no órgão, nós disparamos. Aquela abertura definiu a música. Aretha arrasou no vocal. Sabíamos que era um clássico instantâneo.

— O terceiro original que Aretha escreveu para aquela sessão foi "All the King's Horses" — contou Cecil. — Se "Day Dreaming" era o lado positivo da amizade de Aretha com Dennis Edwards, "King's Horses" era o lado negativo. Como ela disse, todos os cavalos do rei e todos os homens do rei não conseguiram unir os corações deles outra vez. Eu estava tentando dizer a ela que Dennis dificilmente era um defensor ferrenho da monogamia, mas Aretha teve que aprender isso sozinha. Mas tudo bem, ela conseguiu algumas boas músicas desse relacionamento. E em "King's Men" ela mudou para celesta, um instrumento que deu à canção um sentimento triste e solitário.

Quando lançadas, em 1972, "Rock Steady" e "Day Dreaming" estavam entre os dez maiores sucessos nas paradas de R&B e pop. "All the King's Horses" alcançou o sétimo lugar nas paradas de R&B.

Um mês depois, Aretha estava na Califórnia. Wexler a convenceu a gravar um álbum ao vivo durante três noites no Bill Graham's Fillmore West em San Francisco, um dos principais palácios da cultura hippie do final dos anos 1960 e início dos anos 1970. Fazer isso acontecer não foi fácil. O primeiro obstáculo foi o dinheiro.

— Aretha ganhava de 40 a 50 mil dólares por show — contou Ruth Bowen — e Graham não pagaria nem perto disso. O clube não tinha esses recursos. Nem Aretha nem eu estávamos dispostas a ceder.

— Entrei na discussão e disse que a Atlantic pagaria a diferença — disse Wexler. — Financiaríamos. Essa é a importância que dei ao projeto.

O próximo problema era a própria Aretha, que não estava apaixonada pela multidão da cultura alternativa.

— Ela estava com medo de não pertencer àquele lugar — falou Wexler. — Ela via os hippies como devotos de bandas como Jefferson Airplane e Grateful Dead. Tinha medo de que eles não entendessem ou se identificassem com ela. Afinal, ela vinha do gospel e do R&B. Ela via os hippies como diferentes dela. Mas eu gostei do local – Bill Graham era um amigo – e vi ali uma chance de ampliar o mercado dela. Os hippies adoravam o blues. Graham contratou B.B. King e Buddy Guy e não vi motivo para Aretha não ser absolutamente sensacional naquele cenário.

— Já fiz um milhão de shows — disse Billy Preston, organista dela naquelas noites. — Já toquei em um milhão de igrejas, um milhão de bares pé-sujo, um milhão de casas noturnas e um milhão de salões de concerto. Mas nunca tive a mesma sensação de quando toquei com Aretha no Fillmore. Não que os hippies simplesmente gostassem dela. Eles enlouqueceram. Completamente. Os hippies piraram pra caralho. Fãs dizem que o *Live at the Regal*, de B.B. King, o *Ray Charles In Person*, ou o *Live at the Apollo*, de James Brown, são os melhores álbuns ao vivo de todos os tempos. E, sem dúvida, eles são ótimos. Mas, cara, eu estava lá com Aretha no Fillmore. Vi o que ela fez. E tenho orgulho de dizer que a ajudei a fazer isso. O que ela fez entrou para a história.

— Agradeça a King Curtis — afirmou Wexler. — Quando ela chegou ao Fillmore, os Kingpins estavam mais que prontos. O que Basie era para o jazz, King era para o R&B. A banda dele estava preparadíssima, uma unidade que incluía as trompas de Memphis, um instrumental de Billy no órgão, Cornell Dupree na guitarra, Jerry Jemmott no baixo, Bernard Pretty Purdie na bateria, e Pancho Morales nas congas. Sugeri que, além de seu repertório de sucessos, Aretha adicionasse "Love the One You're With", um sucesso de Stephen Stills, e "Make It With You", um sucesso do Bread. Ela arrasou nos dois.

— O destaque, é claro — disse Billy Preston —, aconteceu quando ela deixou o palco para chamar Ray Charles, que estava sentado em algum lugar no fundo do clube. Conheço Ray muito bem. Sei como ele odeia tocar assim de repente. Esse não é o estilo dele. Mas nem Ray poderia recusar à rainha. Isso aconteceu na nossa última noite. Era um domingo.

— Raramente saio para ouvir alguém — Ray me contou. — Mas aconteceu de eu estar em San Francisco naquela noite, quando minha amiga Ruth Bowen ligou para dizer que Aretha estava se apresentando na cidade e que eu deveria ir lá ver. Tem muitas cantoras que eu adoro - eu adoro Gladys Knight, adoro Mavis Staples -, mas Aretha é meu coração. E, para ajudar, Aretha é o nome da minha mãe. De qualquer forma, eu amo Ruth e amo Aretha, e imaginei que pediria para meu segurança encontrar uma mesa nos fundos, daí eu entraria, ouviria um set e sairia. Quando cheguei lá, encontrei justamente meu velho amigo Jerry Wexler. Ele me disse que estavam gravando um álbum naquela noite. "Ray", disse ele, "quer cantar uma música com ela?". "Acho que não, Jer. Hoje não. Além disso, não conheço o material dela." "O material dela é o seu material, Ray." "Só vim para ouvir", falei, "não para cantar". Então Jerry me deixou em paz e eu estava apenas apreciando o show. Desculpe meu linguajar, mas tenho que dizer que a mulher estava botando fogo em tudo. Ela estava com tudo! Ela fez uma versão de "Dr. Feelgood" cem vezes melhor que a gravação. Ela transformou a coisa em gospel. Eu estava todo feliz quando, de repente, ela apareceu na minha mesa gritando para todos: "Olha quem descobri! Eu descobri Ray Charles!". Essa era uma frase que Flip Wilson estava usando em seu programa de TV quando Cristóvão Colombo vinha para a América, onde ele dizia a todos que tinha descoberto Ray Charles. Quando me dei conta, ela tinha me pegado pela mão e estava me levando para o palco. O que eu poderia fazer? Aquela era Aretha Franklin, querido. Ela me sentou em seu piano elétrico e me fez tocar seu "Spirit in the Dark". Nunca tinha tocado antes. Não conhecia a letra. Mas o espírito de Aretha estava me comovendo e dei um jeito. Ela me fez tocar um longo solo de piano elétrico. Alguns meses depois, Wexler ligou e disse que queria gravar meu dueto com ela. Eu tinha errado tanto a letra que tive de usar isso como argumento. Mas então Aretha me ligou e implorou, e enfim falei: "Ah, vamos lá". Olhando para trás, vejo que era a história sendo feita. Aretha e eu fizemos alguns comerciais da Coca-Cola juntos, e ficaram ótimos, mas em termos de discos reais, esse é o único. No final, ela me chama de "The Right Reverend Ray" [O Bom Reverendo Ray], um apelido que tenho orgulho em dizer que pegou.

— Lembro que discutiram como ela deveria encerrar o show — disse Cecil. — Aretha queria tocar "Reach Out and Touch (Somebody's Hand)", a canção de Ashford e Simpson que Diana Ross tinha transformado em um megassucesso. Wexler achou que poderia ser brega para os hippies. Mas Aretha argumentou que era perfeita porque os hippies amavam dar as mãos e se amar. Se você ouvir a gravação, verá como ela a transformou em um hino.

— Estávamos todos chorando — disse Brenda Corbett, a prima de Aretha que era membro do trio vocal Sweethearts of Soul. — Foi um daqueles momentos em que você pensava, apesar do que estava acontecendo no mundo, que a paz e o amor podiam mesmo prevalecer. Das centenas de apresentações que fiz com Aretha, essa provavelmente foi a mais animadora.

— Vi que foi um divisor de águas — afirmou Wexler. — A multidão em Fillmore não só estava emocionalmente conectada com Aretha, mas se provou ser musicalmente sofisticada. Eles estavam muito ligados em cada refrão tocado por King Curtis, Billy Preston e Ray Charles. Eles seguiram cada nuance vocal de Aretha. Se ela tivesse deixado, eles a teriam carregado para fora do palco e a erguido nos ombros como uma rainha vitoriosa.

Antes de ir embora, Wexler encontrou um repórter que perguntou do problema de Aretha com a bebida.

— Isso me irritou — contou Wexler. — Ela havia acabado de fazer a apresentação de sua vida. Estava no auge de seus poderes artísticos. E tudo o que esse idiota queria saber era se ela bebia. Bem, quem se importa, porra? Todo mundo no Fillmore estava bêbado naquela noite, incluindo eu. Só um idiota para não estar bêbado. Não importa se Aretha estava um pouquinho tonta. Ela cantou pra caralho e só isso importa.

Wexler se descreve como o maior defensor de Aretha, mas o artigo da *Jet* o coloca como alguém que queria controlar as atividades não musicais dela: a revista escreveu que "o mandachuva da Atlantic Records mexeu os pauzinhos de forma implacável nos bastidores para colocar, de forma silenciosa mas rápida, um ponto final nos planos anunciados publicamente pela rainha do soul Aretha Franklin de fazer um show beneficente em Los Angeles para a ativista negra presa Angela Davis. Como resultado, a apresentação da srta. Franklin em benefício da srta. Davis não acontecerá".

— Uma mentira do caralho — disse Wexler. — Aretha e eu temos a mesma visão política. Nós dois somos democratas liberais apaixonados. Podemos ter tido causas esquerdistas diferentes, mas nem em um milhão de anos Ahmet e eu sequer tentaríamos suprimir o ponto de vista dela.

Aretha apoiou Wexler, como indicado em um artigo seguinte na *Jet* em 27 de maio: "Aretha nega ter recebido ordens para não se apresentar em prol de Angela Davis: a rainha do soul Aretha Franklin contou à *Jet* que está irritada com as notícias de que oficiais na Atlantic Records (sua gravadora) minaram os planos dela de fazer uma apresentação em prol de Angela Davis". Aretha insistiu que "nem a Atlantic nem ninguém dita o que ela pode ou não pode fazer. Ela explicou que o evento foi cancelado devido a uma confusão com as datas para o show dela na UCLA".

— Aretha sempre saía e marcava shows beneficentes sem me consultar — disse Ruth Bowen. — Eu e Cecil ficávamos doidos com os eventos beneficentes que ela marcava a torto e a direito. As intenções dela eram boas. Ela tem um coração enorme e uma paixão por altruísmo genuíno, mas quando se trata de logística, ela não sabe nada. Tecnicamente, tínhamos combinado que ela deixaria a parte organizacional de sua vida profissional para o irmão e para mim, mas pelo menos uma vez por mês eu recebia a ligação de algum líder de organização política ou de caridade me dizendo que Aretha havia concordado em se apresentar de graça. Inevitavelmente, ela escolhera uma data que eu já tinha marcado em outro lugar. O resultado era uma confusão imensa. E eu que tinha que arrumar. Eu geralmente conseguia, mas nem sempre. Há alguns promotores e líderes de organizações sem fins lucrativos que morrerão com ódio de mim.

Naquele verão, ela se juntou a Stevie Wonder, que havia acabado de fazer 21 anos e lançara seu primeiro álbum autoproduzido, *Where I'm Coming From*, em um evento beneficente na Fisk University em Nashville. Aretha dissera a Stevie o quanto tinha gostado da canção de sucesso que ele compusera para os Spinners, "It's a Shame", e queria saber quando ele escreveria uma canção para ela. Stevie disse que já tinha escrito. Aretha só gravaria a música, que Stevie já havia gravado – "Until You Come Back to Me (That's What I'm Gonna Do)" –, dois anos depois.

Em maio, ela tocou no Apollo, onde, de acordo com a *Billboard*, ela fez uma apresentação comovente apesar de sua tendência de baratear seus shows com efeitos bregas. O avaliador Ian Dove escreveu: "Ela levou o faturamento às alturas. Aretha no Apollo - a mulher natural no cenário natural". Lá estava a coesão de juntar a cantora, o público e a canção, um público que emprestou profundidade ao "Dr. Feelgood" dela se juntando na letra com conhecimento e bom gosto, como as boas canções gospel.

"Aretha tinha a banda de metais de King Curtis, seu próprio refrão, e isso já era suficiente: não era necessário enfeitar a noite com cenários, cortinas que desciam e subiam por toda parte e dançarinos. A voz de ferro e controle de Aretha dominaram tudo. Ela estava em casa."

— Aretha pensava que tinha a capacidade de organizar seus shows em termos de dançarinos e cenários — contou Ruth Bowen. — Eu dizia que ela precisava de ajuda. Mas ela tinha pouca paciência com meus argumentos. Então entreguei a questão para Cecil.

— Parei de argumentar com Ree sobre os shows — disse Cecil. — Nem valia a pena. As pessoas iam para vê-la cantar. Se ela exagerava nas coisas do palco, bem, ninguém se importava. Mesma coisa com os vestidos elaborados que ela começou a usar no início dos anos 1970. Alguns fãs reclamavam que eram exagerados e não refletiam uma imagem de bom gosto. Bem, Aretha tinha seu próprio gosto para roupas, refinado ou não. Pelo que eu saiba, era o gosto musical dela que atraía as multidões. Não era a iluminação do palco, não eram os chapéus ou a plumagem dela, era a voz dela que dava arrepios e os fazia gritar pedindo bis - a voz dela e nada mais.

A voz de Aretha ainda era muito procurada na Europa, para onde ela voltou em junho. Sua apresentação em Montreux, na Suíça, foi um triunfo.

— Aquela era Aretha em sua glória absoluta — disse Claude Nobbs, fundador e diretor do Festival de Jazz de Montreux. — Tentar marcar a data foi um inferno. Ela deve ter cancelado umas quatro vezes. Mas eu estava determinado. Eu voltava e implorava. Então ela fazia outra exigência – um camarim maior, uma suíte a mais – e eu cedia todas as vezes. Enviei flores, doces e chocolates. Aretha disse que foram os chocolates que conquistaram seu coração. Ela concordou em ir! Eu tinha medo que ela chegasse com aquela orquestra horrível que tinha tocado com ela na Europa. Quando soube que traria King Curtis e os Kingpins, chorei de alegria. Cornell Dupree estava na guitarra. Nós a tratamos como realeza e Aretha ficou tão grata que perguntou se eu tinha algum pedido. Eu tinha. "Toque piano, Aretha. Por favor, toque piano quantas vezes quiser. Colocarei o melhor Steinway Grand do mundo no palco só para você. Toque. Fique lá. E me faça o favor de tocar piano a noite toda! Veja bem, rainha Aretha, acho que você é a pianista mais descolada que existe. Adoro o seu jeito de cantar, mas também adoro o seu jeito de tocar piano!". Ela riu e disse que sim, tocaria. E tocou. Se você analisar as músicas (que eu gravei), tem muito som de piano. É esplêndido. As faixas "Dr. Feelgood" e "Spirit in the Dark" são magistrais. Isso aconteceu quando o festival estava comemorando seu sexto ano. Tínhamos trazido todo mundo, de Bill Evans a Duke Ellington e Carlos Santana. Mas Aretha foi o destaque.

Mas, na Itália, ela teve problemas. A *Jet* contou a história em sua edição de 15 de julho: "A rainha do soul se irrita com tratamento dado por policiais italianos". Irritada com um incidente no aeroporto de Roma, Aretha prometeu convocar um grupo de homens negros que começariam, em suas palavras, "a lidar com a forma como a mulher negra especificamente e os negros em geral são tratados em todo o mundo".

— Chamarei Muhammad Ali, o reverendo Jesse Jackson, Huey Newton, Charles Diggs e nós vamos fazer uma reunião e bolar um plano — disse Aretha depois de descrever ter sido empurrada por policiais romanos sem motivo aparente. Após uma briga com a polícia, Aretha e dois de seus filhos - Clarence e Eddie - foram interrogados por quatro horas antes de serem liberados. — O único motivo de terem feito isso — acrescentou ela — foi porque tive que cancelar meu último show em Roma, mas fiz uma série de nove apresentações e estava cansada.

A confusão seguinte aconteceu na África do Sul. Ruth Bowen estava no meio da polêmica fazendo o possível para proteger sua cliente. Na edição de 29 de julho, a *Jet* relatou que Aretha tinha cancelado sua próxima viagem à África do Sul. Ruth Bowen disse à revista que a turnê seria remarcada, apesar das críticas do American Committee on Africa (ACA), divisão de Chicago. O ACA havia repreendido Aretha por concordar em tocar em Soweto. Bowen afirmou, porém, que o adiamento da turnê nada teve a ver com essas críticas.

— Temos outras datas nos Estados Unidos para cumprir primeiro — informou ela. — Não somos políticos. Aquele comitê, chefiado por um homem branco, me ligou. Falei que sou negra e que ele me explicasse por que uma cantora negra não pode cantar para pessoas negras. Nós vamos tocar apenas para negros. Eles querem, e é isso o que estamos indo lá fazer. Sou contra artistas negros indo até lá tocar para plateias negras e depois brancas. Eu condenaria qualquer um dos meus artistas que fizesse isso. Mas não vamos negar aos nossos irmãos negros de lá a chance de ver o show.

— A viagem nunca aconteceu — disse Cecil. — Foi atrapalhada por política e confusão. Levamos pancadas da esquerda e da direita, e por motivo nenhum. A esquerda não podia ter problemas com Aretha. Os Franklin sempre foram uma família que amava a liberdade e não tinha tolerava preconceito de qualquer tipo. Aretha jamais se envolveria com um regime racista em qualquer país. Nossa missão na África do Sul era destacar a falência moral do apartheid, não incentivá-la. A direita não podia alegar que tínhamos concordado em entreter plateias totalmente brancas porque nada pode estar mais distante da verdade. No fim das contas, extremistas dos dois lados poluíram as águas, e a África do Sul não teve a chance de ver uma de suas rainhas.

Em 13 de agosto de 1971, aconteceu uma tragédia. O diretor musical de Aretha, King Curtis, foi assassinado nas ruas de Nova York.

— Quando recebi a ligação, fiquei pasmo — disse Wexler. — Não conseguia falar. Não conseguia me mexer. Não sabia o que fazer. Não sabia como entender porque tinha acontecido de repente. King estava indo para casa, para o prédio onde morava na West 68th Street. Ele estava no auge - um homem saudável, um homem vibrante, um artista fabuloso, um cara legal. Dois viciados estavam sentados na escada, injetando e agindo como loucos. King disse a eles para saírem. Eles mandaram King ir se foder. King tentou avançar, mas um dos viciados o atingiu primeiro, esfaqueando-o. A faca atravessou o coração dele. A vida dele acabou.

— Foi uma perda devastadora — afirmou Cecil. — King Curtis foi o melhor regente que Ree conhecera. Ele era rápido em entender as notas e dicas dela. Ele era um músico incrível, tanto no estúdio quanto no palco. Ele deu a ela aquele estalo que todo grande cantor de ritmo precisa ter.

"Nunca esquecerei o funeral. Meu pai veio de Detroit para conduzir a cerimônia. Jesse Jackson discursou. Todo mundo estava lá - de Brook Benton aos Isley Brothers, de Steve Wonder a Dizzy Gillespie. A banda de Curtis, os Kingpins, tocou 'Soul Serenade'. Quando Aretha cantou 'Never Grow Old', todo mundo chorou.

"O fato de King ter sido morto a sangue frio tornou tudo ainda mais chocante e trágico. Como tantas pessoas, Aretha tinha medo de violência repentina, e a morte de Curtis aumentou esse medo cem vezes."

Bernard Purdie, o grande baterista que vinha gravando e estava em turnê com Aretha por anos, assumiu o trabalho de King.

— Ele era o nosso líder — Purdie me contou — e foi uma época muito, muito triste. E a parte mais estranha é que Aretha nem queria que o nome dele fosse mencionado. Era como se ela não conseguisse aguentar a tristeza. Se alguém dissesse algo sobre King, ela entrava em sua concha. Eu entendia. Ela não conseguia aguentar. Quando Aretha estava por perto, era melhor fingir que nada tinha acontecido.

No verão de 1971, a versão de Aretha de "Spanish Harlem", escrita por Jerry Leiber e Phil Spector, disparou nas paradas e provou ser um de seus maiores sucessos, superando a versão original de Ben E. King, gravada dez anos antes. Ao mesmo tempo, a Atlantic emplacou outro sucesso, o cover que Donny Hathaway e Roberta Flack fizeram de "You've Got a Friend", de Carole King, uma música que Aretha cantaria cinco meses depois, em um contexto radicalmente diferente.

Uma das lembranças mais vívidas dela desse mesmo verão era "Bring the Boys Home", de Freda Payne, uma canção de protesto do Vietnã que Aretha disse a Wexler que teria gravado com prazer se tivessem oferecido a ela primeiro. (Os compositores/produtores, Holland-Dozier-Holland, da Motown, haviam processado Berry Gordy, deixado a gravadora e assinado com Payne para sua própria marca, Invictus.)

Os meses quentes na cidade também tinham diversão. A *Jet* relatou que Aretha foi ao Roman Pub no Hilton Hotel para ouvir a cantora e pianista de jazz/gospel/cabaré Emme Kemp, uma artista que Aretha admirava fazia tempos. Aretha permaneceu apenas por uma ou duas canções, depois deixou uma garrafa de champanhe para Emme com um bilhete que dizia: "Depois de um dia fazendo compras, com meus pés doendo, parei para um descanso maravilhoso, muito obrigada por me energizar. Sua irmã de alma, Aretha".

Voltando a se apresentar, ela tocou no Madison Square Garden em outubro. No New York Times, Don Heckman escreveu: "A emoção que a srta. Franklin irradia para seus ouvintes, a emoção que faz praticamente todos os músculos do corpo vibrarem com uma vida própria e independente, era onipresente".

Na chegada do inverno, outra música de Franklin disparou ao topo – "Rock Steady". Em novembro, ela voltou ao Madison Square Garden para abrir um show em homenagem ao pai dela. O público incluía Coretta Scott King, Jesse Jackson, Ralph Abernathy e Stevie Wonder.

Desde que a reportagem de capa da *Time* em 1968 expôs seu relacionamento conturbado com Ted White e detalhou seu lado sombrio, Aretha evitou entrevistas detalhadas. Mas no inverno de 1970, ela começou a ceder. Concordou, por exemplo, em ir ao *The David Frost Show*. No final da entrevista desconfortável, ela é brevemente acompanhada pelo pai antes de ir ao piano e cantar "Precious Lord".

— Aquele show era o meu trunfo — disse Ruth Bowen — e quase deu tudo errado. Frost queria, mas Aretha estava relutante. Então, organizei para o programa uma pré-entrevista com Aretha em meu escritório. Se ela não gostasse do jeito que as coisas estavam indo, poderia cancelar tudo. Fico feliz em dizer que correu muito bem. Aretha foi encantadora e tinha muito a dizer sobre tudo. As perguntas foram respeitosas e suas respostas foram certas. Os tópicos não eram muito pessoais, mas pessoais o suficiente para Aretha demonstrar sua confiança. Ao mesmo tempo, ela e Ken estavam indo muito bem, e ela estava feliz em relatar sua felicidade amorosa. Ela concordou em fazer o show. No entanto, na hora da gravação, outra Aretha apareceu. Era a pequena menina tímida, a Aretha mais do que tímida, a Aretha que preferia se esconder no canto a ser entrevistada na TV. Ela ficou lá paralisada. Quando Frost fazia as perguntas, ela respondia com uma só palavra. Não elaborava nada. No meio da gravação, ela disse: "Com licença", levantou-se, foi até o camarim para pegar um cigarro e voltou ao set fumando. Frost ficou atordoado. Ele enfim conseguiu que ela se abrisse um pouco, mas não muito. Quando Aretha decide se fechar, a porta permanece fechada.

— Conforme minha carreira nos cuidados com crianças se desenvolvia — falou Erma —, trabalhei com muitos psicólogos e aprendi muito sobre saúde mental. Enfim tive uma forma de entender a personalidade volátil de Aretha. Eu sabia que ela muitas vezes se sentia deprimida, e eu sabia que ela estava usando a bebida como antidepressivo. Quando ela estava bebendo bem menos - e mais tarde nos anos 1970, quando parou de beber de vez - a depressão dela aparecia sem aviso. Entre esses períodos, ela demonstrava hiperatividade quando, em um estado de mania, ela se sobrecarregava. Foi quando Aretha começou a planejar dominar o mundo. Ela queria ter seu próprio restaurante. Ela e Ken iriam abrir a própria loja de roupas no Harlem e chamá-la de Do It To Me. Ela ia demitir Ruth Bowen e abrir a própria agência. Mas nenhum desses planos grandiosos aconteceu.

Na matéria de capa da *Ebony* de dezembro — *Aretha: vendo mais de perto a irmã superestrela* —, ela menciona a gravadora e a agência, e alega já ter assinado com seu protegido, o cantor de gospel Billy Always, de 16 anos, afilhado de Mahalia Jackson e filho de uma ex-

-namorada do pai dela. Esses negócios, no entanto, nunca saíram do papel.

O perfil de Charles L. Sanders é uma reportagem de sete páginas que acompanha a cantora de seu apartamento em Nova York a shows na estrada. Ficamos sabendo do interesse dela por todas as coisas africanas. Aretha é retratada como gentil, simpática, equilibrada e comedida. Ela diz que não bebe mais. Apesar de estar resfriada em Greensboro, Carolina do Norte, ela visita um fã de 17 anos, Luther Williams. Ainda assim, ela está distante porque, de acordo com o repórter, "ela enxerga as entrevistas quase como, digamos, farpas sob unhas: realmente dolorosas. Ela sempre foi uma pessoa muito reservada e tímida, algo fora do comum". A reportagem segue dizendo que os problemas com Ted White "na verdade não eram mais especiais do que os problemas que várias mulheres enfrentam e tentam resolver. Aretha diz que está se sentindo mais confiante em si, explica como queria parecer mais glamorosa, mas a Revolução Negra, como ela chama, ajudou em sua atitude. 'Suponho que a Revolução me influenciou muito, mas devo dizer que a minha foi uma evolução muito pessoal – uma evolução do eu em mim mesma'."

Durante a entrevista, Aretha menciona um plano que logo realizaria – voltar à igreja para gravar, um retorno que se tornaria o trunfo artístico de sua carreira.

19
AMAZING

— **Quando recapitulamos e vemos** quais são considerados hoje os melhores álbuns de Aretha Franklin do final dos anos 1960 e início dos anos 1970 — contou Jerry Wexler —, eles sequer são álbuns. São compilações de singles. Nunca houve um princípio de organização. Só juntamos tudo. *Soul '69*, o álbum mal nomeado com a banda, foi o mais perto que chegamos de fazer isso. Mas alguns anos após a descoberta de *Hot Buttered Soul* de Isaac Hayes - um LP inteiro que consistia em versões estendidas de quatro canções -, em uma época em que Marvin Gaye estava contando uma história completa com seu *What's Going On* -, nem Aretha nem eu tínhamos qualquer narrativa em mente. Por exemplo, você pode trocar as músicas de *Spirit in the Dark* com as de *Young, Gifted and Black*.

Misture e combine como quiser. A fórmula permanecia a mesma - Aretha fez covers excelentes e trouxe originais, principalmente canções dela ou de sua irmã Carolyn. Tudo estava indo muito bem, mas senti que precisávamos de algo mais marcante.

"Sempre amei o gospel e, em uma das sessões do início dos anos 1970, pedi pra Aretha cantar 'Heavenly Father', de Edna McGriff, que teve um sucesso na Jubilee no início dos anos 1950, 'Note Droppin' Papa'. Como Aretha, Edna era igualmente talentosa na música sacra e na secular. Aretha arrasou com 'Heavenly Father', mas sentiu que a música não pertencia a um álbum pop, então não foi lançada até 2007, quando lançamos o *Rare and Unreleased Recordings*. Não discuti quando ela decidiu descartá-la nos anos 1970, mas sugeri que ela fizesse um álbum gospel completo. Ela ficou um pouco relutante. Pensou que pudesse ferir sua base de fãs. Eu disse que seria o oposto. Que expandiria a base dela. Ela disse que pensaria no assunto. Ela pensou e começou a sugerir canções. Gostei de todas as sugestões, exceto da que tínhamos que gravar no nosso estúdio em Nova York. Eu queria que fosse ao vivo na igreja. De novo, Aretha hesitou. Ela teria menos controle assim. Mas quanto mais pensava no assunto, mais ela gostava da minha ideia."

Aretha tinha uma visão completamente diferente do projeto. Em mais de uma ocasião, ela disse aos entrevistadores que a ideia de gravar um álbum gospel – e ao vivo na igreja – foi sua, não de Wexler. Ela dizia que, se não tivesse permanecido firme na decisão, isso não teria acontecido. Aretha ficou com raiva quando as pessoas disseram que ela havia abandonado a igreja. Ela insistiu que jamais poderia deixar a igreja, pois a igreja era seu núcleo interior essencial. Aquele álbum seria sua reafirmação dessa crença. Outras pessoas disseram que a pressão tinha vindo do pai dela, mas Aretha negou. Ela negou ter sentido qualquer tipo de pressão. Ela tinha cantado blues. Ela tinha cantado R&B. Ela tinha cantado canções da Broadway e canções populares. Ela tinha cantado jazz. Agora, queria revisitar a música que a havia cativado na infância, a música que deu origem à sua arte. Ela disse que é possível cantar para o homem apenas por um certo tempo. Em algum momento, deve-se cantar para Deus.

Aretha também teve o cuidado de enfatizar a ideia de que, para fazer jus à sua tradição, ela não estava interessada em apenas gravar um álbum gospel. A música deveria ser a peça central de um conceito maior - um culto de verdade na igreja. Ela me lembrou que, quando ela e o pai viajavam pelo país nos anos 1950, eles não faziam shows. O reverendo C.L. Franklin conduzia os cultos em que a música desempenhava um papel vital. Aretha queria um álbum assim. E, em grande parte, esse foi o disco que mais tarde se chamaria *Amazing Grace*.

A versão de Aretha dessa história em *From These Roots* diz que ela encabeçou o projeto. Foi, na verdade, a primeira vez que ela, junto a Wexler e Arif Mardin, foi creditada como coprodutora. Foi escolha dela gravar na New Temple Baptist Missionary Church em Los Angeles e ter o coro dirigido pelo reverendo James Cleveland, o ex-ministro da música na igreja New Bethel do pai dela em Detroit, e devidamente proclamado rei do gospel.

— Fiquei muito animado quando Aretha ligou — Cleveland me contou — e vi como uma oportunidade de levar a música e a mensagem gospel a um público maior. Acredito que ela ligou não só por conta da minha amizade com a família dela, mas porque minha reputação foi construída em harmonizar corais de maneiras novas e dinâmicas. Meu Coral Comunitário do Sul da Califórnia era muito conhecido por sua precisão vocal. Era como uma equipe militar. Quando se tratava de cantar, eram atiradores certeiros. Alexander Hamilton, meu primeiro-tenente e diretor assistente do coro, foi impecável. Ninguém estava desafinado - nunca. Desde as sopranos aos baixos, as partes eram enunciadas com sentimento e estilo. Aretha sabia que estava entre semelhantes – crentes prontos para cantar a glória de Deus em cada nota.

Wexler sabia como equilibrar a contribuição de Cleveland.

— Eu estava determinado a trazer o ritmo do diabo para a igreja — disse Wexler. — Tudo bem se Aretha escolhesse o coro. Ela amava James Cleveland, e James foi uma ótima escolha. Mas eu precisava dos meus caras – Bernard Purdie na bateria, Chuck Rainey no baixo, Cornell Dupree na guitarra e Pancho Morales nas congas – para manter o ritmo certo. Minha escolha original para os teclados foi Richard Tee. Então James recomendou fortemente seu protegido Ken Lupper. Assim que ouvi Ken no Hammond B3, concordei. Ken fazia um som incrível.

Aretha disse que a decisão de levar sua equipe de gravação da Atlantic de Nova York foi dela. A essa altura, Purdie havia se tornado seu diretor musical e Rainey era seu baixista favorito. Ela tinha grande consideração pela guitarra de blues de Cornell Dupree e pensou que Pancho Morales adicionaria o tempero certo. Ela não viu nenhuma contradição em usar músicos seculares em um culto sagrado e disse que a noção de Wexler de "trazer o ritmo do diabo" era absurda. Ela queria apenas os melhores músicos, o melhor coro e as melhores canções.

Para se prepararem para o grande evento – dois cultos em duas noites, quinta-feira, 13 de janeiro, e sexta-feira, 14 de janeiro de 1972 –, Aretha e Ken Cunningham viajaram para Barbados com uma comitiva que incluía Cecil, Bernard Purdie e Chuck Rainey. Cunningham tirou a foto da capa do álbum no Lord's Castle, que havia sido convertido em um hotel de luxo, com Aretha adornada com trajes africanos.

Em *Amazing Grace*, o perspicaz livro de Aaron Cohen sobre a produção do álbum, Rainey refletiu sobre esse período: "Estive com

Aretha por três anos e se eu tivesse contado as palavras que a ouvi dizer, além de cantar, teriam sido menos de duzentas. Ela raramente dizia alguma coisa. Quando dizia, era bem rápido. Mahalia Jackson era igualzinha. Ela se sentava na cadeira com os joelhos juntos, de braços cruzados. Honrando sei lá o quê. Ela era assim. Quando eu estava perto de Aretha, nunca pensei: 'Uau, Aretha!'. Nunca vi aquilo. Ela falava mais com as esposas do que com a banda".

— Entendo que Aretha não é de falar — disse James Cleveland. — Ela é cantora e fala pela música. Eu e ela tínhamos nosso próprio sistema. Nós nos comunicávamos com movimentos de cabeça. Estávamos sempre sincronizados. Ensaiamos na igreja onde eu era pastor - a igreja Cornerstone Institutional Baptist -, onde eu preferia fazer os cultos. Mas Wexler tinha planos maiores. Ele não tinha só uma equipe de gravação, tinha uma equipe de filmagem. Por isso movemos toda a operação para uma igreja maior em Watts.

— Por meio da Warner Brothers, que era dona da Atlantic, consegui que Sydney Pollack gravasse ambas as noites — falou Jerry. — Foi depois que ele dirigiu *A Noite dos Desesperados* e pouco antes que fizesse *Nosso Amor de Ontem*. Sydney amou a ideia e apareceu com uma equipe de várias câmeras.

— Enquanto Wexler corria e se preocupava com o diretor de cinema e as grandes estrelas que havia convidado, Aretha e eu cuidávamos da música e dos arranjos — disse Cleveland. — Não me leve a mal. Eu conhecia King Curtis e amava seu instrumental. Purdie e Rainey e os garotos eram incríveis. Arif Mardin ajudou com os arranjos. Wexler era bom em gerenciar. Mas a verdade é que a irmã Aretha e eu organizamos tudo.

"Ela veio com novas canções. Marvin Gaye tinha lançado *What's Going On* e ela perguntou se 'Wholy Holy', daquele álbum, seria inapropriada para a igreja. Bem, senhor, sou feito do mesmo molde musical que o pai de Aretha. Sou um músico liberal. É tudo música de Deus, e é tudo bom. Marvin era em essência um pastor e as canções dele eram bem-vindas na minha igreja. O outro grande álbum da época era *Tapestry*, de Carole King. Carole compusera 'Natural Woman' para Aretha e tinha uma alma profunda. O que eu achei de incorporar sua música 'You've Got a Friend' no culto? Adorei a ideia, principalmente porque nós dois queríamos mudar um pouco a letra para dizer que o amigo é Jesus. Sugeri um pouco de Rodgers e Hammerstein. Lembro que vi 'Carousel' e chorei quando eles cantaram 'You'll Never Walk Alone'. Pode ser da Broadway, mas, olha, a Brodway e o gospel não são incompatíveis. A Broadway pode fazer pregação. Os Beatles também. Por isso colocamos 'My Sweet Lord' de George Harrison lá.

"Claro que o grosso do culto teria que ser o gospel puro, o que estavam chamando de gospel da velha guarda, o tipo de gospel com muita carne nos ossos, o mesmo gospel com que Aretha e eu crescemos. Não consigo lembrar se fui eu ou Aretha, mas concordamos que precisávamos de material tradicional, como 'What a Friend We Have in Jesus' e 'Climbing Higher Mountains'.

"Aretha idolatrava os Caravans e eu era discípulo pianista deles, por isso precisávamos do espírito dos Caravans no culto. Albertina Walker, a rainha Caravan, contratou Inez Andrews, que montou sua própria versão de 'Mary Don't You Weep'. 'Precious Lord, Take My Hand', o famoso hino de Thomas A. Dorsey, foi algo que o Dr. King sempre pedia e queríamos incluí-lo. Foi ideia do meu fiel e digno assistente, Alexander Hamilton, combiná-la com 'You've Got a Friend'. Foi ideia minha pedir para Aretha cantar a música que ela tinha cantado na infância quando eu trabalhava na igreja do pai dela em Detroit – 'Never Grow Old'. Se você comparar a versão que ela gravou quando adolescente com a que ela gravou na New Temple, terá a melhor demonstração do crescimento da genialidade que alguém poderia desejar. Quando criança, ela era um prodígio. Como uma mulher de 29 anos, ela cumpriu a promessa de seu dom.

"Clara Ward ocupa um lugar especial no coração de Aretha. Todo artista precisa de uma inspiração, e Clara é a de Aretha. Clara tem estilo e classe e uma rara personalidade musical. Acho que Aretha superou Clara porque seu alcance é maior e seu material é mais variado. Aretha foi mais longe. Aretha conquistou todos os terrenos musicais que há para conquistar. Mas isso não tira a importância de Clara para a maturidade de Aretha. Foi ideia de Aretha fazer 'Old Landmark', uma música associada a Clara, assim como 'How I Got Over', um dos maiores sucessos de Clara. Todo mundo apostava que Clara, junto com sua mãe, Gertrude, viria a um dos cultos. Quando mencionei isso, Aretha ficou agitada e disse: 'Óbvio que Clara vem, mas não acredito que esqueci de convidar meu pai'. 'Bem, é melhor você ligar agora e falar para o reverendo pegar o primeiro avião'. Ela fez isso, e seu pai, na companhia de Clara Ward, sentou-se bem na primeira fila.

"Aretha insistiu que eu cantasse 'Precious Memories' com ela. Eu conhecia a versão da irmã Rosetta Thorpe, mas Aretha tinha outra ideia de como fazer. Ela tinha esse ritmo lento, como o de caminhar pelo barro até o culto de domingo, que se encaixava perfeitamente. Ela deu uma nova roupagem à música e fez com que parecesse nova sem perder a sabedoria antiga. Mesmo aos 29 anos, Aretha era uma alma velha. Ela já esteve aqui antes. E não duvide disso, ela também sabia pregar. Isso não acontecia durante os cultos propriamente ditos, mas nos ensaios ela se soltava. Minhas lembranças mais preciosas de todo o evento foram os ensaios."

— Os ensaios eram a junção — afirmou Bernard Purdie a Aaron Cohen. — Enquanto estávamos na igreja, Aretha pregava. A gravação real não foi nem de longe como os ensaios... Ela estava realmente fazendo o papel de pastora. O coro e todos estavam totalmente em choque, porque a mulher estava pregando. Ela estava nas alturas... James Cleveland disse: "Nunca em toda a minha vida eu tinha visto alguém pregar melhor do que eu". A igreja se levantou e olhou para ele, porque ninguém conseguia acreditar no que estava saindo da boca dele.

Para os cultos em si, havia certa preocupação de que a presença de equipamentos de gravação sobrecarregasse a estrutura da igreja. Alexander Hamilton estava especialmente com medo de que a equipe de filmagem fosse intrusiva.

— A última coisa que você quer é que a luz e o diretor o distraiam de fazer o que você é capaz de fazer — falou Hamilton a Aaron Cohen. — Ele [Sydney Pollack] colocou uma câmera na piscina batismal, filmando atrás do coro. Ele poderia fazer isso? Não. As boas irmãs e os bons irmãos ficariam nervosos! Normalmente, alguém subindo lá com uma câmera seria batizado de verdade!

— Eu tinha que lembrar a todos de que estávamos na igreja — disse Cleveland — e não em um show de rock and roll. Dizem por aí que a igreja batista negra é um monte de pessoas histéricas agitando as mãos e pulando nos corredores. Certamente há alegria na maneira como celebramos a graça de Deus, mas o culto em si é, acima de tudo, sagrado. Não é nenhuma piada, nenhum espetáculo, nenhum fingimento. Adoramos a Cristo com total e absoluta sinceridade - e a música, nascida de nosso amor genuíno por um Deus amoroso, carrega essa mesma sinceridade.

Antes de a música começar, Cleveland explicou à congregação que aquele era um culto religioso sério. Eles estavam reunidos, antes de mais nada, para louvar ao Deus vivo.

O primeiro solo de Aretha na primeira noite de cultos foi "Wholy Holy", de Marvin Gaye. Doze anos depois da noite em que ela a cantou na igreja em Watts, Marvin e eu a ouvimos juntos em uma noite chuvosa em Ostende, na Bélgica. Marvin estava mergulhado em um de seus longos períodos de exílio longe de sua casa em Los Angeles.

Depois que a música tocou, Marvin ficou sentado em silêncio. Relutei em quebrar o momento, mas havia muitas perguntas que eu queria fazer.

— Quando você ficou sabendo que ela ia gravar a canção?

— Só quando a gravação saiu — disse ele.

— Então ficou surpreso.

— Atordoado. Tanto quanto estou agora. Não só fiquei atordoado ao saber que Aretha havia decidido que eu havia escrito algo digno de sua voz, como também fiquei surpreso com a beleza de sua interpretação. Não fazia tanto tempo assim que *What's Going On* tinha saído. Como foi controverso – ninguém na Motown achava que era comercial –, eu ainda estava um pouco cansado da batalha. Falei para a gravadora que nunca mais gravaria nada se eles não o lançassem. Ganhei a luta, e o público parecia validar minha posição – o disco estava vendendo –, mas eu ainda estava em um estado de incerteza. Eu sabia que era bom, mas quando Aretha cantou "Wholy Holy", eu vi o quanto era bom. Eu e ela temos históricos musicais semelhantes – vimos e ouvimos nossos pais pregarem e cantarem –, então eu sabia que ela tinha um gosto diferenciado quando se tratava desse tipo de material. Para mim, o gospel é a verdade suprema e o teste supremo. Uma vez, ouvi uma história sobre Duke Ellington, que dedicou boa parte de sua vida a compor música sacra. Ele estava no meio de uma de suas grandes composições quando uma amiga o convidou para um clube. Duque não quis. A mulher insistiu, dizendo: "Você terá tempo para terminar a música mais tarde". "Querida", disse Duke, "você pode enganar muitas pessoas a maior parte do tempo, mas nunca poderá enganar a Deus". Essa é a essência da música gospel - sua conexão com o divino a torna incorruptível. Aretha é incorruptível. Seu espírito divino é incorruptível. Quando cantei a música, gravei por cima da minha voz e criei uma espécie de auto-harmonia. Fiz uma sombra da minha voz. Eu tinha arranjo de cordas e saxofones e efeitos sonoros. Aretha tinha apenas a voz dela e aquele lindo coro encorpado. Ela a construiu. Ela a engrossou. Acredito que ela imortalizou a canção.

— E o resto de *Amazing Grace*? — perguntei a Marvin.

— Se você perguntar aos verdadeiros amantes do soul qual é o meu melhor álbum, a resposta costuma ser *What's Going On*. E se você perguntar aos amantes do gospel qual álbum é melhor, a resposta será *Amazing Grace*. Pergunte aos verdadeiros fãs da Aretha qual é o melhor álbum dela a resposta é a mesma: *Amazing Grace*. Ninguém ama "Respect", "Natural Woman" e "Chain of Fools" mais do que eu. Fiquei verde de inveja por causa de *Sparkle*. Curtis escreveu e produziu um álbum inteiro com Aretha! Eu daria qualquer coisa para ter essa chance. Mas, por mais maravilhoso que seja esse material, nada dele atinge o nível de *Amazing Grace*. Acho que não sou o único a dizer que *Amazing Grace* é a obra-prima de Aretha. Os músicos que eu mais respeito dizem a mesma coisa. É o maior trabalho dela. É o álbum de Aretha que eu mais aprecio.

— Vejo *Amazing Grace* como um interlúdio da vida dela — disse Cecil. — É um interlúdio bonito com poder de cura, que eu gostaria que tivesse sido mais longo. Chegou na hora certa. Quando Aretha assinou com a Atlantic, a coisa disparou. O primeiro disco foi um sucesso - assim como o segundo e o terceiro, e assim por diante. Ela decolou como um foguete. Ao mesmo tempo, estava toda confusa em um casamento péssimo. Ela e Ted eram como óleo e água. Aquele relacionamento foi infernal. Mas ela achava que precisava dele e não iria deixá-lo. Ele sabia que precisava dela e não a deixaria. Eles terminavam para fazer as pazes e faziam as pazes para terminar. Era uma loucura. A bebida saiu do controle, as notícias ficaram feias e, mesmo assim, os sucessos não paravam. Assim como as reservas de shows. Depois que ela se livrou de Ted e colocou a mim e a Ruth para cuidar das coisas, as reservas aumentaram, as viagens ficaram mais loucas e o humor dela ficou mais instável. Ken veio e ajudou. Ken é bom, mas ainda havia um vazio na vida dela. O vazio era a igreja. E com "igreja" não quero dizer que ela faltou aos cultos regulares de domingo em New Bethel, mas sim que faltava nela o *espírito* da igreja. A alma dela ansiava por aquele espírito. Seu coração estava chorando por ele. A igreja não era apenas louvar os santos que a tinham incentivado a cada nota desde que ela era uma garotinha. A igreja era a presença do amor incondicional de Deus. A igreja era o lar, a mamãe e o papai, um lugar onde ela podia ser ela mesma. Assim como Deus é a fonte de todas as coisas boas, a igreja é a fonte de todas as coisas musicais boas na vida de Aretha.

"Não me leve a mal. Não estou dizendo que cantar jazz, pop ou R&B a feriu de todas as maneiras. E é claro que nem meu pai nem eu jamais a desencorajamos a cantar outros estilos. Mas no início de 1972, considerando a natureza turbulenta de sua vida, era hora de, como diz a música dos Beatles, voltar para onde ela pertencia.

"Assim, *Amazing Grace* foi um retorno ao lar – um retorno alegre e sincero ao lar. Dá para ouvir na empolgação do coro. Dá para ouvir na reação da congregação. Mas, principalmente, dá para ouvir na voz da minha irmã. Claro que ela estar se reunindo com James Cleveland, um de seus principais mentores, ajudou muito. James era a presença mais reconfortante que alguém poderia ter. A única coisa que talvez fosse mais reconfortante era a presença de nosso pai, que apareceu acompanhado de Clara Ward. Quando chegaram para o segundo culto na noite de sexta-feira, o cenário estava montado com perfeição. A pessoa que mais importava para Aretha estava sentada no banco da frente. E a cantora que havia servido como sua mãe musical estava sentada bem ao lado dele. Foi um momento em que Ree voltou àqueles anos de formação, aqueles dias e noites em que cantava para o Pai Celestial e para o pai terreno ao mesmo tempo. No entanto, a diferença era esta: Aretha não era mais uma filha pródiga, mas uma mulher adulta que, após ter conquistado o coração do mundo, voltou para casa para reconhecer e agradecer a Jesus por sua genialidade."

— Ela foi criticada por algumas pessoas mais antigas da igreja — confessou Carolyn — que a acusaram de fazer um evento hollywoodiano. Falaram que era exploração. Que não gostaram de ela ter incluído ritmos pop, como "You'll Never Walk Alone". Não gostaram dela cantando canções de Carole King e Marvin Gaye. Quando as colunas do show business disseram que Mick Jagger aparecera para um dos cultos, os tradicionalistas viram como prova de que a coisa toda era um evento montado. Mas eu estava lá e estou dizendo que era real. Era justo. Não fazíamos ideia de que Mick Jagger estava na igreja, e não poderíamos nos importar menos. Tratava-se apenas de Aretha e James e aquele coro maravilhoso. Tratava-se de entrar fundo nas raízes e renovar a tradição que a levara ao sucesso.

Assistir à filmagem não editada do filme *Amazing Grace*, feita por Sydney Pollack, ilumina. Alan Elliot, um ex-produtor da Atlantic, me mostrou uma cópia em 2010. Durante anos, ele trabalhou arduamente para salvar, restaurar, editar, produzir e lançar o filme. Muito antes de ver as imagens, eu já havia memorizado a gravação.

No entanto, vê-la – testemunhar de fato a performance – não só foi emocionante em todos os níveis estéticos e emocionais, como foi chocante. Achei que eu nunca poderia apreciar mais a música. Mas assistir à gravação me levou a fazer exatamente isso.

Primeiro, há a imagem da própria Aretha. Ela brilha com suave confiança. Não há arrogância em sua graciosa autoconfiança, mas sim uma doce humildade. Na presença de seu pai e de Clara Ward, essa humildade é fácil de entender. Ela está lá não para superá-los, mas para honrá-los. Está completamente confortável, totalmente no controle de seu ambiente e de seu material. A forte presença de James Cleveland é reconfortante.

Quando o pai dela é convidado a falar, as emoções por trás de suas palavras são como as emoções da música de sua filha.

— A música me transportou de volta para a sala de estar em casa, quando ela tinha seis ou sete anos — diz ele. — Eu vi vocês chorarem e vi vocês responderem, mas eu estava prestes a chorar. Vocês falam de se emocionar – não porque Aretha é minha filha, Aretha é apenas uma cantora *sólida*.

Quando Aretha ouve o elogio do pai, um sorriso doce e tímido aparece em seu rosto.

— O reverendo James Cleveland sabe dessa época. Quando James veio preparar nosso coro... e ele e Aretha iam para a sala de estar e passavam horas lá cantando músicas diferentes. Ela foi muito influenciada por James. Se querem saber a verdade, ela nunca saiu da igreja!

Depois que seu pai fala, Aretha substitui James ao piano, onde toca e canta "God Will Take Care of You". A certa altura, ao ver a testa da filha molhada de suor, C.L. se levanta e, se aproximando, pega o lenço e enxuga delicadamente a testa dela. É um gesto primoroso, um momento tocante – um pai cuidando da filha.

Os pontos altos são muitos: durante o dueto "Precious Memories" com Cleveland, os dois gritam "sacred secrets" com vozes de gelar o sangue. Tão fascinante quanto é a leitura de "Mary, Don't You Weep". O peculiar compasso 12/8 cria um ritmo feroz que aguça o limite da narrativa bíblica de Aretha. Quando Maria critica Jesus por permitir a morte de seu irmão Lázaro, Aretha expressa seu ceticismo gaguejando. Ela se dirige a Cristo como "meu mestre" seguido por "meu meu meu meu meu meu meu meu meu meu doce Senhor". Como Billy Preston me disse uma vez, essa gagueira pode ser o maior riff da carreira de Aretha. A igreja explode em júbilo. Mas é apenas o pré-clímax. O peso total da história surge quando Cristo chama Lázaro dos mortos e lhe dá uma nova vida. A cantora de jazz Dianne Reeves, ao descrever sua experiência de ouvir pela primeira vez "Mary" de Aretha, disse a Aaron Cohen: "Faz você se sentir como se estivesse ali vendo Jesus chamar Lázaro. O que realmente me impressiona é que no fundo, como o coro está muito atrás, como quando Lázaro se levanta, ele pode estar meio tonto. No fundo, ouvimos os membros do coro fazendo 'woooo woooo'. A maneira como ela canta, a maneira como ela conta a história, você está ali vendo a coisa toda acontecer."

— O álbum inteiro é feito de pequenos milagres — disse Carmen McRae. — E sou eu quem está dizendo isso: uma pessoa que sempre pensou que a cantoria da Igreja Batista às vezes é exagerada. Ali, porém, a arte se aproxima da perfeição. Ela está transformando o gospel tradicional em pop e transformando canções pop em gospel.

— É um momento importante na história da música gospel negra — adicionou Billy Preston — porque ilumina a encruzilhada. Ela fala com os velhos tempos ao incluir aquelas canções de Clara Ward e dos Caravans. Mas também antecipa o gospel moderno. Na verdade, ela ajuda a inventar o gospel moderno ao incluir Marvin

Gaye e colocar um instrumental de R&B animado e um coro afiado para complementar os sons. É mais do que a melhor apresentação de Aretha. É realmente um álbum radical.

O álbum, que foi fortemente editado e reordenado no estúdio da Atlantic em Nova York, acabou sendo um sucesso em todos os níveis imagináveis. Os críticos afirmaram que era a maior conquista de Aretha, e o público o comprou em massa. Desde seu lançamento em junho de 1972, vendeu mais de 2 milhões de cópias. Continua sendo o álbum mais vendido da carreira de Aretha, bem como o álbum mais vendido da história do gospel negro.

— Para mim, é mais do que um álbum de sucesso — comentou Cecil. — É um momento sagrado na vida das pessoas negras. Pense nisso. Tínhamos perdido Martin, tínhamos perdido Malcolm, tínhamos perdido Bobby Kennedy. Ainda estávamos travando uma guerra imoral. Tínhamos Nixon na Casa Branca. Turbulência, raiva, corrupção, confusão. Precisávamos de garantias e de um novo compromisso. Precisávamos de redirecionamento. Então, quando Aretha ajudou a nos levar de volta a Deus - a única força do bem que permanece firme neste mundo sem amor -, eu chamo isso de histórico.

— Sou ateu de carteirinha — afirmou Wexler. — Não acredito em Deus, mas acredito na arte. E por mais que pareça exagero, minha análise é que *Amazing Grace* é para a música religiosa o que a Capela Sistina de Michelangelo é para a arte religiosa. Em termos de alcance e profundidade, pouca coisa se compara à sua grandeza.

20
HEY

Enquanto Aretha louvava a Deus na igreja de James Cleveland, ela também cantava Sua glória na televisão nacional. Na mesma noite de sexta-feira da gravação de *Amazing Grace*, um episódio do drama *Room* 222, filmado algumas semanas antes, foi ao ar no horário nobre. Embora sua fala fosse pequena, Aretha cantou uma emocionante versão completa de "Guide Me Thy Great Jehovah" para pessoas que precisavam de reabilitação.

No diálogo do programa, um homem que a observava cantar perguntou:

— Ela é pregadora?

— Não — respondeu uma mulher. — Ela não é pregadora, mas ela prega.

Naquele mesmo mês, a *Time* relatou a pausa de Jesse Jackson da Operação Breadbasket para iniciar a Operação PUSH em Chicago. A reportagem descreve a separação de Jackson de outros líderes da

Southern Christian Leadership Conference após a morte do Dr. Martin Luther King e a animosidade contra Ralph Abernathy. Aretha Franklin é mencionada entre os "negros de destaque" que estavam ajudando Jackson a arrecadar 250 mil dólares para sua nova organização. Entre eles, Ossie Davis, Jim Brown e o presidente do distrito de Manhattan, Percy Sutton.

Aretha também se apresentou no Apollo Theater em janeiro, onde foi aplaudida de pé por seu concerto beneficente de uma hora para as famílias das vítimas da prisão de Attica.

No dia 27 de janeiro, Mahalia Jackson faleceu em Chicago. Mais de 50 mil admiradores passaram para ver o caixão dela na igreja Greater Salem Baptist Church. O funeral, no Arie Crown Theater do McCormick Place, recebeu 6 mil pessoas. Aretha estava lá para prestar o tributo. Ela cantou "Precious Lord", o mesmo hino que Mahalia cantara no funeral do Dr. King.

— Mahalia representou o fim de uma era gloriosa que trouxe o gospel tradicional para as massas brancas — disse Billy Preston. — Ela era a matriarca que reinava no gênero. Também era purista. Além de "Come Sunday", uma canção religiosa que ela cantou com Duke Ellington como parte de sua suíte *Black, Brown and Beige*, ela evitou o jazz a todo custo. Clara Ward cantou em Las Vegas, mas Mahalia, não. Ela não levaria o gospel a uma boate. Ela era a última de sua espécie. Alguns dizem que, com sua morte, Aretha assumiu o trono, mas é mentira. Aretha já havia sido coroada rainha do soul, uma categoria que incluía o gospel, mas também muito mais. Mahalia não teria aceitado o título de rainha do soul porque "soul" soa muito mundano. Isso não quer dizer que Mahalia não tenha cantado com um choro de blues. Deus sabe que seu estilo estava repleto de notas de jazz, mas a história tinha que ser religiosa. Mesmo depois que *Amazing Grace* fez sucesso, Aretha nunca seguiria o caminho de Mahalia. Aretha nunca se restringiria ao gospel. O que é realmente interessante nisso, no entanto, é que a comunidade gospel negra – tanto cantores quanto fãs – insiste que os cantores ou fazem parte de um, ou de outro. Eles não gostam que o artista fique alternando. Bons exemplos são Little Richard e Al Green. Ambos tentaram ser mais populares no gospel quando estavam no topo do R&B, mas falharam. Aretha é a única exceção. Ela é aceita em qualquer área que escolher trabalhar. As portas da igreja estão sempre abertas para ela. Os santos a recebem sempre que ela decide honrá-los com sua presença.

Em fevereiro, Aretha ampliou ainda mais seu repertório. Em um programa de comédia na TV, ela se aventurou em imitações vocais.

— Desde cedo ela tinha esse talento de soar como qualquer cantora — disse Cecil. — Quando éramos pequenos, ela imitava todo mundo, de Ruth Brown a Kay Starr. Era uma imitadora fenomenal. Ela sempre quis colocar isso em prática, mas sempre achei que poderia ser meio brega. Mas Aretha faz o que quer fazer. Quando Ruth a colocou no "Flip Wilson Show", Aretha tocou no assunto outra vez. Falamos disso para os produtores da Flip, que gostaram da ideia. Então ela imitou Diana Ross, Sarah Vaughan, Dionne Warwick e Della Reese. Arrasou em todas as imitações e, a partir de então, isso se tornou parte regular de seu ato. Ela pensou que isso aumentava o valor de entretenimento de seu show. Muitos de seus fãs não gostaram. Tinham ido para ouvir Aretha, não Aretha imitando Diana Ross. Mas outros fãs se divertiram com a precisão de suas imitações. Eu diria que a reação foi dividida. Mas, como em todas as questões, Ree deu a palavra final e as imitações permaneceram.

Um artigo da revista *Jet* falou da influência de Ken Cunningham. Ele disse ao repórter: "A mudança mais importante na vida de

Aretha é que ela está feliz e agora está sendo vista como uma mulher negra e uma irmã".

No dia 24 de março, ela comemorou seu aniversário de 30 anos com uma festa no Americana Hotel, em Nova York. Entre os convidados estavam Richard Roundtree, Cannonball Adderly, Miriam Makeba, Nikki Giovanni, Betty Shabazz e Quincy Jones, a quem ela nomeou produtor de seu próximo álbum.

— Aretha me perguntou se eu tinha objeções — disse Jerry Wexler. — E garanti que não tinha nenhuma. Eu tinha produzido dez álbuns dela em cinco anos e não havia motivo para ela não se aventurar em uma nova direção. Eu achava que Quincy era uma boa escolha. Ele trabalhara para a Atlantic antes. Era um dos arranjadores do álbum *Genius of Ray Charles*. Ele tinha fama de não cumprir prazos, mas imaginei que, ao trabalhar com uma artista do calibre de Aretha, ele teria que cumpri-los. A qualidade da musicalidade dele não podia ser questionada. Também gostei da ideia de um álbum de jazz de Aretha e Quincy. O *Soul '69* tinha sido uma gravação de jazz de sucesso de Aretha, e era a hora certa de haver outra. O local era outro ponto positivo. Quincy morava em L.A. Aretha tinha gravado em estúdios em Muscle Shoals e Nova York, mas não havia trabalhado em um estúdio da costa oeste. Pensei que a mudança seria boa.

— Aquele era o Quincy Jones que estava molhando os pés na água do soul e do R&B — contou Cecil. — Eu e Ree víamos Q como um cara do jazz. Queríamos um álbum de jazz. Ele disse que queria usar alguns dos melhores músicos de jazz, como Phil Woods e Joe Farrell.

— Foi quando os atrasos começaram — disse Wexler. — Os atrasos me enlouqueceram. Estávamos acostumados a fazer um álbum de Aretha Franklin em algumas semanas. Montar as músicas, reunir os músicos, as garotas do vocal de apoio, reservar o estúdio e gravar dez músicas em algumas sessões. É assim que Aretha trabalha melhor. Ela é uma artista muito assertiva em estúdio. Gosta de partir direto pro material. Deliberação não é o estilo dela. Procrastinação por parte do produtor não ajuda.

— Quincy tinha muita coisa para fazer — explicou Cecil. — Estava lidando com muitos projetos – escrevendo filmes e programas de TV, além de produzir o estúdio. Adoro o cara, mas nunca senti que tínhamos a atenção total dele. Não estou dizendo que Aretha não contribuiu para os atrasos. Houve mais de duas vezes em que ela cancelou viagens à costa oeste. Seu medo de voar estava aumentando. Quando chegávamos a Los Angeles para as reuniões, Q sempre era o homem mais hospitaleiro e amoroso que você pode imaginar. Mas seu conceito estava mudando. Ele estava falando menos de um álbum de jazz puro e mais de uma mistura – uma música de jazz, uma música de R&B, talvez uma música para musical. Aretha disse que tinha vários originais que queria incluir. Q gostou da ideia. Não demorou muito para que estivéssemos confusos. Wexler estava preocupado. Ele me ligava todos os dias, perguntando: "Por que diabos está demorando tanto?", "Calma, Jerry", eu dizia. "O disco está em desenvolvimento." "Não quero que se desenvolva", ele dizia, "quero que seja *entregue*".

O que foi gravado nas sessões que começaram na primavera e não terminaram até o final do verão foi decepcionante. O projeto de Quincy e Aretha, *Hey Now Hey (The Other Side of the Sky)*, foi o primeiro álbum dela da Atlantic que não chegou ao Top 25 nas paradas de álbuns pop. Na autobiografia de Quincy, Q, ele não relata seu tempo no estúdio com Aretha. O álbum recebe apenas uma menção passageira.

O álbum não é uma coisa, nem outra. É uma mistura confusa de canções não relacionadas. A arte da capa, feita por Ken Cunningham, é amadora e bizarra – um estranho esboço de uma Aretha angelical, uma agulha de droga, um toureiro negro e Quincy dormindo nas nuvens. Aretha disse aos entrevistadores que ficou perplexa com as ilustrações.

Dois dos originais de Aretha – a faixa-título e "So Swell When You're Well" – são abaixo da média. A interpretação dela de "Somewhere", de Leonard Bernstein e Stephen Sondheim, de *West Side Story*, é exagerada e tensa. Cantando o clássico de James Moody, "Moody's Mood", seu vocal é apressado e incerto. Mas, apesar de todos os seus defeitos, *Hey Now Hey* não pode ser ignorado. Quatro de suas faixas são boas. E uma dessas quatro – "Angel", composta por Carolyn – está entre os singles poderosos e comoventes da carreira de Aretha. Foi o único sucesso do álbum.

A introdução falada simples e sincera de Aretha em "Angel" tornou-se uma parte tão importante da música quanto a melodia ou a letra. É a única música que ela cantou – e continua cantando – em todos os seus shows. Ela nunca deixa de começar com o prólogo:

— Recebi uma ligação dia desses. Era a minha irmã Carolyn dizendo: "Aretha, venha quando puder. Tenho algo que quero dizer". E quando cheguei lá, ela disse: "Sabe, em vez de falar muito, acho que uma melodia me ajudará a explicar".

A abertura – "Gotta find me an angel, to fly away with me" [preciso encontrar um anjo, para voar para longe comigo] – é, nas palavras de Erma, "uma oração com asas. É a canção mais linda de Carolyn – e isso diz muito, porque minha irmã escreveu dezenas de lindas canções. Mas 'Angel' a levou a outro patamar – ao patamar de Curtis Mayfield e Marvin Gaye; há algo realmente divino na composição. Não consigo dizer o quanto estávamos orgulhosos de Carolyn. Meu pai, Cecil, eu e especialmente Aretha vimos que ela enfim alcançou o potencial de seu dom dado por Deus".

O único original de sucesso de Aretha é "Sister From Texas".

— Ela o compôs para Esther Phillips — falou Cecil. — Quando Ree ganhou seu Grammy por *Young, Gifted and Black*, ela o deu a Esther, que naquele mesmo ano foi indicada na mesma categoria, Melhor Álbum de R&B, por *From a Whisper to a Cry*, um disco excelente que Aretha amou. Esther havia lutado contra muitos demônios naquele momento de sua vida, e a luta ainda não tinha terminado. Como Aretha, Esther tinha sido uma estrela mirim. Aretha tinha profundo respeito por ela e queria ajudar a irmã de todas as maneiras que pudesse. Foi um daqueles momentos em que Aretha mostrou o amor e a generosidade que eu sabia que estavam no centro de seu caráter.

A versão dela de "That's the Way I Feel About 'Cha", de Bobby Womack, é um estudo da sobreposição de sons. Um ano antes, quando Marvin Gaye colocou em camadas e harmonizou suas muitas vozes em *What's Going On*, o impacto foi imediato. Ao fazer um cover do grande sucesso de Womack em seu álbum *Communication*, Aretha certamente está pensando em Marvin. As vozes dela têm um efeito arrepiante. A intensidade de três ou quatro Arethas chegando ao mesmo tempo – especialmente vindo de Bobby Womack – é emocionante.

A emoção final em *Hey Now Hey* é o tratamento reconstruído e recentemente expandido de Quincy para "After Hours", de Avery Parrish, um sucesso clássico instrumental de 1940 para Erskine Hawkins, que Aretha aprendeu quando era pequena. Quando o reverendo Franklin acordou sua filha pródiga para tocar para os convidados de sua festa em Detroit, "After Hours" foi um de seus pedidos.

— É essencialmente uma improvisação — disse Billy Preston, que tocou a parte original de Avery Parrish na faixa. — Começo apenas duplicando a gravação. Mas então Q escreveu uma partitura arrasadora para a banda. Quero dizer, é como uma partitura de Basie. Tudo o que Q fez foi dizer a Ree: "Cante o blues, querida". Era só o que ele precisava dizer porque ela arrasou. Ela inventa as palavras conforme avança. Geme baixinho. E em pouco tempo, já está gritando, ressoando, começa a cantar o melhor blues que eu já ouvi desde Ray Charles. O engraçado é que, no final daquele que deveria ser um álbum de puro jazz, Aretha apresenta a melhor performance de blues que alguém já fez desde que o blues foi inventado, em algum lugar no meio de um campo de algodão lamacento à meia-noite no Mississippi.

No meio de junho, antes de completar *Hey Now Hey*, Aretha fez uma apresentação triunfante no Arie Theater em Chicago.

— Eu nunca a vi melhor que isso — afirmou Ruth Bowen. — Eu fiquei um pouquinho preocupada porque ela não estava feliz com a gravação que estava fazendo com Quincy. Estava demorando muito, e a falta de progresso a deixou de mau humor. Mas não dava para saber, olhando a postura dela no palco.

No Chicago *Tribune*, Lynn Van Matre escreveu sobre o show: "Mesmo usando um vestido de cetim branco com brilhos para o primeiro dos dois shows no sábado, ela não estava bonita. Mas, mais importante, ela estava linda, e mesmo com sua orquestra de gravação de doze instrumentos e três vocais de apoio usando saris no palco com ela, nunca houve qualquer dúvida sobre quem era o centro das atenções... e nem motivo."

Na mesma edição do *Tribune*, foi mencionada a apresentação programada no "Jail Show of 1972" ao ar livre para mais de 3.200 presidiários da Cadeia do Condado de Cook.

— Ken Cunningham tem um grande coração para os oprimidos e menos afortunados — disse Cecil. — Ele estava sempre providenciando para que Aretha cantasse e fizesse shows beneficentes para aqueles que não tinham o privilégio de vê-la. Nisso, Ken foi uma grande influência. Sua consciência política combinava perfeitamente com a de Aretha e a minha. Lembro de algo que ocorreu no verão em que Nixon estava concorrendo à reeleição. Meu bom amigo Marvin Gaye lançou um single muito político chamado "You're the Man". Como tudo o que Marvin fazia, era repleto de ironia mordaz – um tapa na cara do sistema. Acho que Aretha e eu ouvimos umas vinte vezes seguidas. Foi quando ela me disse que queria muito cantar com Marvin. Pouco tempo depois, encontrei Marvin em Detroit. "Quando quiser, irmão", disse ele. "Estou pronto." Durante anos, tivemos idas e vindas, tentando fazer o encontro acontecer. Estávamos sempre correndo em direções diferentes e nunca dava certo. Isso ainda me incomoda. Só posso imaginar que tipo de música minha irmã e Marvin teriam feito juntos.

Ruth Bowen também se lembrou da parada de sucessos daquele ano, mas por um motivo diferente.

— Sammy Davis, Jr., uma das minhas pessoas favoritas em todo o mundo – eu era muito próxima dele, assim como da mãe dele –, trouxe uma baita surpresa. Como estávamos na era do soul, todos diziam que Sammy – essencialmente um artista da Broadway – nunca mais lançaria outro sucesso. Tentando estar atualizado, Sammy tinha mesmo assinado com a Motown, mas eles não sabiam o que fazer com ele. Então saiu um filme – *A Fantástica Fábrica de Chocolate* – que tinha uma música chamada "Candy Man". Acabou sendo o único sucesso número um de Sammy em sua carreira. "Estou feliz", Sammy me contou, "mas quero um sucesso com o tipo de música que Aretha canta". "Agradeça por suas bênçãos", falei, "e coma seu doce".

A *Jet* reportou que em agosto, de volta a Nova York após suas sessões de gravação com Quincy Jones, Aretha estava em uma vigorosa rotina de ciclismo no Central Park. Ela disse à revista que tinha começado uma nova rotina de dieta e exercícios que exigia que ela bebesse muita água misturada com vinagre e mel.

Um divisor de águas chegou em setembro com o lançamento da versão de Aretha de "Wholy Holy", o primeiro single de *Amazing Grace*. Quando o disco não conseguiu subir nas paradas, surgiram dúvidas. O projeto seria um fracasso comercial?

— Depois do enorme sucesso de Aretha no mercado de R&B e pop, eles pensaram que promover um álbum gospel decepcionaria seus fãs de música secular — disse Wexler. — Havia também a sensação de que, depois de deixar o campo da música gospel – como Sam Cooke fez –, não há volta. Então, quando "Wholy Holy" não teve um sucesso significativo, os pessimistas entraram em ação. Mas não por muito tempo. Os fãs não procuravam singles em *Amazing Grace*. No final das contas, eles acolheram o álbum em sua totalidade, como uma experiência de escuta orgânica e completa. Em menos de seis semanas, vendeu mais de um milhão de cópias. Era inédito para um álbum gospel ou R&B – principalmente um álbum sem singles de sucesso. O disco estava prestes a fazer história. A razão era a qualidade. Quando a qualidade é fantástica, um disco vende, não importa o gênero. Por exemplo, *Kind of Blue*, de Miles Davis. Ninguém jamais acreditaria que um álbum de jazz venderia vários milhões de cópias. Mas aquele álbum de jazz em particular é simplesmente tão bom – as composições, a execução por Miles, Coltrane e Cannonball, o novo som modal – que superou tudo, até o que veio depois. *Kind of Blue* é para o jazz o que *Amazing Grace* é para o gospel. Estabeleceu um novo padrão.

Nesse mesmo momento (na metade de 1972), Wexler estava ouvindo os originais finais de *Hey Now Hey*.

— Naturalmente, eu adorava "Angel" — disse Wexler. — Todo mundo adorava e todos sabiam que era um sucesso. Carolyn salvou Aretha naquele disco. Se não fosse por "Angel", o álbum teria sido um fracasso total. Mesmo com "Angel", o álbum ainda era visto como um fracasso. Isso diminuiu o ritmo de Aretha. Carreiras têm trajetórias e, desde que entrou na Atlantic, a de Aretha foi subindo, subindo, subindo. Quincy Jones conquistou um lugar lendário na história da música. Sua grande banda era maravilhosa. Seus arranjos para Dinah Washington eram ótimos. No pop, ele fez "It's My Party", de Lesley Gore, e nem preciso falar do trabalho incrível que ele fez com Michael Jackson. Mas ele não fez bem para Aretha. Talvez fosse culpa dela. Talvez ela tivesse voltado a beber. Talvez ela o tenha tirado do jazz. Não sei. Só sei que o lançamento desse álbum representa o fim da era de ouro dela na Atlantic.

Wexler estava certo. Aretha nunca recuperou o encanto ou o ritmo de sua primeira série notável de álbuns na Atlantic. Assim como Hammond e seus colegas acabaram ficando sem ideias férteis para a artista, Wexler e seus colegas estavam prestes a fazer o mesmo.

21
COMPRANDO

— **Aretha e Ken Cunningham** sempre estavam tramando grandes planos — disse Ruth Bowen. — Ele a convenceu de que podia dirigir um filme estrelado por ela. Se Barbra Streisand conseguia, Aretha também conseguiria. Aretha tinha uma implicância com Barbra Streisand. Como elas começaram juntas na Columbia, Aretha sempre a viu como uma concorrente. Ree via todas as cantoras como concorrentes. Como Barbra tinha uma grande voz ressoante, era vista como uma concorrente ainda mais poderosa. Então, quando Barbra lançou *Funny Girl* e ganhou um Oscar, Aretha se viu fazendo o mesmo. Depois veio Diana Ross.

"Quando Berry Gordy colocou Diana para interpretar Billie Holiday em *Lady Sings the Blues*, Aretha teve a mesma reação – por que não eu? 'Bem, querida', falei. 'Porque você não tem Berry Gordy. Diana tem'. Aretha se via superada por mulheres que não tinham mais talento do que ela. Se elas conseguiam um filme, ela também conseguiria.

Não há nada de errado nessa atitude. No show business, um espírito competitivo é bom. Contribui para a motivação e – para alguém que nem sempre gostava de trabalhar – Aretha poderia usar toda a motivação que conseguisse. Mas Ken nem sempre foi realista a respeito do que significava fazer um filme. Ele simplesmente não tinha força financeira. Mas era o homem dela e, embora eu acredite em ser franco com meus clientes, desde cedo aprendi que conversa franca nunca supera uma conversa íntima. A conversa íntima sempre vence."

A *Jet* do dia 12 de outubro menciona que Cunningham e Franklin estavam buscando lugares na Espanha "para um filme que ele vai dirigir e ela vai estrelar". O filme nunca aconteceu. A revista mais tarde reportou que Aretha estava "tirando uma de folga dos shows na primeira metade do ano para ajudar seu amigo e confidente Ken Cunningham a montar um filme sobre mulheres negras".

Embora os projetos do filme nunca tenham sido realizados, Aretha manteve suas aparições públicas quando se juntou a Isaac Hayes, Gladys Knight, os Jackson Five e Donny Hathaway em Chicago na PUSH Expo '72, conduzida pelo reverendo Jesse Jackson.

A aparência dela foi o assunto de uma edição da *Jet* que abordou sua dieta de "minirrefeições". Ela disse que havia perdido onze quilos e estava perto de atingir sua meta: sessenta quilos. Ela também disse: "Bem, não vou ficar tão magra. Vou deixar o suficiente para alguém agarrar". No artigo, havia uma foto de Franklin de biquíni em Nassau.

A revista também notou que Cecil estava em busca de um novo contrato de gravadora para Aretha Franklin. Com o contrato dela na Atlantic encerrado em 31 de março, ele estaria conversando com a ABC-Dunhill, a Columbia e a Warner Brothers. O valor dela era de cinco milhões de dólares.

— Eu tinha algumas dúvidas sobre nosso poder de barganha — Cecil me disse. — Claro que Ree teve uma sequência incrível de sucessos. Mas a verdade é que seu único álbum de platina foi *Amazing Grace*. Ela tinha uma grande sequência de singles que de alguma forma não se transformaram em grandes sucessos de vendas de LPs. E então, logo após *Hey Now Hey*, que não parecia ir tão bem assim, senti que estávamos um pouco vulneráveis. Por outro lado, Ruth e Aretha sentiram que estávamos em uma posição forte.

— A Atlantic ofereceu três milhões — falou Ruth. — Eu disse que não era nada. Que ela precisava do dobro. Aretha me apoiou, mas Cecil foi um pouco cauteloso. Eu disse a Cecil para buscar outras gravadoras. Que isso ia fazer Ahmet e Wexler ficarem nervosos. No começo dos anos 1960, eles tinham perdido Ray Charles para a ABC Paramount. Foi quando Ray lançou seus grandes sucessos country. A saída dele custou uma fortuna para a Atlantic. Eu não imaginava aqueles rapazes cometendo o erro duas vezes.

— Não gostei de como Cecil estava agindo — disse Wexler. — Eu não gostei. Claro que Aretha era uma pessoa livre e tinha o direito de ver o que havia por aí. Mas no fim das contas, foi na Atlantic que ela se redescobriu. Deixando de lado o tremendo talento dela, nossa opinião foi essencial para seu sucesso fabuloso. Ela não se reinventou num piscar de olhos. A reinvenção aconteceu na cultura específica da Atlantic Records. Certamente merecíamos consideração especial.

— A primeira escolha de Aretha era ficar na Atlantic — revelou Cecil. — Ela sentia que devia a eles gratidão e lealdade. Mas negócios são negócios. Nesse caso, segui Ruth. Fiz o máximo para deixar Wexler preocupado.

— O cara que mais me preocupava era Clive Davis — contou Wexler. — Ele estava na Columbia. Agora, Clive é sagaz. Ele é o cara que levou a Columbia, uma gravadora clássica e produtora de musicais da Broadway – eles fizeram uma fortuna com "My Fair

Lady" –, para a era do rock and roll. Clive havia ido ao Monterrey Pop Festival e visto o futuro em Janis Joplin. Ele viu o dinheiro no rock and roll. No início dos anos 1970, também viu dinheiro no rhythm and blues. Foi quando ele foi atrás de uma fatia maior do mercado de música negra. Assinou com Earth, Wind & Fire e também fechou um acordo de distribuição com Kenny Gamble e Leon Huff na Philly International, e os dois eram ótimos compositores e produtores. Clive viu que a Philly International – que estava em chamas com os O'Jays e Harold Melvin e os Blue Notes – estava pronta para ser a nova Motown. Não tenho dúvidas de que Gamble e Huff tinham talento para produzir Aretha, mas eu não iria perder a oferta.

— Quando Wexler ofereceu quatro milhões — começou Cecil —, eu quis aceitar. Afinal de contas, Aretha havia originalmente assinado com a gravadora por 25 mil dólares. Claro, ela dava muito lucro, e claro, ela tinha décadas de mais sucessos por vir, mas a Atlantic havia aumentado a oferta original em um milhão. Como sempre, pedi o conselho de Ruth Bowen.

— Eu disse para Cecil e Aretha, sejam firmes — falou Ruth. — A Atlantic não é mais um selo independente. A Atlantic é da Warner, uma corporação enorme com muita grana. Vocês estão em uma nova era. Exijam os seis milhões.

Aretha recebeu os seis milhões.

— Ahmet e eu sentimos que não tínhamos escolha — pontuou Wexler. — Estávamos assombrados pela memória de perder Ray Charles e não íamos deixar acontecer de novo. Convencemos o pessoal da Warner a fazer o negócio. Celebramos com champanhe. Aretha pegou o dinheiro, comprou uma casa glamorosa no Upper East Side, na 88th Street, entre a Quinta Avenida e a Madison, contratou um decorador e foi extravagante.

— O lugar era lindo — disse a cunhada Earline. — Aretha tinha orgulho de sua casa e recebia convidados com frequência - principalmente sua família. Ela foi generosa em receber a mim, Cecil e as irmãs dela sempre que quiséssemos. Foi um tempo bom. Ela parecia estável, mas estabilidade com Aretha é uma ilusão. Suas emoções - seus altos e baixos sempre intensos - não a deixam ficar estável. Se a estabilidade durar alguns meses, ela está com sorte. Depois disso - cuidado!

No dia 16 de janeiro de 1973, a estabilidade dela foi abalada pela morte de Clara Ward. C.L. Franklin estava ao lado dela. Aretha e ele se apresentaram no funeral dela na Filadélfia.

— Foi uma enorme perda para a nossa família — disse Cecil. — Meu pai talvez tenha perdido sua amiga mais próxima. E Aretha perdeu outra figura materna - a cantora cujo estilo, na música e na moda, mais a influenciara.

Depois da morte da irmã, Willa Ward encontrou um caderno no qual Clara registrara as impressões de figuras importantes de sua vida. "Minha querida Aretha", escreveu. "Ela não sabe quão boa é. Duvida de si."

Em fevereiro, Aretha estava na Califórnia para se apresentar no especial de televisão de Quincy Jones, *We Love You Madly*, uma homenagem a Duke Ellington. Aretha ficou especialmente emocionada ao aparecer junto de Duke Ellington, Count Basie, Ray Charles, Sammy Davis, Jr., Tony Bennett, Joe Williams, Billy Eckstine, Sarah Vaughan e Peggy Lee. Ela ficou muito bem entre os mais velhos. Ela fazia parte da contingência juvenil do programa, que incluía Chicago e Roberta Flack.

— Ela não fez objeções a Sarah e Peggy — contou Ruth Bowen —, mas não gostava que Roberta Flack estivesse no programa. Aretha sentiu que uma cantora de soul era suficiente. Desde que Roberta entrou na Atlantic, Aretha não gostou da atenção que eles estavam dando a ela. Tive que garantir a Aretha que Roberta era um tipo muito diferente de artista e que de forma alguma roubava o brilho dela. A questão surgiu de novo e de novo e, por fim, desisti de tentar acalmá-la. Deixei a Atlantic lidar com o assunto.

— Aretha sabia que eu era o produtor de Roberta — disse Joel Dorn. — Por causa disso, toda vez que eu a encontrava no estúdio, ela olhava para mim com raiva. Eu sempre fui extremamente educado, mas nunca consegui superar seu olhar de sangue frio. Já lidei com mulheres frias antes, mas ela era gelo absoluto. Se você visse, ia pensar que eu matei o cachorro dela.

Em março de 1973, Aretha voltou ao estúdio para gravar *Let Me Into Your Life*. A esperança era que, de volta à equipe de Wexler, ela pudesse reverter a queda nas vendas que começou com *Hey Now Hey*. Não deu certo.

A música-título de Bill Withers é um cover comum. Outras versões são mais convincentes: "Ain't Nothing Like the Real Thing", gravada por Marvin Gaye e Tammi Terrell e escrita por Ashford e Simpson, "I'm in Love" de Bobby Womack, "A Song for You" de Leon Russell (com Richard Tee nos teclados), além de mais uma dramatização bem elaborada de "The Masquerade Is Over". Mas também tem partes tediosas: "Oh Baby" e "If You Don't Think So", dois originais inferiores de Aretha. O sentimento é de uma obrigação sem inspiração. O único sucesso no topo das paradas é "Until You Come Back to Me (That's What I Got to Do)", de Stevie Wonder, Clarence Paul e Morris Broadnax – o single que alcançou o primeiro lugar no R&B, passou para o terceiro lugar pop, e tornou-se parte permanente do repertório de Aretha.

Em seu encarte para a reedição do álbum, o acadêmico de soul David Nathan aponta que, pela primeira vez durante uma sessão de gravação, Aretha deixou um jornalista observar os procedimentos. Lorraine Alterman, da *Melody Maker* de Londres, cita Wexler ao explicar por que essas sessões foram tão diferentes do trabalho anterior dela na Atlantic.

— Essas são as primeiras sessões marcadas que fazemos com ela — contou Wexler ao repórter. — Tudo o que fizemos com ela sempre foi ensaiado no estúdio com apenas o pessoal do instrumental lá.

Em retrospecto, a decisão parece ser um erro. Não tem espontaneidade.

A capa do álbum revela uma Aretha esbelta e coberta por um casaco de pele, seu cabelo afro um pouco suavizado e destacado com um tom de vermelho.

— Depois dos seis milhões que pagamos pelo novo contrato — disse Wexler —, o álbum não deu certo. A música de Stevie não era suficiente para salvá-lo. Depois de *Hey Now Hey*, outra performance ruim, e eu soube que a franquia Franklin estava com problemas. Precisávamos de algo novo. Não digo isso para menosprezar Aretha porque, de todas as formas, ela foi uma grande colaboradora das próprias produções. E quando concordamos em incluí-la como coprodutora, a atitude dela mudou. Ela estava aceitando menos as ideias e muito mais inclinada a iniciar as suas próprias. Tive que brigar com ela para deixar Donny Hathaway tocar nessas canções. Ela pensou que seria soul demais. Também não gostou de ter Deodato tocando em "Let Me In Your Life". Ela pensou que seria soul de menos. Estávamos começando a ter problemas. Antes, ela basicamente concordava com o meu programa. Agora, ela tinha seu próprio programa. Bem, no caso de Quincy, esse programa não funcionou.

Essa foi outra instância em que senti que o conceito dela estava disperso e emocionalmente desconectado.

Uma desconexão emocional também estava evidente na vida pessoal de Aretha.

— Não demorou muito depois que ela se mudou para a casa nova para começar a ter o que ela descrevia como pesadelos — disse Erma. — Ela começou a me ligar em Detroit quase todos os dias com histórias desses sonhos terríveis. Ela disse que eram um mau presságio. Ela soava trêmula, o que não é nada típico da minha irmã. Perguntou se eu poderia ficar com ela em Nova York, mas meu trabalho não permitia. Mas Carolyn conseguiu ir e acabou ficando com ela por um tempo.

— Ela estava abalada mesmo — contou Carolyn. — Não sei o que estava causando o estresse - talvez todas as viagens com Ken, talvez a pressão dos shows, talvez a tensão pelas negociações com a Atlantic -, não tenho certeza. Mas ficou cada vez mais difícil para ela sair da cama. Ela chorava muito e, por fim, não tivemos escolha a não ser mandá-la para o hospital.

Da revista *Jet*, 12 de abril de 1973: "Aretha enterra rumores de que está prestes a 'enlouquecer'. Não é de se espantar que muitos dos seguidores [de Franklin] tenham ficado consternados com as notícias errôneas vindas de Nova York de que a srta. Franklin foi 'hospitalizada por conta de um colapso nervoso'. A rainha do soul ficou tão comovida pela preocupação de seus admiradores que convocou a primeira entrevista coletiva de sua carreira para explicar que sua internação de três dias no Mount Sinai Hospital, em Nova York, foi causada por exaustão física aguda, fato atestado por seu médico pessoal, dr. Aaron O. Wells. Com aparência sadia, saudável e em forma após sua breve internação no hospital, a srta. Franklin explicou que a exaustão física foi causada por uma agenda cheia com gravação de três programas de televisão, que incluía uma aparição em um segmento do *Flip Wilson Show*, ainda a ser televisionado. Após sua temporada em Los Angeles, a srta. Franklin voou para Nova York para uma homenagem especial à empresária Ruth Bowen, mas teve que voltar e seguir para Detroit, onde seu pai, o reverendo C.L. Franklin, havia sido hospitalizado para uma cirurgia na garganta."

Na mesma edição da *Jet*, havia um item adicional: "O boato de que Aretha Franklin tem uma cena seminua em um filme que será lançado em breve. O filme, ainda sem título, foi filmado no último outono enquanto a rainha do soul estava de férias nas Bahamas."

— Por anos, Aretha usou a *Jet* para limpar sua imagem — disse Ruth Bowen. — A verdade é que ela havia sofrido um tipo de colapso e estava inflexível na opinião de que o público precisava vê-la como saudável. Tentei dizer a ela que não há vergonha em ter desafios de saúde mental. A maioria de nós passa por esses desafios de uma forma ou de outra. Mas ela não conseguia tolerar que eu ficasse sabendo disso. "Quem *não* sabe que você está triste, Aretha?", eu perguntava. "Pelo amor de Deus, você canta blues. É para você ser triste". Não importava o que eu dizia. Meu trabalho era manter o que ela considerava "podres" fora da imprensa e dar pautas - como a de que ela havia aparecido seminua em um filme - para as revistas. Eu inventei metade das histórias, mas se a deixava feliz, que fosse. Em troca, ela me deixava feliz ao me ajudar a organizar um jantar beneficente. A essa altura, ela já havia sido liberada do hospital e estava retomando seu equilíbrio emocional.

Naquele mesmo inverno, Aretha, junto a Sammy Davis, Jr. e Ray Charles, patrocinou um jantar beneficente para Ruth Bowen no New York Hilton, e os lucros foram para a fundação de pesquisa e educação em anemia falciforme e para o fundo de bolsas de estudos do Miss Black America.

— Foi uma noite linda — lembrou Ruth. — Aretha estava totalmente recuperada e no seu melhor. Ela não poderia ter sido mais gentil. Antes de cantar como um anjo, ela me elogiou horrores, como uma filha agradecida reconhecendo o amor de uma mãe. O salão de baile estava lotado com todas as estrelas da galáxia do show business. Eu disse a elas que fui abençoada por ter servido a duas rainhas em minha vida: primeiro Dinah e agora Aretha. Eu chorava tanto que estraguei minha maquiagem.

— A noite para Ruth deu certo — disse Cecil —, mas depois Aretha entrou em depressão outra vez. Foram tempos difíceis. Eu não sabia como tirá-la da tristeza. Era uma tristeza profunda. Ken certamente queria ajudar, mas só podemos ajudar Aretha até certo ponto. A certa altura, ela resiste à ajuda. Ela diz: "Você está me fazendo sentir impotente. Me deixe em paz. Cai fora." Eu sei quando recuar. Não tenho certeza se Ken sabia.

— Ken também estava invadindo o território de Cecil — falou Ruth. — O primeiro homem sério de Aretha (Ted White) foi empresário dela, e eu pude entender por que Ken se viu caindo nesse papel. Mas depois de Ted, esse papel foi dado a Cecil por ninguém menos que o reverendo C.L. Franklin, o homem que Aretha respeitava mais do que qualquer um no mundo. No gerenciamento, Cecil era poderoso. Fui mentora dele, mas sabia que não devia invadir seu território. Quando se trata de aconselhar talentos, é importante ter limites. A gente não pode pisar no pé de pessoas que conhecem o artista há muito mais tempo do que a gente. Não tenho certeza se Ken foi sábio em colocar Aretha em tantos negócios diferentes - de filmes a linhas de roupas. Pensando agora, esses planos desapareceram. Não estou culpando Ken. Aretha sempre foi muito cheia de ideias de negócios. Desde os primeiros anos em que trabalhamos juntas, ela falava de abrir o próprio restaurante de comida soul em todas as grandes cidades. Nunca abriu nadinha. Cecil e eu não podíamos lhe dizer que ela não tinha as habilidades de negócios, mas sabíamos como distraí-la. Ken ficava pressionando.

Ao falar de Ken, Aretha sempre fazia elogios. Em sua longa lista de amigos homens, ele tinha as notas mais altas. No entanto, o relacionamento não durou porque ela sentiu que Ken não dava a Cecil o respeito que seu irmão merecia.

— Os problemas no relacionamento de Ree com Ken certamente contribuíram para a condição nervosa dela — afirmou Carolyn. — Aquele foi seu segundo ou terceiro colapso total. E eu digo literalmente: ela simplesmente não conseguia escrever, ensaiar, gravar ou se apresentar.

— Mas eis o problema da minha irmã — disse Erma. — Você acha que esses colapsos são um padrão generalizado. E nesse sentido eles são. Mas, no fim das contas, ela não fica para baixo. No fim das contas, ela se recupera. Pode demorar um pouco, mas seu compromisso com a carreira é forte como aço.

Na primavera, Aretha se sentia renovada.

"A Igreja Batista Canaã do reverendo Wyatt T. Walker, no Harlem, recebeu uma visita surpresa, na manhã de domingo de Páscoa, da irmã número 1 do soul, Aretha Franklin", escreveu a *Jet*. "Em resposta a um pedido do reverendo Walker, Aretha se levantou e cantou 'Amazing Grace' para os frequentadores surpresos da igreja. De acordo com uma testemunha, levou quase trinta minutos depois que ela terminou de cantar para que a igreja se acalmasse e o culto pudesse continuar."

Naquele mesmo mês, ela cantou "Rock Steady" no *Soul Train*.

Em julho, ela se apresentou no show do Newport Jazz Festival no Nassau Coliseum junto com Donny Hathaway, Duke Ellington e Ray Charles.

"Angel" começou a subir nas paradas.

— "Angel" definitivamente mudou o ânimo dela — disse Carolyn. — Ela estava com muito medo de que *Hey Now Hey* fosse um fracasso total de vendas. Acho que ela me mandou uma dúzia de rosas umas duas ou três vezes para me agradecer pela música. O sucesso a colocou de volta nos trilhos, e ela e Ken tinham voltado a se dar bem. No mundo da música, um sucesso é algo que deixa todo mundo feliz e parece resolver todos os seus problemas - pelo menos por um tempo.

Nas festas de fim de ano, Aretha estava otimista. Ela alugou um iate e fez um cruzeiro para as Bahamas, descansando antes de sua turnê de 1974. Além de Ken Cunningham, estavam a bordo Cecil, sua esposa Earline e Norman Dugger, assistente pessoal de Aretha e gerente de estrada de longa data.

— Depois de entrar e sair de todos aqueles hospitais, o cruzeiro fez um bem enorme a ela — disse Dugger, que serviria como o leal tenente de Aretha pelos próximos 38 anos. — Ela estava o mais relaxada possível. Aretha nunca está completamente em paz, mas no geral aquele iate a ajudou a relaxar muito. Ela ficava falando de todos os pratos que queria fazer e colocar em um livro.

A *Jet* disse que "Aretha Franklin voltou de um cruzeiro pelas Bahamas com ideias para um livro de receitas que incluiria receitas como a paella de Ken (Ken Cunningham), salada de batata de Norman (Norman Dugger) e uma coleção de outras delícias como torta de nozes pecã, costelas fritas, sorvete caseiro e pão com torresmo. A rainha do soul ainda garante que, apesar de experimentar e testar todos os pratos, manterá seu tamanho entre 42 e 44 depois de comer todas as boas receitas. Ela ainda está tomando vinagre de maçã, mel e água. Uma mistura dos três ingredientes três vezes ao dia manterá essas calorias longe."

Em 14 de janeiro de 1974, ela entrou em estúdio para começar a gravar o que seria *With Everything I Feel In Me*, álbum que marcaria uma nova queda na qualidade e nas vendas.

A capa reveladora a mostra com um casaco de pele de vison caído até os ombros, exibindo um grande decote. Ela tem um sorriso que diz "venha cá me ver" em seu rosto ultraesbelto. Assim como Somerset Maugham descreveu em uma de suas muitas coleções de contos, é a mesma mistura de antes. Há dois originais de Carolyn, uma música original de Aretha e um monte de covers, todos os ingredientes da já conhecida receita repleta de R&B, pop e gospel preparada pela cantora e seus coprodutores.

— A fórmula só funciona por um tempo — disse Wexler. — Estávamos conscientes disso. Pensávamos que ao incluir duas músicas de Bacharach e Davis - "Don't Go Breaking My Heart" e "You'll Never Get to Heaven" - poderíamos fazer mágica, mas não funcionou. Como ela havia emagrecido, estava com um humor explosivo. Ela não estava usando drogas, mas com certeza estava emocionalmente drogada. Tinha certeza de que aquele seria o melhor álbum de sua carreira. Lembro que a questionei sobre o fato de ela ter incluído uma canção de amor de James Cleveland. James é o rei do gospel, mas dificilmente o rei das canções de amor. Achei que era um tapa-buraco. Aretha achou que era ótima. A música ficou. E o álbum inteiro deu errado. Foi a primeira vez que um álbum de Aretha Franklin da Atlantic não conseguiu colocar nenhum single no Top 40.

Antes que o álbum estivesse pronto, Aretha saiu em turnê. No início de março, ela se apresentou em Chicago, onde, de acordo com a *Jet*, "ela eletrizou o público no Auditorium Theatre lotado com sua nova silhueta de tamanho 40. Usando um terninho muito apertado de cetim branco, de costas abertas, sua majestade saltou para o piano e revelou a seus súditos: '*I looked at myself in the mirror and said to myself, Go on child, you done really got yourself back.*' [Eu me olhei no espelho e disse a mim mesma: Vá em frente, criança, você está de volta]".

Uma semana depois, ela tocou no Apollo. A crítica de John Rockwell para o *New York Times* indica como será o show de Aretha Franklin nas próximas décadas:

"Atualmente, a srta. Franklin parece empenhada em se aproximar de uma espécie de glamour de cabaré estilo Liza Minnelli, completo com figurinos brilhantes, uma cartola e muito rebolado."

Em 25 de março de 1974, Aretha comemorou seu aniversário de 32 anos.

— Ken deu a ela uma festa surpresa em sua casa no East Side — disse Ruth. — Ken é quase tão perigoso na cozinha quanto Aretha. Ele nos reuniu na sala de estar e, quando Ree desceu, vestindo seu roupão, nós aparecemos de uma vez e demos um susto nela. Ela adorou.

Três dias depois, a *Jet* chegou às bancas com isto: "Ken Cunningham, cônjuge e empresário de Aretha Franklin, é também roteirista de cinema e tem um roteiro e tanto... e está em busca de investidores para transformá-lo em filme".

— Eu que espalhei essa matéria — informou Ruth Bowen. — Eu espalhava a maioria das matérias que Aretha achava que iam ajudar a causa. A imprensa negra estava sempre mais do que disposta a acomodá-la. Nem sempre gostei de fazer isso porque muitas matérias eram apenas anúncios para angariar investidores nos projetos dela e de Ken. Eu sabia que esses projetos não iam a lugar nenhum, mas, em vez de discutir com a rainha, eu fazia o que ela queria. Afinal de contas, esse era o meu trabalho.

Em maio, a *Jet* publicou mais uma reportagem de capa de Aretha que não deixou Cecil feliz. O repórter escreveu: "É em Ken que ela busca orientação na maior parte de suas decisões profissionais. Ele produziu o show que ela apresentou recentemente no Apollo e que ela levará ao Japão para uma turnê neste verão e à Europa no outono. Ken também tem grande influência nas datas e nos locais de suas apresentações."

— Cada vez mais as pessoas achavam que Ken era o empresário dela — relatou Cecil —, não eu.

— "Ninguém vai criar uma barreira entre você e sua irmã", eu disse a Cecil quando ele ligou para reclamar — contou Ruth. — Só tenha paciência. As coisas vão acontecer. Enquanto isso, se ela quiser colocar Ken um pouco sob os holofotes, deixe que coloque. Agora não é hora de implicar. Ela está feliz, e isso é tudo que importa. Cecil me ouviu. Ele sempre ouvia.

Na edição de junho da *Ebony*, Ruth voltou os holofotes para si mesma. Ela organizou um artigo com uma manchete que dizia: "Primeira-dama das reservas de talentos". O artigo descrevia como Bowen era implacável no ramo dominado por homens brancos. Na época, a Queen Booking tinha 12 anos. Sua principal cliente continuava sendo Aretha, que disse ao repórter: "Ruth é minha amiga e também minha agente, e ela é única porque se preocupa tanto com você, a pessoa, quanto com o artista que ganha os 10% dela. Ela diz na lata quando acha que você se enganou - dentro e fora do palco".

Uma foto mostrava Ruth ajudando Aretha a escolher roupas para uma apresentação. Também afirmaram que Bowen havia dito que "representou a maioria dos artistas da Motown, das Supremes a Stevie Wonder". No entanto, quando os artistas cresciam, eles eram abordados por grandes agenciadores e muitas vezes "colocados em uma agência branca". De acordo com Ruth, sua maior estrela resistiu a esses intrusos. "Aqueles caras simplesmente não conheciam Aretha", disse Ruth. "Nada pode abalar sua lealdade e seu amor."

Durante o verão, quando o escândalo Watergate resultou na renúncia de Nixon, Cecil lembrou-se de uma certa alegria na casa Franklin.

— Meu pai, Ken, Aretha, todos nós mal podíamos esperar para ver Nixon dar o fora — falou Cecil. — Fizemos uma festa "Adeus, Babaca" no fim de semana após sua renúncia. Essa foi uma das únicas vezes em que Aretha consumiu álcool. Mas foi compreensível. Foi melhor do que a véspera de Ano Novo.

Em outubro, a implacável campanha de relações públicas na imprensa negra continuou. Mais uma vez, foi Ruth Bowen quem convenceu a *Ebony* a colocar Aretha na capa.

— Prometi a eles acesso total e fotos exclusivas — disse ela. — Falei que queria que o foco fosse a Nova Aretha: magra e sexy. Essa foi a história que recebi. Aretha ficou muito feliz.

O artigo falava dos designers favoritos dela — Stephen Burrows, de Nova York, e Boyd Clopton, de L.A. O ponto principal da história era sua perda de peso. As fotos mostravam Aretha jogando sinuca em sua casa, praticando uma tacada de golfe em um campo de Nova York e posando com uma nova roupa reveladora. Também falava de um livro de dieta que nunca foi escrito. Ela revelou que seu método era a moderação. Gostava de pegar uma colher e mergulhá-la no canto de uma panela cheia de comida gordurosa.

— Quando li o artigo — iniciou Ruth —, pensei: "A gata está falando demais sobre comida. Se ela ganhar esse peso outra vez, terá que fazer tudo de novo. Mas Aretha tem uma obsessão por comida. Há momentos em que ela pode deixar a compulsão de lado. Aquele foi um desses momentos. Mas, no final das contas, a obsessão volta. Da mesma forma que algumas pessoas se consolam com as drogas, Ree é assim com a comida. Esqueci o ano exato, mas foi em algum momento dos anos 1970 que ela finalmente desistiu da bebida e nunca mais voltou a beber. Mas a comida é diferente. Você não pode desistir da comida. Então, se você é viciado em açúcar, pão ou frango frito, bem, é muito fácil conseguir essas coisas e se esbaldar.

No final de janeiro de 1975, Franklin apareceu no programa de televisão *The Midnight Special*. Com seu cabelo afro ruivo volumoso e um cachecol turquesa de penas, ela se sentou ao piano ao lado de Ray Charles e cantou "Takes Two to Tango", uma revisitação da música que Ray havia gravado com Betty Carter catorze anos antes.

Ela continuou sua tradição de dar a si mesma um aniversário extravagante. Seu 33º aniversário aconteceu no Hotel Pierre em Nova York, com apresentação dos Spinners.

— Os Spinners deviam um favorzão a Aretha — iniciou Ruth Bowen. — Quando o contrato deles com a Motown terminou no início dos anos 1970, foi Aretha quem os puxou para a Atlantic. Ela os colocou na gravadora. Foi nessa época que Philippe Wynne se tornou o vocalista principal. Aretha, como todos nós, reconheceu Philippe como um dos estilos de soul mais originais desde Sam Cooke. E, claro, foi na Atlantic que os Spinners lançaram aqueles sucessos monstruosos como "One of a Kind (Love Affair)" e "Mighty Love". Naquela noite, eles cantaram de graça. Diabos, eles teriam até pagado para Aretha pela honra de cantar em sua festa.

Uma semana depois, Aretha voou para Los Angeles para o Oscar. *O Poderoso Chefão 2* dominou tudo. Pela segunda vez, foi Frank Sinatra quem apresentou Aretha ao público mundial do Oscar. Ela cantou uma música esquecível de um filme esquecível: "Wherever Love Takes Me", da trilha sonora de *A Maldição do Ouro*.

Em junho, a *Jet* publicou este artigo sugerido por Ruth Bowen: "A rainha do soul está e deve estar especialmente orgulhosa de seus dois filhos mais velhos, Clarence e Edward, que são alunos nota A. Ela os tirou da escola particular há um ano e os colocou em uma escola pública em Nova York para que pudessem ficar perto de 'pessoas reais'."

— Eu amo os filhos de Aretha — declarou-se Ruth — e relatei com todo cuidado o que Aretha me instruiu a relatar. Mas eu também sabia que, como todas as crianças, eles tinham seus desafios. Esses desafios continuariam ao longo dos anos. Mas sempre que havia um problema, Aretha trabalhava de forma rápida e furiosa para garantir que a imprensa não soubesse. Ela foi inflexível em dizer ao mundo que seus filhos eram normais. Bem, não acredito que alguém seja "normal", principalmente os filhos de grandes estrelas. Ao mesmo tempo, eu não a culpo por proteger a privacidade deles. E até hoje ninguém consegue tirar de mim informações sobre eles. É assim que deve ser.

Uma crítica da *Billboard* sobre o show de Aretha de 27 de maio no Westchester Premier Theatre em Greenburgh, Nova York, deu uma imagem de suas apresentações de meados dos anos 1970: "Além de parecer um anjo, com uma roupa branca enfeitada com lantejoulas, Aretha Franklin conseguiu cantar como um anjo."

Além de seus sucessos, ela fez covers de "With a Song in My Heart", "Can't Get Enough of Your Love" de Barry White e "Respect Yourself" dos Staples, com sua imitação perfeita de Mavis. Ao piano, ela cantou "Bridge Over Troubled Water".

"Ela sempre parece se virar muito bem ao cantar arranjos com uma estrutura de chamada e resposta", escreveu o crítico, "ela pode tecer sua voz subindo, contornando e indo além de uma linha rítmica simples, mas forte".

Aretha voltou para casa em Manhattan no início de setembro. Lá, de acordo com uma reportagem da imprensa, "a cantora está redecorando sua casa e reunindo material para um especial de televisão que apresentará os pontos altos de sua carreira". Esse especial nunca aconteceu.

Apesar de todas as críticas entusiásticas de suas apresentações ao vivo, suas apresentações gravadas não estavam vendendo.

— Quando *You* saiu em outubro — disse Wexler —, ficamos muito preocupados. Aretha tinha certeza de que a música que ela havia escrito - "Mr. D.J" - seria um sucesso. Eu tinha minhas dúvidas, mas lançamos como single assim mesmo. Hoje ninguém consegue se lembrar da música. Ninguém se lembra de parte alguma de *You*.

— Fui chamado para fazer os arranjos — Gene Page me contou —, porque Aretha gostou dos arranjos que eu tinha feito para Barry White. Era o tipo de orquestração que ela estava procurando. Claro que Aretha cantou de forma celestial. E é claro que adorei estar no estúdio com ela. Mas não tenho certeza se as músicas que ela escolheu chegavam ao seu nível habitual. Lembro de uma música de Van McCoy que gravamos - "Walk Softly" - e uma linda, de sua irmã Carolyn - "As Long As You Are" -, mas foi só isso. Nada deu certo e, embora eu aprecie o tempo que passei com a rainha, as sessões foram tensas. Ela e Jerry Wexler pareciam estar fora de ritmo. Os dois sabiam que precisavam de um sucesso, mas os sucessos simplesmente não estavam lá.

A foto da capa do álbum mostrava Aretha em uma roupa de verão de duas peças, amarela como o sol - muita perna e uma cintura fina.

— O visual estava bom — afirmou Wexler. — Mas a música, não. Sabíamos que a franquia dela estava com problemas. As pessoas diziam que ela havia tido uma carreira fabulosa e que a carreira tinha acabado. Havia motivos para acreditar nisso. Para uma estrela pop, uma carreira que dura quase uma década não é nada mal. Mas eu sabia que Aretha era mais do que apenas uma estrela pop. Nem ela nem eu íamos desistir. Não íamos parar de tentar encontrar novas combinações musicais.

"O problema era que o clima cultural estava mudando. Estávamos sentindo os primeiros estrondos da discoteca. Por isso chamamos Gene Page. Seus arranjos de Barry White continham as sementes da era disco. Aretha sempre dispensou o disco, mas acho que a música dela 'Mr. D.J.' com certeza tinha uma consciência pré-disco. Aretha está sempre consciente do mercado. Aretha sempre quer se adaptar. Mas depois de *Hey Now Hey*, *Let Me In Your Life*, *With Everything I Feel In Me* e *You*, a série de álbuns com vendas ruins estava ficando longa. Precisávamos de ajuda e, sinceramente, não sabíamos de onde essa ajuda viria."

— Amávamos Jerry Wexler — disse Cecil. — Por muito tempo ele, Tommy Dowd e Arif Mardin foram a equipe certa para Aretha. O trabalho em conjunto deles provavelmente será eterno. Mas todas as coisas boas chegam ao fim, e cada vez mais parecia que os dias de Wexler como produtor dela haviam acabado. Não era nada pessoal, mas puramente prático. Os sucessos pararam. Tivemos que olhar em volta e dizer: "Quem tem os sucessos?"

Depois de *You*, Aretha decidiu que a resposta definitivamente não era Wexler. Ele nunca mais a produziu.

Durante o inverno de 1975, ela fez outra mudança importante: mudou-se para o sul da Califórnia. Ela e Ken Cunningham vinham cortejando a comunidade cinematográfica fazia anos. Ela tinha certeza de que morar em Los Angeles os ajudaria.

— Fazia um tempo que ela vinha planejando a mudança — falou Cecil —, e ela insistiu para que eu também me mudasse. Mas nunca fui. Eu não queria deixar Detroit. Earline e eu viajávamos a cada poucas semanas. Foi assim por anos.

— Eu também morei na casa dela em Encino, na Louise Avenue, para ajudar com Kecalf — informou a prima Brenda. — Era uma bela casa suburbana, bem na esquina dos Jackson.

Uma das razões de ela ter escolhido o bairro foi a esperança de que seus filhos e os irmãos Jackson pudessem se tornar amigos. Isso nunca aconteceu.

— Ela pensou que a transição da cidade fortemente urbana de Nova York para os subúrbios do tranquilo San Fernando Valley faria um bem enorme — disse Erma. — Eu não a desmotivei. Eu sabia que Nova York estava desgastando minha irmã. Afinal, ela havia desmoronado em Nova York algumas vezes. Ela se tornou expert em se recompor, então por que não tentar a Califórnia? Por que não viver uma vida mais fácil?

No final do ano, Aretha parecia estar em um ambiente mais confortável.

Em sua última apresentação em 1975, ela cantou "Auld Lang Syne" com a Guy Lombardo Orchestra, considerada por muito tempo a mais quadrada de todas as agregações musicais pop. Sua interpretação lembra algo que James Cleveland disse sobre Aretha: "Ela poderia cantar a lista telefônica e te fazer chorar".

O canto dela, é claro, nunca foi questionado. A grande questão em sua vida profissional era se ela poderia voltar às paradas - ou será que o mundo inconstante de modismos musicais a deixaria para trás? Na vida pessoal, a questão era se ela conseguiria manter seu equilíbrio emocional, manter um relacionamento amoroso com um homem e manter uma casa com seus quatro filhos vivendo sob o mesmo teto.

Em suma, Aretha conseguiria dar conta de tudo?

22
SPARKLE

— **Meu trabalho — disse Ruth Bowen** — era informar ao mundo que Aretha encontrara felicidade doméstica na Califórnia e estava pronta para fazer filmes.

Ruth fez seu trabalho muito bem. No dia 26 de fevereiro de 1976, a *Jet* citou Aretha explicando que ela se mudara para o sul da Califórnia porque a considerava o centro do show business. Ela falava de seus planos de estrelar em um especial de TV e um filme. Ela também mencionou um de seus filhos: "Clarence está pronto para gravar sozinho. Ele compõe, canta e toca, e estamos em busca de uma gravadora que assine com ele". Houve uma breve conversa sobre o gosto dela por golfe, pesca profunda e tênis. A matéria incluía uma foto de Ken e Aretha na quadra de tênis.

O problema de encontrar uma música que fizesse sucesso permanecia. O sucesso veio, mas suas origens são de antes da mudança de Aretha para a Califórnia. De acordo com Carolyn Franklin, o sucesso foi originalmente feito para ela. O criador da canção, Curtis Mayfield, conhecia a família Franklin há anos.

— Adorávamos Curtis quando ele estava com o Impressions e o adorávamos quando ele seguiu carreira solo — Carolyn me contou. — Não apenas era um cantor fabuloso, tinha o gênio de compositor. "People Get Ready", "Keep On Pushing", "Gypsy Woman" - a lista é infinita. Muita energia positiva. Então veio "Superfly", uma das maiores canções-tema de filme que já existiu. Então Curtis e eu nos encontramos em Chicago e ele mencionou outra canção-tema em que estava trabalhando, para um filme sobre três irmãs que começam na igreja e terminam cantando R&B. Pensei em Aretha, Erma e eu. Fiquei intrigada. Quando Curtis tocou algumas dessas canções para mim, fiquei completamente chocada. Ele também disse que, além de estar compondo a trilha sonora, estava produzindo um álbum em seu próprio estúdio. Ele pensou que duas das atrizes, Irene Cara e Lonette McKee, eram cantoras excelentes para o filme, mas queria uma vocalista mais experiente de R&B para gravar o álbum. Será que eu estava interessada?

"Sim! Fazia alguns anos desde o lançamento de *I'd Rather Be Lonely*, meu último álbum para a RCA, e eu estava ansiosa para começar outro projeto. Com alguma ajuda, eu estaria basicamente compondo e fazendo os arranjos do meu próprio material. Até então eu me considerava uma produtora de pleno direito. Mas estava mais do que disposta a desistir desse papel em troca de ser produzida por Curtis. As canções não eram apenas sensacionais, mas, juntas, contavam uma história com a qual eu podia me identificar - as esperanças, aspirações e dores de cabeça de irmãs que viam o canto como uma maneira de tornar o mundo o melhor. Foi simplesmente perfeito. Pensei até que era bom demais para ser verdade. E nesse ponto, eu estava certa."

— As coisas ficaram muito complicadas — disse Ruth Bowen. — Cecil e eu tivemos uma reunião com Ahmet Ertegun. Wexler era dono da Atlantic, mas Ahmet era o chefão. Queríamos que ele soubesse que, embora Wexler tivesse sido ótimo, Aretha queria procurar outro produtor. Será que ele podia indicar alguém? Na lista estava Curtis Mayfield. Bem, fui agente de Curtis por anos, o conhecia bem e o amava como um irmão. Eu sabia que ele ficaria feliz em trabalhar com Aretha e vice-versa. Mas o que eu não sabia era que ele estava em negociação com Carolyn.

— Também não sabíamos do projeto do filme — adicionou Cecil. — Quando o nome de Curtis foi mencionado, todos sorrimos - principalmente Ree. Liguei pra ele e mencionei a possibilidade. Imaginei que ele ficaria muito feliz. "Uau, Cecil, eu tenho um ótimo projeto, mas o prometi para Carolyn". Quando perguntei do projeto, ele mencionou *Sparkle*. Foi a primeira vez que ouvi falar. Sabia que teríamos problemas.

— Não devia haver problema nenhum — disse Erma. — Aretha devia ter deixado pra lá. Devia ter deixado Carolyn cantar aquelas canções de *Sparkle* e então, depois, gravar suas próprias com Curtis. Mas de alguma forma Aretha conseguiu uma cópia das canções. Elas eram tão boas que ela sentiu que precisava cantá-las.

— Fiquei observando tudo de longe — contou Wexler. — Eu tinha sido deixado de lado e, para falar a verdade, nem fiquei surpreso. A essa altura, havia vários produtores mais importantes do que eu. Um artista tem o direito de escolher o produtor que quiser. Eu admirava o trabalho de Mayfield. E Mayfield, como todos no mundo civilizado, admirava Aretha. É por isso que ele enviou as músicas para ela. Ele queria sucessos, e não importa o que ele possa ter dito a Carolyn, quando soube que Aretha estava na área, ela se tornou sua primeira escolha. Ele seria louco se ela não fosse.

— Ficou um pouco desagradável entre as irmãs — disse Cecil. — As discussões eram intensas. Carolyn não queria desistir, mas Aretha queria aquelas músicas. Quando Ree quer alguma coisa, cuidado! Ela me pediu para resolver o assunto - o que significava dizer a Carolyn que ela estava fora do projeto. Eu não poderia fazer isso. Eu as amava igualmente. Então, entreguei o assunto ao único homem com autoridade para resolver o conflito: nosso pai.

— Meu pai não queria ter nada a ver com isso — disse Erma —, mas não teve escolha. Foi uma situação extremamente difícil porque ambas tinham seus argumentos. O argumento de Carolyn era que ela tinha chegado primeiro. E que ela precisava muito mais de sucessos do que Aretha. O argumento de Aretha era que Curtis a preferia e, devido ao longo período ruim, ela também precisava de sucessos. Nenhum de nós ficou surpreso por meu pai ficar do lado de Aretha. Ele amava todos os seus filhos - nos dava muita atenção e carinho -, mas Aretha sempre teve seu lugar de destaque. Levou muito tempo para Carolyn superar isso. Ela ficou dizendo que estavam negando sua grande chance. E então, quando o álbum beneficiou Aretha - os críticos adoraram, o público adorou, o mundo adorou -, tudo ficou ainda mais difícil para Carolyn.

— Eu estava na casa da família Franklin quando aquela bagunça por conta de *Sparkle* estourou — disse Ruth Bowen. — Eles estavam no porão, onde bebiam muito. Os Franklins, de C.L. para trás, sempre foram uma família de gente que bebia muito. A bebida encorajou Carolyn, que já havia ouvido de seu pai para largar o assunto. Ela chamou Aretha de um nome feio e Aretha devolveu com um nome ainda pior. Foi quando Carolyn pegou um atiçador de lareira e ameaçou Aretha. "Se você não pode brigar comigo como uma irmã", disse Aretha, "não brigue comigo". Por alguma razão isso soou engraçado e quebrou a tensão. Todos nós rimos, Carolyn recuperou a razão e ninguém se machucou. Mas, por um minuto, eu não soube o que iria acontecer.

— É difícil falar disso agora — Carolyn me disse. — É difícil para mim dizer que Aretha cantou aquelas músicas melhor do que qualquer um. Mas tenho que dizer porque é a verdade. Não que eu não pudesse ter cantado "Sparkle". Não que eu não pudesse ter conseguido alguns sucessos do álbum. Mas mesmo se eu tivesse – e Deus sabe que eu gostaria –, ainda não poderia ter dado o que Aretha deu: Aretha deu sua genialidade.

***Sparkle* brilha diferente de tudo** que Aretha fez antes ou depois. Havia a tenra jovem prodígio do jazz-soul cantando a sublime "Skylark" durante seus dias na Columbia. Havia uma perfeição febril de seus primeiros discos sensacionais na Atlantic. Havia o fogo sagrado de *Amazing Grace*. E então vem *Sparkle*, indiscutivelmente seu canto secular mais apaixonado. Do início ao fim, sua colaboração com Curtis Mayfield é um triunfo de almas gêmeas.

As estrelas estão perfeitamente alinhadas. As músicas são perfeitamente adequadas ao senso de narrativa de Aretha. Pela primeira vez em sua carreira na Atlantic, ela apresenta um trabalho coeso. Com Quincy Jones e o ultrapassado Wexler, seus álbuns eram uma coleção de originais e *covers*. *Sparkle* é uma tapeçaria bem tecida, um álbum conceitual de formato longo vinculado a uma narrativa cinematográfica que lhe confere um fluxo e um sentimento próprios.

Aretha absorve a estética de Mayfield com uma facilidade alegre. "*I sparkle*" ("Eu reluzo"), ela canta na primeira linha da primeira música. "*Loving the way I do... I feel so good*" ("Amar do jeito que amo... me sinto tão bem."). A história fala de bons sentimentos. O clima é irresistivelmente otimista, embasado pelo que Aretha chamou de "sweet funk" de Curtis. Como Marvin Gaye, Mayfield possuía uma habilidade extraordinária de misturar açúcar e especiarias nas medidas certas. Também como Marvin, Mayfield era um sutil mestre do *groove*. No conjunto de canções que compõem o *Sparkle*, os ritmos são sequenciados de forma contínua.

Orquestras deliciosas - cheias de cordas, flautas e harpas - foram a marca registrada de Isaac Hayes. Seu *Shaft* era uma obra-prima. Trabalhando em um estilo semelhante, Marvin e Mayfield criaram suas próprias obras-primas: *What's Going On*, de Gaye, *Trouble Man* e *Superfly*, de Curtis. *Sparkle* segue a tradição. Aqui, no entanto, o personagem central não é um gângster nem uma donzela ameaçada por um mundo perigoso, mas sim uma jovem apaixonada pela vida. Ela flutua em uma nuvem de energia aspiracional. A energia é de esperança e promessa.

— As pessoas disseram que Aretha estava cantando a respeito de estar apaixonada por Ken Cunningham — disse Ruth Bowen —, mas discordo. Ela não estava cantando a respeito de estar apaixonada por um homem. Estava cantando a respeito de estar apaixonada por essas músicas. Ela sabia que Curtis havia escrito algumas de suas melhores obras e estava levando essas melodias a outro nível. Quando apareci em Chicago no Curtom Studios, onde o disco estava sendo gravado, não pude acreditar no que ouvia. Nunca pensei que Aretha pudesse superar "Respect" ou "Natural Woman". Mas, acredite, aqueles vocais estavam em um nível totalmente diferente. Ela estava gritando. Estava indo para quebrar. Depois de se perder na floresta por alguns anos, ela encontrou a saída. E Curtis Mayfield, um dos cavalheiros mais suaves do ramo do funk, estava liderando o caminho.

— Estava perfeitamente harmônico no estúdio — disse Cecil. — Curtis pode ser educado, mas é forte. Eram suas canções e arranjos e ele sabia como queria que fossem cantadas. Na Columbia e no início da Atlantic, Aretha obedecia à direção. Mas neste ponto, com tantos sucessos em seu currículo, ela foi mais assertiva. Quando chegou a "Something He Can Feel", o primeiro single, eles falaram de como ela fez um riff sobre o vamp no final da música. Ele queria ainda mais emoção do que Ree estava dando. Ela pensou que tinha acertado em algumas tomadas. Mas de alguma forma, com seu jeito gentil, ele conseguiu pelo menos mais meia dúzia de tomadas dela. Quando a música alcançou o primeiro lugar e ficou lá por um mês, ele provou estar certo.

— Humildade não é comigo — disse Jerry Wexler. — Mas quando Mayfield nos enviou as cópias, não tive nada a dizer além de "Bravo!". Percebi que Aretha estava de volta. A sintonia deles era evidente. "Hooked On Your Love" e "Look Into Your Heart" contêm alguns dos cantos mais sutis de Aretha. Ela está inspirada. Eu não poderia ter dado aquela inspiração. Apenas alguém como Curtis poderia fazer aquilo.

— Fiquei feliz e de coração partido ao mesmo tempo — disse Carolyn. — No mesmo ano em que *Sparkle* saiu, lancei meu último álbum da RCA, *If You Want Me*. Tinha várias músicas boas e achei minhas apresentações boas. Mas nada fez sucesso. Naquele momento - o mesmo momento em que *Sparkle* reviveu a carreira de Aretha -, eu soube que minha própria carreira musical havia acabado. A confirmação veio quando a RCA me dispensou.

— Carolyn ficou decepcionada e com razão — disse Cecil. — Um gelo profundo se instaurou entre ela e Aretha. Mas eu sabia que, com o tempo, as feridas curariam. Minhas irmãs brigavam com unhas e dentes, mas a rixa nunca durava.

— Alguns grupos que cantam começam juntos como irmãs e terminam como adversários — disse Erma. — Por exemplo, as Supremes. Ninguém poderia ser mais próximo do que Diana Ross, Mary Wilson e Florence Ballard. Mas suas circunstâncias e personalidades conflitantes acabaram por separá-las – para nunca mais se reconciliarem. Quando Florence faleceu, em 1976, meu pai celebrou o funeral em New Bethel. Foi um dos dias mais tristes de que me lembro. Tanto talento, tantos corações partidos. No caso de nós, irmãs Franklin, porém, é importante lembrar que, apesar de todas as nossas brigas, sempre voltamos a nos reunir. *Sempre.*

Em abril, no mesmo mês em que *Sparkle* foi gravado, a *Jet* tinha a seguinte notícia para seus leitores: "A alma gêmea de Aretha Franklin, Ken Cunningham, está tentando fazer carreira como cineasta. Recentemente, ele passou algum tempo em San Francisco procurando locações para um filme, *Asili-Genesis*, para o qual escreveu o roteiro." A revista disse que Aretha passou o mês se preparando para o papel, até que os planos foram adiados por conta de uma greve dos técnicos de filme da costa leste.

Aquele verão do bicentenário da América viu o lançamento de *Sparkle*. Os críticos aplaudiram, os fãs adoraram, e o primeiro single, "Something He Can Feel", ficou no primeiro lugar nas paradas de R&B por dezenove semanas. A pergunta "Aretha ainda poderia vender discos?" foi respondida afirmativamente. A outra questão, se ela poderia encontrar harmonia em casa, não foi respondida com tanta facilidade.

— Quando ela me pediu uma matéria sobre Cecil — contou Ruth —, tive que me perguntar o motivo. Cecil sempre foi um cara dos bastidores. Ele não estava atrás de glória. Quando se tratava da imprensa, o único propósito de Aretha, como da maioria dos artistas, era ter boa reputação. Então por que de repente essa ênfase em Cecil?

— Talvez Ken a tenha pressionado demais — disse Cecil. — Talvez ela quisesse que o mundo soubesse que ela tinha um empresário e apenas um empresário. Eu não precisava dessa confirmação. Sempre soube que tinha a confiança da minha irmã, mas por algum motivo ela precisava que o mundo soubesse.

Em julho, a *Jet* chamou o artigo de "O ativo oculto de Aretha Franklin: seu irmão Cecil" e continuou: "Ele não apenas a administra, mas também é vice-presidente das quatro pequenas empresas que ela possui".

Em agosto, Ken Cunningham foi embora.

— Perguntei a Aretha se ela tinha certeza de que queria aquilo na imprensa — disse Ruth Bowen. — Talvez fosse melhor deixar tudo no privado. "Não", disse ela. "Meus fãs precisam saber. Além disso, quero que o mundo saiba que estou solteira".

Revista *Jet*, 12 de agosto de 1976: "*Aretha Franklin e Sua Alma Gêmea Terminam:* Aretha Franklin e sua alma gêmea, Ken Cunningham, se separaram após um dos mais duráveis 'encontros de almas' no show business."

A revista relatou que Ken não estava mais morando em sua casa em Encino. Também disse que em uma gravação recente de um programa de TV, quando Aretha deu a seu pai um prêmio Ebony Music Hall of Fame por sua contribuição à música gospel, toda a família estava no palco — exceto Cunningham.

Ironicamente, a capa desta mesma edição da *Jet* apresentava Glynn Turman, o próximo homem na vida de Aretha. A história promoveu o novo filme de Turman, *J.D.'s Revenge*. Entrevistado em seu rancho de dez acres em Malibu, o ator falou de sua criação nas ruas de Harlem e Greenwich Village, seu mandato no Tyrone Guthrie Theatre em Minneapolis, seu papel na novela *Peyton Place*, seu trabalho de professor voluntário no Los Angeles Inner City Cultural Inner, e sua paixão por criar cavalos árabes.

Aretha não se lembrava de ter visto o perfil exagerado na mesma *Jet* que anunciou seu rompimento com Cunningham. Levaria mais cinco meses antes que ela e Turman se encontrassem.

Os relatos da imprensa sobre as próximas aparições de Aretha no cinema continuaram: ela ia estrelar uma nova versão de *Morning Glory*, o clássico de 1933 no qual Katherine Hepburn interpretou uma aspirante a atriz; ela ia interpretar Bessie Smith em um filme biográfico dirigido por Gordon Parks; mas *Morning Glory* foi descartado e o projeto Smith, abandonado.

— Nossas primeiras conversas foram promissoras — disse Gordon Parks, fotógrafo e diretor de *Shaft*. — Aretha estava conversando com vários instrutores de atuação e parecia falar sério sobre aprender o ofício. Por natureza, as cantoras são atrizes. As letras de suas canções exigem um certo tipo de leitura dramática. Mas então vieram suas exigências malucas sobre o roteiro. Ela queria uma versão higienizada da vida de Bessie que evitasse qualquer comparação com a dela. Insistia que Bessie não fosse vista como uma bêbada. Todos os biógrafos de Bessie detalharam sua bissexualidade, mas isso também foi um problema para Aretha. Musicalmente, Aretha teria sido perfeita – foi isso que me fez ficar interessado nela, para começo de conversa –, mas não pude concordar com suas restrições. Seu argumento era que uma Bessie Smith nada heroica mancharia sua própria imagem. Ressaltei que uma Billie Holiday nada heroica não manchava a imagem de Diana Ross. Na verdade, ela foi indicada ao Oscar. Mas Aretha não se convenceu e nossas conversas foram interrompidas. Não me lembro quem deixou para lá primeiro – eu ou ela –, mas nenhum de nós ia ceder.

Enquanto *Sparkle* continuava vendendo, Aretha voltou ao estúdio, desta vez com Lamont Dozier, um membro da equipe de produção e escrita Holland-Dozier-Holland, responsável por uma série de grandes sucessos da Motown com as Supremes, Four Tops, Isley Brothers, Jr. Walker e Marvin Gaye. Considerando o enorme talento de Dozier, o novo álbum, *Sweet Passion*, foi estranhamente pouco inspirado.

Um ano antes, a erótica "Love to Love You Baby" de Donna Summer levou o disco para o centro da cultura pop. Em 1976, Diana Ross entrou na disputa do disco com seu "Love Hangover", um sucesso decisivo. Outros artistas de soul dos anos 60, como Johnnie Taylor, entraram na onda. O sufocante "Disco Lady" de Taylor, por exemplo, é uma das melhores faixas em todo o R&B.

— Entendo a atitude de Aretha com relação ao disco — disse Wexler. — Ela não gostava. Nem eu. Ela o via como uma moda passageira e uma forma superficial. Pensou que faltava alma. Tinha certeza de que os gigantes em sua área – como Curtis Mayfield e Marvin Gaye – não cederiam ao gosto popular de maneira tão vulgar. Lamont Dozier certamente era um desses gigantes, e fiquei feliz em vê-la se juntar a ele. O problema foi que ela insistiu que ele incluísse nada menos que quatro de suas canções originais, nenhuma das quais realmente digna de ser gravada. Mas você não poderia dizer isso a Aretha – especialmente um produtor como Lamont, que é um homem adorável e uma alma muito gentil.

— Eu tinha uma opinião diferente do disco — alegou Cecil. — Eu o via como R&B com um baixo movimentado e uma batida pesada.

O melhor da discoteca era tão bom quanto qualquer coisa. Se Aretha tivesse recebido "I Will Survive" em vez de Gloria Gaynor, seria um de seus hinos marcantes. Se Aretha tivesse ficado com Giorgio Moroder e Pete Bellotte, os caras que produziram Donna Summer, garanto que ela faria sucesso. Sempre achei que Ree deveria fazer um dueto com Barbra Streisand. Para mim, casar dois mercados sempre fez sentido. Mas Aretha não estava interessada. Então lá vem Donna Summer cantando "No More Tears (Enough of Enough)" com Barbra. Sucesso número um. Posso citar uma dúzia de sucessos disco que Aretha deixou para trás. Ela achava que soul clássico e disco não se misturavam. Com uma artista certeira como Aretha Franklin, o disco poderia ser transformado em soul clássico. Pegue como exemplo o que Nile Rodgers e Bernard Edwards fizeram com a Chic.

"Jump", a única música dançante de *Sparkle*, foi o mais próximo que Aretha chegou de um sucesso disco. Foi lançado como *single* em setembro de 1976, com "Hooked On Your Love" como lado B, mas nunca ultrapassou o 17º lugar.

— Eu não chamaria "Jump" de disco de verdade — disse Carolyn. — Quando ouvi a versão original - o primeiro rascunho da canção que Curtis me mostrou - era mais um ritmo dançante tradicional de R&B, mais parecido com "Chain of Fools" que com "YMCA". Quando começou a gravar com Aretha, Curtis modificou o ritmo para soar um pouco mais atual, mas a música nunca chegou aos clubes onde a febre do disco realmente estava acontecendo.

Em novembro, Aretha, sempre uma democrata leal como seu pai, cantou na celebração da vitória de Jimmy Carter no Sheraton Park Hotel em Washington, D.C.

Earline Franklin, cunhada de Aretha, lembrou que o primeiro mês do novo ano — 1977 — foi marcado por dois eventos.

— Cecil e eu estávamos no Beverly Comstock — disse ela — quando ficamos sabendo que, naquele mesmo hotel durante o tempo em que estávamos lá, Freddie Pinz tinha se dado um tiro. Isso nos abalou. Na noite seguinte estávamos na casa de Aretha em Encino e ela estava toda animada por ter conhecido Glynn Turman em um evento beneficente para a Fundação Juvenil de Rosie Grier chamada Giant Step. Aretha sempre foi louca por homens - ela se apaixona e se desapaixona mais facilmente do que qualquer um que eu já conheci -, então não prestei muita atenção. Mas no dia seguinte ela ainda estava falando dele. E no dia seguinte também.

No entanto, em março a *Jet* disse que "a separação de Aretha Franklin e seu companheiro de longa data Ken Cunningham estava pegando fogo novamente". Quando a revista chamou Aretha para perguntar do relacionamento deles, ela disse: "Bem, Ken está no pátio lendo *Roots*".

Naquele mesmo mês, a Billboard mostrava uma foto com uma legenda que dizia: "Trio impressionante — Aretha Franklin com Jacqueline Onassis, ex-primeira-dama, e Rosie Grier, após sua apresentação no Pavilhão Dorothy Chandler em Los Angeles. O evento foi um show beneficente para a Giant Step, Inc., uma organização sem fins lucrativos dedicada a ajudar jovens e idosos da área de Los Angeles."

Aretha deu uma festa para comemorar seus 35 anos no Beverly Hills Hotel, contratando um bufê para fornecer comida soul. Ela ficou irritada quando soube que o hotel proibia comida de fora. Então alugou um bangalô privado no hotel e depois de entreter seus convidados no luxuoso Crystal Room, Aretha os convidou - cerca de 150 pessoas - a irem aos quartos dela, onde a comida era servida por uma porta lateral.

Sweet Passion, o álbum produzido por Lamont Dozier, saiu em maio com críticas mornas e vendas fracas.

— Jerry Wexler não estava mais conosco — Ahmet Ertegun me disse — e tentei me envolver mais. Minha esperança era que o impulso de seu álbum com Curtis Mayfield, tão espetacularmente bom e com vendas tão fortes, tivesse um impacto favorável em *Sweet Passion*. Isso não aconteceu. Infelizmente, depois de *Sparkle*, Aretha nunca mais teve um álbum de sucesso na Atlantic. Eu a vi várias vezes durante minhas viagens a Los Angeles, mas ela estava preocupada principalmente em entrar no cinema com um projeto ou outro. Seu foco na música havia diminuído. Me lembro de mencionar casualmente Natalie Cole e como pensei que os produtores de Natalie, Chuck Jackson e Marvin Yancy, poderiam ser ideais para Aretha. A ideia a deixou irritada. Eu não fazia ideia da história entre Aretha, Chuck e Marvin. Estava pisando em uma mina terrestre. Acho que levou dois anos para Aretha falar comigo de novo.

Em 1974, dois produtores de Chicago, o letrista Chuck Jackson — irmão de Jesse — e o músico Marvin Yancy trouxeram para Aretha um conjunto de canções. Na época Aretha estava gravando *You*.

— Ela as dispensou de forma categórica — Yancy me disse no começo dos anos oitenta. — Ela não tinha interesse nenhum em gravá-las. Disse que elas não estavam nos padrões dela.

Alguns meses depois, as equipes Jackson/Yancy gravaram umas músicas com Natalie Cole, de 25 anos, que estava no início de carreira. Uma vocalista incrível com um alcance estilístico fenomenal, as interpretações de Natalie eram surpreendentemente parecidas com Aretha.

— Não existe cantor de soul que não seja marcadamente influenciado por Aretha — Natalie me disse quando colaboramos no livro de memórias dela, *Love Brought Me Back*. — No começo, eu pensava em mim mesma como cantora de soul e pronto. Todas aquelas comparações com Aretha, que eu idolatro, eram incrivelmente elogiosas. Pessoalmente, eu não achava que estava no nível dela.

O resultado da conexão Cole/Jackson/Yancy foi uma série de sucessos, incluindo "This Will Be (An Everlasting Love)", "Inseparable", "I've Got Love On My Mind" e "Our Love". Natalie de repente se tornou uma estrela e Aretha ficou furiosa, principalmente quando, em 1976, Natalie encerrou a sequência de oito anos de Aretha no Grammy ao ganhar o prêmio de Melhor Performance Vocal Feminina de Rhythm and Blues.

— Vi Aretha pela primeira vez em um banquete da indústria — lembrou-se Natalie. — Ela me deu um olhar gelado e me deu as costas. Levei semanas para me recuperar. Quero dizer, aquela era a mulher que eu reverenciava! Ela começou essa inimizade de faz de conta que ainda não entendo. Dou a ela o meu mais profundo respeito - naquela época, agora e sempre.

— O estrelato de Natalie correspondia ao declínio de Aretha, pelo menos em termos de vendas — disse Carolyn. — Para muitos, Natalie se parecia com o futuro e Aretha representava o passado. Essa ideia deixou Aretha enfurecida. Infelizmente, ela descontou sua frustração em Natalie.

— Levou muitos anos para aceitar Natalie — disse Cecil. — Só nos anos noventa, quando Natalie começou a cantar o material pop do seu pai, Aretha se sentiu menos ameaçada.

— Berry Gordy costumava dizer que a competição cria campeões — disse Ruth Bowen. — Então talvez o espírito competitivo de Aretha ajudava a manter um padrão. Pessoalmente, pensei que essa atitude não vinha da vontade de vencer, mas apenas da insegurança e do medo antiquados. Não importava quem era a vocalista - Mavis Staples, Gladys Knight, Diana Ross -, Aretha estava convencida de que elas estavam atrás de seu trono. Eu dizia: "Olha, Ree, essas mulheres têm seus próprios tronos. Eles não precisam do seu". Ela não gostava de ouvir isso. Mas elas eram mais do que apenas cantoras. Eram mulheres, ponto final. Além das mulheres mais próximas – suas irmãs, sua cunhada Earline, sua prima Brenda e eu –, ela não conseguia manter um relacionamento com outra mulher. Ela encontrava falhas nelas e cortava a amizade antes de começar. Mesmo naqueles relacionamentos que duravam – como o meu – havia desentendimentos infinitos, quando ela me colocava na geladeira por meses.

"Eu dizia: 'Aretha, Natalie é uma garota maravilhosa. Apenas deseje o melhor para ela e siga em frente.' Mas para Aretha se tornou uma questão. Eu chamaria de obsessão. Então ela me disse para ligar para a *Jet*."

A *Jet* de 23 de junho de 1977 publicou um artigo intitulado "Ainda no Trono, Aretha Perde Peso e Olha Para Frente".

O ganho de peso ela atribuiu a um músculo distendido. Uma foto dela e Ken Cunningham destacou a reconciliação deles. Ela falou dos papéis dos filmes que estava considerando. Em relação a Natalie, Aretha afirmou que queria evitar uma rixa: "É fácil para um cantor às vezes pegar o som de outro cantor", disse ela, "mas isso é apenas copiar. Ela soar como eu em algumas músicas é um elogio. Na verdade, quando a ouço, escuto coisinhas que me lembram de mim mesma no início da minha carreira. Acho que Natalie está fazendo um bom trabalho, mas, na minha opinião, ela é apenas uma iniciante."

Um mês depois, a revista disse que Aretha estava na cidade com Glynn Turman. Em resposta, Ken Cunningham disse à *Jet*: "É meio frio eu ter que pegar um jornal para descobrir o que está acontecendo entre nós. Toda vez que leio um jornal, descubro algo sobre

Aretha." Ele estava se referindo a uma coluna publicada no New York Daily News indicando que o relacionamento Franklin/Cunningham havia acabado. "Eu amo Aretha", acrescentou Ken, "e sei que vamos ficar juntos. Ela é a mãe do meu filho, então ela é parte de mim. Já passamos por tanta coisa juntos e quero que ela saiba que ainda a amo."

— Sem dúvidas Aretha tinha deixado Ken de lado — disse Erma. — Mais tarde, ela disse que era por conta do conflito entre Ken e Cecil, mas eu acho que não. Acho que ela se apaixonou por uma linda estrela de cinema - Glynn Turman. Fim de papo.

Adorando alimentar as chamas da briga de Aretha/Natalie, a *Jet* colocou as duas fotos na capa - junto a Diana Ross. A manchete: "Há Espaço no Topo Para as Três Grandes das Canções?" Quando perguntada a respeito de Natalie, Aretha disse: "Não acho que ela tenha a habilidade ou o equipamento para tirar qualquer coisa de mim e diria isso à própria Natalie".

Em outubro, a *Billboard* mencionou que Aretha ia tocar na Inglaterra pela primeira vez desde 1968. Jeffrey Kruger foi nomeado promotor.

— O acordo estava selado — Kruger me disse. — Eu tinha falado com Cecil Franklin e Ruth Bowen. Seria um evento e tanto. Seriam seis apresentações apenas em Londres - além de outras datas na Irlanda e na Escócia. Seria a grande turnê de Aretha pela Grã-Bretanha.

Seis semanas depois, o acordo foi revogado. A *Billboard* de 3 de dezembro de 1977 diz:

"REINO UNIDO. Polêmica Contratual Acaba com o Show de Aretha. Uma polêmica contratual, prometendo repercussões legais ainda por vir, resultou em Aretha Franklin cancelando três datas de apresentação no London Palladium menos de 24 horas antes da abertura programada para segunda-feira (14). O promotor Jeffrey Kruger, chefe do grupo de empresas Ember e o reverendo Cecil Franklin, empresário da cantora, negociaram valores transatlânticas no caso, que resultou no que a imprensa local chamou de a primeira vez nos 100 anos de história do Palladium que uma artista não apareceu."

— Fiquei furioso — disse Kruger —, porque não fui avisado nem recebi motivo real para os cancelamentos. Houve algumas exigências de última hora sobre limusines e suítes de hotel extravagantes com as quais fiquei muito feliz em concordar. Mas então me disseram que ela queria uma taxa maior para igualar o que um promotor havia prometido a ela para tocar em Paris. Também queria eliminar uma das datas e exigiu um jato fretado para voar com ela e sua comitiva sobre o lago. Isso foi *depois* que os contratos foram assinados. Ultrajante! Esses novos custos eram proibitivos. Então veio a notícia de que ela não gostava de trabalhar na Inglaterra durante o inverno. Poderíamos mudar as datas para a primavera? Não, as datas estavam definidas. A essa altura eu entendi que ela agiu por puro capricho. Aretha simplesmente não queria tocar em Londres. Bem, me fartei. Entreguei o assunto aos meus advogados.

— Os processos vieram como eu sabia que viriam — disse Ruth Bowen. — Os processos custaram a Aretha um bom dinheiro, e ela me culpou. Alegou que eu a havia reservado por mais datas do que ela concordara. Mas a quantidade de datas nunca mudou. O que mudou foi a mente dela. A essa altura, ela estava bem mais interessada em investir no romance com Glynn Turman que se apresentar em Londres.

No final de dezembro, a *Jet* publicou uma foto de Aretha e Glynn em um avião para a França. Cecil estava sentado atrás deles.

Durante seu show em Paris, ela cantou "La Vien en Rose".

— Josephine Baker tinha cantado a canção lá — disse Cecil —, assim como Louis Armstrong. Mas quando até o crítico mais severo ouviu Aretha cantar, esqueceu das versões anteriores. Nunca vou esquecer o cara que correu até mim e disse: "Diga a sua irmã para se mudar para a França. Ela será amada aqui mais do que em qualquer lugar do mundo". Eu disse isso para Aretha e sei que ela acreditou que era verdade.

A crítica da *Billboard* foi bem menos gentil: "Aretha Franklin decepcionou aqui em um show no Palais des Sports, após uma ausência de dez anos. Embora o salão não seja ideal para esse tipo de show de soul, os críticos e o público sentiram que ela prestou mais atenção às câmeras de televisão do que ao público pagante."

Embora nos anos seguintes ansiasse pela França – a culinária, a moda, o público adorador –, ela nunca conseguiu voltar.

23

PRINCESA DE CONTOS DE FADAS

— **Eu estava vivendo sozinha em L.A.** quando meu apartamento foi roubado — disse Carolyn. — Fiquei abalada. Aretha foi gentil o bastante para me convidar para morar lá. A essa altura, o tempo havia curado grande parte do fiasco do *Sparkle*. Nossa irmandade foi recuperada.

"Eu me mudei quando o romance de Ree com Glynn Turman estava florescendo. Glynn era ótimo — inteligente, artístico, socialmente consciente, um homem maravilhoso. Mas eu não estava otimista com o relacionamento deles. Aretha tinha seus quatro meninos e Glynn tinha dois meninos e uma menina. Era uma dinâmica familiar muito grande e complicada. Além disso, o impulso de Glynn com relação à carreira é poderoso como o de Ree. Ambos são pessoas extremamente motivadas. A questão era: eles poderiam viver bem juntos ou passariam um por cima do outro? O papel privilegiado de Glynn na indústria cinematográfica interessou Aretha, assim como sua reputação como instrutor de atuação. Ela estava pronta para ser ensinada – ou pelo menos ela disse que estava. Mas não acho que ela aguentou mais que duas ou três aulas. O método de Glynn era explorar as profundezas de suas emoções e trazê-las à tona. Ele faz seus atores darem tudo de si. Esse era o estilo de canto de Aretha, mas no contexto de uma aula ela é muito autoconsciente para expressar qualquer tipo de vulnerabilidade. Na verdade, ela protege seus sentimentos. Ergue aquele muro protetor ao seu redor. Ela pode ter alimentado as histórias da revista sobre como ela e Glynn seriam o novo casal poderoso de Hollywood, mas eu simplesmente não os via vivendo felizes para sempre."

— Há algo muito doce na versão de minha irmã de si mesma como a princesa de um conto de fadas — disse Erma. — Ela conhece um homem bonito e bem-sucedido e, em sua mente, transforma ele em um bravo cavaleiro em um alazão preto. Ele vai pegá-la, matar todos os dragões e resolver todos os seus problemas. É como toda garotinha pensa, não uma mulher adulta. Nesse ponto, Aretha jamais cresceu.

Em março de 1978, Aretha anunciou seus planos de se casar com Turman.

— Como ela e Ted White praticamente fugiram para se casar — disse a prima dela, Brenda —, Aretha sentiu que não tinha tido um casamento típico de romances. Ela ia compensar isso com Glynn. Ninguém gosta mais de dar uma festa para si mesma do que Aretha – ela tem feito isso a vida toda –, mas me disse que esta seria a festa para desbancar todas as festas. Na verdade, haveria duas grandes festas. Primeiro eles se casariam com o pai dela ministrando na New Bethel em Detroit e depois voltariam para a Califórnia e teriam outra festa para seus amigos de Hollywood.

O casamento aconteceu em 11 de abril.

— Aretha produziu o próprio casamento — disse Erma —, mas quase não deu certo. Ela dera a Glynn um acordo pré-nupcial para assinar. Ele concordou em assinar, mas então disse que não sabia onde o colocara. Aparentemente, outra cópia foi enviada.

"Mas, uma hora antes da cerimônia, o acordo não foi entregue. Ree e eu estávamos esperando com meu pai no escritório do pastor. Ree ficou furiosa. Repórteres e fotógrafos vieram de todo o mundo. Os espectadores tomavam conta do quarteirão. A igreja estava lotada. Mas minha irmã não se comoveu. 'Sem acordo pré-nupcial', disse ela, 'sem casamento'. 'Será que ela vai mesmo cancelar?', perguntei ao meu pai. 'Você conhece sua irmã', disse ele. 'Ela cancela qualquer coisa'. Ficamos nervosos. Poucos minutos antes de ela subir ao altar, chegou o acordo assinado. Obrigada, Jesus.

"Foi um evento glorioso. Lou Gossett foi o padrinho de Glynn. Eu era a dama de honra. Os Four Tops cantaram 'Isn't She Lovely', de Stevie. Havia pelo menos oito damas de honra e oito padrinhos. Ree usava um fabuloso vestido off-white de seda e vison com uma cauda de dois metros de comprimento. Ela seguiu para o altar ao som de uma composição de Carolyn, 'I Take This Walk With Thee'. Ela fez o coral cantar todas as suas canções gospel favoritas. Minha prima Brenda cantou 'Amazing Grace'. Big Mama chorou muito. O bolo de casamento era uma obra de arte, com 2,5 metros de altura e quatro andares."

Uma semana depois, a festa continuou em Los Angeles. Aretha alugou o salão de festas do Beverly Hilton. Uma orquestra de 35 membros tocou arranjos por empréstimo pessoal de Barry White. Assim como cantaram na cerimônia de casamento, os Four Tops vieram para Los Angeles para entreter os mais de mil convidados junto com a trupe de dança de Lon Fontaine. A *Jet* relatou que "centenas e centenas de quilos do melhor filé mignon, potes gigantes e prateados de camarão e uma variedade de comidas indianas e sobremesas francesas... A única coisa ruim da noite foi que alguém roubou quatro gaiolas de pombos vivos que deveriam simbolizar a felicidade dos noivos."

Algumas semanas depois, Aretha estava contando à imprensa que ela e Glynn haviam escrito uma música juntos – "If You Feel the Need, I'm Your Speed" – e uma música-tema para um filme no qual iriam estrelar.

Em maio, Aretha esteve em Nova York, onde se apresentou no Carnegie Hall. Ela fez três apresentações extremamente breves – a primeira foi dedicada a seus sucessos e *covers* como "You Light Up My Life"; na segunda, ela apareceu com uma fantasia de Josephine Baker cantando canções relacionadas a Josephine Baker – "Brazil" e "La Vie en Rose"; e a terceira dedicada ao gospel.

Aretha contou à imprensa que havia convidado alguns produtores de cinema interessados que ela interpretasse Baker em uma biografia. As performances gospel foram uma homenagem à srta. Clara Ward, que, segundo Aretha, teve a coragem de cantar canções religiosas em clubes de jazz e até em cassinos de Las Vegas.

Em junho, Franklin publicou um anúncio na Variety. Em grandes letras maiúsculas estava estampado em uma página inteira: "ARETHA". Abaixo dizia "Carnegie Hall – Bruto U$D 126.000". O reverendo C. Franklin foi listado como empresário e Howard Brandy como assessor de imprensa. Nenhuma menção a Ruth Bowen.

— Fiquei fora das boas graças dela por vários anos — disse Ruth. — Isso devido à recusa dela de admitir que tinha concordado com aquelas datas com Jeffrey Kruger na Inglaterra. O processo lhe custou uma pequena fortuna e ela me culpou. Mantive a calma e percebi que tudo o que precisava fazer era esperar meu tempo. Aretha é o tipo de artista que sempre gasta mais do que ganha. Isso significa que ela sempre precisará trabalhar para viver. E como tenho uma capacidade única de reservar datas extremamente lucrativas, sabia que era apenas uma questão de tempo até que ela e eu estivéssemos fazendo negócios outra vez.

Em julho, a *Ebony* publicou outra matéria sobre Aretha/Glynn: "Eles parecem um par de crianças felizes, mas têm sete filhos. Aretha negou que, apesar do ganho de peso, esteja grávida". Falaram mais das aulas de atuação de Glynn e seus planos de produzir um filme em que ambos estrelariam.

Quando a *Essence* publicou um artigo sobre as maravilhas do casamento de duas carreiras Franklin/Turman, Glynn deu uma dica do problema da estrela dela brilhar mais que a dele.

— É um lance de ser um homem orgulhoso criado nessa sociedade com a ideia de ser o ganha-pão e o chefe da casa — disse ele. — Não estou acostumado a ser referenciado como o marido de alguém. Estou acostumado com uma mulher ser referida como minha esposa... depois de eu ter trabalhado dezessete anos na indústria na época em que nos casamos, de repente ser conhecido como o marido de Aretha é um peso enorme para carregar.

Aretha discordou, dizendo:

— Não acho que seja tão difícil assim.

Glynn a corrigiu:

— Mas você não está no meu lugar, amor.

A aparição de Aretha no verão incluía suas imitações - "Midnight Train to Georgia" de Gladys Knight, "Respect Yourself" de Mavis Staples e "Ain't No Mountain High Enough" de Diana Ross.

Em Los Angeles, ela concordou em ir a um evento de caridade organizado por seu irmão na Good Shepherd Baptist Church de L.A.

— Meu pai voou até lá para a ocasião — disse Cecil. — Era para ser uma noite especial, mas infelizmente Aretha se esqueceu do compromisso. Ela queria ir, mas era tarde demais. O resultado não foi particularmente agradável.

Jean Williams, da *Billboard*, disse na edição de 22 de julho: "Festival de Aretha em Los Angeles é um Mistério. Aretha Franklin foi a convidada especial de honra, mas fez o mínimo para tornar a ocasião especial. Ela cantou sem entusiasmo enquanto o público sussurrava: 'O que há de errado com ela?', enquanto outros diziam: 'Ela age como se estivesse com raiva do mundo'."

— Foi um período em que ela estava com raiva por grande parte do tempo — disse Cecil —, porque as vendas do álbum caíram drasticamente. *Sweet Passion* foi basicamente um fracasso, então decidimos voltar para Curtis Mayfield. *Sparkle* foi um sucesso tão grande que imaginamos que um segundo trabalho de Aretha/Curtis certamente funcionaria. Além disso, Curtis tinha a mesma opinião de Aretha com relação à música disco. Ambos estavam decididos a virar a maré de azar. Mas no final a maré estava muito forte e as sessões não foram tão boas. Aretha estava convencida de que Curtis estava dando a ela suas músicas da lista "B" e Curtis não gostou da única original que Aretha exigiu que fosse gravada, a música "I'm Your Speed", que ela compôs com Glynn.

O segundo álbum de Aretha produzido por Mayfield, *Almighty Fire*, não tem emoção. Um raro erro de Curtis, faltam nas canções os sólidos fundamentos da alma que marcam seus melhores esforços. Se Aretha deu alguns de seus vocais mais apaixonados em *Sparkle*, agora ela soa distante e desinteressada. Sem um único sucesso, o álbum afundou.

Com exceção de *Sparkle*, os últimos sete álbuns de Aretha foram um fracasso comercial. Em termos de marketing, ela corria claramente o risco de se tornar uma artista irrelevante.

Mil novecentos e setenta e oito foi o ano dos Bee Gees e do Saturday Night Fever.

— Tentei dizer a Aretha que "Stayin' Alive" e "How Deep Is Your Love" dos Bee Gees deviam tanto a Marvin Gaye quanto ao disco — disse Cecil. — Interpretei como uma versão moderna do R&B louco por dança. Eu disse que, ela gostando ou não, o ritmo muda e a gente tem que mudar com ele.

O ritmo do R&B é um dos motivos mais indescritíveis da música pop. O ritmo emana da rua. Conforme a rua muda, o ritmo também muda. Essas mudanças vêm rápido. O R&B sempre foi principalmente uma música de moda de rua. Poucos artistas ou produtores de R&B conseguiram manter um ritmo atual por mais de alguns anos. Nos anos quarenta, Louis Jordan conseguiu por algum tempo. Nos anos cinquenta, Chuck Berry, Little Richard, Ike Turner e Ray Charles criaram ritmos originais. Os despreocupados produtores da Motown dos anos sessenta, junto com os homens do soul da Stax, Dave Porter e Isaac Hayes, eram excelentes mestres do ritmo. Curtis atingiu o ritmo certo para Aretha em *Sparkle*, mas enquanto os anos setenta estavam acabando, o disco ainda estava ganhando força — e Mayfield, pelo menos em sua segunda colaboração com Aretha, errou o alvo.

— Fazia algum tempo desde que eu estivera na Atlantic — disse Wexler. — Eu estava trabalhando como produtor freelancer e caça-talentos para Mo Ostin na Warner Records. Mas é claro que nunca parei de acompanhar a carreira de Aretha e ouvir seus discos. Eu não ligava para ela para dar conselhos - não porque não tivesse nenhum, mas porque sabia que ela realmente não estava interessada. Por isso fiquei surpreso quando ela me ligou no auge de seu tempo de seca para me perguntar que tipo de disco deveria fazer. Contei do relacionamento entre Ella Fitzgerald e seu empresário/produtor Norman Granz. Granz foi quem idealizou os álbuns magistrais de Ella, nos quais ela cantou os repertórios de Gershwin, Cole Porter, Jerome Kern, Duke Ellington e todos os outros. Sugeri uma estratégia parecida para Aretha. Não havia motivo para ela também não cantar canções de Duke Ellington – isso para não mencionar Percy Mayfield, Bobby Womack ou Isaac Hayes. Ela poderia evitar seguir a moda e se concentrar no material atemporal. A ideia dela e Ray Charles colaborando em um álbum de duetos era algo que eu teria dado tudo para produzir. Ele fez isso com Betty Carter e não havia motivo para não fazer isso com Aretha. Ela disse que pensaria no assunto, mas acho que nunca pensou. Fazia anos que Ray não acertava e, para Aretha, isso era motivo suficiente para desqualificá-lo.

— Se você pensar no material inicial da Atlantic — disse Cecil —, é ao mesmo tempo clássico e comercial. Esse sempre foi o alvo de Aretha. Ela sempre quer um sucesso, mas nunca quer comprometer a qualidade. Com a música disco, ela não via a qualidade. Passara alguns anos falando mal da moda. Me lembro de uma noite em que nos encontramos com Marvin Gaye em Los Angeles. Marvin tinha as mesmas reclamações que Ree sobre a música disco. Estava arruinando o R&B. Não tinha alma. Mas então Marvin gravou "Got to Give It Up", um sucesso disco. Como era típico de Marvin, era uma canção que falava como ele odiava dançar. Essa era a forma dele de dobrar a moda atual. Aretha disse que não faria, mas no fim das contas fez. Foi lá e gravou um álbum disco.

24

O TRABALHO

Aretha nunca admitiu que tinha, de fato, decidido fazer música disco. Durante nossas conversas, ela manteve o argumento de que, durante aquela era do disco, permaneceu uma das poucas artistas a resistir à tendência. Ao receber uma cópia de *La Diva*, o álbum no qual ela se apresentou como uma rainha de disco cantando música disco dirigida por um dos mais celebrados produtores de disco, ela disse que o álbum não era disco de jeito nenhum, mas simplesmente R&B moderno.

Sua busca por um sucesso disco começou com Nile Rodgers e Bernard Edwards, arquitetos do Chic, uma das agregações mais elegantes do ritmo.

— Eles vieram com faixas completas que eram incríveis — disse Cecil. — Pensei que era uma jogada certeira, mas Ree tinha suas dúvidas. Ela pensou que as músicas precisam ser reinstrumentadas e também tinha seus próprios arranjos que queria incluir. Nile e

Bernard tinham muito respeito por Aretha, mas àquela altura estavam cansados. Eles tinham esses sucessos enormes do Chic como "Good Times". Aretha precisava deles bem mais do que eles precisavam dela. Eles estavam felizes em produzi-la – todo mundo quer produzir Aretha Franklin –, mas nos termos deles, não nos dela. Aquelas conversas não foram muito longe.

"A parte louca é que as músicas de Rogers/Edwards que Aretha rejeitou –'I'm Coming Out' e 'Upside Down' – eram as mesmas músicas que deram para Diana Ross. As duas foram grandes sucessos. Quando isso aconteceu, Aretha agiu como se não se importasse. Ela pensou que as canções não estavam no nível dela. Ela jamais vai admitir um erro, mas, cara, largar os produtores do Chic foi um erro enorme."

Chega Van McCoy, cujo treinamento como produtor começou sob a tutela de Leiber e Stoller, uma das grandes equipes de compositores/produtores da história do R&B. Erma gravou seu "Abracadabra" e Aretha cantou seu "Sweet Bitter Love" durante seus anos na Columbia. Em 1975, o próprio álbum de McCoy – *Disco Nights* – incluía "The Hustle", sucesso internacional e um dos hinos disco mais duradouros. Ele também produziu um sucesso para David Ruffin, "Walk Away From Love", uma obra-prima do soul dos anos setenta.

— Van era um cara humilde — contou Cecil — e era fácil trabalhar com ele. Talvez muito fácil. Aretha ainda estava convencida de que tinha suas próprias canções – e uma escrita por seu filho Clarence – que seriam sucesso. Ela encheu o álbum com elas. Van conseguiu que ela tocasse algumas de suas músicas, mas, no que me diz respeito, deveriam ter sido todas as músicas de McCoy, já que ele estava em uma maré de sorte. Isso teria aumentado nossas chances. Não culpo Van por seguir o plano de Aretha, sempre queremos agradar a rainha, mas acho que pagamos um preço.

— Percebi que se esse álbum não tivesse sucessos — disse Ahmet Ertegun —, provavelmente seria o último de Aretha na Atlantic. O contrato estava vencendo e é claro que eu queria mantê-la. Fiquei mais do que feliz em acatar suas ideias para a capa. Ela sentiu como se outras cantoras - como Gloria Gaynor e Donna Summer - tivessem se tornado grandes divas durante esse período da música disco. Ela queria se restabelecer como a maior das divas. Daí o título, *La Diva*, e a arte da capa em que ela reclina como a Cleópatra. Vi algum humor e ironia na imagem, embora não tenha certeza se Aretha viu. De qualquer forma, demos ao disco um esforço promocional concentrado. Van McCoy era um produtor lucrativo e achei que algumas de suas faixas tinham potencial. Mas o que eu achava não fazia diferença. Quando o álbum saiu em 1979, não fez impacto no mercado. A partir de então, tive dificuldade em fazer Aretha atender o telefone.

— Quando ficou claro que o *La Diva* não estava vendendo — disse Cecil —, Aretha culpou a Atlantic.

— Em minha muito longa carreira — adicionou Ertegun —, ainda preciso trabalhar com um artista que assuma a responsabilidade pelo fracasso comercial. A culpa é sempre da gravadora.

— Uma das vezes em que Aretha renovou nosso relacionamento foi quando estava pensando em sair da Atlantic — contou Ruth Bowen. — Quando se tratava dos assuntos mais sérios, ela sempre entrava em contato. Esquecia por que estava com raiva de mim e conversávamos como as velhas amigas que somos. Ela estava convencida de que seu longo período de seca tinha a ver com a falta de promoção da Atlantic. Ela não achava que eles estavam promovendo seu produto como antes. Eu jamais diria que Aretha não estava entregando o tipo de produto digno de sua arte. Dizer isso causaria outra ruptura em nosso relacionamento. Com toda a sinceridade, eu poderia dizer que não achava que a Atlantic atual era o mesmo tipo de empresa centrada no R&B de quando ela assinou com eles nos anos sessenta. Eles ficaram tão focados no rock and roll branco que talvez tenham esquecido como vender soul. Claro que era isso que Aretha queria ouvir. Ela queria me ouvir dizer que tudo bem ver o que há lá fora. Talvez houvesse alguém que pudesse fazer um trabalho melhor promovendo Aretha Franklin. Enquanto isso, ela me pediu para publicar alguns artigos contando como ela estava feliz com Glynn Turman. Não tive problemas em fazer isso.

No inverno de 1979, a *Jet* publicou uma reportagem de capa celebrando o casamento feliz de Aretha: "Aretha Adota um Novo Estilo de Vida com sua Nova Família". Ela chamou Turman de seu "maravilhoso homem lindo" e descreveu sua situação familiar como nada menos que perfeita — sem tensão, sem discussões, só harmonia. Enquanto Glynn estava em Nova York fora da Broadway, Aretha disse que estava encantada por fazer o papel da feliz dona de casa em L.A. Ela jurou nunca mais fazer outra turnê nacional de uma noite. Sempre ansiosa para prever planos futuros, revelou que estava "trabalhando nos detalhes finais para abrir uma boutique muito elegante em Detroit - no centro da cidade, no novo Renaissance Center ou no subúrbio de Birmingham, Michigan. Vai se chamar Aretha's Champs-Elysees de Paris de Detroit e terá todas as coisas bonitas e diferentes que você não encontra em outras lojas". O artigo também disse que um ano antes ela pesava quarenta e oito quilos e agora estava com sessenta e cinco. Mas isso não parecia incomodá-la. Ela reduziria o peso para seu próximo show no Harrah's em Lake Tahoe. Além disso, completou: "Posso perder peso quando quiser, ou quando Glynn me pedir, e ele não está reclamando - ainda".

— Se você ler a versão da vida que Aretha dá às revistas — disse Carolyn —, jamais pensaria que ela tinha problemas. Todo mundo sempre foi lindo – sua família, seu marido, sua carreira. Ela adorava dar essa impressão. Sei que esse era o desejo do coração dela. Ela ansiava pela felicidade simples. Mas eu estava morando lá e sei que as coisas eram tudo, menos simples. Claro, havia momentos em que Ree ficava em casa, cozinhava e desfrutava dos prazeres simples. Mas se você acha que ela parou de pensar em como colocar sua carreira de volta nos trilhos, está errado. E se você também acha que não houve conflitos de carreira entre ela e Glynn, está errado duas vezes. Aretha gostava de pensar em si mesma como o tipo de mulher que coloca seu marido em primeiro lugar. Mas isso era fantasia, não realidade. Na realidade, ela sempre vinha primeiro.

Em 10 de janeiro de 1979, Donny Hathaway, sofrendo de uma grave doença mental, suicidou-se ao pular da sacada de seu quarto, no 15º andar da Essex House, em Nova York. Ele estava trabalhando em um segundo álbum de duetos com Roberta Flack.

— Dar a notícia a Aretha era responsabilidade minha — disse Jerry Wexler. — Afinal, fui eu que levei Donny para Aretha. Ela viu o talento dele e o chamou de um dos músicos, compositores e cantores mais maravilhosos que já conheceu. Como Aretha também sofria de depressão, ela simpatizava com a doença de Donny, mas não fazia ideia de como ele estava doente. Nenhum de nós imaginava. Quando contei a ela a trágica notícia, ela soltou um gritinho de angústia absoluta. Ele tinha 33 anos.

— O suicídio de Donny deixou Aretha devastada — disse Cecil. — Ele era um dos poucos artistas cuja alma musical era similar à dela. Ela se identificava com ele em um nível muito profundo e o colocava na mesma classe que Mavin Gaye e Stevie Wonder. Ficou em choque por semanas. Um mês depois, quando fomos tocar no Harrah's em Vegas, ela dedicou a performance de "You Light Up My Life" para Donny.

De acordo com a Billboard, naquele mesmo show, ela fez uma interpretação similar a Judy Garland-Al Jolson em "Swanee".

Em março, a *Jet* publicou uma foto de Aretha e Glynn junto com o presidente Jimmy Carter e sua esposa Roslyn em uma homenagem do Lincoln Center a Marian Anderson.

Na primavera, Cecil começou a falar com outras gravadoras.

— Ele e eu tivemos várias conversas inocentes — contou Ertegun. — Eu sabia que Jerry Wexler já tinha discutido a ideia de fazer álbuns de repertórios clássicos de Norman Granz-Ella Fitzgerald com Aretha. Deixei claro que discordava do conceito. Eu sabia que Aretha queria sucessos e eu também. Não via razão no mundo para que ela não pudesse ter sucessos. Afinal, a Atlantic ainda estava na vanguarda. Tínhamos Chic em nosso rótulo. Foi quando Cecil me disse que Aretha e os produtores do Chic não eram compatíveis. "Tudo bem", falei. "Vou ligar para meu amigo Robert Stigwood e pedir a Barry Gibb para produzi-la." A gravadora de Stigwood, RSO, havia lançado "Saturday Night Fever". Cecil gostou da ideia e disse que a levaria para Aretha. Eu estava convencido de que havia encontrado a solução perfeita.

— Aretha me ligou um dia e disse: "O que você acha de Clive Davis?" — lembrou-se Cecil. — "Acho que ele é um dos produtores mais afiados do show business", falei, "mas ninguém é mais afiado que Ahmet". Foi quando mencionei a ideia de Ahmet de trabalhar com Barry Gibbs. Ela pareceu curiosa.

— Fui absolutamente inflexível em manter Aretha na Atlantic — disse Ahmet. — Fui para a Califórnia e fiquei feliz em ser convidado para jantar na casa dela. Aretha é uma cozinheira maravilhosa. Ela não poderia ter sido mais adorável. Foi uma semana nostálgica. Nós relembramos o passado e expressei minha fé no futuro dela em nossa gravadora. A ideia de Barry Gibb surgiu brevemente. Quando fui embora, me senti bem por ter feito a contingência de danos.

Algumas semanas se passaram antes que Cecil recebesse a notícia de que Aretha achava a produção no estilo dos Bee Gees "inadequada". Gibb compôs e produziu um álbum pela Barbra Streisand que rendeu "Guilty", um enorme sucesso.

— Aretha ficou falando de Clive — disse Cecil. — Que Clive tinha começado seu próprio selo - Arista - e teve grandes sucessos com Barry Manilow. Que Clive teve grandes sucessos com Melissa Manchester. E, mais direto ao ponto, que Clive havia revisado a carreira de Dionne Warwick com "I'll Never Love This Way Again", produzido por Barry Manilow. Aretha pensou que Manilow também poderia ser o produtor certo para ela. Discordei. Para mim, Manilow era pop demais para Aretha. Mas não importava, eu tinha recebido ordens. Tive que ver se Clive Davis estava interessado em contratá-la. "Claro que ele está interessado em contratar você", falei. "Não há nenhuma gravadora por aí que não esteja interessada em contratá-la". Isso não era inteiramente verdade. A Columbia e a RCA me disseram que estávamos pedindo muito dinheiro por uma artista que não fazia sucesso há anos. Mas esse não era o tipo de coisa que Aretha queria ouvir, então nunca mencionei. Por outro lado, provei estar absolutamente certo a respeito de Clive. Ele estava morrendo de vontade de ter Aretha na Arista.

Em maio, Aretha tocou pela Operation Push Excel-A-Thon de Jesse Jackson no estádio Dodger de Los Angeles para arrecadar dinheiro para estudantes carentes.

E então, em 10 de junho, depois de encerrar seu show no Aladdin Hotel em Las Vegas com uma versão de "Boogie Wonderful" do Earth, Wind & Fire, Aretha recebeu uma notícia que mudaria sua vida para sempre.

Durante um assalto em casa no LaSalle Boulevard em Detroit, seu pai foi baleado.

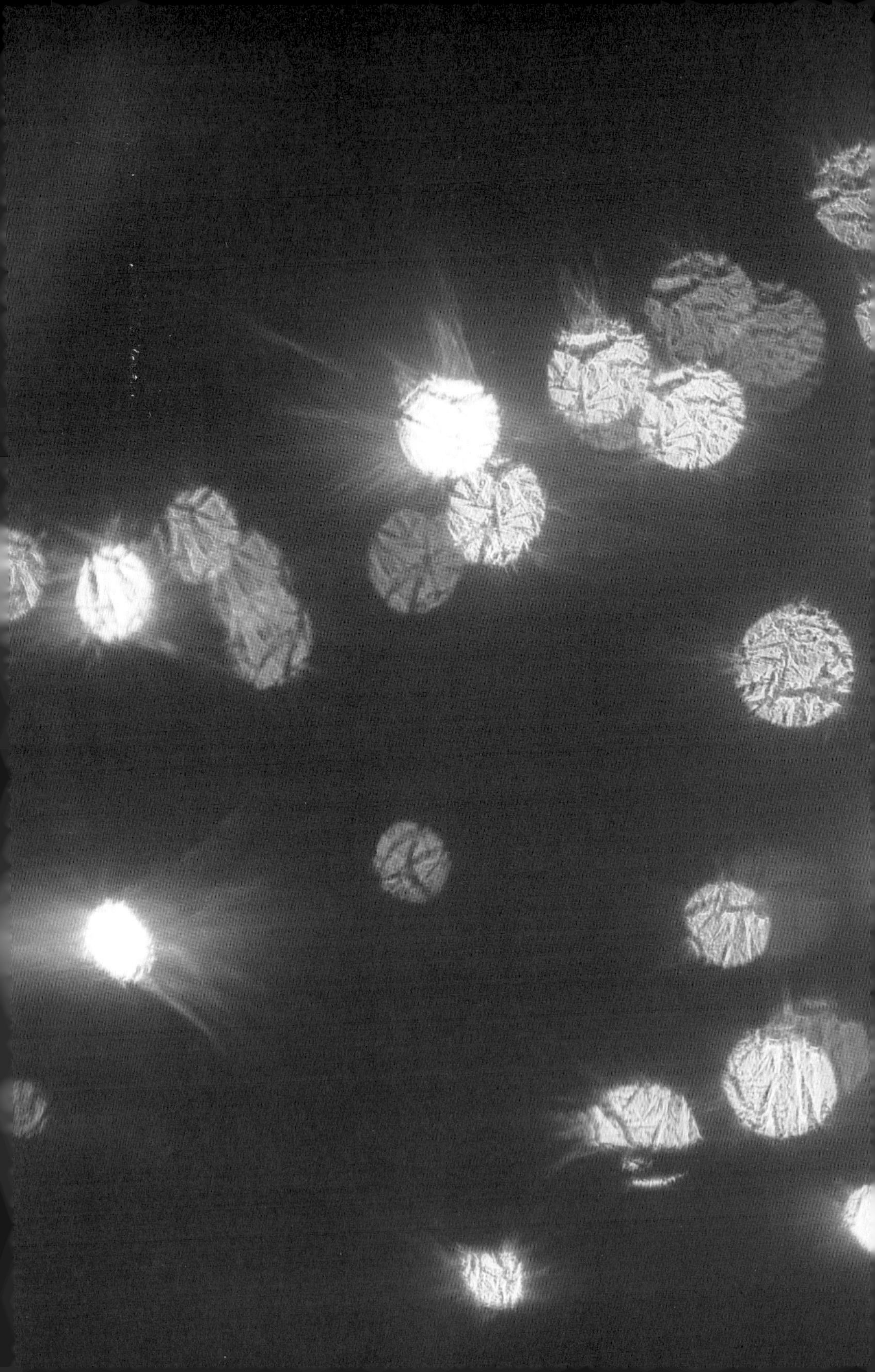

PARTE 4

ARISTA

25
MENININHA DO PAPAI

O pânico foi instantâneo.

Minutos depois de receber as notícias de Detroit, Aretha recebeu uma ligação de Pops Stables, um velho amigo da família, dizendo que ouvira dizer que o reverendo C.L. Franklin falecera.

— Mavis Staples me ligou para prestar condolências — contou Carolyn. — Ela falou como se tivesse certeza de que meu pai tinha sido assassinado.

— Como Aretha, Carolyn, Brenda e eu estávamos em Vegas quando aconteceu — disse Cecil —, levamos um longo tempo para saber a verdade. Ficamos aliviados demais quando Erma nos ligou do hospital. Foi ela que nos garantiu que ele estava vivo.

— A história demorou a se encaixar — disse Erma —, mas o resumo era que seis ladrões estavam de olho na vizinhança, em busca de uma casa para roubar. Eles não tinham focado no meu pai. Não sabiam quem ele era. Os elegantes vitrais da casa do meu pai em

LaSalle os fizeram pensar que o dono tinha que ser rico. Um dos caras de alguma forma subiu no segundo andar, arrancou uma tela e entrou por uma janela. Meu pai estava no corredor de seu quarto, também no segundo andar, assistindo TV. Meu pai tinha uma audição afiada. Ele também acreditava em legítima defesa. É por isso que mantinha uma pistola carregada ao lado da cama. Ele pegou a arma e estava esperando quando o bandido invadiu seu quarto. O assaltante estava armado com uma pistola semiautomática. Quatro tiros foram disparados. Meu pai disparou dois, mas errou. O bandido não errou. Meu pai levou dois tiros, no joelho direito e no lado direito da virilha. Não sei quanto tempo se passou antes que os vizinhos, depois de ouvir os disparos, dessem um jeito de entrar na casa. Talvez meia hora, talvez mais. Talvez, se tivessem agido mais rápido, ele não teria perdido tanto sangue. Mas claro que se eles não tivessem agido, pode ser que ele não tivesse sobrevivido.

"Os vizinhos o encontraram inconsciente no chão. Ligaram para a emergência. A ambulância chegou, mas como ele tinha perdido muito sangue, teve uma série de paradas cardíacas. No Ford Hospital, um dos médicos disse que era tarde demais para fazer qualquer coisa, mas outro médico o reconheceu como o reverendo C.L. Franklin. Assim, ele foi ressuscitado de novo."

— Voamos para casa e corremos para o hospital — disse Cecil. — A primeira coisa que o médico disse foi que o cérebro dele ficara mais de meia-hora sem oxigênio. Por isso, colocaram meu pai em coma.

— Vê-lo me fazia sentir mal — disse Erma. — O homem mais vibrante do mundo. O homem mais enérgico, o homem mais articulado, um homem cujo cérebro nunca parou de funcionar, nem por um segundo. Agora este homem, que tinha só 64 anos, não falava nem se mexia. Ele estava em coma. Ficaria assim nos próximos cinco anos – o período mais difícil que nossa família já teve. Foram nossos anos mais difíceis.

— Claro que nossa preocupação era o nosso pai — disse Carolyn —, mas também estávamos preocupados com Aretha. Ele era próximo de todos nós, mas Aretha sempre foi a menininha do papai. O laço deles era especial.

Anos depois, Carolyn expressou essa preocupação com Aretha durante uma entrevista filmada. Quando Aretha ouviu o que sua irmã havia dito, ficou sem falar com Carolyn por meses. Aretha disse aos entrevistadores que Carolyn não tinha o direito de retratá-la como uma pessoa emocionalmente fraca.

— A verdade é que Aretha passou por essa crise quando muitas pessoas acharam que ela jamais passaria — disse Cecil. — Ela conseguiu de sua própria maneira. Em vez de se preocupar com ela, devíamos ter nos preocupado com aqueles rumores horríveis a respeito de nosso pai. Rumores horríveis estavam comendo soltos.

Como o reverendo Franklin havia sido acusado de porte de maconha no passado, alguns especularam que o tiroteio tinha algo a ver com uma transação de drogas que deu errado. Outros alegaram que estava relacionado à vida amorosa intensa de C.L. Mas nenhuma dessas teorias foi baseada em fatos. O fato é que ele foi baleado durante um roubo aleatório.

— Aretha me ligou alguns dias depois de retornarem a Detroit — disse Ruth Bowen. — Ela queria que eu divulgasse que a carreira dela estava pausada e que ela ia devotar todos seus esforços para a recuperação do pai. Ela deixou claro que ele precisava de toda a atenção dela. "Isso é bonito", falei. "Você está fazendo algo nobre e maravilhoso, mas...". "Nada de mas, Ruthie", disse Aretha. "Já me decidi. Nem sequer quero pensar nos negócios".

— O coração de Aretha estava no lugar certo — disse Cecil. — A primeira prioridade dela era meu pai. E quando ficou claro que o coma ia durar, ela era a única de nós que podia pagar pelos cuidados em casa. Dinheiro seria necessário. Como Aretha nunca foi de guardar dinheiro, teria que trabalhar. Teria que fazer turnês e gravar.

— Os médicos descreveram a condição dele como um coma leve — contou Erma. — Isso significava que ele não precisava de máquinas. Ele se mantinha sozinho. Mesmo assim, permanecia inconsciente. Estava e não estava conosco ao mesmo tempo. Era uma situação desconcertante e assustadora à qual levamos muito tempo para nos ajustar. Tudo o que sabíamos é que o queríamos em casa, em seu quarto, e não em um hospital. Isso significava enfermeiras 24 horas por dia. O custo era gigantesco.

— Primeiro pensei em mudar de casa — disse Carolyn — e mudei. Fui morar na casa em LaSalle para ficar ao lado dele. Eu não era enfermeira de forma alguma, mas com certeza conseguia garantir que as enfermeiras que contratávamos estivessem fazendo seu trabalho. Eu sabia que Aretha também queria mudar para lá, mas ela tinha seu marido Glynn em Los Angeles, seus filhos e uma vida que ela trabalhou duro para sustentar.

Menos de um mês depois que o pai dela foi baleado, Van McCoy, que produziu *La Diva*, morreu de ataque cardíaco aos 39 anos.

— Nossa tristeza era profunda — disse Cecil. — Não importa o que seus críticos dissessem, Aretha amava *La Diva* e adorava Van. Ela conta a "Sweet Bitter Love" dele como uma das melhores canções que já gravou. Ela estava ansiosa para trabalhar mais com Van. Nesse mesmo período, o tio de Glynn foi baleado e morto. Foram golpes tremendamente pesados que fizeram do verão de 1979 o mais difícil da vida de Aretha.

— A pausa na carreira não durou muito — disse Ruth Bowen. — Ela ligou de volta para dizer que achava melhor para sua saúde mental voltar ao trabalho. Concordei. Eu também sabia que ela precisava de dinheiro. Aretha sempre precisa de dinheiro. E então aconteceu uma ironia: depois de todo o trabalho que ela fez com Ken Cunningham e Glynn Turman na tentativa de produzir um filme, um filme enfim surgiu do nada. Não era nada para ela produzir ou estrelar. Era basicamente uma participação especial – uma aparição que deu a ela uma pequena fala, mas a chance de cantar uma música inteira no filme. Ela esperava um drama, mas era uma comédia. Era *Os Irmãos Cara de Pau*.

Aretha interpreta uma garçonete sendo deixada pelo marido, que vai para a estrada com a banda John Belushi/Dan Aykroyd. Está muito longe do papel de glamour que ela imaginou para si mesma. Mesmo assim, ela ilumina a tela. Em sua fantasia de garçonete, ela faz um inferno com o marido antes de começar uma versão de arrepiar os cabelos de "Think", seu sucesso do final dos anos sessenta. Ela arrasa o homem, arrasa na música e dá um soco de nocautear, um destaque do filme de enorme sucesso.

— No início, ela não estava tão certa quanto ao papel — contou Cecil. — Não estava certa quanto a interpretar uma serviçal em seu primeiro papel no cinema. Mas quando se trata de confrontar um homem mau, Aretha é ideal. Ela percebeu que essa parte lhe dava a chance de explorar essa atitude. A combinação de ela ser real e depois completar com uma música era boa demais para resistir. Ray Charles teve uma participação especial naquele filme, assim como James Brown e Cab Calloway. Mas o único músico de que todos se lembram é Aretha dizendo para você "pensar".

Em agosto, ela voltou à estrada, tocando no Kool Jazz Festival no Giants Stadium em Hackensack, Nova Jersey. A *Billboard* amou:

"Franklin deu sua melhor performance neste mercado em quase cinco anos. Ela cantou 'Ain't No Way', 'Seesaw' e 'Chain of Fools'. Embora sua aparência física não esteja como antes, a voz de Franklin está tão forte quanto sempre. As inconsistentes apresentações ao vivo e gravadas nos últimos anos obscureceram suas habilidades vocais inigualáveis e foi bom ver que uma das melhores vozes que temos ainda consegue fazer isso."

Em setembro, mesmo mês em que *La Diva* foi lançado com críticas duras e vendas fracas, Aretha recebeu uma estrela na Calçada da Fama de Hollywood.

— Logo depois dessa honra, ela foi a Detroit ver nosso pai — contou Cecil. — Ela sempre ficava comigo e com Earline. Aretha obviamente estava angustiada com nosso pai e queria ficar mais com ele. Ela se sentia culpada por ainda viver do outro lado do país. Falei para ela o que eu pensava: que ela tinha que viver sua própria vida. Precisava seguir em frente. Era um momento crítico em sua carreira. Ela não gostou de ouvir que o *La Diva* era visto como um fracasso, mas essa era a pura verdade. A essa altura, Clive Davis já havia ido para Los Angeles para se encontrar com ela. Ele foi muito claro em seu desejo de contratá-la. Aretha ainda tinha algumas dúvidas. Estava na Atlantic há doze anos. Foi onde começou a fazer sucesso. A Atlantic também era Ahmet Ertegun, um dos vendedores mais habilidosos do ramo. Ele não havia desistido de Aretha. A essa altura, Ahmet era um chefão do rock and roll. Ele prometeu colocá-la em grandes shows em estádios com os Rolling Stones e o Led Zeppelin. Tudo isso pesava na mente de Aretha. Ela teve que decidir entre dois magnatas da música superpoderosos. Como promotores especializados de suas próprias gravadoras, ambos estavam prometendo o mundo a ela. Quando ela pediu minha opinião, falei que era por pouco, mas que sentia que ela precisava de um novo começo com um novo selo. Dei vantagem ao Clive. Ela estava indo naquela direção mesmo.

Em dezembro ela apareceu no *Soul Train* e, tocando piano, ofereceu uma versão improvisada de "Ooo Baby Baby" como um dueto ultrassensível com o compositor da música, seu amigo de infância Smokey Robinson. O curto encontro musical é de tirar o fôlego.

No início de 1980, Aretha assinou com a Arista e começou a discutir seu novo álbum com Clive Davis e também com seus irmãos.

— Eu tinha composto algumas canções que pensei serem perfeitas — disse Carolyn. — Algumas eram para dançar e outras tinham uma mensagem poderosa. Falavam com a coragem do coração. As letras não eram religiosas, mas eram inspiradoras. Fazia anos que Aretha cantava "You Light Up My Life" e pensei que esse tipo de música, especialmente considerando a condição de nosso pai, a ajudaria a lidar com isso. Mas ela não queria se tornar espiritual. Ela disse que Clive queria que ela fosse pop. Clive escolheria as músicas e os produtores. Eles queriam apenas melodias animadas. Não queriam mexer com nada profundo. Queriam sucessos. Bem, "Angel" e "Ain't No Way" eram profundas. As duas foram sucessos. Mas Ree disse que as canções tratavam de dor, e ela já sentira dor demais. Ela queria ignorar a dor. Ficou falando de como precisava de uma nova equipe com novas ideias. Essa equipe, por melhor que fosse, não me incluía. Quando ela começou a gravar em Los Angeles, pensei que ia receber uma ligação para ir até lá e pelo menos ajudar, mas não recebi. Fiquei em Detroit, onde meu pai não dava sinais de melhora. Eles chamaram de "coma leve", mas para mim foi a coisa mais pesada que se possa imaginar.

— Acho que Aretha sabia que sua sobrevivência emocional dependia de manter distância de Detroit — disse Erma. — A situação era simplesmente pesada demais para ela aguentar. Nos dois primeiros anos em que meu pai ficou em coma, ela estava certa em visitá-lo apenas de vez em quando. Qualquer outra coisa teria sido demais. O custo emocional foi enorme para todos nós, mas Aretha era quem estava tentando manter sua carreira viva. Isso exigia todo o seu esforço.

— Carolyn, Erma e eu falávamos de Aretha o tempo todo — disse Cecil —, e o que podíamos fazer para mantê-la bem. Já que eu era ao mesmo tempo irmão e empresário dela, tinha uma responsabilidade especial. Ninguém queria que ela sofresse outro colapso. E algo assim poderia provocar um. Ela precisava continuar seguindo em frente. Isso significava uma nova gravadora e um novo disco. Carolyn estava convencida de que o novo álbum deveria lidar com as emoções reais que ela estava enfrentando. Carolyn argumentou que os maiores sucessos de Ree - como "Respect" ou "Chain of Fools" ou "Think" - vieram de situações da vida real. Nelas, Ree cantava sobre o que realmente estava acontecendo. Mas eu disse a Carolyn que Aretha não queria cantar o que realmente estava acontecendo. Enquanto gravava, ela precisava esquecer o que estava acontecendo e se concentrar no positivo. Ela e Clive falaram de fazer um álbum pop alegre. Bem, na minha opinião, era exatamente o que o médico receitou. Um álbum pop significaria dinheiro - e, a essa altura, dinheiro era exatamente o que Aretha precisava.

Em abril, os Franklins organizaram um show beneficente em Detroit para ajudar a pagar os custos médicos de C.L. James Cleveland, Jesse Jackson, os Staple Singers e a própria Aretha apareceram no Cobo Hall, onde, de acordo com a *Jet*, arrecadaram cinquenta mil dólares.

Naquela mesma primavera, ela trabalhou em seu primeiro álbum da Arista. Junto a Clive Davis, Aretha selecionou dois produtores. Ironicamente, ambos eram de seu passado. Arif Mardin, um célebre músico e arranjador, era membro do trio que produziu a maior parte dos álbuns dela da Atlantic. Chuck Jackson era um membro da equipe de produção que levou Natalie Cole ao estrelato. Ele também era o compositor daquele grupo de canções de sucesso inicialmente rejeitadas por Aretha e cantadas por Natalie.

— Aretha e Clive foram muito claros ao dizer que queriam que esse álbum tivesse certo brilho — Arif me contou. — Eles não queriam aquela sonoridade velha da Atlantic. Vieram até mim com quatro canções. A que mais gostei foi "Come to Me", uma grande balada que soava como música-tema de filme. Aretha foi muito específica com os músicos. Ela lia a *Billboard* com cuidado e sabia exatamente quem era bom e quem não era. Toto era extremamente bom na época e, a pedido de Aretha, usei três de seus membros - David Paich no piano, Jeff Porcaro e Steve Lukather na guitarra. Coloquei um jovem David Foster para tocar sintetizadores. Peguei emprestado o baixista Louis Johnson dos Brothers Johnson, outro grupo muito bom, e fiquei muito feliz em seguir as sugestões de Aretha e contratar as Sweet Inspirations mais sua prima Brenda Corbett. Além da balada, me pediram para produzir dois covers - "Can't Turn You Loose", de Otis Redding, e "What A Fool Believes", dos Doobie Brothers - e a levemente descolada "Love Me Forever".

"Foi uma grande honra para mim participar. Afinal, era uma espécie de reestreia para Aretha. Conhecendo as circunstâncias extremamente difíceis do pai dela, tentei ser sensível às necessidades de Aretha no estúdio. Nisso, devo dizer que ela não era nem um pouco exigente. Estava aberta às minhas ideias e às ideias dos outros. Estávamos todos de acordo. Não era para ser um álbum com um toque pesado de Aretha Franklin. Essa seria sua introdução ao mercado pop que Clive havia cultivado com tanta sutileza. As músicas precisavam vibrar. O disco precisava brilhar."

— Aretha amou o toque leve de Arif — disse Cecil — e o fato de que ele era o maior dos cavalheiros. Arif a acalmava. Chuck Jackson também era legal. Ele veio com várias canções. Uma delas, "Together Again", ele compôs com Aretha e Phil Perry. Mas foi "School Days", a música que Ree coescreveu e coproduziu com Chuck, que deu a minha irmã o maior impulso. Ela é nostálgica por natureza, e essa música – sua resposta para "I Wish" de Stevie Wonder – a levou de volta aos anos cinquenta, onde, em sua memória, a vida era pura diversão.

O padrão psicológico de Aretha permanece firme: ela evita o trauma presente idealizando seu passado. Seus "School Days" são um passeio no parque, uma ode a uma época que existe apenas em sua imaginação. A música celebra os inocentes anos cinquenta de "hoop skirts... petticoats... and fringe suede jackets" – "saias rodadas... anáguas... e jaquetas de suede com franjas". As mágoas são cortadas. Nada de infância sem mãe. Nada de pai promíscuo. Nada de gravidez na adolescência.

O resultado do registro é igualmente superficial. Não tem alma. Mardin e Jackson são produtores eficientes, mas o material é fraco.

— A esperança — disse Arif — era de que o cover dela de "Can't Turn You Loose" faria pela carreira dela na Arista o que "Respect", seu cover de Otis Redding, fez pela carreira dela na Atlantic – mandá-la lá para o alto. Por fim, seu vocal ganhou um Grammy, mas o *single* nunca chegou aos pés do sucesso de "Respect". Hoje, ninguém se lembra dele.

Robert Palmer fez uma crítica do álbum da Arista, chamado simplesmente de *Aretha*, para a edição de 24 de outubro do New York Times: "Deve haver uma maneira de Aretha fazer música contemporânea sem ter que manter sua voz maravilhosa em segredo, mas não encontrou essa maneira ainda. É de se imaginar se ela está sequer procurando."

A questão do figurino ultrajante de Aretha sempre aparecia na imprensa. Jean Williams, da *Billboard*, escreveu: "Aretha Franklin precisa de um novo estilista? Aparecendo no 'The Tonight Show' recentemente, Franklin vestia um traje muito justo, feito para uma cantora magra como Diana Ross, em vez de uma senhora de proporções amplas como Franklin."

Quando estava magra, Aretha estava compreensivelmente ansiosa para mostrar a pele. No entanto, essa propensão não mudou quando ela ganhou peso. Desafiadoramente, ela continuou a usar roupas que não faziam nada para esconder suas curvas, não importa o quão extravagantes as curvas se tornassem. Ela se enfeitaria com itens de moda de gosto duvidoso por décadas.

Sempre que seu gosto era questionado, Aretha dizia rapidamente à imprensa que acompanhava a moda tão de perto quanto acompanhava as paradas musicais. Ela seguia as últimas tendências e sabia exatamente o que era apropriado para seu tipo de corpo e o que não era. Qualquer crítica era vista como inveja.

— Quando se trata das roupas dela — disse Carolyn —, Ree não é alguém que você quer criticar. Ela é muito sensível quando se trata de roupas. Sim, ela pode ser extravagante e sim, acho que algumas das roupas dela são bregas. Mas também acho que há método na loucura dela. Suas roupas de palco loucas atraem ainda mais atenção. Trazem marketing. Mantêm ela nas revistas. Roupas malucas fazem parte de sua estratégia para se manter relevante. Você pode não gostar do que ela está vestindo, mas notará o que ela está usando. A primeira regra de uma diva duradoura como Aretha é sempre: *você não vai me ignorar.*

— No início dos anos oitenta — disse Cecil —, houve uma elevação em sua carreira. A mudança para a Arista funcionou. Os críticos podem não ter gostado do álbum, mas o público sabia que ela estava de volta. A equipe da Arista estava empenhada em fazer do álbum um sucesso. Clive estava no negócio de Aretha há muito tempo. O primeiro *single*, "United Together" de Chuck Jackson, alcançou o terceiro lugar nas paradas de R&B e permaneceu lá por meses. Quando *Os Irmãos Cara de Pau* foi lançado, Ree recebeu elogios. Todo mundo estava falando de como ela foi bem. Depois veio a viagem para Londres e Holanda.

— Nos primeiros dias da Arista, pensei em voltar com Aretha — disse Ruth Bowen. — Ela ligou várias vezes para perguntar se eu poderia encontrar datas lucrativas. Eu sabia que ela precisava de dinheiro para as despesas médicas do pai. A nova gravadora estava apostando forte no álbum e eu tinha vários hotéis em Las Vegas prontos para reservá-la. Depois, descobri que ela tinha assinado com a ICM. Cecil ligou e disse que eles estavam lidando com essa parte. Por quê?

— A ICM a abordou com datas para shows em Londres — contou Cecil. — As datas de Londres fizeram Ree se lembrar da briga que teve com Ruth por conta do promotor britânico Jeffrey Kruger. Foi quando ela decidiu cortar Ruth outra vez e ir com a ICM. Ela gostou da ideia de ser representada por uma agência internacional de talentos.

— A questão com Aretha é que você está na segunda e ela está na terça — disse Ruth. — Eu entendia isso. Então quando soube que tinha sido demitida antes de ser recontratada, só dei uma risadinha. Eu sabia que ela voltaria.

No mês em que Ronald Reagan foi eleito presidente, Aretha fez uma apresentação para a Rainha Elizabeth e a família real no London Palladium em 17 de novembro de 1980, com Sammy Davis Jr. Dois dias depois, ela foi para o Royal Victoria Hall para mais três shows.

— Glynn estava naquela viagem, em que também tocamos para a rainha Beatrice da Holanda — disse Cecil. — Aretha estava de ótimo humor porque, antes de chegarmos lá, ela enfim tinha perdido peso.

A *Jet* relatou que Aretha estava perdendo seis quilos por mês: "Aretha disse que planeja escrever um livro sobre sua perda de peso. Ela diminuiu vários manequins para vestir uma criação Jean Louis feita de três camadas de chiffon preto e branco com contas e strass prateados e brancos."

Em janeiro de 1981, a *Ebony* informou que o contrato de Aretha com a Arista valia nove milhões de dólares.

— Um exagero — disse Ruth Bowen. — Se Aretha conseguisse um contrato de quatro milhões, ela dizia à imprensa que valia oito milhões. Antigamente, se eu conseguisse 25.000 dólares por uma apresentação, ela me fazia dizer à *Jet* que ela estava ganhando 50.000.

— Aretha não ia se preocupar com sair de moda — disse Cecil. — A indústria da música gira em torno do estilo atual: quem o tem e quem o perdeu. Lembro que Ree ficou chateada com o sucesso de Steely Dan, "Hey, Nineteen". Tocava em todas as rádios. Eu gostei. Achei que Steely Dan tinha um ótimo ritmo de jazz/soul, mas não prestei muita atenção nas letras. Aretha prestou. Ela disse que era uma história sobre o namoro do cantor com uma garota mais nova, de 19 anos. O cara canta: "Hey, Nineteen, that's 'Retha Franklin... she don't remember the Queen of Soul" ("Ei, Dezenove, essa é 'Retha Franklin... ela não se lembra da Rainha do Soul"). Então ele comenta como os cantores de soul estão passando por maus bocados. Ree não gostou de ouvir isso. Ela queria processar o compositor. "Processar por quê?", perguntei. "Processar por difamação. Ele está me difamando. Ele está dizendo que sou velha". Tive que acalmá-la e convencê-la de que nenhum advogado aceitaria um caso assim. Além disso, traria ainda mais atenção para as letras. Mas Aretha era sensível assim. Ela não queria ser lembrada de que não havia conseguido um grande sucesso pop desde o início dos anos setenta.

Naquele inverno, Aretha revolucionou seu show ao vivo, a combinação usual de doutrina não intencional e canto brilhante.

Robert Palmer, em sua crítica do *New York Times* de 27 de fevereiro do show dela no City Center, descreveu o "instinto infalível para escolher o material mais inapropriado e para sabotar o ritmo de suas apresentações enigmáticas e totalmente banais" de Aretha. Ao mesmo tempo, "Durante 'Amazing Grace', a última canção, ela cantou de forma tão comovente que começou a chorar".

Na mesma semana em que Aretha cantou no City Center, a cerimônia do Grammy Awards foi transmitida pelo Radio City Music Hall. Ela fora indicada na categoria de melhor vocal feminino de R&B por "Can't Turn You Loose", música que cantaria na transmissão. Uma vitória quebraria um período de seca de seis anos. De 1967 a 1975, ano em que Natalie Cole quebrou a sequência, ela ganhou dez Grammys consecutivos.

— Foi uma noite louca — lembrou-se Cecil. — Começamos no Radio City, onde ela arrasou com "Can't Turn You Loose". Sua performance ao vivo foi melhor que a gravação. Aretha estava um pouco preocupada porque Diana Ross foi indicada na mesma categoria com "Upside Down". Ela queria muito vencer Diana. Ela queria voltar ao jogo do Grammy. Então, não ficou feliz quando, para surpresa de todos, Stephanie Mills venceu por "Never Knew Love Like This Before". Mas perder para Stephanie foi muito melhor do que perder para Diana.

As previsões eram que o *Guilty* de Barbra Streisand e Barry Gibb's dominasse o Grammy, mas o grande vencedor da noite foi Christopher Cross e seu "Sailing".

— Da Radio City, entramos na limusine para ir ao show dela no City Center — contou Cecil. — Não havia tempo a perder, então, quando o motorista da limusine virou várias vezes nas ruas erradas e nos colocou num engarrafamento, Aretha perdeu o controle. Ela gritou tão alto que pensei que não sobraria nada para o palco. Eu a acalmei, mas ela estava realmente esgotada. Chegamos a tempo, o show foi ótimo e então chegou a hora da grande festa que Clive Davis estava dando para homenagear o retorno de Aretha. Você sabe o quanto Clive gosta de dar festas - bem, aquela era a festa do ano, com todas as estrelas da música e do cinema da cidade esperando a chegada de Ree. A cobertura da imprensa seria gigantesca.

"Sei muito bem que informei a ela que a festa seria em um clube privado chique no último andar de um arranha-céu. Mas quando chegamos lá, Aretha alegou que eu não tinha avisado. Isso aconteceu quando o medo dela de altura estava aumentando. 'Estou bem aqui, mana', falei. 'Estou com você'. Bem, chegamos ao décimo andar. Mas então tivemos que caminhar até outro elevador que nos levaria ao 50º andar onde estava acontecendo a festa.

"'Ah, não vamos não', disse Ree quando soube que tínhamos mais trinta andares a subir. Não adiantou implorar. Ela deu meia-volta e desceu. Sim, senhor, foi nessa noite que o homenageado decidiu faltar à honra. No dia seguinte, ela se desculpou com Clive, mas não antes de dizer que, se ele quisesse dar outra festa para ela, tinha que garantir que fosse num andar baixo, como em um porão. Acontece que a próxima festa de Clive seria em seu apartamento de cobertura na Park Avenue e, como você pode imaginar, Aretha não ia subir tão alto."

Três dias depois do Grammy, Aretha apareceu no *Saturday Night Live* cantando a mesma versão de Arif Mardin de "Can't Turn You Loose".

— Então voltamos à Califórnia para descansar e relaxar — disse Cecil. — Aquela situação em Nova York a esgotou. Ela precisava do conforto da vida familiar.

— Não tenho certeza de quanto conforto Glynn estava fornecendo a ela àquela altura — disse Erma, que visitou a irmã em Encino. — Ree ama cozinhar, mas estava passando tanto tempo na cozinha que o peso estava se tornando um problema de novo. Ela disse que queria tirar um tempo longe da carreira, mas nunca conseguiu deixá-la. Estava muito envolvida no álbum novo, escolhendo canções e produtores. O primeiro álbum dela na Arista não tinha sido o sucesso esperado, então, na cabeça dela, o próximo tinha que ser.

"E ela estava abalada por causa do nosso pai. Papai não melhorava. Ainda estava em coma. Aretha achou que se estivesse com ele em Detroit talvez fizesse a diferença. Talvez ele respondesse a ela. Então voltou comigo por algumas semanas. A presença dela não fazia nenhuma diferença - pelo menos nenhuma que nós ou os médicos dele pudéssemos detectar. Nisso, senti que sua primeira prioridade não era o casamento. Eu vi Glynn se aprofundar em sua atuação e sua família e Aretha se aprofundar em sua carreira e nossa família."

Na edição de maio da *Ebony*, no entanto, quando um grupo de mulheres negras, incluindo Lena Horne e Roberta Flack, foi convidado a classificar os dez homens negros mais provocantes, "Aretha enfaticamente insistiu que para ela só existe um homem provocante: seu marido, o ator Glynn Turman. Nenhum estímulo, súplica ou ameaça poderia fazer a 'Rainha do Soul' expandir sua lista. 'Escreva o nome dele dez vezes!', ela exigiu. 'Ele é meu namorado, meu marido, meu irmão mais velho, meu protetor e às vezes até meu filho. De vez em quando, olho para ele e não consigo acreditar que é mesmo meu. Isso que é provocante'."

— O que Shakespeare disse? — perguntou Ruth Bowen. — "A senhora protesta demais". Aretha é assim. Ela sempre quer que o mundo pense que não apenas tudo é bom, mas tudo é absolutamente glorioso. Ela não poderia estar mais rica, não poderia estar mais feliz, não poderia estar vivendo uma vida mais satisfatória. Aretha se levanta todos os dias e começa a criar sua própria realidade. Por ser quem é – uma rainha –, ela pode levar essa realidade para a imprensa. E eles geralmente compram. Ao mesmo tempo, ela está tentando vender a si mesma essa realidade. Mas pode acreditar, querido, a realidade dela não é real. Quando se trata de relacionamentos, o verdadeiro problema é que qualquer homem com uma carreira séria terá dificuldades com Ree. Como ela é obcecada por sua própria carreira, ele terá que ficar em segundo plano. E um homem forte e ator talentoso como Glynn Turman não ia ficar em segundo plano. Nem me importei com o que ela estava relatando à *Ebony* a respeito de sua felicidade doméstica, eu sabia que era apenas uma questão de tempo – principalmente durante os primeiros dias da Arista, quando Aretha estava desesperada por um sucesso. Nada a impediria de voltar aos trilhos.

26
DE VOLTA AOS TRILHOS

— Quando Aretha me ligou para dizer que queria que eu coproduzisse seu segundo álbum da Arista, claro que fiquei muito feliz — disse Arif Mardin —, mas minha primeira pergunta foi: "Quem é o outro produtor?". A resposta dela foi rápida. "Eu", disse ela. No estúdio, ela ficava focada. Mas é claro que havia as várias viagens a Detroit para visitar o pai que, compreensivelmente, a distraíam. No fim das contas, ela coproduziu apenas duas das músicas que compusera - nenhuma das duas muito boas - "Kind of Man" e "Whole Lot of Me". Ela também coproduziu e escreveu o arranjo rítmico de "Truth and Honesty", uma baladinha rápida de Burt Bacharach, Carole Bayer Sager e Peter Allen.

— Como muitos artistas que compuseram sucessos, Aretha estava convencida de que podia compor mais um "Dr. Feelgood", "Think" ou "Spirit in the Dark" — Arif me contou. — Ela tinha orgulho de suas composições e, mesmo que eu tentasse, jamais poderia convencê-la a não as colocar no álbum. Clive Davis é um diplomata e tanto e, em vez de desencorajá-la a compor, ele a incentivou a colaborar. Foi assim que ela se juntou a Sam Dees e George Benson, um artista badalado da época. George tinha acabado de ganhar um Grammy por "Give Me the Night", escrito por Rod Temperton, que teve grande sucesso com Michael Jackson em *Off the Wall*. Sam, George e Aretha compuseram "Love All the Hurt Away", que se tornou o título do álbum e um sucesso de R&B. Ela tinha certeza de que a canção ia estourar a bolha e se tornar um sucesso pop, mas nunca passou da trigésima sexta posição.

"No geral, *Love All the Hurt Away* foi um álbum muito ambicioso que não deu certo. Foi ideia de Aretha fazer cover de 'It's my Turn', o sucesso pop que Michael Masser e Carole Bayer Sager tiveram com Diana Ross. Uma coisa era fazer um cover de um soul dos anos sessenta como 'Hold On I'm Coming' de Sam e Dave ou um hino do rock como 'You Can't Always Get What You Want' de Keith e Mick, mas 'It's My Turn' tinha sido lançada apenas um ano antes, e era muito cedo para uma versão cover. Aretha discordou. Ela sentia que a música era mais adequada ao seu estilo do que ao de Diana. Sim, mas Diana já tinha emplacado o sucesso. 'Não importa', Aretha disse, 'é a *minha* vez.' Ela cantou a música com inegável convicção. Sentiu que era sua vez de lançar um sucesso pop, mas, infelizmente, o pessoal do marketing concordou comigo. Eles não tinham esperança de que fosse sucesso como single.

"Tive mais esperança em algo como 'Living in the Streets', uma música de Rod Temperton que trazia traços de seu trabalho com Heatwave, sua própria banda, e suas produções para o *Off the Wall* do Michael e, mais tarde nos anos oitenta, *Thriller*. Mas não sei se a voz de Aretha era adequada para os ritmos dançantes que eram a especialidade de Rod. 'Living in the Streets' era um álbum decente e só.

"Usamos muitas das mesmas colaborações — estrelas pop como os caras da Toto e músicos voltados para o pop como David Foster, Greg Phillinganes e Louis Johnson, que trabalharam com Quincy e Michael Jackson, e o baixista Marcus Miller, que começou gravando com Luther Vandross. Com certeza disparamos. Mas, além da faixa-título, não houve sucessos. Por outro lado, as críticas foram fortes e acho que a qualidade geral do álbum deu força ao lento ressurgimento de Aretha."

— Aretha ama todos os seus álbuns — disse Cecil —, mas o que ela mais amava em *Hurt* era o cover. George Hurrell fez as fotos. Ele é o cara que fotografou todas aquelas estrelas da velha guarda como Bette Davis e Joan Crawfod. Ela queria o visual em preto e branco, como a Hollywood antiga. A imagem dela, envolvida em seu xale de pelo branco, sentada em uma pilha de malas, a fez sentir que enfim havia chegado. Na capital mundial dos filmes, ela estava bonita. Sim, sr. DeMille, ela está pronta para o close-up.

O álbum tem seus charmes. A faixa-título é uma balada chiclete, e é divertido ouvir o riff dela com George Benson, influenciado por Stevie Wonder-Donny Hathaway. Gosto de abordagem em "It's My Turn". É emocionante ouvi-la ir com tudo no hino já exagerado de Masser sobre as glórias da autoafirmação. Mas, quanto ao resto, o álbum parece uma tentativa sem fôlego de acompanhar a moda musical da época.

A opinião de Stephen Holden, do New York Times, era outra. Quando ele escreveu a crítica do álbum em 11 de outubro, disse: "Faz nove anos desde que Aretha Franklin, a maior cantora de soul de sua geração, fez um álbum tão forte e emocionalmente atraente quanto *Love All The Hurt Away*".

Durante esse mesmo período, Aretha falou de sua imagem em uma matéria de capa na *Jet*. A manchete diz: "Aretha Franklin Conta

Por Que o Peso Não a Preocupa Mais". Ela disse que quando vestia 42 ou 44, estava magrinha demais. "Me sinto melhor usando 46", disse ela. "Fico melhor, mais saudável... eu com certeza prefiro ser saudável e bem alimentada que esbelta e faminta". Ela adicionou que Glynn gostava das curvas extras.

— Se você ler as matérias de qualquer período da vida dela — disse Ruth Bowen —, é sempre a mesma coisa. Resume-se em três palavras: "Não tenho problemas". A filosofia de Aretha: se você repetir o bastante, se tornará realidade. Jogue os problemas para debaixo do tapete. Não se preocupe com alguém olhar sob esses tapetes porque ninguém tem permissão para entrar na sua casa.

Naquele outono, Aretha tocou no Claridge Hotel em Atlantic City. Havia no show um medley de canções antigas do showbiz que incluíam "Up a Lazy River", "Me and My Shadow", "Yankee Doodle Dandy" e "Over the Rainbow".

Duas décadas depois de Aretha ter cantado esse material em seus primeiros discos da Columbia e apresentações em casas noturnas, elas continuavam fazendo parte de sua performance.

— Ela ouviu críticas de que cantar algo como "Swanee" podia ser brega — disse o diretor musical de longa data dela, H.P. Barnum. — Mas Aretha nunca ligou muito para as críticas. Ela não é propensa a mudanças. Ela se vê como uma artista à moda antiga que quer fazer um show chamativo para agradar a todos os diferentes tipos de fãs. Ela vem daquela escola que diz que é melhor avançar do que retroceder. Avançar significa ir para o material mais mainstream. Além disso, ela gosta de Judy Garland e sabe que se cantar uma música de Judy Garland, fará melhor do que Judy poderia. Isso é uma grande fonte de satisfação para ela. Ao mesmo tempo, Aretha se preocupa com seu público principal - o público de R&B. Ela sabe que nisso precisa estar atualizada. É por isso que em seu show ao vivo ela tem a mim, um maestro da velha guarda, no comando. Mas no estúdio pode acreditar que ela está correndo atrás do produtor mais badalado do mundo. Assim como o Ray Charles, é possível se dar bem nesses grandes locais em Atlantic City e Las Vegas apresentando antigos sucessos. Mas se você quer ficar no rádio, precisa de novos sucessos. Aretha nunca parou de ir atrás de novos sucessos.

— Como *Love All The Hurt* só teve um meio-sucesso — disse Arif Mardin —, não fiquei surpreso quando não fui chamado para produzir o terceiro álbum dela na Arista. Suspeito que ela iria atrás de caras mais atualizados, como Rod Temperton. Rod não estava disponível, mas Luther Vandross estava. Luther provou ser a melhor escolha que ela poderia ter feito. Mas, apesar de toda a compatibilidade artística, ouvi dizer que não era uma combinação perfeita.

Luther riu quando falei do comentário de Arif.

— Bem — disse ele —, é uma longa história. Está pronto para um conto épico?

— Sim.

— Entenda minha posição em 1981. Meu primeiro disco, *Never Too Much*, foi lançado – e foi um sucesso. Virou disco de ouro e me rendeu um monte de dinheiro. Mesmo tendo crescido em Nova York, eu já estava acostumado com dinheiro, pois ganhei uma pequena fortuna sendo backing vocal e cantando jingles. Patti Austin e eu éramos provavelmente os cantores de estúdio de maior sucesso de nosso tempo. Eu também estava no Chic. Na verdade, sou eu que digo "Yowsah, yowsah, yowsah" em "Le Freak". Paguei minhas dívidas de discoteca e mais outras. Uma coisa era ser backing vocal para David Bowie ou Bette Midler, mas outra era ir sozinho. Isso aconteceu quando entrei na casa dos trinta. Eu me via como um artista que cresceu ouvindo as vozes gloriosas das grandes divas. Eu também adorava os grupos femininos, principalmente as Shirelles. Mas foram as estrelas solo femininas que conquistaram meu coração. Para mim, a Santíssima Trindade das Divas consistia em Aretha, Diana e Dionne. Mas nunca pensei que seria meu destino produzir todas essas três estrelas. Eu sabia que poderia produzir. Compus, arranjei e produzi *Never Too Much*, mas minha concentração estava na minha própria carreira, não em ajudar a reviver a carreira de outra pessoa.

"Pela primeira vez na vida, comecei a fazer entrevistas para grandes veículos. Naturalmente, falei das minhas influências e naturalmente mencionei Aretha várias vezes. Eu disse à Rolling Stone que a ideia de produzir Aretha um dia seria um sonho realizado. Acabou que esse dia era o seguinte. Na tarde da entrevista, Clive Davis me ligou. 'Tá falando sério sobre produzir Aretha?'. 'Bem, sim', falei. 'Claro, você me surpreendeu. Ninguém em juízo perfeito recusaria a chance de produzir a Rainha'. 'Farei acontecer', disse Clive. 'Quando?'. 'Em breve'.

"Uma semana depois, eu estava em casa quando disseram que Aretha Franklin estava no telefone. Comecei a comemorar como um garotinho na manhã de Natal. Corri para o telefone. 'Aretha?'. 'Sim, aqui é a srta. Franklin. Falo com o sr. Vandross?'. Foi quando eu soube que não seria fácil. A srta. Franklin era formal. A srta. Franklin queria saber se o sr. Vandross tinha alguma canção adequada para ela. 'Agora não, srta. Franklin, mas com certeza posso compor algumas'. 'Faça isso, sr. Vandross, e farei minha avaliação logo depois'.

"Claramente eu tinha que fazer um teste. Bem, por que não? A rainha tem certos direitos. Um deles é que seus súditos devem apresentar suas credenciais antes de serem premiados com uma audiência. Pedi a ela que me desse um tempinho. Ela disse que não tinha muito tempo. Se eu quisesse ser considerado um produtor, teria que produzir o produto bem rápido. Ela também acrescentou que gostou daquela versão de 'House Is Not a Home' que fiz em *Never Too Much*. 'Tenho planejado cantar essa música', disse ela. 'O que você acha de incluí-la no meu álbum?'. 'Eu acho que seria melhor você ter originais, músicas novas.' 'Eu ouso dizer que também sou conhecida por fazer covers'. 'Você é conhecida por cantar tudo e qualquer coisa lindamente, srta. Franklin'. 'Obrigada, sr. Vandross'.

"Foi uma conversa estranha e um tanto tensa. A Aretha que ouvi durante toda a minha infância no rádio – afetuosa e simples – não era a Aretha que ouvi ao telefone. Eu conheceria a Aretha simples, mas o planeta teria que dar algumas voltas antes que isso acontecesse.

"Marcus Miller e Nat Adderly Junior tinham trabalhado no meu primeiro álbum, e formamos uma equipe de produção. Junto com a guitarra de Doc Powell, o baixo de Marcus e os teclados de Nat, eu tinha a seção rítmica da vida, suave como seda com apenas um gostinho do encanto dance-disco que os frequentadores de clubes adoram. Rapidamente, Marcus arranjou a canção. Era incrível. Eu sabia que seria sucesso. Escrevi as palavras ao ritmo. Não estava procurando nada profundo. O negócio simplesmente saltou da fita, então chamei de 'Jump to It'. Era tudo: ei, reaja ao ritmo, reaja ao amor, pule para o amor.

"Aretha ouviu e adorou. Ela estava pronta para gravar, mas o desafio era minha agenda. Eu estava atrasado para a turnê do meu próprio álbum, com shows praticamente todo fim de semana. Tive que voar para Los Angeles de onde quer que eu estivesse – Chicago, Atlanta ou Miami. Ao mesmo tempo, concordei em produzir um álbum com minha colega de gravadora Cheryl Lynn, também em Los Angeles, então estava fazendo três coisas ao mesmo tempo. Eu estava um pouco cansado.

"As sessões com Aretha começaram com a mesma formalidade. Mas em vez de me chamar de 'sr. Vandross', ela mudou para 'Vandross'. A partir de então, eu sempre seria 'Vandross' para ela, nunca Luther. Quando falei que ela podia me tratar pelo meu primeiro nome, Aretha disse: 'Se eu chamo Curtis Mayfield de 'Mayfield', sei que você não se importará de ser 'Vandross'. 'Se eu fizer algo que chegue aos pés de *Sparkle*', eu disse, 'você pode me chamar para jantar em casa'. 'O jantar já está servido', disse ela, indicando que sua assistente tinha comprado frango frito suficiente para alimentar um batalhão.

"Depois do jantar, Aretha enfim indicou que eu devia chamá-la de Aretha. Nos conectamos através da comida. Amávamos a mesma coisa: tudo gorduroso e doce. Tínhamos o mesmo problema de comer demais. Tenho certeza de que permitimos um ao outro porque, quando Aretha e eu estávamos no estúdio, boa comida fazia parte de nossa colaboração tanto quanto as harmonias. A boa comida sempre trazia Aretha de volta à realidade.

"Tivemos algumas discussões difíceis. Aretha não gosta que seus vocais sejam criticados – e é compressível. Olha, estamos falando de Aretha Franklin. Por outro lado, o coração do álbum foi composto por quatro canções que compus sozinho ou com Marcus. Também sabíamos muito bem que 'Jump to It' era um sucesso e, como o havíamos composto, sabíamos como deveria soar. Era uma coisa de produção, uma coisa de visão. Eu poderia muito bem ter guardado a música para mim, cantado no meu segundo álbum e teria um sucesso infalível. Mas tínhamos reservado a canção para Aretha e, desde que Aretha estivesse disposta a fazer um pouco a vontade de seus produtores, daria tudo certo.

"Fazer a vontade era o problema. Por exemplo, eu queria estabelecer o ritmo com uma longa introdução instrumental. Aretha não achava que o ouvinte esperaria tanto para ouvir sua voz. Assegurei a ela que o ouvinte ficaria viciado no ritmo e adoraria esperar. Ela queria entrar mais cedo. Neguei. "Quem é o que tem mais sucessos aqui?", ela perguntou. Claro que a resposta foi ela. Eu só tinha um, ela tinha dezenas. "Mas quem é o único com o *mais recente* sucesso?", perguntei. Ela não respondeu. Saiu batendo porta.

"Mas voltou. E cantou como eu queria. Não apenas isso, ela inventou todo aquele negócio falado que há na música. Ela entrou na história com uma timidez que combinava perfeitamente com a canção. Também devo dizer que Aretha entrou no ritmo com facilidade. Fez melhor do que qualquer um poderia ter feito, fazendo os sons certos que pontuavam a letra nos pontos certos.

"Aretha não apenas é uma cantora que soa muito bem, uma cantora de gospel, soul e jazz muito boa, mas também é cantora percussiva. Com isso, quero dizer que ela tem a sensibilidade de um baterista. Então se um ritmo está caindo, ela dará um jeito de erguê-lo da maneira mais sutil. 'Jump to It' é basicamente uma coisa rítmica. Para que funcione, são necessárias enormes variações vocais para mantê-lo interessante. Aretha tem variações de sobra. A faixa já estava ótima, mas ela incendiou o estúdio."

Quando "Jump to It" foi lançado, no verão de 1982, alcançou o topo das paradas de R&B, o primeiro sucesso de número um desde seu trabalho com Curtis Mayfield, cinco anos antes. Aos 40 anos, Aretha emergiu de sua queda nas vendas para reconfirmar seu status comercial.

Quando ouvi "Jump to It" pela primeira vez, reagi como a maioria dos fãs de Aretha. Adorei. Não conseguia parar de ouvir. Achei o ritmo irresistível. Luther reacendeu o fogo. Mais de três décadas depois, ainda o classifico entre suas maiores canções. Não é profundo, mas é doce e divertido pra caramba.

— Não acho que Aretha queria profundidade — disse Luther. — Aretha queria ser tocada e vender. Aqueles dias de "Respect" e

"Think" estavam para trás. Ela não queria ser política. Queria ser atual. Queria soar nova. Fiquei fascinado ao ver que o foco dela estava mais no recipiente do que no conteúdo. Em um nível pessoal, ela era muito reservada. Sentava e fazia rap comigo, mas mantinha a conversa leve. Antes de conhecê-la, eu tinha uma ideia errada de como ela poderia ser. Cresci com a *Ebony* e a *Jet*, e me lembro de ler vários artigos sobre ela. Parece que havia um por semana. Em todos, parecia que ela vivia a vida perfeita. Feliz em casa. Feliz com o marido. A carreira indo a todo vapor. Ela tinha tudo. Mas pessoalmente encontrei essa mulher bastante solitária que não estava nem um pouco feliz. Naturalmente, muito tinha a ver com a situação do pai dela. Nosso trabalho juntos aconteceu enquanto ele ainda estava em coma. Mas, além disso, senti que o casamento dela também era uma fonte de angústia. Lendo nas entrelinhas, parecia claro que o relacionamento com Glynn Turman estava à beira do colapso. Ela também estava brigando com as irmãs.

— Faz tempos que perdi as contas de quantas vezes Aretha parou de falar comigo — disse Erma —, mas lembro das coisas estarem especialmente difíceis no começo dos anos oitenta. Ela me acusou de não dar os cuidados certos para nosso pai. Discutimos e por um tempo não nos falamos. Mas quando ela começou a gravar com Luther, as coisas melhoraram. Acho que ela percebeu que enfim havia encontrado o produtor certo. Ela usou Cissy Houston e Darlene Love em algumas faixas, mas convidou nossa prima Brenda e eu para cantar em outras. Percebi que a música que ela me pediu para fazer o backing vocal se chamava "I Wanna Make It Up to You" – *quero fazer as pazes com você*, que ela compôs para si e Levi Stubbs, do Four Tops. Para nós, Levi sempre foi um dos cantores de soul mais fortes e seu dueto é o melhor que Aretha já fez. Também cantei em seu cover de "It's Your Thing" dos Isley Brothers e relembramos a época em que ela e eu festejamos com os Isleys em sua casa em Nova Jersey. Foi um bom reencontro. Eu gostaria que Carolyn estivesse lá também. Ironicamente, porém, assim que Aretha e eu fizemos as pazes, ela e Carolyn se desentenderam. Não consigo lembrar o motivo.

— Luther trouxe muita luz de volta à carreira de Aretha — contou Cecil — e sem dúvidas deu a ela um som contemporâneo. Não posso enfatizar o bastante a importância disso. Vimos que a mudança da Atlantic para a Arista foi boa. Foi Clive que identificou Luther, e Luther era quem tinha o que as pessoas queriam ouvir. Eu chamaria isso de renascimento.

A crítica da Billboard de 31 de julho resumiu a opinião da indústria sobre *Jump to It*.

"Os esforços da Arista para levar a Rainha do Soul de volta ao topo das paradas pop podem valer a pena com esta coleção divertida de oito canções, enquanto a canção-título já está causando entusiasmo nas rádios negras."

Nelson George, na *Billboard* em 25 de setembro, escreveu que o destaque da aparição de Aretha no Budweiser Superfest no Madison Square Garden foram seus duetos com Smokey Robinson e Luther: "O contraste entre os gritos gospel de Aretha e a entrega de Robinson em 'I Want To Make It Up To You' foi emocionante... Vandross apareceu para cantar o refrão de 'Jump to It' com Franklin e mostrar que ele também poderia ter feito sucesso com essa música dançante e alegre."

Depois de concluir o projeto *Jump to It*, Aretha contou à imprensa que nunca se sentiu melhor. Quando os repórteres mencionaram os outros problemas que ela enfrentava — o coma do pai e suas dificuldades conjugais — ela negou. Disse que as pessoas positivas veem a vida de forma positiva — e pronto.

Um exemplo perfeito foi a edição de 9 de agosto da *Jet*, na qual ela disse que seu pai, embora estivesse há 36 meses sem falar, "é a imagem da saúde e se comunica com seus olhos e sorrisos".

— Aretha estava convencida de que um dia ele despertaria do coma — disse Carolyn — e tudo daria certo. Os médicos disseram que não ia acontecer. Aretha viu expressões no rosto dele - alegria nos olhos e sorriso no rosto - que ninguém mais via. Ela estava imaginando.

Não era só isso. Em 23 de agosto, a *Jet* relatou que "a Rainha do Soul Aretha Franklin e seu marido, o ator Glynn Turman, não falam da ameaça do fim de seu casamento de duas carreiras porque são muito orgulhosos e sentem que seu problema é pessoal e privado."

— Quando se trata de admitir fracasso, ninguém é mais orgulhoso que Aretha — disse Ruth Bowen. — Não há fracasso no universo dela - e se há, jamais pode ser culpa dela. Me lembro de conversar com ela pouco antes que o fim de seu relacionamento com Glynn se tornasse público. "Ruthie", ela me disse, "não acredite nessas mentiras. Jamais estive tão feliz na vida".

— A pobrezinha estava muito infeliz — disse Erma. — E era compreensível. Seu casamento com Glynn foi considerado o relacionamento perfeito de Hollywood. Um ator bonito, arrojado e bem-sucedido se casa com uma cantora linda, glamorosa e bem-sucedida. Depois de seu casamento de conto de fadas e seu enorme esforço para pintar um quadro perfeito em todas as revistas, o fim desse relacionamento foi muito doloroso.

— Se você for a uma reunião de viciados anônimos — disse Carolyn —, eles dizem para você não pular os passos. Isso é quando as pessoas seguem em frente em vez de encarar seus problemas e dores. Vão para outra casa, outra cidade ou estado. Aretha fez tudo isso. Fiquei feliz em vê-la voltar para Detroit e ficar comigo e nosso pai em LaSalle. Era o lar dela também. Ela estava pagando a hipoteca e as contas. Eu gostava de ter minha irmã para ajudar a supervisionar as enfermeiras do meu pai. Mas eu sabia que ela tinha se mudado para fugir dos problemas na Califórnia.

— Fiquei surpreso quando Aretha decidiu voltar para casa, mas depois não fiquei surpreso, não — disse Cecil. — Ela estava tão decidida a viver a vida de Hollywood. Tinha esperança de que a Califórnia fosse a resposta para todos os seus problemas domésticos. Como qualquer mulher, ela só queria a felicidade simples. O problema é que Ree não é uma mulher simples. Ela é um gênio e os gênios são atormentados por seu talento. O talento deles domina suas vidas e domina o resto. É quase como se o talento deles fosse forte demais para ser controlado. Não estou dando desculpas para minha irmã, só estou dizendo que seu gênio deu a ela uma sensibilidade e vulnerabilidade que as pessoas comuns não conseguem entender. Ela sente demais. Sente de maneira muito profunda. Ela se magoa com facilidade. Não sei se ela fez muitas exigências a Glynn ou se Glynn fez muitas exigências a ela. Sei que ambos são pessoas maravilhosas com um espírito criativo. Ambos vivem no mundo competitivo do show business, cheio de mentiras. Esse mundo não é propício a romances de longo prazo. E para ser sincero, não acho que Ree foi feita para um relacionamento romântico de longo prazo. Seu principal compromisso é com a música. Esse é o único compromisso que nunca morrerá. Seu outro compromisso inabalável tem a ver com nosso pai. Ela achava que se pudesse estar em casa ao lado dele, muitas de suas ansiedades e medos desapareceriam. Afinal, de todas as pessoas no mundo, era meu pai quem mais a acalmava. Ela queria calma. Aretha sempre desejou calma. Então ela voltou para casa para tê-la.

27
LAR

No final de 1982, Aretha recuou para Detroit e, até o momento em que escrevo, Detroit continua sendo seu lar.

Digo "recuou" porque, segundo os irmãos, prima em primeiro grau e cunhada, ela começou a se fechar e a construir um muro ao seu redor. Seu mundo tornou-se muito mais circunspecto. Em vez de sumirem, seus medos aumentaram.

— Assim que ela se mudou para LaSalle — disse Carolyn —, ela insistiu em ter mais segurança. Barras maiores nas janelas. Trancas novas nas portas. Mais seguranças. Ela com certeza estava mais tensa. Eu entendi porque estava morando lá com meu pai há quatro anos. Estar na mesma casa com alguém em coma pode deixar qualquer um tenso. Aretha pensou que a proximidade com ele a ajudaria. Ela se sentiria mais útil. Mas não havia nada pra fazer. A frustração foi desconcertante, e a frustração certamente mexeu com as emoções de Aretha.

— Quando ela veio de Detroit para Los Angeles para começar nosso segundo álbum juntos — disse Luther Vandross —, vi que ela estava muito tensa. Eu sabia que voltar para a casa do pai não era fácil para ela, então tentei ser o mais sensível possível, mas era impossível. Ela se irritava com qualquer sugestão que eu fazia. Lembrando, essas eram minhas músicas e meus arranjos. Eram os meus caras – Marcus Miller e Nat Adderly, Jr. –, os mesmos que trabalharam em *Jump to It*. Ela tinha que saber que nós entendíamos o que estávamos fazendo, já que o primeiro álbum foi um grande sucesso. Mas não. Sempre que eu fazia o menor comentário, ela gritava: "Se você acha que pode fazer melhor, então canta essa merda". "Tudo bem", falei um dia. "Te vejo mais tarde, senhorita Franklin." Meu segundo álbum – *Forever, For Always, For Love* – fora disco de ouro. Eu estava indo muito bem. Então, se a senhorita Franklin queria ter seus chiliques e torturar outro produtor, isso seria problema dele, não meu. Lavei minhas mãos. Mas então ela correu para Clive, reclamando da minha crueldade mental. Eu não tinha sido cruel. Tinha sido um cavalheiro e profissional. "Só peça desculpas", disse Clive. "Isso é tudo que ela quer". Se alguém exigia um pedido de desculpas, era eu. "Você precisa ser melhor que isso", disse Clive. Dei ouvidos a ele e pedi desculpas. Aretha voltou às sessões, mas com a exigência de que gravasse uma música de autoria de seu filho Clarence. Ela também insistiu que outro de seus filhos, Teddy, tocasse violão. Aceitei ambas as exigências. Fiz isso sabendo que, por mais que ela precisasse ter as coisas do seu próprio jeito na produção, já tínhamos um sucesso. Era "Get It Right", algo inventado por mim e Marcus Miller. Foi direto para o primeiro lugar, o segundo R&B dela no topo das paradas em doze meses. Depois que ela viu que tínhamos outro sucesso juntos, ficou doce como mel.

A versão de Aretha da história em *From These Roots* foi o contrário: ela tinha sido razoável e cooperativa; Luther tinha sido um valentão. Após a sessão final em Los Angeles, ela se sentiu tão desrespeitada que mal podia esperar para ir embora. Ela comprou passagem no primeiro voo de volta para Detroit. O avião passou por uma turbulência extrema. Ela sempre ficou nervosa em voos, mas, para o bem ou para o mal, lidava com a ansiedade. De repente, a ansiedade aumentou exponencialmente. No entanto, ela voltou de avião para Los Angeles naquele verão como homenageada em um concerto de gala no Shrine Auditorium patrocinado pela Brotherhood Crusade, uma organização de caridade ativa na comunidade negra.

Algumas semanas depois, voou para Atlanta, onde seria homenageada por seu amigo, o prefeito Andrew Young, além de ser a atração principal de dois shows. Segundo Aretha, o prefeito estava fora da cidade e seus planos deram errado. As duas apresentações correram bem, mas ela perdeu o voo programado para casa. Ansiosa para voltar a Detroit, decidiu ir de bimotor. O tempo estava tempestuoso e o caminho foi extremamente difícil. Aretha ficou apavorada e, assim que pousou em segurança em Detroit, jurou nunca mais voar. E nunca mais entrou em um avião.

— Ficamos todos com medo — disse Cecil. — Qualquer ser humano normal ficaria assim. Cair naqueles bolsões tortos de ar parecia despencar do céu. Mas depois de um voo ruim a melhor coisa que você pode fazer é voar de novo – e o quanto antes. Pedi a Ree que fizesse isso. Se não, temi que o medo dela crescesse. Ela ficaria pensando no que aconteceu e como poderia acontecer novamente – em vez de escolher um dia ensolarado e ter um voo tranquilo. "Você tem que superar esse medo, Ree", eu dizia, "ou vai acabar custando milhões para você. Seu sustento depende de você chegar aos seus fãs, e você tem fãs em todo o mundo". Ela me ouviu. Sabia que eu estava certo. Mas estava com muito medo de agir. Foi quando tudo em sua vida começou a mudar. Ela se tornou prisioneira de seus medos.

— O dinheiro se tornou um medo central — disse Ruth Bowen. — Ela alegou que a Arista era muito devagar para pagar os royalties dos sucessos recentes. O dinheiro parou de chegar. Sua decisão de parar de voar significou o cancelamento de várias datas que ela havia me pedido para reservar. Custou a ela uma fortuna. E foi aí que ela decidiu organizar o que chamou de Baile dos Artistas.

"Quando Aretha decide dar um baile ou uma festa para a caridade, ela tem a melhor das intenções. Mas o planejamento de suas festas é o mesmo que seu planejamento financeiro. É sempre uma bagunça."

A *Jet* contou a história na edição de 7 de novembro: "*Aretha Franklin patrocina o 2º Baile Anual dos Artistas em benefício de seu pai em coma*": "Os membros da família estão otimistas de que ele sairá do coma." A história dizia que os cuidados ininterruptos custavam à família Franklin cerca de 2.500 dólares por semana. De acordo com a revista, Aretha pagava 98% dos custos médicos de seu pai, sendo o restante proveniente de doações da igreja e de uma arrecadação de fundos que aconteceu em 1979.

— Na família Franklin, só Aretha estava otimista com relação ao reverendo Franklin sair do coma — disse Ruth. — Ela se agarrou a essa ilusão quando todos sabiam da realidade. A outra ilusão era que o evento daria dinheiro. Mesmo que tivesse se mostrado lucrativo, eu era contra. Achei cafona para uma artista do calibre de Aretha - ainda requisitada e ainda ganhando dinheiro - alegar que estava pobre. Na verdade, o evento não deu certo e acabou custando caro para ela. É por isso que ela processou a Arista, o que, eu disse, foi como cuspir no prato em que comia.

Em novembro de 1983, no mesmo mês em que Jesse Jackson anunciou sua candidatura à presidência dos Estados Unidos, a *Jet* publicou um artigo que dizia: "R-E-S-P-E-I-T-O! Isso é o que a Rainha do Soul Aretha Franklin diz que quer da Arista Records. Ela contratou um advogado para ajudá-la. Contou a *Jet* que, devido ao gasto indevido de dinheiro da Arista, ela não consegue realizar projetos pessoais e quer encerrar o contrato."

— Acabou que nem era culpa da Arista — disse Cecil —, mas um mal-entendido da parte de Aretha. Ela achava que não havia recebido um determinado cheque que, na verdade, havia sido depositado em sua conta meses antes. Sendo o cavalheiro que é, Clive Davis entendeu e esqueceu a acusação.

As finanças sempre eram um grande problema, mas não mais que o romance.

Aretha costumava falar de um homem que ela chamava de um dos grandes amores de sua vida. Não dizia quem era. Em sua autobiografia, ele é chamado de sr. Mystique. Ela disse que o caso deles começou nos anos sessenta e durou até os anos oitenta, mesmo enquanto estava com Dennis Edwards, Ken Cunningham e Glynn Turman. Ela insistiu que ninguém sabia da identidade dele, nem mesmo membros de sua família. Afirmou que o caso deles foi reacendido logo após seu retorno a Detroit.

Parecia um pouco com uma novela.

— Aretha é viciada em novelas desde que a conheço — disse Ruth Bowen. — A vida dela girava em torno de "The Young and the Restless". Em algum momento, ela começou a ver sua vida amorosa como uma novela. Começou a escrever um roteiro de novela, só inventando coisas, fantasiando sobre homens e relacionamentos que nunca existiram. Tô nem aí para o que ela falou em seu livro sobre algum maldito sr. Mystique. Acho que ele nunca existiu. Acho que ela inventou tudo. Esse era o novo padrão dela - inventar histórias sobre esses lindos casos de amor que aconteceram apenas em sua mente.

Quando perguntei a Cecil e Erma se eles sabiam do sr. Mystique, eles diplomaticamente disseram que não.

— Tudo é possível — afirmou Cecil. — Eu não contava a Aretha sobre minha vida privada e ela não me contava dos segredos de sua vida. Mas se tivesse um mesmo cara aparecendo ano após ano, acho que eu saberia.

— Ree tem uma imaginação fértil — disse Erma. — Sua genialidade como contadora de histórias musicais tem a ver com sua capacidade de imaginar situações românticas. Quando canta, ela se torna uma grande atriz. Ela se coloca nessas situações. Isso faz parte da criatividade dela.

— Ela precisava parar de pensar no nosso pai — disse Cecil. — Não era fácil viver naquela casa. E por causa de sua infeliz briga com a Arista, houve longos meses em que ela não gravou nada. O tempo pesava. Ela estava procurando algum tipo de alívio. Estava procurando por romance. Que mulher não está fazendo o mesmo?

Em fevereiro de 1984, Aretha finalizou seu divórcio de Glynn Turman.

— Mais um conto de fadas sem final feliz — disse Erma. — Embora eu nunca tenha pensado que Ree fosse realista com relação às chances de esse relacionamento funcionar, me doeu vê-la sofrendo. Considerando a enorme necessidade de segurança de minha irmã, foi um grande golpe. Também não dá para imaginar o estresse terrível de estar na mesma casa que meu pai. Eu gostaria que Aretha não tivesse voltado, mas foi escolha dela. Ela tinha que seguir sua consciência.

— Eu e Ree no mesmo quarto, nosso quarto de infância, não era nada fácil — disse Carolyn. — Brigávamos igualzinho na infância. Ela me acusou de roncar. Eu a acusei de roncar. Ela colocou um gravador para provar que era eu que estava roncando. Mas quando tocou o áudio, o barulho que ouvi foi o ronco dela, não meu! Enfim, fomos de brigar para compor, para cantar e depois voltamos a brigar. Meu pai ainda estava em coma, mas sei que ele devia estar rindo por dentro. Suas filhas ainda brigavam.

Naquele inverno, Jackie Wilson, o grande cantor de soul de Detroit, faleceu aos 49 anos.

— Aconteceu na mesma época em que meu pai ainda estava profundamente em coma — disse Cecil. — Nosso pai era próximo de Jackie. Na verdade, todos nós éramos. Ficamos chocados quando ele teve o ataque cardíaco. Me disseram que aconteceu quando ele cantou aquele verso em "Lonely Teardrops" que diz: "My heart is crying" - "Meu coração está chorando". Depois disso, como meu pai, ele entrou em coma. Sei que ele teve uma morte solitária e sei que Aretha queria visitá-lo no hospital onde o mantinham em Nova Jersey, mas ela nunca foi. Com nosso pai incapacitado, teria sido demais. A outra parte da tragédia foi que Jackie Wilson, um dos maiores artistas de todo o seu tempo, morreu completamente falido. Essa notícia nos abalou e nos deixou ainda mais temerosos de como, nesta indústria, você pode perder tudo em um piscar de olhos.

Os desafios financeiros aumentaram quando, em 1984, Aretha foi processada pelo estado de Nova York por conta de 102 dólares em impostos atrasados. O estado alegou que ela não pagou impostos sobre o trabalho de gravação que fez em Manhattan de 1973 a 1977. Aretha alegou que, como as fitas master eram de propriedade da Atlantic, e não dela, ela não deveria ser responsabilizada.

— Isso aumentou a tensão e os problemas financeiros — disse Cecil. — Nós resolvemos a situação, mas nos custou uma grana.

Então, no primeiro de abril, um dia antes de seu 45º aniversário, Marvin Gaye foi morto a tiros por seu pai em Los Angeles.

— Depois de Smokey — disse Cecil —, Marvin era meu cara. Talvez houvesse cantores mais potentes em termos de volume ou projeção, mas nenhum mais sensível ou artisticamente avançado. É por isso que Ree amava tanto o trabalho dele. Como ela, ele tinha todos os três grandes elementos misturados em sua música - gospel, jazz e R&B. Conversamos por anos sobre uma colaboração de Aretha e Marvin. Odeio que não tenha acontecido. Também odeio que os problemas de Marvin com drogas o tenham levado. Isso deveria ter me deixado em alerta, mas não deixou. Eu ainda tinha alguns anos antes de lidar com meus próprios problemas com drogas.

Em maio, enquanto Michael Jackson era homenageado por Ronald Reagan na Casa Branca, Aretha estava em Detroit assinando um contrato para estrelar uma peça musical, algo que vinha negociando há anos. Ela enfim concordou em interpretar Mahalia Jackson em "Sing Mahalia!". O plano era ter apresentações em Cleveland, Chicago e Detroit antes de levar para a Broadway. De acordo com a *Jet*, "A sra. Franklin disse que está emocionada e honrada por aparecer no palco como Mahalia Jackson, que ela descreve como 'uma mulher absolutamente fantástica, uma cristã devota, que era calorosa e tinha um grande senso de humor'."

— O humor era a chave da coisa — disse Cecil. — Aretha, como Mahalia, pode ser muito engraçada. Ela faz as melhores piadas. Esse humor estava no roteiro. Musicalmente, nunca tivemos dúvidas. Musicalmente, era uma combinação perfeita. Ninguém, exceto Aretha, poderia se aproximar da majestade de Mahalia. Mas só tivemos certeza ao ver o roteiro. Mahalia foi retratada como uma irmã caseira de Nova Orleans que cozinhava tão bem quanto cantava. Havia alguns grandes momentos na peça. Seria um sucesso com certeza.

— Como Aretha tinha se frustrado com a indústria dos filmes em Hollywood — disse Erma —, ela sentiu que a oferta da Broadway fora enviada por Deus. Não era uma oferta imaginária. Era real. Não era necessário teste de tela nem audição. Os produtores queriam Aretha e somente Aretha. Era o que ela precisava. A atitude dela era: *o mundo sabe que eu canto bem; ora, agora o mundo verá que sei atuar!*

Mas, antes que ela tivesse a chance de assumir o papel de Mahalia, o coma de cinco anos de seu pai chegou a um fim trágico. O reverendo C. L. Franklin morreu em 27 de julho de 1984.

— Eu sabia que seria em breve — disse Cecil. — Erma e Carolyn também. Mas acho mesmo que Aretha tinha se convencido de que cedo ou tarde meu pai se recuperaria do coma e teria sua saúde de volta.

— Depois da morte do pai — disse Ruth Bowen —, Aretha nunca mais foi a mesma.

28
NOSSO PAI

— No dia do funeral, senti muito por Aretha — disse a cunhada dela, Earline. — Senti muito pelo meu marido, por Carolyn, Erma e Brenda. Senti por todos. O reverendo era o porto seguro da vida deles. Ele era a força mais forte que eles já haviam conhecido. Ele os havia moldado das formas mais fundamentais imagináveis. O reverendo foi o pai e a mãe deles, esteve presente em todas as decisões. Tinha sido o principal conselheiro deles. Qualquer crise e eles vinham correndo para o pai. Diga o que quiser do reverendo e sua promiscuidade, mas ele era um pai maravilhoso. Em uma cultura que não é exatamente famosa por pais solteiros dedicados, ele era tudo isso – e muito mais.

"O reverendo adorava Cecil. Ele encorajou meu marido a ir para a faculdade e se tornar ministro. Ele o encorajou a aprender a administrar e a proteger sua irmã. O reverendo também adorava

Carolyn e Erma. Ele também incentivou que elas tivessem ensino superior. Ele nunca parou de dizer como eles eram talentosos. Ele ouvia seus álbuns com orgulho. Mas quando se tratava de Aretha, era totalmente diferente. Aretha era sua favorita. Só um cego não perceberia. E se o Reverendo tivesse genialidade – e eu acredito que, como pregador, ele possuía genialidade –, ele não poderia deixar de ser extraordinariamente próximo de sua filha genial. É por isso que no dia de seu funeral eu queria estar especialmente atenta a Aretha. Eu sabia o quanto ela estava sofrendo.

"Mas é o seguinte: Aretha pega o sofrimento – e Deus sabe como ela estava sofrendo naquele dia – e o transforma em raiva. Ela é assim. Então quando nos reunimos do lado de fora das portas da igreja e nos preparamos para ir em direção ao caixão onde o reverendo estava, de alguma forma ela se convenceu de que eu queria entrar primeiro. Bem, eu não queria. Por mim, tudo bem ir depois dos irmãos. Mas Ree gritou comigo, dizendo que eu queria aumentar meu status dentro da família ao conduzi-los para dentro da igreja. Eu nunca tinha pensado nisso.

"E bem assim, ela fez um escândalo. Houve empurrões e gritos até que o reverendo Jesse Jackson apareceu para acalmá-la. Não tenho ideia de por que ela escolheu aquele momento para começar essa rixa de família ridícula, mas acho que Aretha é assim. Não sou psicóloga, mas se tivesse que descrever a psicologia da minha cunhada diria que é tudo drama. Essa é a posição padrão dela. É difícil para ela, assim como é difícil para todos nós, lidar com extrema tristeza e perda. Em vez de negociar, ela age. Fica furiosa. Com raiva sem motivo. É uma loucura".

— Nem lembro o que aconteceu naquele dia — disse Cecil. — Sei que Ree e Earline discutiram, e sei que Ree estava com raiva porque os preparativos não a agradaram. Mas estava tão perdido nas memórias do meu pai, o maior homem que já conheci, que não prestei atenção em nada.

— Foi uma besteira — disse Erma —, mas também foi apropriado. Meu pai não estava lá para apartar a briga da família. Agora que ele se fora, quem ia apartar?

— Se tratava de controle — disse Carolyn. — Aretha ligou para os pregadores dizendo que queria homenagear nosso pai. Ela mandou chamar Jesse e Jasper Williams. Tinha escolhido as canções gospel que queria cantar. Ela chegara ao ponto de selecionar os bancos e assentos onde queria que a família e os convidados de honra se sentassem. Também queria controlar a procissão. Mas quando algo parecia estar fora de ordem, ela se perdia. Eu sabia disso. Ela tinha mesmo enlouquecido com a morte de nosso pai. Nenhum de nós pode controlar a morte, então, se pudermos controlar outras coisas - um arranjo de assentos ou uma procissão - isso nos fará sentir menos vulneráveis e talvez com menos medo. Sei que, com a morte do meu pai, Aretha sentiu mais medo do que em qualquer outro momento de sua vida.

— Me lembro de falar com Aretha depois do funeral — disse Ruth Bowen — e pensar que aquela pobrezinha jamais seria a mesma. Achei que a morte dele causaria das duas uma: ou a deixaria mais confiante porque ela tinha que se virar sozinha, ou a deixaria mais ansiosa porque ela teria que viver em um mundo sem aquele homem magnífico. Aretha ficava dizendo que ficaria bem, que só queria garantir que a imprensa cobrisse o falecimento com a dignidade que ele merecia. Assegurei a ela que, com todos os meus vários contatos, faria tudo o que pudesse para ajudar.

"Nem duas semanas mais tarde, ela ligou e disse que queria que eu pedisse a um dos meus amigos jornalistas para arranjar uma entrevista. Queria explicar que, agora que seu pai partira, estava preparada para retomar a carreira. Não entendi. 'Nos últimos cinco anos, desde que meu pai ficou doente, tive que deixar minha carreira de lado. Tive de sacrificar muitas coisas'. Concordei que ela tinha, de fato, sacrificado muita coisa. Ao mesmo tempo, observei que, após o coma dele, ela quase não interrompeu a carreira. Ela gravou *Os Irmãos Cara de Pau*, foi da Atlantic para a Arista, onde gravou quatro álbuns, e estava prestes a gravar um quinto. Em vez de desacelerar, ela acelerou. Com a ajuda de Clive e Luther e muitos outros, ela revisou sua carreira. A história era exatamente o oposto da que ela queria contar – em vez de ficar triste e deprimida com o que havia acontecido com seu pai, ela se levantou e seguiu em frente. Por que não contar essa história?

"'Porque é desrespeitoso e não é verdade', disse Aretha. 'Essas coisas só aconteceram depois que garanti que meu pai estava sendo cuidado. Cuidei dele em tempo integral enquanto trabalhava no resto no tempo livre que eu nem tinha'. Não adiantava discutir. Como sempre, Aretha estava reescrevendo a história da maneira que lhe convinha. Ela queria que a história mostrasse como a filha dedicada e sofredora desistiu de tudo por seu pai. Bem, uma coisa era Aretha vender essa história para si mesma, mas eu com certeza não poderia vendê-la a um jornalista. Nem tentei. Os fatos simplesmente não confirmariam isso. No fim das contas, Aretha desistiu da ideia. Mas não se passou nem um ano ou dois antes que eu a ouvisse contar a algum escritor essa mesma fábula, mas agora com uma reviravolta. Ela disse que só depois que seu pai faleceu ela pode realmente se concentrar em produzir sucessos. Ela explicou que a primeira vez que voltou à carreira foi depois do funeral dele. Foi quando Clive a apresentou a Narada Michael Walden e eles tiveram aqueles sucessos – "Who's Zoomin' Who" e o grande sucesso, "Freeway of Love".

* * *

Em meados dos anos oitenta, Narada Michael Walden estava no meio da fenomenal mistura de música pop de Clive Davis. Ele começou como baterista. Substituindo Billy Cobham na Mahavishnu Orchestra, o célebre grupo de fusão de jazz de John McLaughlin, ele construiu sua reputação como um prodígio da percussão. No final dos anos setenta, ele tinha um contrato com a Atlantic, fazendo seus próprios álbuns de soul-jazz-pop. Seu primeiro sucesso veio como produtor pop da cantora de soul adolescente Stacy Lattisaw.

— Clive foi quem nos deixou vidrados em Narada — disse Cecil. — Clive sabe quem é bom e quem não é. Ele também teve a sensação – e estava certo – de que a personalidade alegre dele seria o remédio certo para o que estivera afligindo Aretha. Devido à disputa legal com a Arista, fazia tempos que ela não gravava. E por conta de suas brigas com Luther, ela tinha um grande produtor a menos. Ela achava que eles tinham ego demais. Clive disse que Aretha adoraria Narada – e ela adorou. Todo mundo adora. Ele é um cara da nova era que não acredita em nada além de amor, amor, amor. Ele faz de tudo para te fazer feliz. Ele entendeu que Ree precisava ser tratada como uma rainha. E mais do que tudo, ele veio com o material. Ele e seus rapazes, Preston Glass e Jeffrey Cohen, tinham as faixas mais quentes.

Narada, nomeado assim por seu guru Sri Chinmoy, também percebeu que o paradigma de Aretha Franklin havia mudado. Houve um tempo em que ela estava disposta a se aventurar fora de Detroit para gravar. Mas esse tempo havia passado. Agora o mundo teria que ir até ela. Ela montou acampamento permanente em Detroit. Depois que seu pai morreu, ela morou com Cecil e Earline por um ano antes de se mudar para uma casa ampla em Bloomfield Hills, um subúrbio rico e arborizado a quarenta quilômetros ao norte da cidade. Com o tempo, ela compraria e venderia várias casas na grande Detroit, mas a Bloomfield Hills continuaria sendo sua base. Ela poderia cantar faixas feitas em outro lugar. Narada poderia trabalhar a música em seu estúdio no norte da Califórnia e depois voar para Detroit para as sessões vocais nos estúdios de gravação preferidos de Aretha, como o United Sound.

— Aretha mergulhou nisso — disse Erma. — Ela se mudou para lá, comprou uma grande casa e irritou os vizinhos ao colocar barras enormes e feias em todas as janelas. Falei que, por conta da vizinhança de alto nível, ela não tinha que se preocupar com crime. Mas, depois da morte do nosso pai, Aretha se preocupava muito com tudo. Ela disse que as barras a faziam sentir segura - então as barras ficaram.

— A energia de Narada ajudou demais — disse Carolyn. — Ele tinha um espírito livre que era o equilíbrio perfeito para o que passamos com o meu pai. Ele era alegre e de energia positiva. As canções dele falavam de saltitar pela vida com uma canção em seu coração - nada extremo nem profundo. Claro que as canções de Luther - como "Jump to It" e "Get it Right" - também tinham um espírito alegre, mas Luther tinha bagagem emocional enquanto Narada era um espírito livre. Sei que Narada foi visto como um presente de Clive, mas eu o vi como um presente de Deus. Ele iluminou o clima e levou Ree, então com quarenta e poucos anos, a pastos verdejantes.

— Meu relacionamento com Aretha — Narada me disse — começou quando Dionne Warwick, que estava gravando para Clive, rejeitou um monte das minhas músicas. Eu adoro Dionne, mas por alguma razão não estávamos alinhados. Clive sugeriu que eu trabalhasse com Aretha. Aceitei na hora. Eu considerava seu encontro com Luther - "Jump to It" - o auge do novo funk. Me senti inspirado a levar esse funk ainda mais longe. Nossa primeira ligação correu bem. Tentei ser o mais delicado possível porque sabia que o pai dela tinha acabado de falecer. Eu disse: "Aretha, sei que você passou por muita coisa recentemente, mas quando quer relaxar, o que você faz?". Ela falou de ir a um bar e ver um cara bonito na mesa ao lado. "Eu posso olhar na direção dele, ele pode olhar na minha, e quando ele pensa que o peixe vai morder a isca, o peixe mergulha de novo e ele se pergunta: 'Querida, quem está indo atrás de quem?'". Ela me matou de rir e fiz anotações cuidadosas de suas nuances narrativas. Era mesmo a história dela, então ela e meu parceiro Preston Glass e eu nos tornamos coautores de "Who's Zoomin' Who" – "Quem está indo atrás de quem". Como ela não estava saindo de casa, voei para Detroit para produzir essa e outra que compus, "Until You Say You Love Me".

"Assim que ela entrou no Studio B da United Sound, onde fez todas as suas gravações, pude sentir a tensão pela qual estava passando. Nada é mais difícil do que perder um pai. Nunca conheci ninguém tão vulnerável. Eu não tinha muito o que fazer além de tocar suavemente sua mão. Eu sabia que era minha responsabilidade tratá-la com extrema sensibilidade e respeito. Aretha gostou disso e aos poucos cedeu a mim e minha abordagem. Eu queria que ela desse a 'Zoomin'' o tratamento completo de Aretha – e ela fez exatamente isso. Antes de começar, ela se aqueceu com umas incríveis sequências de oitavas e depois arrasou cantando a música. Fez todas as partes. Arrasou rapidinho. O mesmo com a balada 'Until You Say You Love Me'. Fiquei emocionado quando ela disse que queria mais.

"Voltei para meu estúdio na baía de São Francisco e, por sugestão de Preston Glass, peguei uma música que escrevi com Jeffrey Cohen para o meu álbum e decidi dá-la a Aretha. Era 'Freeway of

Love'. Enviei a faixa para ela e tive notícias na mesma hora. 'Vamos lá', disse ela, e no dia seguinte eu estava voando de volta para Detroit. No primeiro dia o tempo estava ruim. Recebi uma ligação de Aretha dizendo: 'Está vendo aquela neve lá fora?'. 'Sim, rainha, estou vendo'. 'Bem, eu não dirijo na neve'. 'Tudo bem'. No dia seguinte, ainda estava nevando. Outra ligação da Rainha. 'Desculpe', ela disse, 'mas se você olhar pela janela, vai entender por que ainda não fui ao estúdio'. 'Entendo'. O terceiro dia foi a mesma coisa. No quarto dia o tempo melhorou e ela apareceu em seu esplendor de casaco de pele. Eu despejei o mel. Com a Rainha, doçura e paciência nunca são demais. Ela tem aquela veia de Áries. Confronto não funciona com Aretha. Doçura, sim".

Essa gravação se tornaria o maior disco de Aretha desde "Respect".

— Era um sucesso monstruoso com todos os elementos certos — disse Cecil. — Narada teve a genialidade de não apenas se conectar com a mitologia da loucura de Detroit, mas entrou na energia de Springsteen ao usar Clarence Clemmons no saxofone. Clarence arrasou. Na era da MTV, a canção também podia ter um videoclipe. A verdade é que foi o primeiro sucesso de vídeo de Aretha. Ela prendeu o cabelo em um corte muito ousado e supermoderno e estava pronta para gravar. A canção se tornou um sucesso pop, se tornou o primeiro sucesso número um de discoteca de Ree e a fez ganhar outro Grammy. Fez tudo o que ela poderia desejar – e ela jamais precisou sair de Detroit.

O sucesso veio na hora certa. Os problemas financeiros de Aretha voltaram graças ao cancelamento de última hora do projeto Mahalia Jackson. Ela não apenas se recusou a voar para qualquer um dos locais onde a peça estava programada, mas decidiu que as viagens eram muito longas.

— Fomos processados, é claro — disse Cecil. — Todo o empreendimento dependia de Aretha interpretando Mahalia. Os contratos foram assinados e as desculpas não funcionaram. A atitude de Aretha foi: "Bem, nossas despesas legais darão bons descontos nos impostos". Quando nosso contador nos disse que essas despesas não poderiam ser amortizadas, Aretha o demitiu.

Comentando o sucesso de *Who's Zooming' Who*, Aretha disse ao Chicago Tribune: "De jeito algum é um retorno. Sou uma artista contemporânea. Artistas como eu, Smokey, Tina e Diana são artistas firmemente estabelecidos e meio que seguem em frente. Eu costumava dizer a Jerry Wexler que nem tudo é sucesso; algumas coisas são puramente artísticas."

Wexler riu quando leu a citação.

— Ela mudou a coisa — disse ele. — Fui eu que disse a ela que nem tudo é questão de sucesso. Falei para ela buscar a arte. Olha, "Freeway" foi uma confissão pop inteligente - um pouco de airplay amigável para o rádio, mas nada mais era do que um produto da máquina de sucessos de Clive Davis. Era bom para os ouvidos. Não se pode colocar o vocal dela em "Freeway" na mesma categoria de "Dr. Feelgood" ou "Think". Dê crédito a Aretha e Narada por serem inteligentes e habilidosos. Conseguir um sucesso nunca é fácil e não deve ser dado como certo. Eu os aplaudo por se manterem atualizados. Nem todos conseguem. Mas faça o que fizer, não chame de arte.

— Um ótimo ritmo dançante — disse Luther — sem dúvidas é arte. Dei a Aretha vários desses ritmos, e Narada também. A criação desses ritmos, como a criação de um terno de seda fina ou uma joia de jade, é um trabalho e tanto. Eu chamo de arte.

— Não importa como você chame - soul, R&B ou rock and roll — disse Cecil —, vendeu pra caralho. Se você quer ser um jogador importante no ramo da música, as vendas são tudo o que importa.

E não importa o que Ree diga ou faça, se ela está vivendo uma boa vida na Califórnia ou relaxando nos subúrbios de Detroit, Aretha é uma jogadora. E nada nunca vai mudar isso.

Para aumentar sua presença como protagonista, Aretha percebeu que precisava viajar mais. Ela ligou para a *Jet* para anunciar publicamente o fim de seu medo de voar. A revista relatou: "Depois de encerrar seu período de luto pela morte de seu pai, rev. C.L. Franklin, a cantora Aretha Franklin voltou ao circuito de shows com quatro apresentações em sua cidade natal, Detroit. A Rainha do Soul não apenas conquistou as multidões entusiásticas do show, mas também venceu seu medo de voar e está pronta para começar a voar por todo o país em uma turnê."

Isso não aconteceu.

— Reservei umas duas turnês — disse Ruth Bowen — só para cancelá-las. Aretha não passava do aeroporto. Foi quando minha paciência começou a acabar. Falei: "Garota, esses cancelamentos de última hora estão te custando uma fortuna. Você não pode continuar assim". Ela me acusou de ser insensível. Disse que me faltava compreensão, e então me demitiu. Algumas semanas depois, Dick Alen, um agente bambambã na William Morris em L.A., começou a ser o agente de reservas dela.

— Da primeira vez que ouvi "Freeway of Love" no rádio, soube que seria sucesso — Alen me disse. — Entrei em contato com o advogado dela e perguntei se ela poderia considerar uma nova representação. Cheguei na hora certa. Ela não estava mais com Ruth Bowen e estava aberta à ideia de trabalhar com uma agência internacional de prestígio. Nós nos conhecemos brevemente no início de sua carreira. Nos anos sessenta, fui empresário de King Curtis, seu diretor musical. Eu conhecia Jerry Wexler e também Clive Davis. Tínhamos muitos amigos em comum. Diante do que logo se tornaria um grande sucesso, pensei que ela tinha um enorme potencial de ganhos. Conquistá-la como cliente foi uma grande tacada.

Nos 27 anos seguintes, Dick Alen reservou a maioria dos compromissos de Aretha. Em várias ocasiões, ele foi demitido – como Aretha demitiria praticamente todos os que trabalhavam para ela –, mas exibiu mais poder de resistência do que a tenaz Ruth Bowen.

— Isso porque Dick nunca teve um relacionamento realmente pessoal com Aretha como eu tive — explicou Ruth. — Com Dick, o lance era negócios. E isso é bom. Isso facilita. Mas como eu era uma espécie de mãe ou irmã mais velha para Aretha, me envolvi em sua vida emocional. Mesmo nos anos depois que Dick a contratou, ela me ligava. A ligação podia ter a ver com sua vida amorosa de conto de fadas. Ou podia ter a ver com seus problemas financeiros. Ela podia estar chorando de tristeza porque o sr. Maravilhoso passou a perna nela. Ou podia querer ver se eu sabia de um show que pagasse bem para que ela pudesse quitar algumas dívidas. "Achei que Dick Alen estava conseguindo seus shows", eu dizia. "Está, mas isso não significa que você não pode ganhar uma comissão gorda se arranjar algo rápido". Fiquei chateada com ela e ela ficou chateada comigo. Mas nós nos conhecíamos muito bem e nos amávamos. Eu sabia que no fundo ela tinha um bom coração. Aretha é uma filha leal e uma boa irmã. Ela tem seus problemas e eu entendo todos eles.

"Dick Alen não a conhecia tão bem assim. E para seu crédito, ele não precisava. Ele só precisava continuar ganhando dinheiro para ela. E também precisava de paciência. Ele tinha paciência – essa é uma de suas características mais fortes. Veja seus outros clientes importantes – Little Richard e Chuck Berry. Ele trabalhava para aqueles caras tanto quanto trabalhava para Aretha. Para um agente representar Aretha, Richard e Chuck e não sofrer um colapso nervoso, é preciso coragem. Ponha nas mãos de Dick – o homem que aguenta tanta merda quanto qualquer gerente ou agente na história do showbiz."

O ano após a morte de C.L., 1985, foi positivo para Aretha. Ela tinha um novo agente, sua disputa com a Arista estava resolvida e ela tinha gravado um novo álbum com um novo produtor.

— Acima de tudo, Aretha é resiliente — explicou Erma. — Ela passa por perdas, passa por maus humores, tem conflitos com membros da família, amigos ou profissionais, mas volta. Admiro isso. Ela leva seu reinado a sério. Certa vez, ela me disse que, se a rainha Elizabeth tinha o direito de ser rainha a vida inteira, por que a Rainha Aretha não poderia fazer o mesmo? Ree ama e protege seu trono. Ela não vai deixar ninguém vir e pegá-lo. Eu vejo isso como uma coisa boa. Essa é a coisa que a faz seguir em frente.

A gravação que ajudou a sustentar sua ascensão — *Who's Zoomin' Who?* — é um produto de seu tempo. No geral, tem uma sensação fria e mecânica, típica da obsessão dos anos oitenta por sons criados em estúdio. Suas influências variam de "Beat It", de Michael Jackson, a "Maniac", de Michael Sembello. Em comparação com a disco — o ritmo de dança proeminente da década anterior —, esse material parece muito mais frenético. Há pouca suavidade emocional, pouca vulnerabilidade.

— Vejo os anos oitenta como uma época em que a música era agressiva e os artistas queriam dinheiro — disse Luther Vandross. — Você pode ouvir a influência dos anos Reagan onde a ideia é: *cada um por si*. A música dos anos sessenta tinha uma grande consciência política. A música dos anos setenta falava de libertação em muitas áreas. Mas os anos oitenta são quando o materialismo flagrante vem à tona. Não estou dizendo que grandes artistas não surgiram nos anos oitenta. Prince veio forte e Michael Jackson fez seu maior trabalho. *Thriller* foi o melhor álbum dos anos oitenta. Os anos oitenta foram quando encontrei minha própria voz. O que todos nós tínhamos em comum, porém, era um desejo ardente de vender, vender, vender.

— Aretha gosta de estar na dianteira — disse Cecil — e é exatamente onde estava com Narada. Foi ideia de Clive juntar Ree com Annie Lennox. Clive é o rei dos duetos. Ele gosta de dizer que o calor de um artista pode beneficiar outro. Os Eurythmics estavam saindo de seu grande sucesso "Sweet Dreams (Are Made Of This)" e Annie supostamente idolatrava Aretha. Dave Stewart, a outra metade do Eurythmics, foi chamado para produzir. Ele e Annie escreveram "Sisters Are Doing It for Themselves". Algumas pessoas disseram que era muito feminista para Aretha, que Aretha sempre foi uma mulher-homem. Mas, cara, Ree é a feminista original. Se ela não estiver no controle, quem está?

Entrevistada sobre o dueto alguns anos depois na Billboard, Annie Lenox disse:

— Bem, vou ser sincera. Na minha cabeça, aquela música foi composta para Tina Turner. Aretha não sabia quem éramos; ela não fazia ideia. Fiquei muito intimidada, porque como é que você pode cantar com Aretha? É tipo, "tente se segurar aí". Eu só queria que ela ficasse confortável.

— Depois, Clive juntou Aretha com Peter Wolf — disse Cecil —, a voz da banda J. Geils. A ideia era capturar um pouco daquele mercado branco do rock and roll. Aretha não se importava. Ela concordou, desde que Clive a deixasse cantar e produzir duas faixas de sua própria escolha. Ela escreveu "Integrity" e depois decidiu cantar "Sweet Bitter Love", a mesma canção de Van McCoy que ela cantou no início dos anos sessenta na Columbia.

É fascinante comparar as duas versões: a anterior "Sweet Bitter Love" tem uma pureza de partir o coração; a interpretação dos anos oitenta é mais ousada. Os riffs de Aretha são muito mais intensos; ela está determinada a esgotar a música – e consegue.

— Segui a carreira de Aretha — disse Carmen McRae. — Todos os cantores sérios seguiam. Sabíamos que ela tinha o talento e a alma mais profundos. Para cantar, você tinha que se perguntar o que ela estava fazendo. Quando ouvi "Freeway of Love", não fiquei feliz. Por ter sido um sucesso, eu sabia que ela provavelmente continuaria fazendo álbuns semelhantes. Eles não eram ruins, mas não combinavam com sua genialidade. Eles com certeza não revelaram sua genialidade. Uma boa comparação é Sarah Vaughan. Ela teve apenas um grande sucesso, "Broken Hearted Melody", nos anos cinquenta. Foi coescrito por Hal David, o cara que escreveu todos aqueles sucessos com Burt Bacharach. Provavelmente foi a música mais fraca que Sarah já cantou – e ela sabia disso. Ela me disse que Hal David deu a ela outras canções, mas nenhuma delas vendeu. Se tivessem, poderiam ter arruinado sua carreira artisticamente. Sem mais sucessos, Sarah voltou a cantar jazz. Ela passou o resto da vida cantando padrões antigos e novos como "Send in the Clowns". Ela gravou a melhor música de sua carreira – tudo porque não produzia sucessos e tinha que confiar apenas na qualidade. Isso é o que eu esperava que Aretha fizesse. Eu esperava que ela escolhesse um pianista como Ella escolheu Tommy Flanagan e começasse a cantar com um trio. Eu esperava que ela ocupasse seu lugar como uma das maiores cantoras de jazz do século. Isso não significa que ela não poderia cantar seus sucessos. Com um trio de muito bom gosto, ela poderia fazer seu material de R&B. Por outro lado, a ênfase estaria na beleza de sua voz. Nós a ouvíamos interpretar e improvisar e fazer cada música dela. Olha, eu entendo as tentações do mercado. Mas alguns artistas são feitos para transcender o mercado. Alguns artistas são feitos para gravar o melhor material sem levar em consideração as vendas ou qualquer outra besteira. Quando ouvi "Freeway", soube que Aretha estava indo em uma direção totalmente diferente. Ela estava indo para o dinheiro.

Em 3 de agosto, a *Billboard* relatou: "'Freeway', de Aretha Franklin, salta para o primeiro lugar nas paradas de música negra e de dança e para o número 12 na parada pop. É o 20º sucesso negro da Dama do Soul número 1, que é mais do que qualquer outro artista teve nos 36 anos de história da parada."

No inverno, *Who's Zoomin' Who* tinha vendido um milhão de cópias. Em dezembro, Nelson George, na *Billboard*, escreveu que, "O sucesso de platina de *Who's Zoomin' Who* de Aretha Franklin é um exemplo clássico do fato de que, na era das comunicações de massa, as turnês estão se tornando cada vez mais anacrônicas... Franklin lançou o álbum mais comercial de sua carreira pós-soul."

Nelson diz que os três videoclipes – "Freeway of Love", "Who's Zoomin' Who" e "Sisters Are Doing It For Themselves" – ganharam espaço, enquanto entrevistas para o *Entertainment Tonight*, CBS *Morning News* e revista *People* mantinham o perfil dela em alta. Ele também mencionou um comercial do McDonald's que Aretha gravou com o grande cantor de soul de Chicago Jerry Butler.

— Sem dúvida, o retorno de Aretha estava a todo o vapor — disse Erma. — Novamente, era a vez da minha irmã. Foi também o momento em que entraram em cena duas outras mulheres negras importantes que deram crédito a Aretha de maneiras muito diferentes. Estou falando de Whitney Houston e Oprah Winfrey.

Winfrey, cujo talk show matinal de meia hora tinha destronado Phil Donahue e estava prestes a ser distribuído nacionalmente, disse à *Ebony* que quando fugiu de casa, aos 13 anos, estava andando pelas ruas de Milwaukee quando viu Aretha sentada em uma limusine. Ela inventou uma história triste que a cantora comprou por 200 dólares. Esse ato de bondade fez Oprah gostar de Aretha para sempre.

Por meio de sua equipe de A&R, Clive Davis ouviu falar de Whitney, filha de Cissy Houston. Ele viu seu potencial, contratou-a para a Arista, supervisionou de perto seu álbum de estreia, *Whitney Houston*, e o promoveu incessantemente. Os três singles nº 1 do álbum – "Saving All My Love for You", "The Greatest Love of All" e "How Will I Know", este produzido por Narada Michael Walden – acabariam ajudando a vender cerca de 25 milhões de cópias.

Whitney disse à *Jet* que amava a lembrança de ir ao estúdio para ver sua mãe trabalhar com Aretha, a quem ela chamava de tia Ree.

— Whitney estava fazendo sucesso ao mesmo tempo em que Aretha lutava para voltar — disse Ruth Bowen. — Havia afeto verdadeiro entre as duas, mas também havia ressentimento da parte de Aretha. Era de novo a reação que Aretha tivera a Natalie Cole. Foi o "Saving All My Love for You" de Whitney que derrubou o "Freeway" de Aretha da primeira posição. E, nos meses seguintes, era Whitney quem recebia a maior parte da publicidade. Whitney estava sendo chamada de a nova grande diva. Alguns até a chamavam de a nova Aretha. Whitney era uma modelo linda e magra enquanto, a cada ano que passava, Aretha engordava a ponto de não ser mais agradavelmente rechonchuda. Ela estava gorda.

— Não é preciso muito para despertar o lado competitivo da minha irmã — disse Cecil — e Whitney fez exatamente isso. Da mesma forma que jamais gostou de como a Atlantic contratou Roberta Flack enquanto ela estava na gravadora, não ficou feliz por Clive parecer estar gastando mais anúncios em Whitney do que nela. Naturalmente, Ree ficou emocionada por ter ganhado um Grammy por "Freeway" – melhor vocal feminino de R&B –, mas ficou consternada porque Whitney ganhou a melhor performance pop por "Saving All My Love for You". Aretha pensou – e eu concordo – que "Freeway" era basicamente pop e "Saving" basicamente R&B. É claro que todos os cantores de R&B querem prêmios pop e vendas pop porque o pop é maior. Aretha via *Who's Zoomin' Who* como seu grande álbum pop e estava convencida de que teria sido muito maior se Clive não estivesse preocupado em transformar Whitney em um sucesso que transcendeu a parada R&B e entrou na pop.

29
DIVAFICAÇÃO

— **A repaginação de Aretha Franklin** não era tarefa fácil — disse Jerry Wexler. — Não sou modesto, mas jamais conseguiria. Eu não tinha a visão de um Clive Davis. Somente alguém como Clive, com sua incrível compreensão do marketing por trás da música, poderia ter percebido como vendê-la em uma escala maior. Clive sabia que precisava mais do que escolher seus produtores, compositores e parceiros de dueto. Ele teve que transformá-la em uma diva.

— Eu chamo de a divaficação de Aretha — disse Erma. — E foi tudo graças a Clive. Ele viu que o público amava divas. Os fãs adoravam ver mulheres que pareciam maiores que a vida - mulheres que usavam vestidos fabulosos e namoravam homens elegantes. Estas são mulheres com temperamentos ainda maiores do que seus talentos. Por pura vontade, elas podem superar qualquer coisa. Gostamos delas porque, mesmo que façam exigências irracionais e tenham todo tipo de chilique, elas nos divertem. Elas nos fazem sentir bem porque nada pode derrotá-las. Aretha é assim.

"Ela nomeou seu último álbum pela Atlantic de *La Diva*, mas na época o rótulo não pegou. Era cedo demais. E, em termos de vendas, não deu certo. Mas em meados dos anos oitenta ela havia mais do que merecido esse título. Clive ter contratado artistas como Andy Warhol e Peter Max para fazer as capas dos álbuns também ajudou. Esse foi o toque final na divaficação.

— Achei que ela deveria ter chamado o álbum com o retrato de Andy Warhol, *Look to the Rainbow*, porque ela cantou aquele velho padrão - aquele que conhecíamos da versão de Dinah Washington - lindamente — disse Carolyn. — Ela concordou. Mas quando Ree viu o retrato de Warhol, disse que o álbum tinha que se chamar *Aretha*. "Mas esse foi o nome do seu primeiro disco da Arista", falei. "Este é o seu sexto.". "Não faz diferença", ela disse. "É o meu nome e vou usá-lo para quantos títulos eu quiser".

O álbum, produzido por Narada Michael Walden e lançado em 1986, continha um grande sucesso - "I Knew You Were Waiting (For Me)", um dueto com George Michael, que alcançou o primeiro lugar nas paradas pop em 1987. Clive Davis viu Michael, que recentemente tinha saído do Wham! e fez sucessos solo sozinho, como outra parceria para Aretha.

— Achei a música chata — disse Carolyn. — A letra era ruim e a produção chata. Mas minha opinião não importava. Foi uma decisão de marketing feita por Clive e abraçada por Aretha. E funcionou.

— George Michael ficou incrivelmente entusiasmado por cantar com a Rainha — disse Narada. — Ele voou para Detroit um dia depois que Aretha gravou o vocal. Ele gravou o dele no segundo dia e no terceiro dia eles se reuniram para os improvisos. Ela arrasou em todos. Percebi que, quando se tratava de mulheres, Aretha tinha uma vantagem competitiva aguçada, mas com os homens era perfeitamente tranquila.

Satisfeita por suas incursões no rock também estarem funcionando, Aretha decidiu aumentar a aposta.

— Foi ideia dela cantar "Jumpin' Jack Flash" e contratar Keith Richards para produzi-la — disse Cecil.

Na autobiografia de Richards, *Life*, ele confirma a declaração de Cecil: "Aretha Franklin ligou porque estava fazendo um filme chamado *Salve-me Quem Puder*, com Whoopi Goldberg, e ela queria que eu produzisse a faixa-título, 'Jumpin' Jack Flash'."

Na verdade, Penny Marshall estava fazendo o filme e a música, cantada por Aretha com Whoopi ao fundo, seria incluída como destaque musical. Mas Aretha foi inflexível ao dizer que foi Keith quem ligou e a recrutou para refazer a música.

De qualquer forma, ela grunhiu no hino do rock com Keith e Ron Wood na guitarra, o futuro jurado do American Idol Randy Jackson no baixo e Steve Jordan na bateria.

— Dê crédito a Keith — disse Jerry Wexler —, porque quando ele produziu sua música, garantiu que Aretha não apenas cantasse, mas tocasse piano. Keith entendeu o que eu havia aprendido anos antes - quando Aretha está no teclado, é uma performance geral mais forte e orgânica. Ela se torna sua própria seção rítmica e todo o poder flui dela.

Whoopi, Keith e Ron então voaram para Detroit para gravar o vídeo no qual Aretha aparece com seu cabelo em um rabo de cavalo punk roxo.

— Aretha estava adorando essas colaborações — disse Cecil. — Foi ideia dela fazer a próxima com Larry Graham.

Um baixista brilhante e arquiteto contribuinte para o novo funk desenvolvido nos anos sessenta como membro de Sly and the

Family Stone, Graham liderou sua própria banda, Graham Central, nos anos setenta e teve sucessos solo como cantor nos anos oitenta, como "One In a Million". Aretha gostou da qualidade de sua voz de baixo-barítono e achou que ele seria um bom parceiro de dueto.

— É outra balada mais ou menos — disse Carolyn. — Não estou dizendo que é terrível, mas Aretha sabia muito bem que eu tinha pelo menos meia dúzia de baladas que eram quatro vezes melhores. Quando perguntei por que ela não estava cantando minhas canções, ela só disse que Clive tinha que aprovar tudo – e que ele achava que minhas canções soavam como os anos setenta. Mas percebi que ela conseguiu levar uma de suas canções para o álbum – "He'll Come Along". Essa canção não deu em nada. A verdade é que fazia quinze anos que Aretha não compunha um sucesso. "Rock Steady" foi em 1971. Mas isso não a impediu de insistir que a maioria dos álbuns que ela gravou incluísse pelo menos uma ou duas de suas próprias canções. Eu entendo que ela fez isso pelo dinheiro. Mas ela também se prejudicou ao ignorar o trabalho de outros compositores – ou seja, eu.

Uma melodia medíocre, "He'll Come Along" era, segundo Erma, uma canção sobre Willie Wilkerson, o bombeiro que se tornaria o único namorado público de Aretha pelos próximos vinte e cinco anos. A música fala de Aretha esperar pelo homem certo.

— De muitas maneiras, Willie era o homem certo — disse Erma. — Ele é caloroso e afável, um cara maravilhoso que tem temperamento equilibrado para lidar com ela. Ele se tornou uma das influências mais constantes em sua vida. Ele aguentou muito, mas sempre permaneceu leal. Dou a ele o maior crédito.

— Willie permaneceu enquanto Aretha falava com a imprensa sobre seus amantes de faz de conta – aquele negócio de sr. Mystique — disse Ruth Browen. — Ele sabia que era mentira. Mas Willie era real. Não havia nada de Hollywood ou falso sobre ele. Eu o admiro por ficar ao lado dela – especialmente no final dos anos oitenta, quando as coisas ficaram muito difíceis para Aretha. Willie se tornou seu porto seguro.

Uma outra faixa de *Aretha* – "Jimmy Lee", um retorno que soa como a Motown – alcançou o segundo lugar nas paradas de R&B.

— O álbum inteiro era um sucesso. O dueto de Aretha e George Michael foi enorme. O videoclipe com Keith e Whoopi passava o tempo todo na MTV e tocavam "Jimmy Lee" em todas as danceterias. Pelo que sei, Narada provou que *Who's Zoomin' Who* não era um golpe de sorte — disse Cecil. — O que Luther começou, Narada continuou e levou a outro nível.

— Nos anos oitenta, Narada era o garoto de ouro de Clive — disse Jerry Wexler. — Ele era um excelente produtor. Lembro da mãe de Whitney, Cissy, me contar como estava animada com o trabalho que ele estava fazendo com Whitney, canções contagiantes como "I Wanna Dance with Somebody" e "So Emotional". É um material chiclete e alegre e não discuto que ajudou Aretha no que se tornou o capítulo mais lucrativo de sua carreira – menos em termos de sucessos pop puros. Mas quando ouço o trabalho deles juntos, não ouço a voz dela soando. Eu a ouço gritando. Eu ouço seus riffs exagerados e o que chamo de soul em excesso. Aretha é uma cantora barroca por natureza. Essa é a natureza de sua formação gospel. Floreios extravagantes fazem parte de sua gramática vocal essencial. Mas chega um ponto em que você não tem mais 25 ou 35, mas 45 anos. É aí que você tem que começar a cantar com inteligência. Como você não consegue mais alcançar as notas altas que antes eram sua segunda natureza, precisa aprender a evitá-las. Tem que aprender a moderação. Ontem sua voz podia fazer qualquer coisa, mas hoje não pode. Então você relaxa, modifica seu estilo e reposiciona suas velas. Vocalmente, você tende a ser um pouco menos assertivo, menos agressivo. Em vez de pintar paisagens enormes, você pinta miniaturas. O que te falta em força você compensa em sutileza. Você trabalha nas bordas de uma música, descobrindo aqueles cantos e recantos que permitem que você exiba as profundezas de sua inteligência musical. Resumindo, como vocalista você envelhece graciosamente. Aretha fez isso? Temo que não.

— Nessa droga de indústria, a questão é sobreviver — disse Ray Charles, que nos anos oitenta buscou em vão o tipo de sucesso pop que Aretha tinha. — E me admirava como 'Retha ficava sobrevivendo. A sobrevivência vem antes de tudo. Eu não estou nem aí se eles tocarem meus álbuns daqui a cem anos porque não vou estar para ouvir. Mas eu me importo se eles me tocarem no rádio hoje, ou amanhã, ou na próxima semana, porque tenho dinheiro para fazer e contas para pagar. Então, quando as pessoas dizem: "Irmão Ray, você está muito velho para continuar tentando gravar álbuns de sucesso", ou, "Irmão Ray, você já deixou sua marca. Por que você ainda está tentando fazer sucesso?". Eu digo: "Porque não estou interessado em ser uma exibição na porra de um museu. Vou continuar ralando porque é tudo o que nós, artistas, sabemos fazer. É o que nascemos para fazer."

No New York Times, Jon Pareles foi menos compreensivo do que Ray. "*Aretha* pode render alguns singles de sucesso", escreveu ele, "mas parece uma peça impessoal de produto pop".

Em 21 de abril de 1986, Luther Vandross trouxe seu show para o Joe Louis Arena. Ele estava em turnê após seu quarto álbum da Epic, o grande sucesso *The Night I Fell In Love*.

— Fiquei sabendo que Aretha estava vindo, e claro que fiquei feliz — Luther me disse. — Houve um drama depois de *Get it Right* e não estávamos nos falando, o que, conforme os anos passavam, foi perfeitamente normal para a gente. Ela tinha pedido uma dúzia de assentos na primeira fileira e fiquei feliz em atender, mas ela também pediu que nos apresentássemos juntos. Ela queria fazer um dueto comigo em "If This World Were Mine", mas achei que não era uma boa ideia. Eu produzi e cantei a música do álbum de Cheryl Lynn como uma homenagem a Marvin e Tammi. Foi um sucesso. Alguns até o chamavam de clássico comparável ao original. Foi algo especial entre mim e Cheryl. Certamente havia outro que Aretha e eu poderíamos fazer. Ela era insistente e eu também – e lá estávamos nós, discutindo de novo. Mas era o meu show e me mantive firme. Ela enfim recuou e perguntou se podíamos fazer "Jump to It". Bem, essa dificilmente é um dueto. É uma música em que Aretha canta e eu canto no fundo. Mas como era minha música e minha produção, ela achou que eu poderia concordar. E estava certa. Eu concordei e ela subiu ao palco para apresentar seu sucesso. A multidão adorou sua performance. Eu também adorei – e assim houve paz entre nós. Pelo menos por ora.

Aretha também anunciou publicamente que havia feito as pazes com uma de suas ansiedades mais persistentes. Ela disse à imprensa que havia superado seu medo de voar e prometeu aos fãs uma programação completa de shows de verão.

— Nosso dinheiro estava com problemas de novo — disse Cecil. — Aretha comprou uma terceira ou quarta casa em Detroit, não me lembro mais, e isso a apertou financeiramente. Ela insistiu que os royalties da Arista de seus sucessos recentes não estavam entrando rápido o suficiente. Quando verifiquei com Clive, porém, tive certeza de que os cheques estavam chegando. Mas como Aretha está sempre mudando de firma de contabilidade e contadores, não ficou claro onde os cheques foram parar. As coisas estavam ficando caóticas e não tínhamos escolha a não ser recorrer a Dick Alen e Ruthie Bowen para conseguir shows que dessem muito dinheiro. Havia demanda, mas viajar de ônibus tornava impraticável. Reduziu o número de shows – sem mencionar a impossibilidade dos enormes mercados da Europa, América Latina e Ásia. Para ganhar o dinheiro que ela precisava, Aretha tinha que voar.

— Ela se inscreveu em um programa que uma das companhias aéreas oferece — disse a prima dela, Brenda Corbett. — Todos apoiamos ela nesse esforço. Você ia ao aeroporto, entrava no avião e eles te levavam são e salvo. Eles faziam passo a passo, explicando com cuidado o que estava acontecendo para que você se acostumasse à experiência. Depois de fazer isso algumas vezes, eles escolhiam um dia claro e te levavam em um voo curto. Até então, ótimo. Aretha seguiu o programa, mas no dia do voo curto, ela disse: "Ah, não. Não vou. Não estou pronta". E deu o fora.

Em julho, a *Billboard* veiculou que "Aretha cancelou uma série de shows no Radio City Music Hall de Nova York sem nenhuma explicação... A Rainha do Soul limitou todas as datas de shows a shows a uma curta distância."

— Ela não considerava os mil quilômetros de Detroit a Nova York uma distância que dava para percorrer de carro — disse Cecil. — Para Aretha, uma distância que dava para percorrer de carro significava chegar ao show em menos de um dia. Ela não gostava que a limusine ou o motorista do ônibus passassem dos 80km/h e gostava de fazer uma pausa a cada poucas horas. Isso significava que uma viagem de carro até Manhattan era uma questão de dois dias, algo que ela considerava muito cansativo. Em vez de ir até os fãs, encontramos uma maneira de os fãs virem até nós. Gravamos um especial *Showtime* de uma hora em Detroit e arranjamos para que West One fizesse uma transmissão simultânea.

— Foi mais um verão infernal — disse Ruth Bowen. — Não consigo me lembrar de quantas datas que reservamos e depois cancelamos.

— Não contei os cancelamentos — disse Dick Alen, da William Morris. — O que fiz foi acomodar Aretha da melhor maneira possível. De início, percebi que ela era alguém que provavelmente mudaria de ideia no último minuto. Eu não poderia mudá-la e não tentei. Aceitei que uma parte essencial do meu trabalho era limpar a sujeira dela. Não tentei entender seus humores. Eu não era o psicólogo dela, era apenas o cara que negociava seus honorários.

— Parte do motivo de ela estar de mau-humor naquele verão tinha a ver com Anita Baker — disse Ruth. — Como Aretha, Anita é uma garota de Detroit. E também como Aretha, Anita é uma artista que aplica uma sensibilidade altamente sofisticada do jazz ao R&B. Lembre-se de que *Rapture*, o segundo álbum de Anita, saiu em 1986 e foi uma sensação internacional. Ele superou Aretha e acabou vendendo algo como oito milhões de cópias. Então, para ficar ainda pior, Anita venceu Aretha, que foi indicada por "Jumpin' Jack Flash" para Melhor Performance Vocal Feminina de R&B. Antes de Anita, Aretha havia dominado Detroit. Ela era sem dúvida a maior estrela da cidade. Agora havia Anita, produzida por Michael Powell, outro talento local em ascensão em Detroit. Nada disso a deixou feliz. Ela costumava dizer: "Se eu viajasse tanto quanto Anita, eu mesma venderia milhões". "Bem, por que você não viaja?", perguntei. "Eu vou, você vai ver". Mas ela não viajou. Ela não poderia sustentar uma turnê por várias cidades, muito menos por vários países, que envolvesse uma dúzia ou duas de datas. Aretha saía e trabalhava apenas quando precisava - ou seja, quando estava sem dinheiro. O que era frequente.

Em janeiro de 1987, a segunda cerimônia anual de posse do Hall da Fama do Rock and Roll aconteceu no grande salão de baile do Waldorf-Astoria em Nova York. Junto com os não artistas, que incluíam Ahmet Ertegun e Jerry Wexler, e artistas, que incluíam B.B. King, Jackie Wilson, Marvin Gaye e Smokey Robinson, Aretha foi indicada, a primeira mulher a ser selecionada.

— Ela viu isso como uma honra enorme — disse Cecil. — Ela pensou que eles teriam escolhido Ruth Brown ou Etta James, mulheres que vieram antes dela. Talvez fosse porque elas eram vistas como cantoras de R&B e não de rock and roll. Sempre vimos o rock and roll como a versão branca do R&B – Georgia Gibbs cantando LaVern Baker ou Pat Boone cantando Fats Domino. Mas uma honra é uma honra, e como Ree estava começando a invadir o rock, essa honra veio na hora certa. Também ficamos felizes em saber que Keith Richards, que trabalhou conosco em "Jumpin' Jack Flash", ia entregar pessoalmente a ela o prêmio. Estávamos prontos para partir, mas então o tempo ficou ruim e Aretha ficou nervosa com a viagem. Ela me enviou em seu lugar. Eu me diverti muito com o meu parceirão Smokey. Quando ele se levantou para pegar seu prêmio, todo o público começou a cantar seu "Ooh Baby Baby". Foi lindo.

— Não aparecer para ser consagrada a primeira mulher no Hall da Fama do Rock and Roll não podia ser visto como uma boa jogada de relações públicas — disse Ruth Bowen. — Como amiga que continuava a se importar com ela, mencionei isso para Aretha. Também disse que, como Jerry Wexler e Ahmet Ertegun estavam recebendo o título naquela mesma noite, seria lindo vê-la no pódio com dois homens tão fundamentais em sua carreira. "Ruth", ela disse, "essa parte da minha carreira está no passado distante. Eu segui em frente".

30
TEMPO DEMAIS NA TEMPESTADE

Aretha dedicou a primeira metade de 1987 a um projeto pelo qual tinha enorme paixão — uma sequência para *Amazing Grace*, o álbum gospel mais vendido de todos os tempos e o álbum que muitos de seus fãs mais fervorosos, inclusive eu, consideram o seu melhor.

— Ela queria honrar sua herança gospel, é claro — disse Cecil —, mas, principalmente, queria honrar nosso pai. É por isso que ela garantiu que os shows ao vivo fossem cultos religiosos, assim como *Amazing Grace*. Enquanto *Amazing Grace* ficava em Los Angeles por causa de James Cleveland, ela queria que a continuação fosse feita em Detroit, na New Bethel. E enquanto Jerry Wexler tinha sido a força organizadora e supervisora-chefe de *Amazing Grace*, Aretha queria conduzir a nova operação inteiramente por conta própria. Clive a deixou produzir vários cortes de sua autoria, mas nunca um álbum inteiro. "Está na hora", disse ela. "Sem supervisores, sem coprodutores, apenas eu."

O chefe da Arista concordou. No encarte de Aretha para o álbum que ela intitulou *One Lord, One Faith, One Baptism*, ela escreveu: "...com muito apreço a Clive Davis por me dar a oportunidade e confiar um projeto tão gigantesco ao meu único julgamento criativo..."

— A parte bonita do álbum — disse a prima Brenda, que era a coordenadora assistente de produção — foi que Aretha, suas duas irmãs e seu irmão Cecil estavam juntos na igreja do pai deles. Seria a última vez. Graças a Deus foi gravado.

— Dado o talento que ela reunia — disse James Cleveland, um importante colaborador em *Amazing Grace* —, deveria ter sido um álbum muito melhor. Mas eu poderia dizer desde o início que seria difícil. Aretha assumiu tudo sozinha - cada detalhezinho. Tentei dizer que ela precisava de um produtor e me indiquei para o trabalho. Tentei dizer que bastava ela ser simplesmente a vocalista principal. Ela não precisava ser uma organizadora. A organização é sua maior fraqueza. Ela se ofendeu. Na verdade, ela nunca me ligou de volta e meu convite para vir a Detroit foi suspenso permanentemente. Nunca soube o motivo.

O álbum foi composto por três concertos/cultos separados na New Bethel no verão de 1987 - 27, 28 e 30 de julho. Aretha se comprometeu com um LP duplo, espelhando o formato de *Amazing Grace*.

— Aretha conseguiu delegar grande parte do trabalho para mim — disse Brenda — e adorei fazer isso. Como coordenadora de produção, supervisionei todos os ensaios. Administrei o coral e me certifiquei de que tudo corresse bem.

— Ree simplesmente aceitou mais do que podia lidar — disse Cecil. — Ela estava escolhendo talentos, músicos, hinos e os muitos pastores. Até o último minuto, não ficou claro quem ia cantar o que e quando.

— Por conta da posição de Aretha — disse Erma —, ela podia conseguir a presença de quem quisesse - e fez isso. Ela convidou o *crème de la crème* do mundo gospel - Mavis Staples, Thomas Whitfield, Joe Ligon do Mighty Clouds of Joy e o reverendo Jesse Jackson, Donald Parsons e Jaspar Williams. Fiquei emocionada e agradecida por participar.

Desde o início, o projeto era ambicioso. Além de produzir um álbum gospel de valor duradouro, o objetivo declarado de Aretha era superar o desempenho e as vendas de *Amazing Grace*. Se *Amazing Grace* vive como um momento luminoso na história do gospel, isso se deve em parte ao extraordinário elenco de apoio em torno de sua gravação. Wexler era um produtor forte e obstinado. Ele conseguiu a seção rítmica secular superfunky que queria. Ele garantiu que, ao escolher James Cleveland, Aretha tivesse um diretor de coral que pudesse dirigi-la quando necessário. Além disso, a Aretha de 1972 estava muito distante da Aretha de 1987.

Aos 29 anos de idade na época de *Amazing Grace*, Aretha personificava tanto uma humildade genuína quanto um desejo de emocionar os dois grandes nomes do gospel sentados na primeira fileira, a quem ela admirava acima de todos os outros - seu pai e a amante de seu pai, Clara Ward. Quinze anos depois, essa humildade não existia mais. Ela estava determinada a provar ao mundo que não precisava mais de Hammond, Wexler, Clive Davis, Luther Vandross ou um Narada Michael Walden. Quando se tratava de gospel, ela sentia que seu gosto era infalível. Afinal, ela era filha do mundo gospel. O gospel foi sua primeira paixão. O gospel foi seu professor. Foi o gospel que a transformou em uma estrela infantil.

— O álbum tem alguns momentos emocionantes, admito — disse o reverendo Cleveland. — Me vi chorando quando Aretha cantou aquelas canções de Clara Ward com suas irmãs e prima Brenda

– "Jesus Hears Every Prayer" e "Surely God is Able". Isso toca a parte profunda da infância dela. Também foi emocionante ouvir Aretha cantar "I've Been in the Storm Too Long" com Joe Ligon. Mas acima de tudo, tenho que dizer que soou confuso – um pouquinho de pregação, um pouquinho de canto, mas nada que formasse uma unidade. *Amazing Grace* era uma história completa com começo, meio e fim. Desta vez, Aretha perdeu a história de vista.

— Aretha foi generosa ao permitir que todos dessem seu ponto de vista — disse Cecil. — Ela me convidou para fazer uma pequena pregação, assim como convidou Jesse Jackson para dizer o que quisesse. Mas tudo durou muito tempo e precisou ser cortado quando chegou a hora de montar o álbum. Também houve problemas com a mixagem.

— Depois de Aretha, a maior estrela era Mavis Staples — disse Erma. — Os Staples e os Franklins se conhecem desde o início, e foi apropriado que Aretha convidasse Mavis para fazer dois duetos com ela. Ree até falou sobre como, quando crianças, viajando com nossos pais no circuito gospel, todos nós nos encontramos em uma estrada lamacenta do Mississippi. Foi uma bela lembrança. Mas quando o álbum foi mixado e Aretha ouviu aqueles duetos, ela se convenceu de que a voz de Mavis superou a dela. Cantando com a outra cantora gospel que poderia ser considerada no mesmo nível que ela, Aretha se sentiu ameaçada. Eu disse que ela não tinha nada com que se preocupar, que as duas estavam ótimas juntas. Suas vozes eram completamente elogiosas. Mas Aretha não ouviu dessa forma. Ela colocou a de Mavis tão baixa na mixagem que mal dava para ouvir. Virou um problema e causou um sério desentendimento.

No New York Times, John Rockwell chamou o álbum de "um dos álbuns mais aguardados do ano. O que torna seu fracasso ainda mais decepcionante... Suspeita-se que a senhorita Franklin, ansiosa para apaziguar todos os vários dignitários que se reuniram para a ocasião, e talvez constrangida pela grandeza do evento, perdeu de vista o entusiasmo desenfreado que definiu seu próprio melhor trabalho gospel". Rockwell reclamou do que chamou de "fala" do álbum. Havia muita conversa entre as músicas, e as próprias músicas eram muitas vezes truncadas e a produção desarticulada.

Nas notas do encarte, Aretha incluiu sua própria crítica, escrevendo: "É mesmo uma *peça de resistência* do Gospel."

O público não via assim. O álbum definhou nas paradas e, em comparação com *Amazing Grace*, um vendedor perpétuo, teve pouco impacto no mercado.

— *Amazing Grace* é o ponto de referência do gospel de Aretha — disse o reverendo Cleveland. — Quando jovem, ela havia gravado gospel antes de *Amazing* e, com esse lançamento da Arista, ela gravou gospel depois de *Amazing*. Mas na minha opinião e na opinião da maioria dos amantes do gospel, nada disso chega perto daquelas apresentações milagrosas que aconteceram em 1972. Para outra grande produção gospel de Aretha ter sucesso, ela precisaria da ajuda de um produtor para harmonizar os elementos. Mas Aretha permaneceu cega para o fato de que ela nunca é sua melhor produtora.

Um triste sentimento por trás de *One Lord, One Faith, One Baptism* foi o declínio da saúde da irmã de Aretha, Carolyn, e de seu irmão, Cecil.

— Carolyn tinha recebido o diagnóstico de câncer de mama — disse Erma. — Inicialmente, havia motivo para sermos otimistas, mas uma segunda opinião indicou que o câncer era extremamente virulento. Indicaram radioterapia. Carolyn tinha passado muito tempo em várias faculdades sem se formar e, na época dessa crise médica, estava matriculada na Marygrove College. Estava prestes a se formar e, com ou sem câncer, não ia desistir. Ia conseguir aquele diploma.

"Todos nós paramos nossas vidas para ajudar nossa irmã, mas principalmente Aretha. Ela era maravilhosa. Ela levou Carolyn para sua casa e contratou uma enfermeira em tempo integral para cuidar dela. Houve um momento em que parecia que os tratamentos estavam funcionando e o câncer havia entrado em remissão, mas essas esperanças foram rapidamente frustradas. No início de 1988, Carolyn estava sofrendo muito. E, no entanto, ela de alguma forma continuou a estudar, escrever seus trabalhos e passar nas provas.

"As infecções começaram e houve várias internações hospitalares. Os diagnósticos ficaram cada vez mais terríveis. Uma nova onda de esperança tomou conta de todos nós quando soubemos que Carolyn receberia seu diploma. Aretha deu a ela uma festa de formatura, um evento grande e feliz. A essa altura, Carolyn não conseguia mais andar, mas isso não a impediu de usar beca e chapéu na cama, onde recebeu o diploma. Estávamos comemorando e chorando."

Quando Carolyn Ann Franklin morreu em 25 de abril de 1988, faltavam duas semanas para completar 44 anos e ela havia se formado na faculdade havia apenas algumas semanas. Os cultos foram feitos na igreja de seu pai.

— Eu a considero uma grande mulher — disse Erma —, uma artista poderosa com uma escrita tremenda e talento para cantar. Ela seguiu seu próprio caminho, viveu sua própria vida e encontrou liberdade em sua individualidade. Não tinha vergonha de sua orientação sexual e falava a verdade nua e crua. Como eu, teve uma enorme frustração em sua carreira. Nós duas fomos desafiadas pelo sucesso de nossa extraordinária irmã. No final, porém, Carolyn mais do que provou seu próprio valor. Ela deixou para trás um legado de música duradoura.

— Quando você pensa em como Carolyn e Aretha brigaram a vida inteira - quero dizer, elas literalmente se engalfinhavam - era incrível ver como Aretha ficou do lado de Carolyn no fim — disse a cunhada Earline. — A irmandade Franklin é algo digno de nota. Irmãs nenhumas são mais competitivas. A cada duas semanas, Aretha tinha uma briga feia com Carolyn ou Erma. Mas quando as coisas apertavam, Aretha era a maior protetora delas.

"Mas, quando se tratava do meu marido, a história era outra. Cecil era o protetor de Aretha. E Aretha nunca poderia — e ainda não pode — admitir que Cecil se viciou em drogas pesadas. Nos anos oitenta, quando a cocaína de base livre tomou conta do bairro, meu marido se viciou. E ficou viciado. De alguma forma, ele ainda conseguia fazer seu trabalho com Aretha, mas por pouco. Ela não reconhecia isso. Ela via Cecil da mesma forma que via seu pai - um homem perfeito, sem defeitos. Mas, como seu pai, Cecil, apesar de sua mente brilhante, era vulnerável ao mundo e a todas as suas tentações. Por fim, me cansei. Falei que se ele não fosse para a reabilitação, eu iria embora."

Visitei Cecil em Detroit pouco antes de sua reabilitação. Ele falou muito de seus amigos que tiveram as vidas destruídas pelo crack.

— Eu sabia que Marvin Gaye usava — disse ele —, porque ele me disse para ficar longe disso. Toda a história de Marvin com drogas devia ter servido de aviso.

Ele também mencionou David Ruffin, que lutava contra o vício em crack que, em poucos anos, tiraria sua vida. Cecil comentou como ele, seu pai e irmãos haviam vivido em um mundo de estimulantes.

— Seja vinho, uísque ou maconha — disse Cecil então —, essa coisa sempre esteve perto de nós - e todos nós tivemos que lidar com isso de uma forma ou de outra. Agora é hora de finalmente aceitar meu vício e vencer esta longa batalha.

Quando vi Cecil depois de sua estada na reabilitação, ele se descreveu como limpo pela primeira vez em décadas. Disse que ia encarar o futuro com uma nova determinação.

— Fiquei tão orgulhosa dele — disse Ruth Bowen. — Cecil era o meu protegido, uma das pessoas mais inteligentes que eu já conhecera. Então você pode imaginar como odiei vê-lo perdido com todas aquelas drogas. Quando ele ficou limpo, fiquei exultante. Mas então, quando Earline ligou para dizer que encontraram uma mancha nos pulmões dele, desmoronei. Fiquei arrasada e só podia imaginar o que isso faria com Aretha. Mas Aretha não desmoronou. Ela raramente desmorona. Sua maneira de lidar com a adversidade é permanecer sociável. Isso a ajuda a seguir em frente.

O ponto de Bowen foi provado por uma foto tirada pela *Jet* de Aretha em seu "baile de máscaras anual", no qual ela estava vestida como uma rainha egípcia e seu par, Willie Wilkerson, foi como um condenado dos tempos antigos.

No mesmo verão de 1988, seu show na boate de Chicago foi filmado para o "Soundstage" da PBS e mais tarde lançado como *Live at Park West*, primeiro em videocassete e finalmente em DVD. Aos 46 anos, Aretha aparece em boa forma. Está usando um vestido estilo anos vinte sem mangas, decotado na frente. Seu enorme decote está em exibição. Ela está despreocupada. Está se sentindo brincalhona e sexy e até brinca sobre fazer um strip-tease. Depois de uma abertura instável — seu cover de "Love is the Key" de Frankie Beverly —, Aretha canta uma fabulosa "Love All the Hurt Away", seu dueto de sucesso com George Benson. Cantando tanto a sua parte *quanto* a dele, sua imitação de Benson é uma obra-prima cômica/musical; ela abre a canção, uma linda balada, e lhe dá asas. Seu cantarolar, uma variação de soul do estilo Ella Fitzgerald-Sarah Vaughan, é soberbo e totalmente original. Seu ostinato falado no final, seguido pelo grande guitarrista David T. Walker, torna-se um sermão sobre antecipação sexual. ("I'll meet you the front door with one of those sweet kisses" – "Vou te encontrar na porta da frente com um daqueles beijos doces", ela diz cantando. "I'll put a big pot of greens and hot water cornbread on for you, baby... and we'll slide under those silk sheets..." – "Vou servir uma panela grande de verduras e pão de milho para você, amor... e vamos deslizar sob aqueles lençóis de seda..."). Seu medley de sucessos da Atlantic é menos convincente, mas tanto sua leitura de "Ain't No Way", da irmã Carolyn, quanto seu retorno à joia da era Columbia "Sweet Bitter Love" são surpreendentes, nos lembrando que, a qualquer momento, ela tem a habilidade dada por Deus de tornar o secular sagrado e, no caso de sua versão de "Didn't It Rain" de Mahalia Jackson, o sagrado secular.

Ela tinha prometido a seus velhos amigos Ahmet Ertegun e Jerry Wexler que ia aparecer, naquele mês de maio, no grande concerto do 40º aniversário da Atlantic no Madison Square Garden.

— Todo mundo ia — disse Ertegun —, dos Rascals a Ruth Bowen a Wilson Pickett ao Led Zeppelin. A ideia era comemorar os triunfos da gravadora. Como nosso triunfo mais significativo foi nosso trabalho com Aretha, não consegui imaginar a noite sem ela. Arranjamos um luxuoso ônibus particular para levá-la de Detroit. Reservamos a suíte da cobertura no Waldorf Towers para ela. Fiquei muito feliz quando ela aceitou e triste quando, por motivos que nunca foram explicados, ela não apareceu.

Durante o verão, a PBS a apresentou, em sua série *American Masters*, um documentário de televisão com informações superficiais e muitas filmagens antigas de shows. Como Mark Bego afirma astutamente em *The Queen of Soul*, sua biografia de Aretha publicada um ano após a transmissão, o único momento revelador é quando Aretha, questionada sobre sua vida amorosa, responde: "Sempre defendi que um homem de verdade não vai se sentir intimidado por mim. Alguns podem estar à altura, e outros não."

— Com sua insinuação sexual, a afirmação é puramente Aretha — disse Ruth Bowen. — É também uma expressão honesta do sentimento dela em relação ao sexo oposto. O desafio dela aos seus pretendentes é sempre: você é homem suficiente para me aguentar?

Em novembro, a família sofreu uma grande perda com o falecimento da formidável Rachel Franklin, mãe do reverendo C.L. Franklin, aos 91 anos.

— Big Mama sempre foi o grande elo com o nosso passado — disse Erma —, um espírito enorme nas nossas vidas. Ela criou todos nós. Ela era uma peculiar mulher do interior, engraçada e fiel em todos os sentidos. Tinha sua dancinha, sua risadinha e seu enorme coração. Ela era a essência da religião dos velhos tempos. Nunca conheci ninguém com uma crença tão sólida em Deus. Nos últimos anos ela morava em um asilo, mas não havia perdido o amor pela vida. Cada filho e neto Franklin, cada sobrinho e sobrinha, cada primo e cada amigo da família simplesmente a adorava.

Após o funeral de Big Mama, Aretha teve que decidir se cumpriria seu contrato com o Trump's Castle em Atlantic City.

— Eu não tinha certeza se ela iria — disse Ruth Bowen —, e teria apostado que não. Fazia vários anos desde que ela tinha saído de Michigan por qualquer motivo. Além disso, Big Mama acabara de morrer e Big Mama era, para todos os efeitos práticos, a principal mulher da infância de Aretha. Depois de hesitar, ela decidiu ir, para o deleite de todos. Acho que um dos motivos foi que ela queria usar um vestido que havia desenhado e que parecia algo que Josephine Baker usava em Paris.

A autorreflexão nunca foi uma característica forte de Aretha, e mesmo assim no final dos anos oitenta ela começou a discutir a ideia de escrever um livro de memórias. Mas antes de contratar um agente para fechar o acordo, ela falou de sua vida para o repórter Ed Bradley em um segmento do 60 *Minutes*. O resultado foi um artigo exagerado. Mesmo assim, Aretha ficou muito infeliz com a entrevista por conta de uma pergunta em particular. Bradley queria saber do conteúdo sexual em tantas de suas canções.

— Quero dizer, está em muitas de suas canções — disse ele. — Luxúria. Uma sensação - uma sensação boa.

— Você está me confundindo com alguém, Ed — disse Aretha, indignada.

Alguns meses depois que a entrevista foi ao ar, falei com Bradley.

— Fiz umas entrevistas de celebridades difíceis — ele me disse —, mas a de Aretha foi a mais difícil. Quando se tratava de revelações pessoais, ela se fechava. Dada a sinceridade de suas músicas, fiquei chocado. Não havia introspecção nenhuma. Quando soube que ela queria escrever sua autobiografia, fiquei surpreso. Não conseguia imaginá-la fazendo qualquer revelação emocional.

Mesmo assim, no início de 1989, ela decidiu que era hora de trabalhar em seu livro de memórias. Shaye Areart, editora da Doubleday em Nova York, estava entre os contatados por um agente local de Detroit para ser entrevistada por Aretha em casa. Areart trabalhou por cinco anos com Michael Jackson em seu livro de memórias, *Moonwalk*.

Ela me disse que voou para Detroit e apareceu na casa de Aretha em Bloomfield Hills com duas dúzias de rosas brancas. Elas conversaram por mais de duas horas. Areart descreveu Aretha como "graciosa, adorável e engraçada". Não houve proposta de livro escrito ou qualquer indicação de um ghostwriter. Com base em suas reuniões com Aretha, Areart e seus concorrentes foram convidados a apresentar lances em um leilão pelos direitos de publicação. Areart ficou encantada ao saber que sua oferta — que ela descreveu como "uma fortuna" — havia vencido. Durante as férias, porém, a editora soube que Aretha agora estava exigindo 350.000 dólares a mais. Não é assim que os leilões funcionam. O lance mais alto vence, fim.

— Aretha não se importa com as regras de leilões ou negociações adequadas — disse Ruth Bowen. — Ela simplesmente quer o que quer. É a coisa mais comum do mundo para ela confiar um representante para as negociações e então, num capricho, interromper o processo para exigir mais.

Areart me garantiu que escreveu uma carta a Aretha, explicando diplomaticamente que, como tinha vencido o leilão, não era razoável ser convidada a fazer um lance contra ela mesma. Ela nunca mais ouviu falar de Aretha.

31
A MISTURA DE SEMPRE

Quando o romancista inglês Somerset Maugham publicou sua nova coleção de contos em 1940, o *Times* de Londres a denominou como "A Mistura de Sempre", criticando a falta de inovação. Alguns anos mais tarde, Maugham, um mestre da ironia, intitulou sua coleção seguinte como *A Mistura de Sempre*, agradecendo à crítica do *Times* pelo título.

Aretha tinha uma atitude similar à de Maugham. Quando mencionei que alguns críticos e fãs viam seus álbuns da Arista do final dos anos oitenta e início dos anos noventa como embalagens comerciais com certa redundância, ela falou de seu interesse em permanecer atual. Não estava pronta para se juntar aos antigos do circuito. Perguntei se em algum ponto o mercado para de ser a principal preocupação. Ela disse que jamais é a principal preocupação. Insistiu que a motivação dela estava sempre em encontrar as melhores canções e que, em sua mente, as melhores canções costumavam ser sucessos.

Buscando um sucesso, Aretha voltou ao estúdio em 1989 e, com a ajuda de Arif Mardin e Narada Michael Walden, produziu outro álbum estilo algo-para-todos. Desta vez, a mistura incluiria nada menos que três duetos.

— Clive Davis tinha essa ideia de que quando as vendas de uma cantora antiga começam a diminuir — disse Ruth Bowen —, a melhor maneira de vender essa cantora é fazer duetos com outros cantores que tragam um público diferente. Então juntar Whitney e Aretha fez sentido porque Whitney estava em alta. Colocá-la com Elton John fez sentido porque Elton era pop puro e podia ajudá-la a furar a bolha. Mesma ideia se aplicava a colocar Kenny G para tocar no álbum. Kenny pode ter começado no R&B, mas terminou com um enorme mercado branco. James Brown era outra história. Era só questão de juntar duas lendas. De qualquer ângulo, tratava-se de lucrar com combinações diferentes.

As grandes gravadoras tiveram lucros expressivos nos anos oitenta. A chegada dos discos compactos, com suas enormes margens de lucro, foi a inovação de produto mais lucrativa desde o álbum de longa duração. As reedições se provaram uma sorte inesperada. Como milhões de consumidores estavam ansiosos para comprar novamente seus antigos LPs e fitas cassete em formato de CD, as gravadoras reduziram drasticamente os custos de produção. Enquanto isso, uma série de novas produções de grande sucesso - desde Bruce Springsteen a AC/DC, Prince, Michael Jackson, Bon Jovi, Whitney Houston, Guns 'n Roses, Phil Collins e Madonna - encheram os cofres. Em retrospecto, os anos oitenta se tornaram a última década em que o negócio continuou a prosperar com as vendas de produtos manufaturados comprados em lojas físicas.

— Considerando esses lucros insanos — disse Jerry Wexler —, é de se imaginar que alguém diria "Tá, agora temos dinheiro para fazer algo para entrar na história. Agora podemos tirar Aretha do pop e colocá-la para fazer de novo o que ela faz de melhor – tocar piano e cantar ao vivo no estúdio com uma excelente seção rítmica".

— Aretha e Clive concordaram quanto ao melhor caminho — disse Ruth Bowen. — Eles queriam sucessos. E por que não? Tudo se trata de sucessos. E se a ideia de Clive de conseguir sucesso era colocá-la em um estúdio em Detroit e Whitney em um estúdio em L.A. e, com tecnologia, fazê-las soar como se estivessem no mesmo lugar, e daí? Desde que fizesse sucesso.

Infelizmente, não fez. Nem o dueto insosso com James Brown ("Gimme Your Love") nem o dueto bobo com Whitney Houston ("It Isn't, It Wasn't, It Ain't Never Gonna Be") tiveram vendas significativas. A faixa-título do álbum, "Through the Storm", dueto superficial de Aretha e Elton John, chegou à vigésima posição na parada pop, mas dificilmente foi um marco para qualquer um dos artistas. Eles não pareciam comprometidos ou mesmo muito interessados em cantar as músicas.

O dueto com Whitney Houston foi uma questão totalmente diferente.

— Havia todo o tipo de drama entre Whitney e Ree — disse Ruth —, até quase dar tudo errado. Aretha ficou chamando de incompatibilidade. Ela disse que faltava a Whitney sua sabedoria e maturidade como artista, mas acho que Aretha estava com medo de ser superada por alguém da geração seguinte. Dificilmente importava porque a canção era esquecível. No primeiro ano do lançamento, mesmo os fãs mais devotos de Aretha e Whitney tinham esquecido que essa merda tinha sido gravada.

— O que aconteceu foi o seguinte — disse Narada. — Whitney voou para Detroit, muito animada para cantar com sua tia Ree. Mas quando tia Ree entrou no estúdio, não foi como tia Ree. Ela entrou como a Rainha Aretha, *a* diva original. Na época, Whitney era a maior estrela musical no mundo e não percebeu que Aretha sentia que tinha algo a provar. Aretha veio para jogar. Whitney estava agindo como um filhotinho. Aretha era como um boxeador encarando o oponente. Claro que a canção falava de duas mulheres competindo pelo mesmo homem, então Aretha estava claramente na personagem. Fui tão doce quanto possível com ela. Se eu não tivesse feito isso, ela teria me esmagado como um inseto. Ela também gostou que eu queria produzir uma canção de Dianne Warren – "It Isn't, It Wasn't, It Ain't Never Gonna Be" – no modo Tedy Riley no New Jack Swing, o novo estilo de R&B que estava varrendo a vizinhança. Aretha acertou o ritmo com força. Mas também ficou extremamente distraída e não tratou Whitney bem. Na verdade, Aretha foi tão dura que ela mesma admitiu que tinha sido demais. Alguns dias depois, ela me ligou e perguntou se eu achava que ela devia ligar para Whitney e se desculpar. Achei que era uma boa ideia. Nunca perguntei se ela realmente ligou – não era da minha conta –, mas sei que o clima entre as duas ficou tenso por muito tempo.

"Os duetos de James Brown e Elton John foram outra história. James veio ao meu estúdio no norte da Califórnia esperando encontrar Aretha lá. 'A Rainha não voa', falei para ele. 'Não seria incrível o rei e a rainha cantarem no mesmo estúdio?', ele perguntou. 'Ficaríamos tão bem juntos que depois da sessão teríamos que nos casar'. Elton também teria preferido gravar seu vocal na mesma sala que Aretha. Mas ele gentilmente concordou em gravar junto à faixa vocal de Aretha que eu pré-gravei em Detroit. Elton fez sua parte em L.A.

* * *

Diante das contínuas lutas pelo poder e difíceis relações profissionais, um dos relacionamentos pessoais mais próximos de Aretha terminou com a morte de Cecil Franklin, o irmão que ela adorava. Em 26 de dezembro de 1989, Cecil morreu de câncer de pulmão, aos 49 anos.

— Fui que liguei para Aretha para ir correndo ao hospital — disse Ruth Bowen. — Eu tinha falado com Earline, que me disse que ele morreria nas próximas horas. Sabia que Aretha ia querer se despedir. Ela ficou de coração partido por não chegar a tempo. A morte dele foi uma das coisas mais difíceis que ela teve que suportar. Ela o chama de seu maior fã e melhor amigo - e não está errada. Meu relacionamento com Aretha sempre foi forte, mas cheio de conflitos. O relacionamento dela com Cecil era tranquilo. Ele estava entre ela e o mundo dos negócios. Se por um tempo ela conseguiu se manter num caminho direto, foi graças a Cecil. Sem ele, o mundo dela mudaria. Não havia ninguém - eu incluída - em quem ela podia confiar da forma que confiava no irmão. Na verdade, ela não mais contrataria outro empresário - só agentes diferentes, como eu e Dick Alen, para marcar seus compromissos. Se ela já era bastante incontrolável mesmo quando Cecil estava vivo, ficou terrivelmente incontrolável depois que ele se foi. Com Cecil ao lado dela, havia a chance de fazer com que ela fizesse o que era razoável e certo. Mas sem Cecil, e controlando a si mesma, Aretha ficou impossível.

— Essa época, em que perdemos Carolyn, Big Mama e Cecil num período de dois anos, foi devastadora — disse Erma. — Por um longo tempo, Aretha andou por aí desnorteada.

Quase uma década depois, Aretha ainda tinha dificuldade em falar dessas mortes. Enquanto trabalhávamos juntos em *From These*

Roots, ela lutou para expressar seus sentimentos sobre o falecimento de seus irmãos e avó. Por um longo tempo, ela só conseguia enxugar as lágrimas. Expressei minhas condolências e juntos nos sentamos em silêncio. Enfim chegou o dia em que ela começou a falar das provações. Em sua mente, porém, ela havia invertido a cronologia; disse que Big Mama morreu depois de Cecil, quando, na verdade, Rachel Franklin morreu no final de 1988, um ano antes de seu neto. Quando, com gentileza, a corrigi, Aretha ficou furiosa. Disse que, quando se tratava da morte de seus entes queridos, ela dificilmente precisava de correção. Confirmei com Erma e Earline, minhas fontes originais para obter as informações. Também obtive o atestado de óbito. Os fatos confirmaram o que eu disse a Aretha, mas ela permaneceu inflexível. Em seu livro publicado, ela mostra Cecil morrendo antes de sua avó, afirmando erroneamente que Big Mama faleceu em 1990.

— Aretha é uma mulher que sofre muito — disse Erma —, mas não gosta de demonstrar. Não sei bem por quê. Não consigo expressar a dor que ela sentiu depois que perdemos Cecil. Realmente, não havia como calcular. Mas, em vez de lamentar, ela tende a transformar a mágoa em raiva. Entendo isso. Perdemos nossa mãe, perdemos nosso pai, perdemos nossa irmã Carolyn, perdemos nossa avó e agora perdemos nosso amado irmão. É muita perda. É tão difícil estar de luto. Quando voltamos essa dor para nós mesmos, é demais para suportar. Podemos tentar orar ou cantar para ver se passa. Orar e cantar ajuda. E tenho certeza que orar e cantar fazem parte da maneira de Aretha lidar com todas essas mortes. Infelizmente, a raiva também faz parte. Pode ser desconfortável ou até insuportável para os outros, mas a sobrevivência emocional de Aretha tem muito a ver com a antiga raiva. Se ela estiver com medo, perdida ou muito triste, há uma boa chance de ela descontar em você.

— Fiz questão de ligar para Aretha — disse Luther Vandross — porque sei quão próxima de Cecil ela era e queria expressar minhas condolências. Lembro de dizer que estava preocupado com ela. Aretha se ofendeu. Ela pensou que eu estava sugerindo que ela poderia ter um colapso nervoso ou desmoronar. Não era isso. Eu estava apenas expressando minha preocupação. Ela subiu no cavalo e saiu em disparada, dizendo que o mundo a enxergava como fraca e frágil e ela não era fraca ou frágil de jeito nenhum. Deus sabe que concordo com isso. Aretha é forte como aço. Quando tentei explicar que só queria saber se ela precisava de alguma coisa, não consegui convencê-la. Ela ficou com raiva de mim quando tudo que eu estava tentando fazer era confortá-la. Foi uma ligação bizarra. Entendi que Aretha simplesmente não quer parecer vulnerável. Talvez ela tenha mesmo medo de desmoronar, então se alguém abordar o assunto, ela explode. Demorou muito até eu ligar para ela de novo.

— Acho que Aretha gostava de suas brigas com Luther — disse Ruth Bowen. — Atiçava a fagulha da vida dela, que estava ficando cada vez mais chata. Afinal de contas, ela estava lá no subúrbios sem ter muito o que fazer. Viajava pouco e estava ficando cada vez mais retraída. Se ela podia entrar em uma discussão com uma grande estrela como Luther, por que não? Acho que ela via isso como diversão. Se você não teve uma briga com Aretha, não viveu a vida. Briga é a especialidade dela.

32
TERAPIA FESTIVA

— **Todos temos nossa própria maneira** de lidar com depressão, mudanças de humor e tempos difíceis — disse Erma pouco depois da morte de Cecil. — A maneira de Aretha era dar festas. Todos os anos ela comemora seu aniversário com uma grande festa. Ela aluga um salão de baile em um hotel chique e convida todos que são importantes em Detroit. O planejamento a distrai dos problemas. Ela se encarrega de conseguir o entretenimento, os fornecedores, tudo. Passa semanas escolhendo o vestido. Se ela está de bem comigo, com meus filhos e com nossa prima Brenda, seremos convidados e geralmente nos divertimos muito. Durante o ano, ela dá várias festas menores em sua casa. Algumas delas podem ser ideias de última hora e nem sempre saem tão bem. Acho que ela dá essas festas porque sabe que, se convidar a imprensa, terá sua foto nos jornais. Eu não a culpo por isso. As estrelas precisam permanecer altamente visíveis.

No final dos anos oitenta, o fotógrafo Paul Natkin cobriu uma festa de Natal que Aretha estava dando em sua casa em Bloomfield Hills, em nome da revista *InStyle*. Disseram que não apenas Aretha estava cozinhando a comida da festa, mas que o time de basquete Detroit Pistons, assim como o Temptations, o grupo de cantores da Motown, estariam presentes. Quando Natkin chegou, viu dois grandes caminhões de bufê na garagem. Aretha havia mudado de ideia sobre cozinhar. Acontece também que Pistons estavam em L.A. naquela noite jogando contra os Lakers e o único artista era um dos ex-Temptations menos conhecido que cantava em uma máquina de karaokê. As maiores estrelas foram alguns âncoras de TV locais. De acordo com Natkin, Aretha passou a noite toda sentada em uma cadeira, com a bolsa no colo, as mãos na bolsa, com um segurança de pé bem atrás dela.

Mesmo assim, houve momentos extraordinariamente felizes para Aretha nos anos noventa. Em poucos anos, os democratas estariam de volta ao poder e os convites para a Casa Branca viriam. Ao contrário de Ray Charles, que não teve problemas em cantar para os presidentes Reagan e George H. Bush, as raízes profundas de Aretha no Partido Democrata impediram tais aparições.

— No começo da década — disse o agente de reservas dela, Dick Alen —, ela estava fazendo algo entre dois e cinco milhões por ano. Ainda tocava em grandes teatros e podia fazer turnês depois de todos os seus sucessos. A mistura costumeira era, claro, todos os sucessos da Atlantic dos anos sessenta e setenta e depois seus sucessos da Arista - "Freeway" e "I Knew You Were Waiting" - dos anos oitenta. Ela poderia ter feito três ou quatro vezes esse valor se voasse. Ela não tocava a oeste das Montanhas Rochosas. Ela não queria dirigir para tão longe assim e uma jornada de ônibus pelas montanhas a deixava desconfortável. Ela continuou ignorando seus mercados internacionais – Europa, Ásia e América Latina –, onde poderia ter feito uma fortuna. E é claro que havia os cancelamentos constantes, a maioria sem explicação. Considerando tudo isso, é prova de seu poder permanente como artista o fato de ela ter feito tanto dinheiro.

— No começo dos anos noventa, ela me ligou para falar de seu novo álbum — disse Arif Madin. — Eu estava ansioso para trabalhar com Aretha e encantado em discutir quaisquer ideias que ela tivesse. Tivemos uma história longa e feliz juntos. Eu a achava uma pessoa positiva – o novo álbum sempre ia ser seu maior até então – e eu respeitei a determinação dela de fazer outro sucesso para o Top 10. Mas, desta vez, eu não tinha certeza se ela estava no caminho certo. A ideia dela era fazer só originais – um "Aretha Franklin canta Aretha Franklin". Ela me enviou algumas músicas e várias tinham algum charme, mas infelizmente não ouvi nenhum sucesso. Nos termos mais diplomáticos possíveis, falei o que sabia que Clive Davis estava dizendo a ela, que seria melhor incluir músicas de criadores de sucessos comprovados. Ela ficou em silêncio. Então, agradeceu pelo meu tempo e anos se passaram antes que eu tivesse notícias dela outra vez. No ano seguinte, quando o álbum foi lançado – aquele com o infeliz título *What You See Is What You Sweat* –, percebi que Burt Bacharach havia escrito e produzido duas das canções, Pic Connely, um produtor badalado na época, foi responsável por outras duas, e dos cerca de dez originais de Aretha que ela me enviou, apenas dois foram incluídos. Ficou óbvio que Clive havia prevalecido.

Clive também a manteve nas paradas, mesmo que por pouco. Uma das canções de Bacharach, "Ever Changing Times", com um vocal de fundo de Michael McDonald, entrou no Top 20 da parada de R&B. Mas nem isso nem qualquer outra coisa no álbum furou a bolha.

Oliver Leiber, que coproduziu uma das faixas, "Mary Go Round", foi a Detroit para a gravação.

— Fomos chamados por Clive Davis — disse Oliver — porque meu cocompositor Elliot Wolff e eu estávamos em alta. Nós tínhamos produzido e escrito sucessos para Paula Abdul - Elliot fez "Straight Up" e "Cold Hearted" e eu fiz "The Way That You Love Me", "Forever Your Girl" e "Opposites Attract". Então Elliot e eu nos juntamos, entregamos algumas demos e enviamos para Clive. Meu entendimento era que ele estava basicamente dizendo a Aretha quais canções cantar. Quando enviamos a ela nosso "Mary Go Round", ela não tinha objeções e, bem assim, seguimos. O outro entendimento, é claro, era que trabalhar com Aretha significava jogar no parquinho dela. O parquinho dela era o United Sound em Detroit, o que era ótimo porque eu sabia que George Clinton tinha gravado grande parte de sua parada Funkadelic naquele mesmo estúdio. Elliot e eu não poderíamos estar mais animados.

"Eu gostaria de poder dizer o mesmo de Aretha. Ela não era hostil, mas certamente não era afetuosa. Ela fazia jus à sua reputação de diva - altiva e fria. Desde o início, deixou claro que estava lá para trabalhar e queria que fosse feito bem rápido. Enquanto cantava seus vocais, um processo que provavelmente levou algumas horas, ela fumava cigarros Kool sem parar. Mesmo cantando, fumaça saía de sua boca. Quanto à música em si, seu coração não estava ali. Ela parecia muito mais interessada no frango frito que sua assistente estava preparando na cozinha. Pensamos que, quando o frango estivesse frito, nossa sessão terminaria. Então trabalhamos apressados.

"Ela tinha aprendido a melodia, conhecia o ritmo e certamente poderia cantar, mas havia certos trechinhos, que foram cantados na demo, que tanto Elliot quanto eu achamos que acrescentariam talento. Elliot fez a sugestão o mais sutilmente possível. 'Não, querido', disse ela, 'está bom do jeito que está', e nunca se preocupou em tentar do nosso jeito. Sua única sugestão – bem, na verdade era uma exigência – foi que colocássemos seu filho Teddy para tocar guitarra. Nós aceitamos. Ele estava bem, mas o que tocou não combinava com o clima da música e acabou não sendo usado.

"No final do dia, o frango estava frito e nós também. Embora estivéssemos listados como produtores, produzimos apenas a faixa instrumental. Não produzimos os vocais dela; estávamos lá apenas para gravá-los. Não sei se alguém realmente produz um vocal de Aretha. Ela tem uma forte noção do que vai e não vai cantar – e Deus ajude a pobre alma que tente convencê-la do contrário. Certamente sentimos a honra de trabalhar com a grande Aretha Franklin. Mas ela permaneceu uma personagem distante, uma rainha imperiosa."

No inverno de 1990, a imprensa começou a relatar o fiasco de Mahalia Jackson. A manchete da *Jet* dizia: "Magistrado de Nova York Decreta que Aretha Deve Pagar 230.000 Dólares Pelo Cancelamento". O produtor Ashton Spring foi citado, dizendo que "o show fora marcado para abrir em Cleveland em julho de 1984, mas nunca decolou porque a sra. Franklin não compareceu aos ensaios do musical".

Naquele verão, Aretha compareceu em um programa em Detroit em homenagem a Nelson Mandela, que fora libertado na África do Sul em fevereiro.

Aretha ficou em casa pelo resto do verão, com exceção de um concerto notável no Radio City Musical Hall de Nova York.

No *New York Times*, John Pareles escreveu: "A sra. Franklin deu algumas frases vocais sublimes, em sobreposição... Mas sobrecarregou com baladas excessivas e decorou com uma orquestra desnecessária – 'Respect' precisa mesmo de violinos? –, ela permanece tão frustrante quanto incomparável". Ele escreveu que "Ever Changing Times" soava como "um descarte da Whitney Houston". Sentado naquele auditório cavernoso, tive a reação oposta. Me pus de pé no final de sua interpretação emocionante da música, que é uma das melhores colaborações de Bacharach com Carole Bayer Sager.

Aquele verão marcou uma tragédia enorme na música americana. No dia 13 de agosto, durante um vendaval descontrolado, Curtis Mayfield foi atingido por uma torre de luz em um concerto ao ar livre no Wingate Field no Brooklyn, ficando paralisado da cintura para baixo.

— Aretha e eu éramos próximas ao Curtis – todos os Franklins eram – e a notícia foi terrível — contou Erma. — Por um tempo, ele e Aretha ficaram falando de gravar um novo álbum juntos. Quando você pensa nos melhores produtores de Aretha, apenas dois deles eram cantores – Luther e Curtis. É por isso que acho que o material que ela cantou sob os auspícios desses dois artistas tinham um sabor tão especial. Eu estava esperando que Curtis, apesar do terrível golpe, pudesse cantar outra vez. Levou vários anos, mas minha esperança se tornou realidade, e ele e minha irmã trabalharam juntos de novo.

O ano novo começou alegre. Em janeiro de 1991, a Wayne State University, em Detroit, deu a Aretha um título de doutorado honorário.

— Foi um dia muito importante para ela, por não ter se formado no ensino médio — disse Erma. — Como Carolyn, Cecil e eu tínhamos ensino superior, Aretha era meio complexada. Ela era tão inteligente quanto o resto de nós, e sempre foi uma leitora ávida e uma estudante astuta da cena política e cultural. Ela não tinha motivos para se sentir intelectualmente inferior, mas largar a escola na adolescência te faz se sentir diferente. Eu acho que ela sempre estava tentando compensar por se sentir inferior. É por isso que esse título da Wayne State veio na hora certa. Aumentou a confiança dela.

Em março, o reverendo James Cleveland morreu em Los Angeles, aos 59 anos. Aretha não conseguiu ir ao funeral dele no Shrine Auditorium, em Los Angeles, mas em um comunicado disse: "Ele teve a maior influência individual na música gospel até hoje... James foi minha primeira influência musical e meu mentor musical nos meus anos de formação."

Duas semanas depois, ela cantou no funeral, em Detroit, de Anthony Riggs, que foi assassinado depois de voltar para casa da Guerra do Golfo.

— Minha irmã estava sempre envolvida em atos de gentileza e caridade que não eram divulgados — disse Erma. — Ela e eu assistíamos às notícias tarde da noite. E aí passava uma história de uma mulher que perdeu a casa em um incêndio e do nada Aretha pegava o telefone, ligava para o canal e conseguia o número da mulher. No dia seguinte, enviava um cheque de 30.000 dólares para ela.

Em junho, ela estava de volta à igreja do pai, cantando no funeral de David Ruffin, morto aos 50 anos. Ela falou comigo a respeito de David com a mesma admiração que tinha por Sam Cooke, Marvin Gaye, Smokey Robinson, Levi Stubbs, e Dennis Edwards, colocando-o na mais alta categoria de cantor de soul.

— Foi um período solitário para Aretha — disse Ruth Bowen. — Mentores e amigos morrendo aos montes. Romanticamente, ela e Willie Wilkerson viviam terminando e reatando, mas em geral terminando. Ela definitivamente estava em busca de um homem, algo que era uma preocupação que Aretha teve a vida inteira. Mas, diferentemente de outras mulheres, Aretha não tinha que se preocupar em anunciar para o mundo que estava na pista para negócios. Tudo o que ela tinha que fazer era ligar para a *Jet* e colocar o anúncio na capa.

De fato, a história de capa do dia 19 de agosto declarou que "Aretha Frankin, que diz estar pronta para o romance, é rica, disposta e está esperando pelo partido que 'não ache que me conquistou'. 'Amo homens', disse ela, expressando que estava interessada em apenas um relacionamento por vez. 'O tipo de homem do qual estou falando não precisa vir do mundo do entretenimento. Não precisa ser celebridade também. Precisa ser um homem que não se sinta intimidado pelo meu sucesso. Falo com outras mulheres celebradas e todas concordam que o fator de intimidação impede que os homens façam propostas românticas'."

Aretha segue explicando a letra de uma canção que escreveu para seu novo álbum, *What You See Is What You Sweat*, "You Can't Take Me for Granted".

— É um testemunho pessoal, uma canção que escrevi com uma pessoa na mente, um cara de dois metros de altura e pele de bronze com muitos charmes – mas nada de nomes, por favor. A letra diz: "Your picture's in my locket but I'm not in your back pocket" ("sua foto está no meu medalhão, mas não estou no seu bolso"). Então sim, com certeza há uma história aí.

Mas não é uma história que Aretha compartilhou com o público.

— Só existe uma história verdadeira sobre Aretha e homens depois do divórcio dela com Glynn – e é Willie Wilkerson — disse Ruth Bowen. — Willie se provou ser um amigo bom e leal. Ele se tornou o companheiro com quem ela podia contar. Todas as outras fantasias dela de romance nunca deram em nada.

— Como Willie é um cara confiante — disse Erma —, ele não se importava se Aretha tivesse casinhos por aí. Ele não se importava com o que ela dizia para a imprensa. Não que Aretha fosse sua única amiga. Mas sim porque acredito que ele realmente a amava e não tinha uma imagem a manter, ele permitiu que ela desse ao público a impressão que quisesse. Ele não poderia ligar menos, e acho que o público também não se importava. As pessoas certamente não se importavam tanto quanto Aretha pensava que se importavam.

O público também pareceu não se importar muito com *What You See Is What You Sweat* - foi o álbum dela da Arista que menos vendeu. Mesmo seu dueto com Luther Vandross, "Doctor's Orders", a última colaboração deles, falhou em causar impacto.

— A essa altura, eu tinha perdido a conta de quantas vezes Aretha prometera nunca mais falar comigo — disse Luther. — Ela sempre estava imaginando insultos que eu tinha feito a ela. Se eu fosse me apresentar em Detroit, ela exigia ingressos para 24 de seus melhores amigos, e se eu desse doze, ela ficava fria comigo. Era uma amizade desgastante, para dizer o mínimo. Mas, no fim das contas, eu não podia permanecer bravo com Aretha porque ela é, afinal de contas, Aretha. Então, quando ela pediu outra canção ao estilo de "Jump to It", "Doctor Orders" foi o que arranjei. Não está entre as minhas favoritas. Acho essa música superficial. E é claro que o fato de Aretha se recusar a sair de Detroit para me deixar produzir seu vocal do jeito que eu queria - em um estúdio em L.A. ou Nova York onde eu podia fazer o melhor - não ajudou. A voz dela estava começando a mostrar os primeiros sinais da idade. Gravar vozes mais velhas requeria cuidado extra especial. Mas, com Aretha, o cuidado especial não pode ser aplicado porque ela não reconhece que há o menor sinal de deterioração.

Em 1991, as carreiras de Aretha e Luther estavam indo em direções diferentes. O último álbum dele, *Power of Love*, manteve seu status de mais vendido, enquanto Aretha não alcançava o primeiro lugar desde cinco anos antes, quando gravou com George Michael.

Quando ela tocou no outra vez no Radio City em setembro, o crítico do New York Times Stephen Holden escreveu: "Faz tempos que a cantora aspira a um estilo de espetáculo de Las Vegas que prejudica seriamente o que ela faz de melhor, que é apresentar um pop sem firulas e com sabor de gospel com a paixão e a espontaneidade de uma cantora de igreja. Ecos dessa paixão invariavelmente aparecem em seus álbuns, até mesmo em uma mistura dispersa como seu mais novo álbum, *What You See Is What You Sweat*."

Sempre preocupada em manter um perfil público em alta, em novembro Aretha apareceu no seriado de TV *Murphy Brown* parecendo bem mais pesada do que as fotos que acompanhavam seu álbum da época. Ao piano, ela cantou "Natural Woman" enquanto Candice Bergen dava palpites.

A tradição de Aretha de dar uma festa de aniversário continuou em março de 1992, quando completou cinquenta anos. No salão de baile de um hotel em Detroit, a Duke Ellington Orchestra, liderada pelo filho de Duke, Mercer, entretinha os presentes. Entre os duzentos convidados estavam membros do Detroit Pistons, várias emissoras locais e seu irmão, Vaughn.

— Aretha e eu ficamos bem mais próximos depois da morte de Cecil — disse Vaughn, o meio-irmão mais velho de Aretha. — Eu ia a Detroit para certas festas e sempre ficava grato por ser incluído. Aretha podia ficar triste às vezes, mas essas ocasiões sociais sempre a deixavam alegre. Ela também começou a me chamar para ajudá-la a organizar viagens e manter seus assuntos de negócio em ordem. As ligações ficaram mais frequentes nos anos noventa, quando ela estava tendo alguns problemas com a receita federal. Eu me aposentei de uma longa carreira militar em 1974, aos quarenta. Depois morei no Sul, onde trabalhei nos correios. Quando Aretha me pediu para ajudá-la, eu já estava na casa dos sessenta anos e pensando em uma aposentadoria tranquila. O show business não me atraía. Ao mesmo tempo, devido ao grande amor que sentia pela mãe que Aretha e eu partilhávamos, percebi meu dever. Como sou basicamente um soldado treinado acostumado à organização, não foi fácil. A vida do soldado trata-se de disciplina. A vida do artista trata-se de humor. O humor determina se você vai fazer um show ou cancelá-lo. O humor determina se você vai seguir seu cronograma de gravação ou ignorá-lo. Para mim, era um mundo novo com novas regras. Tive que aprender a seguir o fluxo. Esse não era meu estilo e por muitos anos me vi em uma posição desconfortável. Achei desagradável ser colocado em uma posição em que precisava me desculpar pelo temperamento inconstante de Aretha. Também não foi fácil entender a parte do dinheiro. Minha irmã ganhava muito, mas sempre precisava de muito mais. Entendi a relação dela com o dinheiro quando notei que ela sempre saía do camarim levando a bolsa. A bolsa ficava com ela no palco o tempo todo. Ela levava dinheiro para pagar aqueles que trabalhavam com ela. Tentei convencê-la a usar cheque para poder ter recibos. Ela pagava com dinheiro físico.

— Em quase todo trabalho que eu reservava para Aretha — contou Dick Alen, da William Morris Agency —, exigia que do valor total ela tivesse 25 mil dólares em dinheiro antes de subir no palco. Esse era o dinheiro que ela usava para os pagamentos. Ela não fazia descontos de imposto e nem tinha registro. Implorei que ela implementasse um sistema de documentação, mas ela se recusou. Eu sabia que cedo ou tarde o pau ia quebrar com a receita federal.

— Com toda a complicação com o dinheiro — disse Vaughn —, o humor dela mudava assim que Bill Clinton entrava em cena. Todo mundo sabia que, como nós, ele era democrata. Ele também era músico, um saxofonista que amava R&B. Aretha imaginou que logo teria notícias dele. E teve. Ela trabalhou para ele e, uma vez eleito, Clinton nunca mais a esqueceu. Ele a colocou de volta naquele trono. Ele ajudou a mantê-la nos jornais. Ele deu a ela o apoio que ela merecia.

No verão de 1992, Aretha Franklin, aos cinquenta anos, cantou o hino nacional na Convenção Nacional Democrata que indicou Bill Clinton. Naquele mesmo verão, enquanto as vendas de seu álbum da Arista caíam, *Amazing Grace*, lançado na Atlantic 21 anos antes, foi certificado com dupla platina.

— Lembro que liguei para ela com ótimas notícias — disse Jerry Wexler. — Eu sabia que ela estava com cada vez mais dificuldades de vender álbuns e que a notícia aqueceria seu coração. Claro que ela ficou feliz. Recordamos por um tempo e senti a energia boa. Isso me deu coragem de sugerir que talvez devêssemos voltar ao estúdio e gravar um álbum clássico, todo de blues ou todo de jazz, algo atemporal. Essa sugestão matou nossa conversa. "Ah, não", disse ela. "Clive arranjou Babyface e L.A. Reide para compor para mim. Você sabe quem são eles, não sabe, Jerry?". Claro que eu sabia. Eles tinham composto o recente "I'll Be Your Baby Tonight" da Whitney. Mas quando, da maneira mais diplomática possível, perguntei a Aretha se ela achava que o material deles seria um pouco jovem demais para ela, talvez, ela se ofendeu muito. Isso desencadeou outro longo período de silêncio em que, na visão dela, me tornei *persona non grata*.

Naquele verão, Aretha viajou para Nova York para se apresentar na homenagem do Friars Club a Clive Davis no Waldorf Astoria. Entre os artistas estavam Dionne Warwick, Kenny G e Barry Manilow. Aretha insistiu para ser a última. Então veio o choque: ela apareceu vestindo um tutu e começou a rodopiar com uma trupe da City Center Ballet Company.

— Quando ela me contou o que ia fazer — disse Ruth Bowen —, não acreditei. Quis falar que ela ia ficar ridícula – e ficou. Mas foi mais um daqueles momentos em que o senso de realidade de Aretha estava desligado. Na mente dela, ela parecia graciosa e recatada. Mas para o mundo, ela parecia um hipopótamo dançando. E o que mais acabou comigo foi o motivo que ela deu. Ela disse que era por respeito ao Clive!

Em *The Soundtrack of My Life*, a autobiografia de Davis, ele escreveu diplomaticamente: "Ela fazia piruetas e dançava com uma agilidade impressionante".

— O sr. Davis era o homem que ela parecia respeitar acima dos outros — disse Vaughn. — Ela achava que, como ele tinha o conhecimento e o acesso a todos os produtores e compositores de sucessos da época, não podia se dar ao luxo de aliená-lo. Ao mesmo tempo, eu costumava ouvi-la dizer a ele que ia gravar suas próprias composições. Ela não precisava da aprovação dele para isso.

— Incluir canções que ela compôs em cada álbum era uma forma de garantir renda extra — disse Dick Alen. — Não se pode culpá-la por isso.

— Acho que se ela tivesse focado mais ou estado mais aberta para colaborar, Aretha ter feito adições à curta lista de canções que compôs — disse Billy Preston. — Mas se eu pedisse ao fã comum de Aretha para nomear uma canção que ela compôs depois de sair da Atlantic nos anos setenta, não receberia resposta. Mesma coisa com Ray Charles. O que ele compôs depois de "What'd I Say"? Não há resposta porque essa foi a última vez que ele escreveu um sucesso.

— Eu não chamaria minha irmã de preguiçosa — disse Vaughn — porque todo ano ela viaja e faz shows em uma certa quantidade de datas. Mas quando ela está em casa, falta certa disciplina. Tendo vindo do serviço militar, a disciplina faz parte de mim. Aretha, no entanto, tem que lutar contra a tendência de ficar em casa por semanas a fio, sentada no sofá e não fazendo nada além de assistir TV e comer. Por vezes tentei falar como esses hábitos podem ser debilitantes, mas ela me xingou inteiro - então nunca mais abri minha boca.

A ideia de fazer um dueto com o grande Teddy Pendergrass, então cadeirante, foi o suficiente para tirar Aretha do sofá e subir no palco do Mann Music Center, na Filadélfia.

Por décadas, Erma Franklin viveu com a ideia de que seus dons musicais foram muito subestimados. Então foi particularmente estimulante quando, em novembro de 1992, a carreira dela foi brevemente revivida quando uma versão de "Piece of My Heart", tocada em um novo comercial europeu do jeans Levi's, foi lançada na Inglaterra. Vendeu 100.000 cópias apenas na Inglaterra e também estava sendo tocada no continente. Devido à popularidade que se espalhava, solicitaram que Erma gravasse um vídeo.

— Adorei tudo — ela me contou — e estava animada por estar de volta sob o olhar do público - mesmo que o público estivesse na Grã-Bretanha e não nos EUA. Os ingleses têm tamanho senso de apreciação da nossa música que não pude evitar me sentir lisonjeada pela atenção. Recebi algumas ofertas lucrativas para aparecer em Londres. Eles pediram que Aretha e eu fizéssemos um show juntas. Ofereceram milhões. Eu havia aceitado e compreendido muito tempo antes o medo de voar de minha irmã, e disse aos promotores que ela jamais concordaria. Os promotores responderam com meia dúzia de passagens de primeira classe em um transatlântico de luxo. Por um tempo, Aretha pensou no assunto, mas nunca assumiu o compromisso. Aí o prazo passou e a oportunidade também. Não me iludi pensando que isso ressuscitaria minha vida pública há tanto adormecida. Só achei que teria sido divertido. Mas, no geral, continuei a ter grande satisfação com meu trabalho em Boysville, na época a maior agência de cuidados infantis em Michigan. Era lindo ver a reabilitação de crianças que haviam sido negligenciadas, delinquentes e muitas vezes abusadas. Neste ponto da minha vida, mesmo que eu pudesse ter uma carreira de gravação ou shows, não tenho certeza se teria escolhido isso. Eu estava tão grata a Deus por ter sobrevivido às emoções loucas de uma vida anterior no show business e continuei a orar para que minha irmã pudesse continuar sobrevivendo também.

Tanto artística quanto comercialmente, a sobrevivência de Aretha era impressionante. Bem quando pensavam que ela estava nas últimas, ela dava um jeito de subir. Por conta de seu status como uma das maiores cantoras do século, as oportunidades apareciam. Quando o diretor Spike Lee buscou um grande final para seu filme de 1992, *Malcolm X*, foi atrás de Aretha. Ela procurou Arif Mardin, cujo arranjo de "Someday We'll All Be Free" de Donny Hathaway a devolveu ao mesmo modo religioso de *Amazing Grace*, o clássico álbum gospel produzido por Jerry Wexler junto com Mardin e Aretha. A ironia era inevitável enquanto ela cantava a música magistralmente nos créditos: a história de um dos mais famosos convertidos do Islã ao som de um hino cristão.

Enquanto seu canto continuava em alta, a situação financeira de Aretha atingiu o fundo do poço. No final do ano, a receita federal colocou uma penhora de 225.000 dólares na casa dela em Bloomfield Hills devido a uma disputa sobre seus impostos de 1991. "Embora ela não tenha sido acusada de um crime", escreveu a *Jet*, "a garantia representa a quantia que a lendária cantora teria de pagar ao governo se vendesse a propriedade".

— Na verdade, a receita federal podia estar nos fazendo um favor ao iniciar essas ações — disse Vaughn —, porque, em resposta, Aretha iria trabalhar. Quando ela ficava inativa por um longo período de tempo, apenas algo assustador como uma carta do governo a faria funcionar. Isso a fez perceber que, acontecesse o que acontecesse, precisava estar lá fora ganhando dinheiro. Eu não sabia dos detalhes de seus problemas fiscais, e talvez ela estivesse sendo injustamente cobrada, mas sei que semanas depois de receber a cobrança da receita, ela estava ao telefone com Ruth Bowen ou Dick Alen em busca de reservas.

Apesar de todos os seus problemas financeiros, Aretha não hesitava em trabalhar de graça se isso envolvesse homenagear um artista que ela respeitava. Em dezembro, por exemplo, ela apareceu no Kennedy Center Honors em homenagem ao vibracionista de jazz Lionel Hampton.

— Tenho uma regra sobre apoiar republicanos — explicou Aretha — e Lionel foi republicano a vida inteira. Mas quando se tratava de Hamp, quebrei a regra porque meu pai o amava. Todos nós amávamos. Hamp tinha adorado na New Bethel e durante um show em Detroit, onde meu pai tinha levado eu e Erma, Hamp nos pediu para fazer uma dancinha no palco enquanto ele tocava atrás de nós. Fora da igreja, essa foi provavelmente minha primeira vez em um palco público. Então tive que quebrar as regras e homenagear o grande Lionel Hampton e perdoar o fato de que tinha votado no partido errado.

Um mês depois, Aretha estava de volta ao seu partido, tocando nos eventos inaugurais de Bill Clinton.

— Vi como minha irmã estava em seu ambiente natural quando ele aparecia em bailes de galas com presidentes e príncipes — disse Vaughn. — Ela realmente se torna uma rainha e lida com eles no mesmo nível. Era fascinante ver esses dignitários estrangeiros respondendo a Aretha como se ela fosse tão importante e impressionante quanto eles. Foi quando entendi pela primeira vez que Aretha é realeza genuína.

Seu canto na capital do país recebeu críticas positivas, mas sua vestimenta não. Ativistas dos direitos dos animais reclamaram de seu casaco comprido de pele de marta-zibelina.

A revista *Time* intitulou o artigo "Respeito? Es-pele sentado." Segundo relatos, os simpatizantes do PETA Alec Baldwin e Chrissie Hynde ficaram indignados com o fato de Aretha ter usado peles. Seguiu-se um pequeno furor.

— Aretha ficou sabendo da controvérsia e me pediu para encontrar as matérias que a criticavam — disse Vaughn. — Eu não queria fazer isso. Você sabe o que a Rainha faz quando o mensageiro traz a notícia. Fingi que não encontrava, mas ela não aceitava a explicação. Então fiz o que ela pediu. Por sorte, ela não descontou em mim, mas ficou falando por uns bons trinta minutos sobre como eles ousavam criticar as roupas dela. Ela queria saber quantas vacas foram abatidas para fazer os sapatos de couro deles e os diamantes que eles usavam – não vinham daquelas minas sul-africanas onde os trabalhadores eram tratados como escravos? Ela ficou furiosa.

Aretha escreveu uma breve defesa na *Vanity Fair*.

— Todos usamos um monte de couro com respeito nos nossos sapatos e bolsas e coisas assim, então vamos falar sério.

Em abril de 1993, suas relações públicas melhoraram um pouco por seu especial de televisão da Fox, *Aretha Franklin Duets*. O show aconteceu no Nederlander Theatre de Nova York em prol do combate à crise de saúde dos homens homossexuais. Bonnie Raitt, Elton John, Rod Stewart e Gloria Estefan se apresentaram. Dustin Hoffman e Robert DeNiro fizeram homenagens. Exceto por um dueto caloroso e cativante com Smokey Robinson em seu sucesso "Just To See Her", achei que era um show business maçante e sentimental.

Jon Pareles, no *New York Times*, viu de forma diferente: "Talvez ao adicionar competição, *Duets* trouxe à tona o gênio da improvisação da sra. Franklin. Ela pode invocar a agilidade do jazz, a dor do blues, a sensualidade do pop e o fervor do gospel e, embora sua voz esteja mais rouca agora do que em seu auge dos anos 1960, ela tem todo o alcance de que precisa."

Na *Vanity Fair*, James T. Jones IV, descrevendo a infeliz dança em que os seios volumosos da cantora estavam no limite da exposição total, escreveu: "Outros ficaram sem palavras por uma sequência surreal de balé em que Aretha, usando um tutu, tentou fazer piruetas."

Na manhã seguinte, a colunista Liz Smith, com alcance nacional, partiu para o ataque escrevendo: "Ela (Aretha) deve saber que é muito gorda para usar essas roupas, mas claramente não se importa com o que achamos, e é essa atitude o que separa meras estrelas de divas de verdade".

Profundamente magoada, Aretha respondeu em uma declaração para a imprensa: "Como você ousa ser tão presunçosa a ponto de presumir que conhece minha atitude a respeito de qualquer coisa além da música... obviamente tenho o suficiente do que é necessário para usar um bustiê e não tive nenhuma reclamação; tenho certeza que você usaria se pudesse... Quando você for editora de moda conhecida e respeitada, por favor, nos informe".

— Como todas as mulheres, Aretha é altamente sensível às críticas — disse Erma. — E, como tantas mulheres, quando ela se olha no espelho, não vê o que os outros veem. Vê o que quer ver. Quer ver alguém muito mais magro do que ela e quer ver alguém - ela mesma há trinta anos - que sonhava em ser bailarina. Ela também tinha o sonho de ser cantora de ópera. Aretha não é de desistir dos sonhos, e por isso devo a ela minha admiração. Nem sempre fazemos as melhores escolhas, mas quando paramos de sonhar todas essas escolhas desaparecem.

Encorajada por seu contra-ataque a Liz Smith, Aretha renovou sua promessa de vencer seu medo de voar. Na verdade, ela estava prestes a embarcar em um avião para o curto voo de Toronto a Detroit quando, na último hora, entrou em pânico e fretou um ônibus para levá-la para casa.

— Pensei mesmo que dessa vez Ree ia conseguir — disse Erma. — Ela estava tão determinada. E, Deus a abençoe, ela realmente tentou, mas o medo a venceu. Acho que ela nunca desvendou esse medo. Trata-se de controle. Aretha precisa se sentir em controle. No ônibus, ela pode dizer ao motorista para ir mais rápido ou desacelerar. Ela pode dizer a ele para mudar rotas ou parar para descansar. No avião ela se sente totalmente sem controle - e é o sentimento que ela não consegue tolerar.

Aretha pensava que poderia exercer controle sobre uma coisa vitalmente importante: sua carreira. Tendo influenciado a última safra daqueles que faziam sucesso, ela não via razão para não conseguir um mais sucesso comercial.

O outono de 1993 foi seu décimo terceiro ano na Arista, aproximadamente a mesma quantidade de tempo que ela passou na Atlantic. Pensando em seu tempo na Columbia 33 anos antes, o objetivo nunca mudou: ter um sucesso. Aos 51 anos, ela estava convencida de que poderia ser tão popular quanto estrelas como Madonna, Janet Jackson, Mariah Carey e Paula Abdul.

— Aretha costumava dizer que se tratava de conseguir a faixa certa com o produtor certo — disse Erma. — Ela ouvia o "Rhythm Nation" de Janet Jackson ou "Vogue" de Madona e dizia, "Ei, eu inventei esse *rhythm nation*. Eu comecei esse *vogue*. Se essas músicas tivessem sido minhas, eu poderia tê-las transformado em sucessos maiores". Foi o lado competitivo da minha irmã que a sustentou e lhe deu forças para voltar e competir com essa nova safra jovem. O único problema era esse conceito que eles chamavam de imagem. Com a MTV, era necessário ter vídeos - e seu visual era quase tão importante quanto sua música. Tina Turner se destacou em imagens porque, mesmo sendo alguns anos mais velha que Aretha, continuava em forma. Aretha não, e ela pagou o preço.

— Minha irmã me disse que estava cansada demais para gravar um álbum novo inteiro — disse Vaughn. — Mas estava disposta a gravar três novos singles que seriam parte de um conjunto maior de sucessos.

Esses singles e seus produtores foram, como sempre, escolhidos por Clive Davis. A primeira escolha dele foi a equipe de produção/composição que se autodenominava C&C Music Factory. Em 1990, eles lançaram um álbum próprio, *Gonna Make You Sweat*, que vendeu mais de cinco milhões de cópias e tinha quatro singles número um nas paradas de dança, incluindo a faixa-título "Gonna Make You Sweat (Everybody Dance Now)" e "Things That Make You Hmmm". O estilo era um *throwback* contagiante à discoteca dos anos setenta. Apesar de suas reclamações anteriores sobre as restrições da música disco, Aretha seguiu a recomendação de Clive e colocou seus vocais no topo de uma faixa dançante chamada "Deeper Love". Aretha deu uma chance, cantando com o que parece ser um esforço determinado, em oposição ao natural. O single foi tocado nos clubes, mas não fez diferença nas paradas. Chegou e foi embora rápido.

Ela tinha um relacionamento muito mais natural com a equipe de Babyface, L.A. Reid e Daryl Simmons, que compunham no ritmo R&B descontraído que ecoava os mestres da velha escola Marvin Gaye e Curtis Mayfield.

"Willing to Forgive", uma canção de BabyFace e Simmons, deu a Aretha tempo de respirar e contar uma história. Acompanha o tipo de estilo atrevido que é muito mais adequado para a personalidade de Aretha que a dança frenética exige de "A Deeper Love". Mesma coisa com "Honey", uma balada sensual que Aretha poderia ter cantado nos anos sessenta. "Willing to Forgive" se provou popular, um dos cinco maiores sucessos de R&B.

Com essas três novas canções no primeiro *Maiores Sucessos* de Aretha, o álbum acabou ganhando disco de platina, um testemunho da força de seus sucessos anteriores na gravadora – de "Jump to It" a "Freeway of Love" a "I Knew You Were Waiting for Me" – e a capacidade fenomenal de Clive Davis de manter uma artista clássica e envelhecendo atualizada.

— Não há como comparar o material de Aretha na Atlantic com o da Arista — disse Jerry Wexler. — Artisticamente, a Atlantic ganha de lavada. Mas se você comparar o dinheiro que fizemos com Aretha com o dinheiro que Clive fez com ela, Clive ganha de longe.

O que torna a vitória dele ainda mais notável é o fato de que ele teve que comercializá-la quando Aretha claramente já havia passado do auge. E ainda assim ele encontrou uma maneira de apresentá-la e embalá-la em produtos que venderam muito. Incrível.

— Irei para o túmulo desejando os excelentes álbuns de Aretha Franklin que ela poderia ter feito — disse Carmen McRae — em vez das porcarias que arranjava. Lembro de falar disso com Shirley Horn. Sarah Vaughan tinha acabado de falecer e eu estava gravando uma homenagem a ela. Shirley, uma grande cantora de jazz, tocava piano. "Você sabe quem realmente deveria estar fazendo esta homenagem a Sarah, Shirley?", perguntei. "Você está pensando em Aretha, não está?", devolveu Shirley. Eu estava. "Bem, esqueça, Carmen, porque ela estará atrás de canções de sucesso muito depois de você e eu morrermos." "Bem, não é uma pena," falei. "Na verdade não", disse Shirley, "não se ela encontrar algo bom como 'Dr. Feelgood'".

Aretha também participou do que alguns consideraram um projeto menos que estelar que ajudou a perpetuar a tendência do marketing de manter cantores antigos nas paradas – um álbum inteiro de duetos. Desta vez, o artista era Frank Sinatra, de 78 anos. O primeiro de seus dois álbuns de *Duetos* foi um exercício astuto de venda musical. Foi um enorme sucesso – o único álbum de Sinatra a vender mais de três milhões de cópias –, mas artisticamente é nada mais do que uma estranha curiosidade. Sua parceria com Aretha, "What Now My Love", serve de exemplo.

Eles estavam cantando em estúdios diferentes em momentos diferentes e, como era de se esperar, às vezes soam como se estivessem cantando músicas diferentes. Após a introdução grandiosa de Aretha, a banda entra em um ritmo de jazz direto com Aretha seguindo Sinatra. A combinação não dá certo e os dois – Aretha e Frank – parecem aliviados quando a música é finalmente cantada.

Phil Ramone, o produtor do disco, via a dupla como um triunfo.

— Levei a canção completa para Detroit — ele me disse. — O vocal de Frank já estava lá, e Aretha estava animada para cantar a música com Sinatra. Ela chegou cedo ao estúdio e estava preparada. Ela sabia que eu havia trabalhado com Frank muitas vezes e queria que eu soubesse o quanto admirava sua arte. "Por que você não diz para ele?", perguntei. "Como?", ela quis saber. "Antes de começar a cantar, basta gravar uma mensagem". Ela hesitou um pouco e depois fez isso, dizendo aberta e sinceramente a Frank o quanto ele significava para ela e o quanto ele a ensinou sobre fraseado, entonação e dinâmica. Claro que não incluímos no disco em si, mas Frank pôde ouvir o belo tributo falado de Aretha. Então fomos trabalhar em seus vocais. Ela já tinha todas as suas ideias em mãos e, nem preciso dizer, eram brilhantes.

Em 1994, Aretha voltou à forma e ao clássico R&B ao participar do *Tribute to Curtis Mayfield*. Ela contratou seu associado de longa data, Arif Mardin, para organizar e produzir o magnífico "The Makings of You" de Mayfield.

— Ela queria que eu deixasse muito espaço no fim, para um ostinato longo — disse Mardin. — Por admirar profundamente o gênio de Curtis em infundir motivos de R&B com aromas e vozes de jazz, Aretha queria concluir sua interpretação com uma sequência de canto scat. Aretha é justificadamente celebrada pela fusão de gospel e R&B, mas acho que sua dispersão foi negligenciada. Na minha opinião, ela é a primeira e melhor cantora a executar o que chamo de *soul scatting*. É quando ouvimos sua incrível habilidade de improvisar sobre as mudanças de acordes como uma musicista de jazz, mas enraizada na grande tradição do soul blues de Sam Cooke e Little Willie John.

A gravação finalizada que apareceu no álbum – junto a contribuições de, entre outros, Steve Winwood, Bruce Springsteen, Lenny Kravitz, Whitney Houston e Eric Clapton – é memorável pela abordagem descontraída de Aretha. O relacionamento dela com o material de Curtis, tão evidente em *Sparkle*, está mais forte do que nunca. Mas é sua notável aparição no programa de televisão *Video Soul*, de Donnie Simpson, que exige ser visto várias vezes no YouTube.

Simpson viajou para a casa dela em Detroit. Aretha estava ao piano de cauda. Quando ele implorou para ela cantar "The Makings of You", Aretha não estava certa se conhecia os acordes. Ela pediu que ele cantasse as primeiras notas. Ela só precisava disso. Depois de alguns segundos procurando a sonoridade certa, ela encontrou a música no piano e, acompanhando-se, fez a leitura definitiva. A casualidade do momento tornou tudo muito mais comovente. Cantando alto e gemendo baixinho, ela localizou o ponto ideal que define o gênio de Curtis para fundir o otimismo da fé divina com a pungência do amor terreno. Em sua mundanidade divina, Aretha era o instrumento perfeito da canção de Curtis.

— Não ligo para o que dizem de Aretha — disse Billy Preston. — Ela pode se esconder em sua casa em Detroit por anos. Ela pode ficar décadas sem pegar um avião ou voar para a Europa. Ela pode cancelar metade de seus shows e deixar furiosos cada produtor e promotor do país. Ela pode cantar todo tipo de canção ruim que está abaixo dela. Ela pode dar um chilique de diva e se desligar do mundo. Mas qualquer noite dessas, ao se sentar no piano e debruçar corpo e alma sobre a canção certa, ela te deixa morrendo de medo. E você saberá – juro – que ela ainda é a porra da melhor cantora que essa merda de país já produziu.

PARTE 5

A LEOA NO INVERNO

33
UMA ROSA

Quando conheci Aretha em 1994 e comecei nossa longa colaboração que levou à publicação da autobiografia dela, *From These Roots*, uma das primeiras coisas que ela me mostrou foi uma matéria que recortara da *Billboard*. Era a coluna "Chart Beat" de Fed Bronson, do dia 14 de maio, que dizia: "Ao estrear na posição 88 da Hot 100 com 'Willing To Forgive', Aretha Franklin estende seu período nas paradas para 33 anos e três meses. Rob Durkee, do 'America's Top 40', afirma que o dela é o maior período nas paradas para qualquer artista feminina, superando os 33 anos e dois meses de Tina Turner".

Para Aretha, isso era prova de que sua carreira não atingira o auge anos antes, como um pessimista insinuara. Ela estava convencida de que seus cinquenta anos seriam os seus anos mais fortes, e que depois seus sessenta anos seriam mais fortes ainda.

Um ponto alto de seus cinquenta anos foi decerto sua aparição no Grammy em março, onde ela recebeu um Lifetime Achievement Award. Naquele verão, ela foi convidada para a festa do presidente Bill Clinton no gramado da Casa Branca. Usando um vestido branco muito decotado e longas luvas brancas, ela cantou "Natural Woman" com certa agitação, e "Say a Little Prayer" de forma um tanto decepcionante. Enquanto estava em Washington, ela também se apresentou para o Black Caucus no Kennedy Center antes de dar sua própria festa black tie para duzentos convidados.

Mais tarde naquele verão, quando a *Jet* relatou que Janet Jackson havia quebrado o recorde de Aretha de catorze singles de ouro por uma artista solo feminina, Vaughn me disse que sua irmã pediu para que ele conferisse outra vez os números. Aretha pensou que a contagem havia favorecido Janet.

— Quando se provou que a conta estava certa — disse ele —, ela largou o assunto e nunca mais tocou nele. Eu sabia que isso fazia parte da natureza competitiva de Aretha, e respeito. Sem esse impulso, ela nunca teria chegado ao topo. Também respeitei a força de vontade dela para se livrar de seus maus hábitos. Eu a vi largar o hábito de fumar, que tinha há 35 anos. Ela nunca mais fumou. No início dos anos 1970, fez a mesma coisa com a bebida - simplesmente desistiu. Ela é uma mulher obstinada em muitas áreas. Sei que ela gostaria de ter conseguido usar essa força de vontade para parar de comer em excesso, o hábito mais difícil de todos de se livrar.

Em novembro, Aretha tocou no Carnegie Hall, comentando como havia desistido dos cigarros e estava controlando seu peso com uma combinação de "dieta magra e homens jovens". Fiquei incomodado com suas versões cover de baladas - "Hero" de Mariah Carey e "Greatest Love of All" de Whitney Houston -, mas concordei com Stephen Holden que, no *New York Times*, escreveu:

"Os shows da sra. Franklin são notoriamente desiguais, mas na quinta-feira ela estava com a voz boa e o bom humor".

Outra matéria de novembro, esta na Billboard, do notável estudioso de Aretha David Nathan, argumentava que Franklin, Gladys Knight e Patti LaBelle continuavam a atrair novas gerações de compradores de discos. Ele mencionou como a "posição na parada por 25 semanas" de Aretha com "Willing to Forgive" estava estimulando o interesse em sua coletânea *Greatest Hits*. Jean Riggins, vice-presidente sênior de música negra da Arista, admitiu que "gravar 'Willing to Forgive' de Franklin foi um grande desafio. Tínhamos todos os ingredientes clássicos: uma grande artista, um grande produtor, uma ótima música e um ótimo tempo trabalhando no álbum. Mas com artistas clássicos como Aretha, isso acontece disco a disco. Não entregamos 'A Deeper Love' completo, embora fosse um disco de música clube muito grande... No início, houve muita resistência das rádios. Sentimos que 'Willing to Forgive' era subestimada e muitas pessoas ficaram surpresas quando ficou entre as cinco primeiras posições."

Naquele inverno, junto com Kirk Douglas, Morton Gould, Pete Seeger e Harold Prince, Aretha, aos 52 anos, tornou-se a mais jovem ganhadora do Kennedy Honors. Seu acompanhante para o jantar comemorativo foi Renauld White, modelo de alta moda e ator da novela "The Guiding Light", um dos programas favoritos de Aretha. Durante a transmissão, Patti LaBelle e os Four Tops cantaram em homenagem a Aretha.

Nem tudo que ela recebeu foi uma honra. A Saks da Quinta Avenida a processou por uma dívida antiga que somava 262.000 dólares em compras, incluindo peles de marta e sapatos.

— Minha irmã precisa entregar o gerenciamento do dinheiro para um profissional — disse Erma —, mas não desiste do controle.

Ela gasta demais e perde a noção das contas. Como ela não confia em ninguém para pagá-las, as contas se acumulam e a deixam atordoada. Por ser Aretha Franklin, oferecem crédito ilimitado para ela o tempo todo, mas quando seus credores veem que ela está quatro ou cinco meses atrasada, perdem a paciência. Trabalho como administradora em um escritório há anos, assim como nossa prima Brenda. Qualquer uma de nós poderia facilmente colocar os negócios de Aretha em ordem. Mas você não pode dizer isso a ela. Não se pode dizer nada a ela.

Para combater a publicidade negativa e se manter diante de seu público principal, naquela primavera Aretha convidou a revista *Ebony* para uma longa entrevista em sua casa. Mais uma vez, ela se apresentou como uma diva caseira em uma reportagem de capa intitulada "Aretha Fala Sobre Homens, Casamento, Música e Maternidade". Ela também falou de lançar um vídeo de culinária, um próximo álbum intitulado *Live at Carnegie Hall* e um álbum que estava fazendo com seus filhos para um selo que ela fundou – World Class Records. Esses projetos nunca foram feitos. Ela também falou em produzir um conto de fadas negro como longa-metragem, além de uma cinebiografia sobre sua própria vida na qual ela estrelaria – e também não fez nada disso. Ao parar de fumar, ela disse: "Prefiro estar alguns quilos acima do peso e cuidar disso do que estar prestes a ter câncer". Ela percebeu que não consumir tabaco lhe devolveu suas notas altas. Homens foram discutidos, incluindo Renauld White, com quem ela disse que era "próxima, muito próxima". A ideia geral da entrevista era que ela não tinha nenhuma preocupação.

Nosso plano era fazer todas as entrevistas para o livro dela até o final de 1995. Estimei que não precisaria de mais de seis meses para concluir esse processo. No final, levou anos. Dezenas de entrevistas foram adiadas ou canceladas. Quando nos encontrávamos, muitas vezes passávamos tanto tempo ouvindo música quanto conversando. A música nos dava grande prazer. As preferências dela, como as minhas, sempre foram gospel, R&B e jazz. Em cada gênero, ela celebrou os clássicos com profundo conhecimento e verdadeira paixão. Passamos horas ouvindo, entre muitos outros, Albertina Walker, Rance Allen, Nancy Wilson, Andy Bey, Candi Staton e Betty Carter. Ao mesmo tempo, como Aretha estava planejando seu novo disco, ela estudou os produtores atuais enviados por Clive Davis. Ela lia tudo com cuidado e sabia quem estava em alta e quem não estava. Ela conhecia todos, de Aaron Hall a R. Kelly. Embora altamente obstinada, quando se tratava da safra atual de compositores/produtores, ela deixava as decisões para Clive. Ela costumava falar de ter aulas particulares com um instrutor de ópera e sua intenção de começar a fazer um curso na Julliard em Nova York para estudar piano clássico.

Pouco depois, Aretha contou a outros entrevistadores sobre suas aspirações de cantar bel canto e aprender as sonatas de Chopin. De fato, ela contratara um instrutor de ópera e logo inseriria algumas árias italianas em seu repertório. Mas a Julliard permaneceu um sonho distante. Ela nunca se matriculou na escola.

Nossas entrevistas, quando enfim aconteciam, eram restritas a noventa minutos. Nosso acordo de colaboração lhe dava o direito de encerrar as sessões sempre que sentisse que o questionamento não era do seu agrado. Aretha também cancelava shows num piscar de olhos. Seu agente, Dick Alen, me disse que uma vez ela insistiu em deixar a Carolina do Norte um dia antes de uma reserva por causa de um incêndio florestal a cerca de trezentos quilômetros de distância. Mesmo que os boletins meteorológicos indicassem o contrário, ela temia que o fogo mudasse de rumo e fosse em sua direção.

— Há a Aretha destemida — disse Erma — e há a Aretha medrosa. A Aretha destemida canta qualquer material em qualquer lugar. Coloque-a na televisão diante de uma audiência de milhões e ela nem pisca. Ela fica tão confortável lá quanto se estivesse cantando na sua sala de estar. O problema é ir até lá. Vai além do medo de voar. Ela cancelou várias viagens de ônibus à Califórnia porque não quer passar pelas Montanhas Rochosas. Ela tem medo de estradas em montanhas.

No entanto, Aretha fez questão de não cancelar a participação em um dos projetos discográficos de maior sucesso do ano. Junto com Whitney Houston, Brandy, Patti LaBelle, Chaka Khan, Faith Evans e Toni Braxton, Aretha foi uma das artistas que cantou na trilha sonora de *Waiting to Exhale*, de Babyface, um álbum número um da Arista que mais tarde venderia mais de nove milhões de cópias. Houve vários sucessos individuais — "Exhale (Shoop Shoop)" de Whitney, "Let It Flow" de Ton Braxton, "Sittin 'Up in My Room" de Brandy e "Not Goin 'Cry" de Mary J. Blige. A versão de Aretha de "It Hurts Like Hell", uma comovente balada de Babyface, foi eficaz e acabou lançada como o sexto single do álbum, mas nunca fez sucesso. No entanto, no *Washington Post*, Geoffrey Himes escreveu: "O ponto alto do álbum pertence a Aretha Franklin, que nos faz ouvir em cada nota a que o título (da música) se refere."

Em 1996, a Rainha viajou para Toronto para ver Diahann Carroll interpretando o papel principal em uma nova encenação de *Crepúsculo dos Deuses*.

— Ela não percebeu que não estaria muito frio — disse Erma —, então encomendou um casaco de pele de uma das melhores lojas de departamento. Como o casaco era gigantesco, ela decidiu que ele tinha que ter seu próprio ingresso. Ela e o casaco se sentaram juntos na primeira fileira. Foi um escândalo.

— Minha irmã gosta de sair e se divertir — disse Vaughn. — Ela sabe como curtir em shows, festas e celebrações. Ao mesmo tempo, ela garante que a imprensa esteja por perto para fotografá-la. Ela sabe da importância de ficar à vista do público. Como a maioria das estrelas, ela teme que se desaparecer por muito tempo, os fãs a esquecerão.

Naquele verão, Aretha foi fotografada fazendo uma grande entrada no 25º Aniversário de Gala do Kennedy Center, em Washington, D.C. O acompanhante dela foi Arthur Mitchell, diretor-fundador do Dance Theater de Harlem.

Algumas semanas depois, enquanto trabalhávamos na autobiografia dela, Aretha me pediu para encontrá-la em Nova York, onde ela estava tocando no Carnegie Hall como parte do JVC Jazz Festival. Fui correndo. Aquele era o vigésimo show de Aretha ao qual eu ia nos anos recentes e, embora estivesse ansioso para ouvi-la cantar, fiquei um pouco cético. Nos últimos tempos, as performances dela estiveram superficiais. Mas naquela noite, ela estava com tudo. No *New York Times*, Jon Pareles escreveu: "Se alguém tinha esquecido, ela provou outra vez ser uma das maiores improvisadoras vocais dos Estados Unidos". Trinta anos depois de compor e gravar "Dr. Feelgood", ela cantou a canção com a convicção mais assustadora. Fiquei feliz por ouvi-la soar tão bem. A vitalidade estava de volta.

Essa mesma vitalidade ficou evidente em um show gratuito ao ar livre no Grant Park de Chicago. A ocasião foi a abertura da Convenção Nacional Democrata na qual Bill Clinton seria indicado para um segundo mandato.

Aretha continuou se esforçando para aparecer na imprensa, manteve as aparências, continuou projetando planos, continuou jurando superar seu medo de voar. Tudo isso ficou evidente na reportagem de capa de outubro da *Jet*, na qual ela falou de seu livro de memórias que estava sendo escrito antes de mencionar um vídeo de culinária no estilo Julia Childs que, infelizmente, nunca foi para a frente. Ela também citou as fitas antiansiedade que ouvia e as aulas para perder o medo que estava frequentando.

— Você tem que admirá-la por tentar — disse Ruth Bowen. — Ela sempre tenta. Ela sempre tenta voltar a andar de avião, sempre tenta perder peso, sempre tenta gerenciar o dinheiro e descobrir como gerenciar o relacionamento com um homem. É bom tentar. Mas se você vai conseguir, é necessário se compreender. Precisa olhar bem para dentro de si e descobrir o que te faz falhar. Por que tenho tantos medos? Por que sou uma comedora compulsiva? Por que acabo perseguindo todos esses homens? Aretha não quer olhar para si mesma. Ela não quer se criticar. Ela não sabe como fazer isso. Ela não consegue aceitar criticismo, nem de fora nem de dentro. O resultado é que nada muda para ela. O mundo fica batendo na porta dela porque quer ouvi-la cantar. Isso jamais mudará. Mas ela também não, porque ela é a mulher mais cabeça dura que já existiu desde que Eva comeu a maçã. Se resume a isto: ninguém pode falar nada com Aretha.

— Nos anos sessenta e setenta, eu podia dizer algumas coisas a Aretha — disse Jerry Wexler —, porque eu estava ajudando ela a montar álbuns de sucesso na Atlantic. Quando os sucessos pararam, ela parou de ouvir. Nos anos oitenta e noventa, Clive podia dizer algumas coisas para ela porque Aretha estava tendo sucessos com ele. Desde que os sucessos continuem, você pode falar com ela. Quando os sucessos param, a comunicação para também.

Em 1996, a comunicação entre Aretha e Clive foi excelente. Ele recomendou um novo grupo de produtores excelentes, incluindo Sean "Puffy" Combs, Jermaine Dupri, Dallas Austin e Darryl Simmons. Aretha adicionou Michael Powell, que havia produzido um monte de sucessos para Anita Baker, e também incluiu seu velho amigo Narada Michael Walden.

— Quando ela conseguiu seu acordo multimilionário com a Arista nos anos noventa — disse Ruth Bowen —, Aretha queria que a imprensa enfatizasse quanta liberdade criativa ela recebera. Queria que o público soubesse que ela estava livre para cantar suas próprias músicas e produzir seus próprios álbuns. Por anos, Aretha se vira como a Grande Dama Manda-Chuva e insistira que agora era a hora. Mas, na verdade, se você vir aquele álbum que ela fez depois de assinar com a Arista, aquele que se chama *A Rose Is Still a Rose*, ela só produziu uma canção que escreveu, "The Woman". Todo o resto foi feito por produtores externos. E o único sucesso do disco, a faixa-título, não veio de Aretha, mas sim de Lauryn Hill. Era a música de Lauryn e a produção de Lauryn. Lauryn até veio para Detroit para gravar.

Junto a Wyclef Jean e Pras Michel, Hill era membro do Fugees, uma sensação do crossover de hip hop e R&B. O *The Score* de 1996, com o grande sucesso "Killing Me Softly With His Song", um doce eco da versão de Roberta Flack de 1973, foi um dos maiores álbuns do ano. Alguns anos antes do sucesso solo mundial de Hill, *The Miseducation of Lauryn Hill*, ela começou a compor e produzir independentemente de seus colegas Fugees.

"A Rose Is Still a Rose" funciona perfeitamente de várias maneiras. A compositora e produtora de 22 anos dá à cantora e diva de 55 um texto que ela entende muito bem. Sabiamente, Hill também dá a Aretha o papel de narradora, uma mulher mais velha que dá conselhos à jovem ferida pelo amor. "Ouça, querida", diz Aretha em sua introdução falada, "vejo que você se machucou profundamente... porque eu já passei por isso." Então, de repente, o prelúdio toma um rumo espiritual quando a cantora acrescenta: "Mas, mesmo assim...

somos todos preciosos aos olhos Dele". A história é contada a partir da perspectiva de uma crente. O vilão é rapidamente identificado como alguém com quem Aretha está familiarizado: o homem infiel que com seu "sticky game... steals her honey and forgets it" – que com seu jogo complicado... rouba seu mel e a esquece". Mas a graça de Deus é abundante e a beleza vem de dentro. "Baby girl", canta Aretha, "you hold the power" – "Garota, você tem o poder". Como um hino celebrando a autoestima, é a letra mais interessante que Aretha cantou desde "Respect". Com sua faixa estilo Fugees com um ritmo animado, também é seu melhor single em décadas.

Embora "Rose" seja o único sucesso do álbum – chegou à 26ª posição nas paradas pop –, o resto do disco é relaxado e satisfatório. As canções e produções foram feitas para fazer Aretha soar autêntica em vez de jovem. Há bem menos do desespero – *cantarei qualquer coisa por um sucesso* – que caracterizou os primeiros álbuns de Aretha na Arista. Ela pega o tema da grande perda do amor com uma simpatia óbvia. No entanto, a única ressalva é que o topo da voz de Aretha, que já foi incrível, agora é prejudicado pela estridência.

Durante a produção do álbum, Aretha me convidou para escrever o encarte e vê-la gravar alguns dos vocais no Vanguard Recording Complex em Oak Park, no subúrbio de Detroit. Nos encontramos no início da tarde e Aretha, usando um agasalho casual, começou o trabalho imediatamente. Não havia músicos. Ela estava cantando uma faixa musical completa, seu principal método de gravação desde que se mudou para Detroit, cerca de catorze anos antes. Ela trabalhou com rapidez e eficiência. O produtor não estava na cidade, então havia apenas Aretha e um engenheiro. Ela ouvia os playbacks com um escrutínio concentrado que não parecia nem desnecessário nem excessivo. Ao mesmo tempo, quando o engenheiro perguntou se ela queria cantar outra vez uma passagem em que soava especialmente estridente, ela perguntou para quê. Sabiamente, ele deixou para lá. Pensei na observação de Erma de que, quando Aretha se olha no espelho, ela vê uma pessoa diferente de nós. Estava óbvio que quando Aretha ouvia sua voz, ela também a ouvia de maneira diferente de nós.

— Quando esses caras jovens me dizem, "Eu produzi Aretha" — disse Ruth Bowen —, tenho que rir porque eles não produziram Aretha de verdade. Eles deram a ela uma canção para cantar. Eles deram a ela uma faixa e saíram da frente. Jerry Wexler foi provavelmente o último homem vivo que teve a coragem de sequer fazer sugestões sobre como ela deveria cantar. Clive poderia sugerir – ou mesmo exigir – que ela poderia trabalhar com um certo produtor, mas nenhum desses caras ousaria dizer a ela como cantar.

Nesse mesmo período – meados dos anos noventa –, perguntei a Ray Charles, que também não gostava da ideia de ser produzido por terceiros, se ele achava que cantores como ele e Aretha se beneficiavam de conselhos em termos de performance vocal.

— Que diabos esses supostos produtores vão nos dizer? — perguntou Ray, que era tão metido quanto Aretha. — Talvez eles tragam um toque diferente ou um ritmo antigo. Talvez tenha o ritmo que os jovens estão dançando. Talvez eles tenham uma frase chiclete que funcione. E tudo bem. Nos dê um ritmo novo e uma nova frase chiclete. Mas por favor, não diga a mim ou a Aretha Franklin ou a Gladys Knight ou a Lou Rawls como cantar essa merda. Estamos cantando antes que esses produtores fossem jatos de esperma dentro do pau dos papais deles. Fizemos dinheiro pra caramba cantando – não apenas cantando, mas lutando para cantar no nosso estilo. É o nosso estilo que atraiu atenção para nós e vendeu discos que nos tornaram famosos. Então você me diz – quem é mais qualificado para nos dizer como expressar esse estilo no álbum, nós, as pessoas que inventaram o estilo, ou você, um produtor de 25 anos que tem dois ou três sucessozinhos em seu nome?

"Não me entenda mal – esses dois ou três sucessos significam algo, principalmente para artistas mais velhos como Aretha e eu que ainda querem fazer dinheiro. Mas vou te contar como trabalho. Quando meu amigo Quincy Jones diz que tem um produtor que pode me ajudar a fazer dinheiro, eu digo: 'Está bem, Q, me envie as faixas. Se eu sentir as canções, vou cantá-las. Aprenderei as canções pelas faixas. Deixarei o produtor fazer a música como quiser. Mas quando chegar a hora de colocar meus vocais, não quero sugestões. Na verdade, não quero nem a porra do produtor no mesmo prédio que eu'."

A humildade, no entanto, marcou outro excelente cantor de soul veterano que foi muito importante para a reversão da queda nas vendas de Aretha em meados dos anos 1970 na Atlantic: Curtis Mayfield. Após seu traumático acidente em 1990, Mayfield voltou ao estúdio para um último álbum, o notável *New World Order*, lançado em 1996, três anos antes de sua morte aos 57 anos. Para gerar fôlego suficiente para cantar, Curtis gravou deitado de costas, enchendo os pulmões e capaz de articular apenas uma única linha de cada vez. O processo durou meses. Vocalizar enquanto está deitado de costas não é pouca coisa, mas fazer isso enquanto expressa otimismo e esperança é uma conquista singular.

O momento mais comovente vem em uma música coescrita por Curtis, produzida por Narada Michael Walden e com Aretha – "Back to Living Again". Em um falsete de partir o coração, Curtis canta os primeiros quatro minutos da música sozinho. Ele conta uma história gentil na qual a doçura luta com a amargura, a retidão contra a imprudência. Seu mantra é simples: "Se você está se sentindo inferior, torne-se superior". Sua fé na cura não diminuiu.

E nos segundos finais é Aretha, em modo gospel completo, que sublinha a mensagem com uma sequência de exortações magníficas. Ela incentiva Curtis, o compositor de "Keep on Pushing", ao insistir, "Right on, Mayfield! Go ahead, Mayfield!" - "Vá, Mayfield! Vá em frente, Mayfield!" -, compartilhando sua força com o gigante criativo cujo *Sparkle* continua sendo uma das grandes glórias da carreira dela.

Sempre a favor do partido democrata que a família Franklin apoiou inabalavelmente desde que C.L. se estabeleceu em Detroit em 1946, Aretha se apresentou na segunda posse de Clinton em janeiro de 1997.

— Nunca duvidei das convicções políticas de Aretha — disse Ruth Bowen. — O liberalismo dela é forte e genuíno. Ela estava feliz de apoiar o partido que acreditávamos servir melhor ao nosso povo. Mas ela também se chateou por não ter recebido publicidade suficiente como resultado de sua aparição. Naquele inverno, pouco foi escrito a respeito dela. Bem, se mais ou menos um mês se passar e Aretha não vir seu nome em uma revista ou jornal especializado, ela pegará o telefone, ligará para um repórter e produzirá algumas notícias. Essa é a maneira dela de não ser esquecida pelo público. O único problema é que a maioria das notícias que ela dá são mentiras.

Um exemplo seria um artigo da *Billboard* publicado na primavera. Aretha falou das atividades de sua própria Crown Productions. Ela havia adquirido os direitos de produção da biografia de Jesse Jackson escrita por Marshal Frady e planejava produzir uma biografia de seu amigo de longa data. Ela também falou de seus recordes mundiais e do álbum a ser lançado em breve pelo New

Bethel Church Choir. Mas nada saiu do filme de Jackson ou da produção gospel.

Ela fez um show gospel por conta própria – "Aretha Franklin's Gospel Crusade for AIDS" – no Avery Fisher Hall em Nova York para abrir o JVC Jazz Festival em junho. Fui como seu convidado e fiquei impressionado. Em apresentações recentes, o tom da voz dela soava incerto. Mas não naquela noite. Apoiada pelo New Jersey Mass Choir, ela cantou canções de *Amazing Grace*, revitalizadas pelo material sagrado de sua obra-prima de 1972. Sentada ao meu lado, uma senhora idosa que veio de Detroit para ouvir Aretha disse: "O Espírito Santo a pegou e não a solta mais".

Durante essa viagem a Nova York, Aretha disse à imprensa que estava determinada a se matricular na Julliard para estudar música clássica.

Para fortalecer seu compromisso, ela disse à *Billboard* que, na verdade, havia sido aceita na Julliard e se matricularia no outono. "Ela terá pouco tempo para comprar material escolar antes de setembro; Franklin está ocupada gravando uma nova versão de 'Respect' para o filme *Os Irmãos Cara de Pau* 2000, no qual revisitará seu papel como dona de um restaurante."

O novo "Respect" foi realmente gravado, mas o compromisso dela com a Julliard não foi para a frente. Em setembro, ela desistiu da ideia e nunca se matriculou.

Enquanto Aretha e eu estávamos fazendo as entrevistas para sua autobiografia, outro livro de memórias foi publicado e chamou sua atenção: *Between Each Line of Pain and Glory*, de Gladys Knight. Erma falou da insatisfação de Aretha com o livro e como sua irmã reclamou que Gladys a tratou injustamente. Nas memórias, Knight cita vários casos em que Aretha a esnobou. De acordo com Gladys, uma vez no Grammy as duas se viram no corredor. Quando Gladys disse olá, Aretha continuou andando, sem se dar ao trabalho de cumprimentá-la. Aretha afirmou que isso nunca aconteceu. Gladys, por sua vez, disse que acontecia com frequência.

— Aretha sempre teve problemas com mulheres de sua época — disse Erma. — A fantasia dela era que todas desaparecessem e ela fosse a única cantora. A fantasia dela é eliminar a competição. Ao não cumprimentá-las - quer fosse Gladys ou Mavis ou mesmo jovens artistas como Natalie ou Whitney -, na mente dela ela as estava fazendo irem embora.

Outra publicação deixou Aretha com raiva - *How I Got Over: Clara Ward and the World-Famous Wards Singers*, de Willa Ward. Testemunha ocular do longo caso, Willa passou muitas páginas documentando o relacionamento de 24 anos entre C.L. Franklin e sua irmã Clara.

Aretha disse a Erma que não acreditava em Willa e estava convencida de que ela inseriu aquela parte apenas para vender livros e gerar publicidade. Não importava que a editora, a Temple University Press, tivesse uma preocupação puramente acadêmica, e não com marketing de massa. Aretha tinha certeza de que Willa apareceria na Oprah e o texto não passava de uma tentativa de escandalizar seu pai. Willa nunca apareceu na Oprah e o livro praticamente não recebeu atenção.

Pequenos dramas à parte, Aretha sempre conseguiu estar à altura das ocasiões dramáticas em que sua voz era necessária. Na verdade, este foi o período de sua vida em que ela pareceu assumir o papel de cantora funerária nacional da América.

Coleman Young foi uma figura muito reverenciada na política americana, o primeiro homem negro a ser eleito prefeito de Detroit, onde serviu por cinco mandatos e vinte anos. Ele e Aretha tinham um relacionamento cordial. Ela havia endossado as campanhas dele desde o início. Quando ele morreu, no final de novembro de 1997, ela cantou "The Impossible Dream" em seu funeral.

Então, após a morte da princesa Diana – falecida em Paris em 31 de agosto daquele ano –, os produtores montaram um álbum tributo e pediram, entre outros, que Barbra Streisand, Paul McCartney, Whitney Houston, Sinead O'Conner e Aretha contribuíssem. Por conta de limitações de tempo, a maioria dos artistas simplesmente apresentou material que já haviam lançado, como "Evergreen" de Streisand e "Missing You" de Ross. Comovida com a trágica perda da jovem mãe, Aretha foi a um estúdio com um coral de igreja batista e cantou o antigo hino "I'll Fly Away", de longe a performance mais comovente do CD duplo.

— Fiquei orgulhosa de Aretha por fazer isso — disse Erma. — Ela poderia muito bem ter enviado algo de *Amazing Grace* ou *One Lord, One Faith, One Baptism*. Mas não. Ela se importava o suficiente para fazer algo totalmente original. Todos podemos ser egoístas, e Aretha também. Mas há momentos em que ela se esforça para fazer algo completamente gentil e generoso.

Sem dúvida, Aretha costumava expressar um espírito caridoso. Ao mesmo tempo, sua fome de sucesso nunca passou. Ela disse à imprensa que tinha certeza de que *A Rose Is Still a Rose* foi um sucesso.

A *Billboard* concordou, chamando o lançamento do início de 1998 de "um elegante cruzador ao estilo jipe que a coloca no mesmo nível de Lauryn Hill, dos Fugees. É uma união absolutamente elétrica que resulta no single pop mais forte e instantaneamente viável de Franklin em eras".

Uma semana depois, o jornal comercial publicou um artigo sobre Aretha, que disse: "Estou cozinhando e minha voz está no ponto mais alto – em clareza, alcance, tudo". Reagindo ao fato de que já haviam se passado seis anos desde que *What You See Is What You Sweat* foi uma grande decepção de vendas, Aretha falou com um raro tom de autocrítica. "Eu sei que o último álbum não foi tão bom quanto deveria. O público te informa disso, e você deve seguir o conselho de se reinventar nos tempos modernos."

Ela reconheceu que sua carreira precisava de um impulso – e *A Rose Is Still a Rose* o forneceria. As vendas foram altas e as críticas, positivas. Robert Christgau, um crítico duro, escreveu no *Village Voice* que "No coração da canção está a voz de Aretha Franklin. Seu poder é tão inefável que ninguém jamais o descreveu satisfatoriamente em palavras."

A Rolling Stone o chamou de "um trabalho extraordinário... torna ela (Aretha) lendária e contemporânea ao mesmo tempo".

Mas além do álbum ou de seu single de sucesso, outro evento, completamente não planejado, faria muito mais para reforçar o status de ícone de Aretha no mundo dos palcos. O irmão de Aretha, Vaughn, passou a chamar isso de o Grande Evento. Aconteceria na cidade de Nova York no Radio City Music Hall durante o 40º Prêmio Grammy, onde ela cantaria "Respect" com Dan Aykroyd e os Irmãos Cara de Pau, uma prévia de sua aparição no próximo *Irmãos Cara de Pau 2000*.

Ela cantou a música que já havia cantado milhares de vezes antes. Mesmo que a apresentação tenha sido um tanto sem inspiração, a multidão adorou. Então, Aretha foi para seu camarim, onde pensou que a noite havia acabado. Mas estava apenas começando. O Grande Evento se aproximava.

34
VINCERÒ

Aretha me convidou para as atividades do Grammy em Nova York em fevereiro de 1998, pensando que talvez tivéssemos tempo de fazer algumas entrevistas para o livro. Não tivemos. Ela estava compreensivelmente preocupada com os eventos em questão.

A semana começou com um jantar no Le Cirque, o elegante restaurante da Madison Avenue no Palace Hotel. Aretha, leitora assídua da revista *Gourmet*, estava empolgada com a visita ao estabelecimento consagrado pela alta gastronomia. Curiosa para conferir o trabalho do chef com carne bovina, aves e peixes, ela pediu vários pratos principais. Quando a comida chegou e ela não ficou completamente satisfeita com os sabores, Aretha abriu a bolsa e tirou uma garrafa tamanho econômico de sal condimentado Lawry's, e generosamente salpicou na comida. O irmão dela, Vaughn, percebendo a desaprovação do garçom, se inclinou para mim e sussurrou: "Já vi chefs saírem da cozinha e dizerem a ela para guardar o sal, mas ela nem liga. Faz isso o tempo todo. E acho que ela está certa. Acho que esta comida está mal temperada".

Na noite seguinte, em um evento de caridade MusiCares com Luciano Pavarotti presente, Aretha cantou "Nessun Dorma", a famosa ária de "Turnadot" de Puccini. Com a ajuda de seu instrutor de ópera, ela vinha praticando a peça em casa há vários meses, cantando uma fita com a orquestração completa. Sua interpretação, embora pouco convencional, foi saudada com uma ovação de pé.

— Os puristas da ópera podem se incomodar com as suas liberdades — disse Pavarotti a ela depois —, mas amei sua interpretação. Puccini tem uma enorme alma, mas você tornou a alma dele maior ainda. Você me dará a honra de ir à minha casa em Modena, onde podemos gravar juntos?

Quando Aretha explicou que não voava, Pavarotti disse:

— Tenho um jatinho e um piloto que torna voar mais tranquilo que tomar um banho de espuma. Enviarei o jatinho para você, minha querida srta. Franklin.

Aretha agradeceu e disse que talvez aceitasse. Ela o convidou para Detroit para um de seus jantares de comida caseira.

— Nada me agradaria mais — disse ele —, mas estou com uma dor terrível. Sabe, estou me preparando para uma cirurgia no quadril. Mas assim que eu me recuperar, direi ao meu piloto para ir para Detroit e, depois, iremos voltar para a Itália.

Aretha estava encantada, Pavarotti estava encantado e aquela noite, de acordo com Aretha, foi um triunfo.

Três dias depois, na noite de 25 de fevereiro, foi a vez do Grammy. No palco do Radio City Music Hall, Aretha estava programada para cantar "Respect". Cerca de trinta minutos depois, Pavarotti havia sido escalado para cantar a mesma ária que Aretha havia cantado no MusiCares, "Nessun Dorma".

Depois de "Respect", Aretha voltou para o camarim, onde o produtor Ken Ehrlich esperava por ela. Ehrlich disse que o doente Pavorotti havia cancelado de última hora. Será que Aretha poderia ir no lugar dele? Naturalmente, Aretha queria saber os detalhes. A orquestra tocaria o mesmo arranjo que ela havia usado no MusiCares? Não. Era um arranjo diferente e uma orquestra muito maior – 65 peças, mais um coro de vinte vozes. Ehrlich tinha uma fita do arranjo ou sabia se estava no tom de Aretha? Sim, respondeu ele. Mas ouvindo as primeiras notas, Aretha percebeu que não era seu tom. Ela perguntou a ele outra vez – exatamente quando a peça seria apresentada? Ehrlich olhou no relógio. Em menos de vinte minutos. Presumiu-se – dado que era um arranjo estranho e escrito num tom tão desconfortável – que Aretha não poderia nem faria.

No entanto, depois de considerar a situação por menos de vinte segundos, ela assentiu. "Eu vou", disse ela. Com isso, pediu que todos saíssem do camarim para que pudesse se concentrar na fita.

Vinte minutos depois, apresentada por Sting, que explicou a natureza de última hora da performance de Aretha, ela voltou ao palco. Usando um vestido de brocado vermelho com punhos e gola de pele de vison, ela parecia calma, como se estivesse ensaiando esse momento por horas a fio. A ária de Puccini, escrita para um homem, tem tudo a ver com determinação. Um pretendente está determinado a ganhar a mão de uma princesa e para isso deve resolver um enigma. O ponto culminante da ária vem com a repetição da frase *vincerò*. Vou vencer. O texto agradou a cantora. Aretha estava determinada a vencer. Ela tinha tudo a seu favor – seu senso de tom altamente afinado; seu alcance ainda relativamente enorme; sua confiança inabalável; e o fato de ter estudado essa peça por meses. Esse estudo a convenceu de que, se pudera interpretar "Skylark", de Hoagy Carmichael e Johnny Mercer, como ela havia feito tão magnificamente aos 21 anos, aos 56 anos ela decerto poderia interpretar Puccini. A grande ópera – pelo menos o tipo de grande ópera de Puccini – compartilhava muitos dos mesmos elementos das melodias do Great American Songbook.

— Quando ouvi Aretha cantar "Nessun Dorma" naquela noite — disse Jerry Wexler —, pensei em uma noite que passei com Frank Sinatra, falando de música. Sinatra adorava Puccini e estava convencido de que todos os grandes compositores americanos – Irving Berlin, Jerome Kern e principalmente George Gershwin – vieram de Puccini. Ele estava surpreso que mais musicistas de jazz não tivessem pegado melodias de Puccini e as usado como base de improvisação. Bem, Aretha entendeu exatamente o que Sinatra havia entendido – não era preciso cantar Puccini literalmente. Ela poderia usar seus próprios recursos estilísticos – e ninguém os usa mais do que Aretha – para esculpir suas canções de acordo com sua própria visão vocal. Naquela noite, todos viram que Aretha tinha uma visão e tanto. O alto de sua voz pode ter sido um pouco brusco, mas o fundo era puro mel. O fundo era lindo. Ela desceu até o fundo dessas passagens com grande elasticidade. Mas, principalmente, foi o sentimento que a trouxe. Ela não tinha medo da ária. Ela a possuiu, a reivindicou e a tornou sua. Depois que ela atingiu a última nota, a multidão ficou de pé e começou a aplaudir e gritar, comemorando o que era inegável – ela conseguira.

Houve outras surpresas no Grammy. Um homem sem camisa subiu ao palco com "Soy Bom" escrito em seu peito durante a apresentação de Bob Dylan; Dirty Old Bastard subiu no palco enquanto Shawn Colvin falava. Barbra Streisand cancelou seu dueto com Celine Dion. No entanto, a noite será lembrada como a noite em que Aretha cantou Puccini. Na maior parte, a reação foi positiva.

A manchete da Billboard dizia: "Grammy: Grandes Vitórias, Grandes Burburinhos. Aparentemente, um artista nem precisa ser indicado para aproveitar o brilho do Grammy. A lenda do soul, Aretha Franklin, parece prestes a desfrutar de uma onda de interesse do público depois de simplesmente se apresentar na programação".

"'Digamos apenas que eu esteja revisitando seriamente meu pedido do catálogo de Aretha Franklin', diz Eric Keil, comprador-chefe da Compact Disc World, uma cadeia de nove lojas com base em South Plainfield, N.J. 'Agora também estou esperando que seu novo single ['A Rose Is Still a Rose', da Arista] venda muito bem. Ela saiu do palco como uma heroína vitoriosa'."

Uma semana depois, a coluna "Chart Beat" de Fred Bronson na *Billboard* colocou a conquista de Aretha em perspectiva histórica. "'A Rose Is Still a Rose', novo na 43ª posição, é o primeiro single de Franklin nas paradas desde que 'Willing to Forgive' alcançou a 26ª posição em 1994. É apenas a terceira entrada nas paradas de Franklin nos anos noventa, mas ele estende o período da superestrela nas paradas para 37 anos e duas semanas, desde a estreia de seu single na Columbia, 'Won't Be Long', na semana de 27 de fevereiro de 1961." Bronson destacou que o período de Franklin na Arista era agora de mais de dezessete anos, mais do que sua história nas paradas da Columbia – sete anos – e Atlantic – dez anos.

Como uma artista que luta para se manter atualizada no sempre inconstante mercado da música pop americana, Aretha demonstrou uma resiliência e tanto. Mesmo que a a apresentação no Grammy e o lançamento de *A Rose Is Still a Rose* tenham provado ser seu último momento comercial significativo – pelo menos até o momento em que escrevo. Devido ao sucesso de sua performance com "Nessun Dorma", surgiu também a possibilidade de cantar com orquestras sinfônicas.

— Todos tínhamos certeza — disse Erma — que o sucesso de Aretha na ópera colocaria sua carreira em uma nova e animadora direção.

— Começaram a surgir propostas da música clássica — disse Vaughn. — Eles queriam que Aretha cantasse algumas dessas árias em salas de concerto famosas por todo o país - e também na Europa. Abriu um mundo totalmente novo e por um tempo parecia que Aretha iria por esse caminho. Mas nunca aconteceu. Ela gosta de ter o controle total de seus shows até o último detalhe. Entendo isso. Eu entendo porque, vindo para Boston ou Cleveland para cantar com suas orquestras sinfônicas, Aretha não se sente confortável sob a direção de algum regente distinto ou maestro famoso. Ela quer ser a diretora e a maestro. Ela quer comandar o show e, depois de todos esses anos no ramo, ela não tem direito a isso?

— Há um precedente para o redirecionamento de carreira que Aretha poderia ter adotado após seu triunfo no Grammy — disse Jerry Wexler. — Sarah Vaughan, por exemplo, tocou com sinfonias por anos. Por exemplo, a Filarmônica de Nova York podia tocar Mahler no primeiro tempo. Depois do intervalo, Sarah aparecia e, com a orquestra arrasando atrás dela, cantava "Summertime" de Gershwin, "Send in the Clowns" de Sondheim e mais meia dúzia de melodias clássicas. Aretha estava em perfeita posição de fazer o mesmo. A abertura estava lá.

— Todos estavam animados com a ideia de Aretha tocar com sinfônicas clássicas — disse Ruth Bowen. — Era o próximo passo óbvio. E também combinava com o estilo dela. Aretha poderia se tornar uma diva ainda maior. Poderia usar joias fabulosas e casacos de peles fabulosas e ganhar um status ainda maior. Ela poderia ir onde nenhum outro cantor de rhythm-and-blues jamais havia ido e conquistar um mundo totalmente novo. Além do mais, o público era rico e os ganhos seriam altos. Porém, eu sabia que isso não aconteceria – pelo menos não em grande escala. Essas datas são marcadas com bastante antecedência, geralmente com mais de um ano. Aretha não gosta de fazer planos tão distantes. Ela também é conhecida por cancelar no último minuto. No mundo clássico, isso não pode acontecer. Mas o que acabou tornando isso inviável foi o fato de que Aretha não estaria totalmente no comando. Talvez seja verdade para todas nós, senhoras, mas quanto mais velha Aretha fica, maior seu medo de não estar no comando – e maior sua necessidade de estar no comando.

Houve, de fato, um período em que Aretha discutiu um novo paradigma de performance. Vaughn e Ruth Bowen tinham, de certa forma, razão ao dizer que a natureza controladora dela interferia nos planos. Mas era mais do que isso; foi o sucesso de "A Rose Is Still a Rose" que convenceu Aretha de que ela poderia competir com as Janet Jacksons e as Madonnas. Aretha falou de um show independente ainda mais elaborado com dançarinos, rappers e um coral gospel completo. Prometeu perder pelo menos trinta quilos e realizar seu sonho de não apenas estudar piano clássico na Juilliard, mas também ficar em forma e apresentar sua própria forma de balé.

Com orgulho, Aretha me deu uma cópia da edição de 21 de março da *Billboard*, na qual o artigo do estatístico Fred Bronson colocou um sorriso no rosto dela:

"'Rose' é a 96ª entrada de Franklin nas paradas de R&B, o segundo maior total da história (James Brown tem 118). É também seu 52º sucesso no Top 10. Os únicos artistas com mais são Brown (58) e Louis Jordan (54)."

Na primavera, Aretha manteve sua visibilidade alta ao aparecer no show *Divas Live* da VH1 em Nova York, que arrecadou mais de 750.00 dólares para a campanha para restaurar os programas de música escolar. Cheia de energia, Aretha cantou "Chain of Fools" com Mariah Carey e depois com o coro – composto por Mariah, Carole King, Celine Dion, Gloria Estefan e Shania Twain – cantou "Natural Woman". Ela cantou o primeiro e o último refrão e, embora enfim tenha compartilhado o microfone, foi inflexível e fez os longos e prolongados sussurros finais sozinha. Carole King, a compositora da música, não conseguiu nenhum tempo solo, mas pareceu não se importar. Fazia tempos que aquela havia se tornado a canção de Aretha e, naquela noite, Aretha estava restabelecendo esse fato.

Em maio, Aretha estava de novo na capa da *Jet*. Ela reclamou da falta de ofertas para papéis no cinema. Em outras áreas, estava otimista: estava empenhada em perder peso; estava emocionada com o sucesso de "Rose" e do *Divas Live*; e estava apaixonada. Quando pediram detalhes, ela o chamou de seu Homem Misterioso. "Ele é uma gracinha", disse Aretha. "Não é da indústria. Não importa a idade dele."

Quando li o artigo para Ruth Bowen na época, ela disse:

— Não importa a idade dele porque ele não existe. Se ele fosse real, ela nos avisaria. Aretha não tinha vergonha de falar de Ted White, Dennis Franklin, Glynn Turman ou Willie Wilkerson. Por que de repente está tão reservada sobre o nome de um homem com quem está namorando? Quem ela está protegendo? A maioria dos homens ficaria orgulhoso de estar namorando a Rainha do Soul. Eles gostariam que o mundo soubesse. Mas veja bem, já faz um tempo que Aretha está estranha. Para ter o que dizer, ela inventa coisas.

Em junho, a *Time* a listou como uma das pessoas mais influentes do século XX.

Em julho, a *Billboard* informou que o álbum *Rose* vendeu 292.000 unidades e o single "A Rose Is Still a Rose" foi certificado como ouro.

Em agosto, a *Ebony* publicou outro perfil importante sobre Aretha, um artigo exagerado. "Agora, ela está radiante com o brilho do amor", escreve o repórter, "mas reluta em nomear o objeto de sua afeição".

Aretha não hesitou, porém, em embarcar mais uma vez no papel da sra. Murphy em *Irmãos Cara de Pau*. Ela reviveu aquela personagem do filme original, desta vez cantando "Respect" na sequência estrelada por Dan Ackroyd e John Goodman, que ocupou o lugar de Belushi.

O perfil dela permaneceu alto e as notícias de sua carreira, positivas. Mas então, no começo do ano novo, Aretha teve um enorme obstáculo em suas relações públicas em sua cidade natal, o que a deixou com raiva.

35

CONTROLE DE DANOS

Durante minhas longas conversas com Erma, ela estava preocupada que talvez o coração generoso de sua irmã não fosse de todo compreendido ou apreciado.

— A maioria das pessoas não percebe o quanto ela fez, não apenas pela sua família, mas pelas pessoas necessitadas — Erma me disse. — Não posso te dizer quantas vezes, ao longo dos anos, assistíamos à televisão local — lembrou-se ela — e havia histórias de famílias que perderam tudo para a tempestade ou a doença. Aretha me pedia para enviar dinheiro para elas anonimamente. Ela só queria ajudar. Não ligava para atenção ou crédito.

Ao mesmo tempo, convidou a revista *Jet* para uma festa que deu no auditório do Hospital Henry Ford de Detroit que, de acordo com a revista, fez centenas de pacientes e funcionários dançarem em seus assentos.

— Pelos próximos vinte minutos mais ou menos — Aretha disse aos pacientes —, ninguém aqui estará doente.

Isso foi no Natal. Dois meses depois, em fevereiro de 1999, uma reportagem publicada revelou outro lado de sua personagem. A matéria de primeira página do Detroit Free Press trazia a manchete: "Por que Aretha Não Paga Suas Contas?" A denúncia foi fundo nas finanças de Aretha, alegando que nos dez anos anteriores mais de trinta ações judiciais foram movidas contra ela por falta de pagamento de contas. Praticamente todos os seus credores eram comerciantes e profissionais de Detroit. Uma das acusações mais críticas veio de Dean Pitcairn, dono de um serviço de limusines. Ele insistiu que Aretha tentou sujar sua imagem. "Acho que era o tipo de coisa que [Franklin e seus advogados] achavam que, se enrolassem o suficiente, nós esqueceríamos. Isso me enfureceu porque todo mundo pensa que ela é uma grande heroína, e ela não pensa duas vezes sobre pisar em pessoas pequenas." Pitcairn ganhou um acordo de $ 1.500.

A lista de outros credores - encanadores, floristas, fornecedores, serviços de limusine - era longa.

Harvey Tennen, um ex-juiz e advogado que havia representado Aretha, explicou que os problemas econômicos dela estavam ligados a seus problemas pessoais, principalmente ao falecimento de seu pai e irmão. Tennen também disse que Aretha tem dificuldade em confiar nos outros, assumindo assim o fardo da autogestão.

— A verdade — disse Erma em resposta à matéria — é que era carma puro. Por anos, dizíamos à Aretha para arranjar um contador e dar a ele ou ela autoridade de pagar as contas. Falamos que ela precisa ter um orçamento porque nunca equilibra o que gasta com o que ganha. Mas toda vez que fazíamos sugestões, ela ficava furiosa e parava de falar conosco. Passávamos meses na geladeira, simplesmente por dizer o que era verdade – que ela precisa de ajuda na área importantíssima de administração de dinheiro.

A reação de Aretha ao artigo da *Free Press* foi imediata. Ela ficou enfurecida e indignada. Ela disse a Erma que planejava organizar um boicote contra o jornal. Dentro de dias, ela enviou um comunicado à imprensa e disse que ela mesma tinha escrito.

"Tal matéria de primeira página publicada em um jornal local é claramente, na minha opinião e na opinião de muitos outros, uma tentativa maliciosa e perversa de me desacreditar, reimprimindo notícias antigas e requentadas que a população local sabia há cerca de quinze anos, com a intenção de ter um efeito no público geral. Não há nada de novo ali. Decerto não merecia ser colocado na primeira página ou veiculado nacionalmente, mas assumo a responsabilidade pelo punhado de processos movidos por uma pequena fração das 99,9% das pessoas que são pagas de forma responsável e em tempo hábil. Existem muitos credores felizes que trabalharam comigo. Conforme relatado no artigo, não devo nada a ninguém e nem eu nem meus representantes temos conhecimento de quaisquer processos com o estado de Michigan. Além disso, ônus não são processos e não podem ser interpretados como processos. São exigências de pagamento com as quais todos estamos familiarizados. Devido à minha agenda de viagens e apresentações e à falta de uma secretária durante esse período, essa pequena fração de pessoas, menos de 0,1% das pessoas com quem faço negócios, que não foram remuneradas, optaram por processar. Isso não é incomum. Celebridades são processadas todos os dias por inúmeros motivos. E, às vezes, algumas pessoas só querem seus quinze minutos de fama e outras se ressentem de ter que esperar pelo pagamento. Outras têm motivos legítimos. Lamento muito que tenha chegado ao ponto de processo, no entanto, não foi minha intenção. Não tive intenção de ter malícia, desrespeito e falta de preocupação com os trabalhadores e as pequenas empresas de Detroit. Nunca comprei nenhum bem ou serviço sem a intenção de pagar minhas contas de maneira pontual e responsável."

Sem se deixar intimidar pela imprensa, Aretha comemorou seus 57 anos com uma festa de gala em março no Atrium Gardens em Southfield Michigan. O prefeito Dennis Archer compareceu junto a várias celebridades locais. Chaka Khan e Nneena Freelon se apresentaram.

— Ficamos muito animados quando Aretha nos disse que o príncipe Rainer a convidara pessoalmente para comandar uma performance em Mônaco — lembrou-se Erma. — Seria uma ocasião de gala na primavera, e minha irmã estava focada na performance. Depois de Mônaco, ela planejava passar um tempo em Paris, uma cidade que ela amava muito e não havia visitado em quase trinta anos. Esperávamos que o encanto de uma viagem tão glamorosa enfim a motivaria a vencer o medo de voar. Ela se esforçou, assim como tentara no passado. Mas, assim como no passado, quando chegou a hora de entrar no avião, ninguém conseguiu encontrar Aretha.

Ela entrou em um ônibus privado - o único meio de transporte em que ela podia controlar o cronograma - para ir a Washington, D.C. em maio, onde ela cantou no jantar anual da Associação de Correspondentes da Casa Branca e, de acordo com *New York Times*, recebeu 55.000 dólares. No caminho para o evento, Aretha falou de um novo álbum que estava planejando. Ela iria chamá-lo de *The Queen of Duets* e usar os duetos de sucesso de Sinatra como molde. Logo depois disso, ela disse à *Billboard* que o álbum estava em andamento, mas, como tantos outros projetos proclamados por Aretha, nunca foi para a frente.

Apesar de todos os começos e paradas que caracterizaram sua carreira recente, seu status de ícone na música americana nunca passou. Na verdade, cresceu. Quando, por exemplo, o VH1 anunciou uma lista das 100 Maiores Mulheres do Rock and Roll, Aretha estava na primeira posição.

— Eu nem sabia que Aretha cantava rock and roll — disse Ruth Bowen. — Pensei que ela era cantora de R&B, ou de jazz, ou de gospel. Quando foi que o mundo começou a vê-la como roqueira?

O ônibus privado a levou para os Hamptons, em Long Island, Nova York, para passar férias de verão de duas semanas. Durante sua estada, Aretha organizou uma arrecadação de fundos para a Children's Academy of Harlem e também deu uma festa em uma grande mansão que pertenceu a Henry Ford. Os convidados incluíram Christie Brinkley, Lloyd Price, Geoffrey Holder, Freddie Jackson e Star Jones.

As homenagens não terminavam. Em setembro, Aretha voltou à Casa Branca, onde o presidente Clinton concedeu-lhe a Medalha Nacional de Artes.

Ela viu a publicação de sua autobiografia na qual havíamos trabalhado como outro momento elogioso. *From These Roots* foi enfim publicado no outono de 1999, cerca de cinco anos depois de termos começado. Embora ela tenha me proibido – ou qualquer outra pessoa – de participar do processo de edição final, meu nome estava listado na capa como colaborador dela.

Aretha foi chamada como a única convidada para um segmento do programa de uma hora de Oprah Winfrey na ABC. Mas, antes de aceitar o convite, ela tinha duas exigências: que as mulheres na plateia usassem vestidos chiques ou de festa e que os homens usassem ternos ou smokings.

Durante a entrevista, Aretha ficou na defensiva sobre o que não havia incluído em seu livro. Ela era tudo menos aberta e às vezes até reativa. Foi uma conversa estranha. Depois, o publicitário da editora me disse: "Aretha saiu tão protetora e reservada que o leitor médio não vai querer ler o livro".

From These Roots apareceu na lista dos mais vendidos do *New York Times* por uma semana e depois caiu. As vendas foram tão fracas que os planos para uma reimpressão do livro foram descartados. As críticas foram amplamente negativas e não houve edições estrangeiras. A principal reclamação era que Aretha revelava pouco.

— Por que se dar ao trabalho de escrever um livro — disse Ruth Bowen — se não vai revelar tudo? O livro de Aretha parece um longo material forjado para a imprensa. Para aqueles que a conhecem bem, a falta de sinceridade dela não é nada nova. Então por que divulgar esse tipo de matéria de autopromoção para o mundo? Ao tentar proteger sua imagem, tudo o que ela fez foi prejudicá-la.

Mesmo assim, conforme o tempo passava, Aretha caracterizou seu livro como um triunfo comercial e de crítica. Em todos os nossos muitos encontros depois da publicação, ela falou do trabalho e sua recepção como se fossem ótimos e ainda a considerava a única crônica verdadeira de sua vida.

36
O QUE ARETHA QUER

Com o fim do século XX, Aretha Franklin, com quase 60 anos, se estabeleceu como uma das cantoras mais intensas, admiradas e influentes da América. Ela havia traçado uma trajetória que a levou do gospel ao jazz ao pop ao rhythm-and-blues e depois de volta. Ao dominar cada um desses gêneros, ela aprendeu a dobrá-los e combiná-los com naturalidade. Ela era uma cantora de gospel estilo jazz e uma cantora de jazz estilo gospel, uma cantora de soul pop e uma cantora pop de soul. Em algum ponto do caminho, ela foi rotulada como uma pioneira do rock and roll e começou a apresentar árias de ópera.

Os primeiros anos dela na Columbia foram um sucesso e um fracasso. Na Atlantic, Aretha ganhou o estrelato. Pelo resto de sua carreira, ela lutou muito para manter esse status. A luta foi grande. Um artista mais fraco teria perdido o gás e, após uma série histórica de sucessos de R&B, pop e gospel no final dos anos sessenta e início dos anos setenta, ela enfrentou uma seca. Aretha voltou com *Sparkle*, apenas para enfrentar outra seca durante a era do disco. Ela voltou nos anos oitenta com seus sucessos na Arista, apenas para enfrentar uma seca mais profunda nos anos noventa. Mesmo assim, no final daquela década, ela estava nas paradas mais uma vez e, com sua apresentação triunfante de "Nessun Dorma" no Grammy, voltou aos holofotes e permaneceu no centro de nossa cultura musical.

— Pode ser que você não goste de tudo o que ela fez para permanecer popular — disse o antigo produtor dela, Jerry Wexler. — Pode se incomodar com as falhas na voz dela e a falta de gosto quando se trata de material. Havia muita merda cafona. Mas no fim das contas, você tem que dar os créditos a ela. A mulher é feroz. Em meia dúzia de épocas diferentes de música, ela conseguiu ficar no meio da mistura. Ela não é Miles Davis, que ficou ultrapassando barreiras e nunca parou de inovar. E ela não é um Duke Ellington ou um Marvin Gaye, que nunca pararam de fazer composições brilhantes. Ela se tornou principalmente uma intérprete e uma adaptadora de materiais muito diversos. Ela estudou as paradas da *Billboard* e, por mais de quarenta anos, encontrou uma maneira de permanecer nessas paradas. Isso é uma conquista e tanto.

Mas a partir de 2000 e pelos treze anos seguintes, Aretha não teria outro sucesso comercial importante. Suas aparições públicas seriam menos frequentes e suas gravações, muito menos. De acordo com os parentes mais próximos, o humor dela piorava conforme sua volatilidade emocional se intensificava.

Sua família também a veria cair em um longo caso de fantasia unilateral com Tavis Smiley, o respeitado jornalista de radiodifusão que, embora amigo de Aretha, não tinha o menor interesse em um relacionamento romântico. No entanto, Aretha falou do assunto como se fosse um grande caso de amor, até mesmo nomeando um álbum em homenagem ao término imaginado.

— Quando se trata de homens — Ruth Bowen me disse —, Aretha sempre foi capaz de se iludir. Mas hoje em dia ela exagera tanto que é uma loucura.

O único projeto que dificilmente parecia um delírio - seu álbum de duetos - ficou surgindo durante nossas conversas. Numa dessas conversas, ela me pediu para escrever um encarte e prometeu que logo haveria uma lista de faixas.

Em março de 2000, a *Billboard* relatou: "O tão esperado LP *Duets* de Aretha está programado para ser lançado em 20 de junho. A lista final das músicas ainda está sendo determinada, mas uma faixa confirmada é o dueto indicado ao Grammy com Mary J. Blige, 'Don't Waste Your Time'."

Essa música foi incluída no álbum de Blige, *Mary*, de 1999, um projeto que, de certa forma, recebeu uma sugestão de marketing de Aretha. Indo para o longe do lado hardcore do hip-hop, Mary J., como Aretha, colaborou com Elton John e Lauryn Hill, além de fazer uma balada de Diane Warren, "Give Me You", com Eric Clapton.

— Aretha tinha planos grandiosos de gravar com os maiores artistas do nosso tempo — disse Ruth Bowen. — Ela falava de todos, de Julio Iglesias a Tony Bennett a R. Kelly. Pensei que fosse a coisa certa, e presumo que Clive Davis pensava igual. Mas então começaram as exigências de Aretha e as mudanças de cronograma e os cancelamentos e Deus sabe mais o quê. O álbum não teve chance. Desmoronou na fase do planejamento porque Aretha se recusou a ter ajuda com o planejamento. O controle dela piorava a cada dia.

Se Aretha não podia controlar a produção e lançamento de seu álbum de duetos, pelo menos podia controlar suas festas de aniversário.

— Ela amava aquelas festas — disse Vaughn — e amava se inquietar com os detalhes. Eram sempre em Detroit e ela sempre escolhia os artistas que queria. Ela gostava de ter estrelas de TV locais. Isso porque ela assistia ao noticiário todas as noites e se divertia ao ver as personalidades dos âncoras na festa. Para sua festa de 58 anos, no Town Center Atrium Garden em Southfield, o prefeito Dennis Archer compareceu e Lloyd Price também. Havia Rose Royce tocando "Car Wash" e Pete Escovedo tocando jazz latino.

Naquele verão, ela estava de volta ao JVC Jazz Festival, onde teve problemas. A manchete do *New York Times* era "O Que Aretha Quer e Precisa, Nem Sempre Consegue". O crítico Ben Ratliff escreveu: "No terceiro pedido à banda dela para abaixar o volume, Aretha Franklin não estava brincando. Ela olhou direto para o líder da banda e foi ovacionada pela multidão quando pediu a ele, especificamente, para resolver o problema. Mas a noite já havia perdido tanto o impulso que praticamente não havia como o show de sábado à noite no Avery Fisher Hall... terminar de maneira satisfatória."

Quer fosse uma mixagem de som confusa ou uma banda exagerada e desafinada, durante toda a noite Aretha lutou para encontrar sua forma. A mistura testada e comprovada de seus sucessos – "Respect", "Think", "Ain't No Way" – parecia estranha e pouco inspirada. Ela cantou "Nessun Dorma", que já fazia parte de seu repertório, com surpreendente indiferença. Para mim, o único movimento comovente foi quando Aretha sentou-se ao piano para cantar e tocar "A Song For You", de Leon Russell, em homenagem a Johnnie Taylor, o recém-falecido titã do R&B que ela conhecia desde os anos cinquenta, quando eles viajaram pelo mesmo circuito gospel.

* * *

Embora Aretha, generosa, homenageasse os colegas falecidos de seus primeiros anos, seria preciso pouco para reacender seu espírito de rivalidade. Em novembro daquele ano, por exemplo, ela ficou furiosa quando a recém-lançada autobiografia de Natalie Cole, *Angel on My Shoulder*, descreveu como ela havia esnobado Cole: "Aretha ficava chateada se eu estivesse no mesmo programa de TV que ela, e saía da sala se eu entrasse. Isso doeu de verdade". Quando Aretha leu essas palavras, ela me ligou para dizer que estava furiosa. Alegou que isso jamais acontecera e queria escrever uma refutação. Ressaltei que as próximas falas de Natalie diziam: "Felizmente, isso mudou. Aretha e eu agora somos amigas." No fim das contas, Aretha desistiu da ideia de se defender.

Alguns meses depois, quando ela cantou em uma gravação ao vivo com James Carter em um famoso clube de jazz de Detroit, Natalie estava na plateia, batendo palmas. As apresentações de Aretha foram excluídas do álbum, *Live at Baker's Keyboard Lounge*. Quando perguntei a Ahmet Ertegun, grande amigo de Aretha e produtor executivo do álbum de Carter da Atlantic, o motivo, ele disse:

— Consegui usar minha influência para fazer Aretha vir ao clube e cantar. Como de costume, ela cantou magnificamente. Mas na hora das negociações comerciais as coisas se complicaram e tive que desistir.

Durante o inverno de 2000, reservar Aretha tornou-se difícil. De acordo com Dick Alen, seu agente na William Morris, esse foi um período em que a demanda por Aretha diminuiu consideravelmente.

— Fazia três ou quatro anos desde seu último álbum de estúdio — disse Alen. — Ela não tinha nenhum produto novo e as ofertas não eram o que costumavam ser. Felizmente, a VHI teve a ideia de homenageá-la em um programa *Divas Live*. Foi o que nos salvou. Manteve Aretha no centro das atenções durante um período que, de outra forma, seria bastante sombrio.

Anunciado como uma homenagem a Aretha, o programa da Radio City de Nova York foi transmitido em abril de 2011. Em benefício à Save the Music Foundation do VH1, o programa apresentava todos, desde o trompetista de jazz Clark Terry a Mary J. Blige, Kid Rock e Bispo Paul Morton do Grande St. Stephen Full Gospel Baptist Church Ministries. Aretha estava de bom humor, principalmente ao fazer seu diálogo musical espirituoso com Stevie Wonder.

— Aretha amava os shows do *Divas Live* e eles fizeram muito bem para ela — Erma me disse. — Estávamos nos dando bem quando fui à casa dela para parabenizá-la por sua performance na TV. As críticas eram todas ótimas. Eu estava acostumada a ver a casa de Aretha bagunçada. Ela era assim. Mas quando cheguei lá, estava pior do que nunca. Era um caos. Ela ainda não havia desfeito as malas de sua última viagem, que acontecera duas semanas antes. Por toda a casa, havia malas abertas com roupas caindo para fora. Sacos plásticos da lavanderia estavam empilhados no chão. Os pratos estavam empilhados na pia. Aretha disse que teve que demitir sua governanta. Eu não perguntei o motivo. Aretha sempre teve problemas para confiar nas empregadas domésticas. Eu nem ia dizer nada, até que olhei embaixo da mesa de centro na sala de estar e, preso entre exemplares antigos da revista Vogue, vi um cheque de royalties de 20.000 dólares. "Aretha", falei. "Você precisa se organizar melhor. Está quase perdendo um grande cheque". "Que cheque?", ela perguntou. Quando apontei, ela se abaixou, pegou, enfiou na bolsa e perguntou quem era eu para criticá-la. "Quero que você saiba que sou extremamente bem-organizada", disse ela. Depois disso, ela não quis falar comigo por semanas.

Em agosto de 2001, Erma foi diagnosticada com câncer. Foram sua filha Sabrina e sua prima Brenda que contaram a Aretha.

— Aretha ficou furiosa — Sabrina me disse. — Ela disse que os médicos da minha mãe eram incompetentes e não sabiam do que estavam falando. Ela ficou dizendo: "Não me ligue com más notícias assim. Não quero ouvir. Não acredito, nem por um segundo". Eu sabia que, quando se tratava de sua própria vida, Aretha vivia em grande negação. Mas aquilo era diferente. Era uma maneira de aplicar sua negação à condição física de outra pessoa. Era quase como se sua rejeição fosse fazer o diagnóstico de câncer sumir. Aretha sofrera a perda de seu pai, de sua irmã Carolyn e de seu irmão Cecil. Ela simplesmente não queria lidar com a perspectiva de perder Erma.

"Quando Aretha não podia mais negar o prognóstico, ela ligou para a minha mãe com frequência, mas relutou em visitar. Depois de alguns meses, porém, ela apareceu com um monte de compras de mercado. Ela ficava e cozinhava jantares extravagantes. A essa altura, minha mãe não tinha muito apetite, mas apreciava o esforço de Aretha. A rixa delas enfim passou e seus desentendimentos e mal-entendidos ficaram para trás. Elas conversaram calorosamente e riram livremente. Essas visitas fizeram um bem enorme à minha mãe. Conforme a doença piorava, Aretha aparecia com mais frequência. Ela também pagou Eva Greene, vizinha e amiga mais próxima de minha mãe, para se mudar e cuidar de mamãe. Aretha mandava lindas flores frescas para minha mãe – gérberas – para iluminar seu quarto junto com cestas de frutas frescas, CDs, revistas e todos os tipos de guloseimas que ela achava que ajudariam sua irmã a se sentir melhor. Eu acho que a relação Erma-Aretha era altamente complicada. A história delas com certeza foi marcada por intensa rivalidade entre irmãs. Mas no final, elas se amaram e se entenderam no nível mais profundo. Todos sabiam que não deviam se meter no meio de suas divergências porque as irmãs acabariam resolvendo as coisas. Quando minha mãe faleceu, em 7 de setembro de 2002, cerca de catorze meses após o diagnóstico, ela e Aretha com certeza estavam em paz uma com a outra, e isso foi lindo."

A dor de Aretha se intensificou apenas nove semanas depois, com a morte do último de seus irmãos, Vaughn. A morte dele foi outro golpe esmagador.

— Quanto mais pessoas Aretha perdia — disse a cunhada dela, Earline —, em menos pessoas ela confiava. Foi quando ela ficou mais controladora. Foi também quando o peso dela saiu do controle. O medo a fez querer controlar a tudo e a todos, mas o que ela não conseguia controlar era seu apetite. E quanto mais ansiosa ela ficava, mais comia.

Seu humor não melhorou quando, em novembro de 2001, o Detroit Free Press noticiou que Aretha havia processado o tabloide *The Star*, "por uma matéria no ano passado que a descrevia como uma bêbada descontrolada". A matéria era mesmo falsa. Aretha não bebia desde o início dos anos setenta. De acordo com Aretha, o tabloide fez um acordo com ela fora do tribunal e emitiu um pedido de desculpas.

— Aquele artigo mentiroso e maldoso a colocou em um humor compreensivelmente péssimo — disse Ruth Bowen. — Combine isso à doença e morte rápidas de Erma, e pode imaginar como ela ficou para baixo. Depois, em novembro, uma de suas grandes casas nos subúrbios de Detroit pegou fogo. Ela não morava naquela há anos, mas guardava todo tipo de roupa e discos ali. Tudo pegou fogo.

Em janeiro de 2002, o *Free Press* de Detroit noticiou que Franklin não estava cooperando com os investigadores, mas que cedeu após ser intimada.

— Aretha odeia qualquer publicidade que não seja totalmente positiva, e essa história de incêndio deixou seu humor sombrio — disse Ruth Bowen. — Ninguém jamais descobriu a causa do incêndio, mas os jornais fizeram parecer que havia uma coisa estranha, quando não havia. Eu disse a Ree para esquecer tudo e apenas se concentrar em gravar um novo disco. Fazia seis anos desde *A Rose Is Still a Rose*. A essa altura, L.A. Reid havia assumido o controle da Arista e estava louco por algum produto de Aretha. Mas, pensando em como ela estava com dificuldades, eu não conseguia imaginar que tipo de álbum ela queria fazer. Mas conte com Aretha para agir como se nada estivesse errado. No meio de sua infelicidade, ela chamou seu novo álbum de *So Damn Happy* – feliz pra caramba.

37
BOAS E VELHAS

Um dos aspectos mais atraentes da pessoa pública de Aretha era sua nostalgia descarada. Ela tinha enorme paixão pela música de sua juventude e grande consideração por seus contemporâneos que tocavam aquela música de estilo tão singular.

Em 2003, Aretha concordou em coapresentar o *American Soundtrack*, uma série de concertos da PBS-TV produzida pela WGED em Pittsburgh. Era um show antigo voltado para o mercado de *baby boomers*. Seu coapresentador seria Lou Rawls e os outros artistas incluíam seu ex-namorado Dennis Edwards, assim como Gloria Gaynor e Mary Wilson.

— Ree ama o estilo antigo — disse Ruth. — Ela aprecia muitos seus contemporâneos e com razão tem orgulho da linhagem rica do R&B do qual faz parte. Mas ela também disse que jamais quer ir ao circuito antigo. Ela concordou em fazer isso porque o dinheiro era certo e também porque queria cantar com Lou.

O dueto de Aretha e Lou Rawls, "At Last", é uma releitura do clássico sempre associado a Etta James. Animada com a presença ultradescontraída de Lou e nuances gospel, Aretha diz ao público: "Para mim, soa como os Pilgrim Travelers". A referência é ao grupo gospel dos anos cinquenta com quem Rawls cantou originalmente. Aretha está em boa forma, fazendo uma de suas grandes atuações nos anos 2000.

— O show deixou ela feliz — disse Ruth. — Fez bem a ela se reconectar com tantas estrelas do soul. Mas no dia seguinte, ela estava no telefone comigo, dizendo que não tinha intenção de ser classificada como uma diva envelhecendo. Na verdade, ela ia gravar um álbum de hip hop. "Ah, não, você não vai", falei. "Você vai ver", foi a resposta dela.

Aquele álbum - *So Damn Happy* - seria mais bem classificado como influenciado pelo hip hop. Troy Taylor coescreveu e produziu três das faixas, incluindo o primeiro single, "The Only Thing That Matters".

— Eu estivera compondo canções com Mary J. Blige — disse Taylor —, originalmente feitas para o álbum de reunião dela com Puffy Combs. No último minuto, Mary achou que Puffy estava sendo muito controlador, então desistiu do projeto. Mais ou menos na mesma época, L.A. Reid, em busca de um álbum de R&B de ponta para Aretha, ligou para ver se eu estava disposto. Eu estava! Mary ficou emocionada por ter Aretha cantando as músicas. Na verdade, Mary faz backing vocal em uma delas - "Holdin' On". Gravamos na sala de estar de Aretha, onde ela montou um estúdio. Produzi muitas lendas, incluindo Patti LaBelle e Ron Isley, e gosto de pensar que chego preparado e confiante. Mas minha preparação não foi nada comparada à de Aretha. Quando olhei para a partitura da letra no piano, vi que ela havia feito todo tipo de anotação - onde mexeria na melodia aqui e ali. Ela tinha uma visão completa de como cantar a música. Então, quando chegou a hora de gravar os vocais, ela conseguiu em uma ou duas tomadas. Quando sugeri que ela cantarolasse, Aretha mergulhou de cabeça. Sempre a considerei uma das melhores nisso, e ela provou que eu estava certo. Mais tarde, soube que ela havia perdido recentemente alguns entes queridos da família, mas você jamais adivinharia pelo comportamento dela nessas sessões. Ela era uma profissional completa. E quanto aos críticos que afirmam que a voz dela estava desligada, eu discordo veementemente. Ela poderia – e conseguiu – alcançar qualquer nota que quisesse alcançar.

Gordon Chambers, que coescreveu "The Only Thing Missin'" e coescreveu e produziu "Ain't No Way", teve a mesma reação.

— Quando cheguei ao estúdio dela em casa em Detroit — disse Chambers —, ela estava ao piano, praticando. Descobri que Aretha não apenas aprende a música ouvindo as fitas, mas realmente trabalha a música no piano. É assim que ela consegue adicionar seu toque. Em sua era de ouro, ela pode ter cantado mais com o peito e agora estava cantando mais com a cabeça, mas sabia como fazer esse ajuste perfeitamente. Eu estava um pouco relutante em fazer qualquer sugestão, mas a certa altura reuni minha coragem e disse: "Esse último verso foi ótimo, mas eu adoraria ouvi-la cantá-lo outra vez." Ela me olhou de cima a baixo como uma diretora de escola/diva e disse: "Não sei o que você acha que está errado com esse verso, mas cantarei." Na segunda vez, ela cantou com mais fogo. "Antes era bom", disse ela, "mas agora está melhor." Essa era a maneira dela de dizer que eu tinha bons ouvidos.

"Ela também foi muito gentil. Eu tinha ouvido histórias sobre comer couve com tia Ree na cozinha. Mas aquilo era estritamente gourmet. Ela tinha uma bela variedade de todos os tipos de comidas exóticas, incluindo pratos do Oriente Médio. Ela nos fez sentir bem-vindos em sua casa. Depois que o álbum saiu, fui vê-la no Radio City. Minha mãe estava comigo naquela noite, e significou tudo para mim quando Aretha me pediu para ficar de pé e me apresentou ao público. Nenhum outro artista me tratou com tanto respeito."

Burt Bacharach também produziu uma das faixas do álbum – "Falling Out of Love" –, uma música que ele escreveu com Jed e Jerry Leiber.

— Na verdade, escrevi três ou quatro canções que ela gravou naquele período — Bacharach me disse. — Minha ideia era fazer o arranjo em L.A. e gravar a faixa antes de ir a Detroit para produzir o vocal. Em "Falling Out of Love", a única canção que chegou ao álbum, toquei o arranjo para ela pelo telefone. Escrevi em G. "Está muito baixo, Burt", disse ela. "Eu acho que está certo para você, Aretha". "Bem, por favor, tente um terço menor acima." Com isso, ela levou o fone até o piano e começou a tocá-lo um terço menor acima. Ela estava absolutamente certa. Soava melhor assim. Quando cheguei em Detroit, ela me convidou para seu estúdio em casa e disse: "Os backing vocals estão prontos". "O arranjo não exige backing vocals", falei. "Oh, você vai adorar a parte que exige". E eu adorei. Aretha escreveu fundos de extremo bom gosto e lindamente harmoniosos.

"O único pequeno desacordo que tivemos envolveu a interpretação. Como todas essas canções eram novas, eu a encorajei a cantar as melodias conforme escritas, pelo menos nos versos iniciais e no refrão. Depois disso, ela poderia introduzir as variações que quisesse. Em grande parte do tempo, ela aceitou. Mas como Aretha é uma cantora impecável e uma artista interpretativa brilhante, é difícil para ela não dar seu próprio toque. No final, suas alterações geralmente melhoravam o material original."

O primeiro single, "The Only Thing Missin'", lançado no verão de 2003, foi bem recebido. "Aretha Franklin soa mais natural do que nunca", comentou Jon Pareles no *New York Times*.

Na *Billboard*, Fred Bronson escreveu: "O intervalo de quatro anos e nove meses entre o sucesso mais recente de Aretha Franklin ('Here We Go Again' em 1998) e... 'The Only Thing Missin' é de longe o intervalo mais longo em sua extensa história das paradas de singles de R&B. Franklin fez sua primeira aparição na parada de singles de R&B em 1960."

— Eu ainda estava surpresa que após a morte de Erma e Vaughn — disse Ruth Bowen — Aretha pudesse chamar seu álbum de *So Damn Happy*. Mas é assim que ela lida com as coisas - fingindo que a tristeza e o sofrimento não existem de verdade. Na maior parte do tempo, funciona para ela, mas então, antes do lançamento do álbum, quando Luther Vandross adoeceu, ela não conseguiu manter a máscara. Não podia andar por aí dizendo que estava *feliz pra caramba*. A tragédia de Luther a atingiu com força. Apesar do drama deles, ela era louca por ele.

Em 16 de abril de 2003, Luther sofreu um derrame quase fatal em seu apartamento no centro de Manhattan. Um mês depois, Aretha fez uma vigília à luz de velas e um culto de oração na Igreja Batista Little Rock em Detroit, recrutando os Four Tops e o Ebenezer Mass Choir. Em várias ocasiões, ela fez vigílias de oração privadas em sua casa em Bloomfield Hills.

— As intenções dela eram boas — disse Ruth Bowen. — Era como se ela pudesse fazer o próprio Deus salvar a vida de Luther se orasse o suficiente. Ela imaginou que se Deus ouvia qualquer um, Ele ouviria Aretha. Mas infelizmente Luther piorou. E apesar de todo o lance de "feliz pra caramba", ninguém estava mais triste que Aretha.

A tristeza logo se transformou em alegria em julho, quando, durante um show em Atlanta, ela foi acompanhada no palco por seu ex-namorado Dennis Edwards, que transpôs "My Girl", dos Temptations, para "My Queen".

Em um de seus palcos favoritos – o Radio City Music Hall de Nova York –, Aretha fez uma performance sem nada de mais. Para mim, parecia mais do mesmo. Apenas uma mistura de alguns de seus primeiros materiais na Columbia, incluindo uma emocionante "Skylark" e "Try a Little Tenderness", parecia desafiar seus enormes dons interpretativos. Ela passou muito tempo reclamando do sistema de som. Depois do show, ela me disse que lamentava ter perdido o ensaio daquela tarde. "Meus agentes e publicitários estão me pressionando demais", reclamou ela.

Mas Aretha não se arrependeu do perfil elogioso na *Jet*, no qual exclamou que seu novo namorado, a quem ela se recusou a nomear, "está me deixando muito feliz". Ela também falou, sem dar detalhes, das carreiras promissoras de seus filhos Kecalf, Eddie e Teddy. "Eddie vai gravar em breve e será na minha própria gravadora." Ela também mencionou planos de abrir sua própria agência de reservas, a Crown Booking, para lidar com suas próprias datas, bem como com outros artistas, como seus filhos.

— Eu sabia que a Crown Booking era um cutucão na Queen Booking, minha agência que por tantos anos ajudou Aretha a conseguir mais e mais dinheiro — disse Ruth Bowen. — Aretha estava com raiva de mim porque eu não consegui pagar as taxas astronômicas que ela estava pedindo. Ela pensou que poderia conseguir dinheiro como Janet Jackson, Michael Jackson ou Madonna. Mas é claro que isso era ridículo. Quanto a abrir sua própria agência de reservas, isso era mais um pensamento delirante dela. Ela nem conseguia lidar com sua própria conta corrente. Como iria administrar um negócio de reservas? Naturalmente, isso nunca aconteceu. Ela acabou voltando para Dick Alen na William Morris, o único homem no país paciente o suficiente para aturar suas besteiras.

— Isso é um grande divisor de águas — Aretha me disse quando nos falamos no início de 2004. — Decidi que vou para a Califórnia este verão! Você sabia que faz mais de vinte anos que não canto na Costa?

— Você vai voar?

— Quem me dera — disse ela. — Vamos de ônibus, e vamos bem devagar.

Depois de nossa conversa agradável, liguei para Ruth Bowen para saber a verdade. Aretha ia mesmo cruzar o país?

— Faz anos que ela quer ir a L.A. — disse Ruth Bowen —, mas sempre cancela. Pensar na viagem longa de ônibus é demais para ela. Ela também odeia a ideia de atravessar as Montanhas Rochosas. Certa vez, ela concordou em seguir a rota do sul, passando pelo Texas e pelo Novo México, mas depois ouviu boletins meteorológicos sobre tempestades iminentes e mudou de ideia. Mas desta vez ela parece falar sério. Ela está reservada para duas noites no Teatro Grego. Mas isso é só em setembro. Eu não ficaria surpresa se ela cancelasse.

Naquela primavera, Aretha falou com a *Ebony* sobre terminar com o namorado, mas, como sempre, não deu o nome dele. "Não posso acreditar que fui tão ingênua e boba nesta altura da vida", disse ela. "Quando você ama alguém, às vezes é meio difícil ver tudo o que é preciso ver. É muito mais fácil quando você não está emocionalmente envolvido." Ela fez três promessas: "Vou perder peso, me organizar mais e deixar esses homens mentirosos pra lá".

Nesse mesmo período, ela foi tratada de uma reação alérgica a antibióticos no Hospital Sinai-Grace de Detroit. Ela fez questão de contar à imprensa que Clive Davis havia enviado flores.

— Nem posso te dizer quantas vezes Aretha parou de falar com Clive — disse Ruth Bowen. — Sempre era por conta de exigências monetárias. Ela queria adiantamentos loucos que ele não pagava. Mas por fim, eles sempre voltavam porque ela tinha prestígio e ele tinham influência. Para ser sincera, eles eram como duas rainhas idosas aproveitando a glória uma da outra. Aretha é a Rainha do Soul e Clive é a Rainha da Rádio Pop. Eles bajulam um ao outro ao ponto de ser repugnante. Eles nunca se cansam de puxar o saco um do outro. Se você lê o que Aretha diz sobre Clive nos agradecimentos de seu álbum, é sempre: "A epítome de um grande gravador, o muito urbano e estimado Clive Davis". Clive adora essa merda. E ela simplesmente adora como ele a acompanha para suas festas chiques do Grammy.

A morte de outro velho amigo a afetou profundamente. Sabendo que eu era próximo de Ray Charles, Aretha me ligou depois que ele faleceu, em 10 de junho de 2004. Ela queria saber para onde enviar flores. Falou com adoração da vez em que o levou ao palco do Fillmore West para cantar "Spirit in the Dark". Em sua declaração à imprensa, ela falou da coragem e confiança dele:

"Ele tinha um amplo escopo musical e poderia entregá-lo com perfeição, não importando em que gênero fosse. Sua coragem também se destaca para mim tanto quanto sua musicologia, a forma como ele teve coragem de continuar depois que sua mãe morreu quando ele tinha quinze anos. Também me lembrarei de sua confiança. Ele era confiante em todos os níveis como compositor, produtor e cantor. Ele também tinha uma alma caridosa."

A própria alma caridosa de Aretha ficou evidente quando ela cantou em prol da Southwest Women Working Together em Chicago, uma organização formada para ajudar mulheres e crianças vítimas de violência doméstica.

Ela também cumpriu a promessa de fazer aquela longa viagem de ônibus para a Califórnia. Seu show no Greek Theatre em Los Angeles em 17 e 18 de setembro esgotou. Estavam presentes Clive Davis e Tavis Smiley, que no dia anterior a entrevistara para seu programa de televisão. Esse encontro perpetuou a continuação da paixão unilateral de Aretha por Smiley.

— Ela saiu por aí falando que eles eram um casal — disse Earline. — Até deu a entender que eles tinham se casado. Mas todos que conheciam a história real sabiam que Tavis a respeitava como artista e só. Ele não ia ser o brinquedinho de Aretha. Ele não é assim. Mas ela ficou falando disso por anos, agindo como se... melhor ainda, *fingindo* que era um romance tórrido. Acredite em mim, não era.

O show da noite de abertura foi uma decepção. Aretha abriu forte, voltando aos seus dias de Columbia para um ótimo "Try a Little Tenderness". Mas a partir daí foi ladeira abaixo. Houve uma mistura superficial de seus sucessos e uma coreografia hip-hop estranhamente ineficaz de uma trupe de dança. O peso excessivo a fazia parecer lenta e o outrora glorioso alcance superior de sua voz havia realmente desaparecido. Teddy Richards, seu filho com Ted White, era, como era desde 1984, seu guitarrista convidado.

— Ela levou um tempão para voltar a Detroit — disse Ruth Bowen —, porque ela não gostava de viajar mais que algumas centenas de quilômetros por dia. Ela me disse que estava tão exausta da viagem que ia tirar o ano inteiro de folga. Quando ela chegou em casa, acho que teve outro desentendimento com Clive, porque começou a falar comigo de seu Aretha's Records, sua própria gravadora onde enfim ninguém poderia lhe dizer o que fazer. "Mas, Aretha", falei, "faz 25 anos que ninguém te diz o que fazer. De que diabos você está falando?". Foi quando ela decidiu não falar mais comigo.

No dia 26 de março de 2005, Gail Mitchel disse na *Billboard* que Aretha planejava lançar em junho "seu álbum ainda sem título". Estava tudo pronto para ser lançado pela Aretha's Records, com convidados como Faith Hill, Dennis Edwards e o cantor gospel Smokie Norful. O álbum nunca saiu.

Em junho, ela apareceu no Teatro do Madison Square Garden, liderando um show para o 22º McDonald's Gospelfest anual.

— É hora de renovar essas raízes gospels — ela me disse. — Estou trazendo Jow Ligon do Mighty Clouds of Joy. - O mesmo Ligon que cantou no autoproduzido *One Lord, One Faith, One Baptism* dela em 1987.

O ponto alto foi a versão dela de "Amazing Grace", um hino que jamais falhou em trazer à tona os instintos criativos mais ousados dela.

Então, em julho, junto a Alicia Keys, Patti Austin e Patti LaBelle, Aretha cantou no funeral de Luther Vandross na Riverside Church de Nova York. Ele morreu aos 53 anos. Mais tarde, ela escreveu que "Ele era tão pés no chão. Mas por mais pés no chão, ele era tão elegante. E a parte mais bonita era que ele era real e não falso. Ele era muito cavalheiro. Eu gostava dele sendo o excelente vocalista e pessoa que ele era. 'Get It Right' é minha música de abertura até hoje. Amizades verdadeiras são raras. Ele era cheio de diversão, humor e inteligência. Não precisávamos passar muito tempo juntos para saber que éramos amigos. Nós sabíamos disso."

— Senti a necessidade de mais gospel — Aretha me disse depois da morte de Luther. — Sempre senti essa necessidade e sempre sentirei. Mas perdendo todas essas pessoas lindas que eram tão próximas de mim, eu precisava expressar meus sentimentos em canções que haviam me confortado desde que eu era uma menininha.

Em julho, em um reavivamento na Igreja Greater Emmanuel de Detroit, Aretha fez exatamente isso. Junto aos Spiritual QCs, Beverly Crawford e Candi Staton, ela cantou as antigas canções da igreja que trouxeram lembranças felizes de viajar com seu pai quando adolescente.

— Fiquei muito feliz em ver Candi — disse Aretha. — Eu a conheci bem antes de ela ter seu sucesso pop com "Young Hearts Run Free" nos anos setenta. Eu a conheci quando ela estava no Jewel Gospel Singers e eu ia vê-los cantar no Apollo. Naquela época, ela se chamava de Cassietta e era uma das melhores. Então, compartilhar um púlpito com ela outra vez neste momento maduro de nossas vidas foi uma bela bênção.

Esse interruptor sagrado/secular, toda hora desligado e ligado ao longo da carreira de Aretha, foi muito empregado em 2005. Logo após a festa gospel de Detroit, ela improvisou no remix de "I Gotta Make It", um hino de autodeterminação do jovem galã do R&B Trey Songz, que cantou no estilo R. Kelly de alma sedutora. Como ela havia feito em "A Rose Is Still a Rose", de Lauryn Hill, Aretha desempenhou o papel da matriarca sagaz, distribuindo conselhos para uma geração mais jovem.

Mudando de faixa outra vez, ela homenageou uma geração mais velha em seu tributo à grande matriarca do movimento pelos direitos civis, Rosa Parks, que morreu em 24 de outubro de 2005. Ela foi a primeira mulher a se deitar na rotunda da Capitol em Washington, D.C., e depois seu caixão foi devolvido a Detroit, onde ficou por dois dias à vista no Museu da Cultura Afro-Americana da cidade. Milhares de pessoas passaram para prestigiá-la. Então, em

2 de novembro, no Greater Grace Temple de Detroit, o funeral foi realizado na cidade onde ela morava desde os anos sessenta.

O culto de sete horas e vinte e oito minutos foi transmitido pela CNN. A retórica foi extravagante. Homenagens foram feitas, entre outros, pelos então senadores Hillary Clinton e Barack Obama, pelos ministros Jesse Jackson, Al Sharpton, Louis Farrakhan e T.D. Jakes. O ponto alto emocional, porém, não foi falado, mas musical – a interpretação inspirada de Aretha de "The Impossible Dream", a balada melosa do musical da Broadway "Man of La Mancha" magicamente transformada de balada melosa da Broadway em hino sagrado.

No mesmo mês, Aretha viajou para Washington, D.C., onde ignorou as diferenças partidárias e aceitou a Medalha Presidencial da Liberdade das mãos de George W. Bush. Entre os outros homenageados estavam Carol Burnett, Alan Greenspan, Muhammad Ali, Andy Griffith, Paul Harvey e Jack Nicklaus.

Como Aretha, Lou Rawls era outro cantor que seguiu a estrada do gospel ao R&B ao jazz e ao pop. Quando ele morreu em janeiro de 2006, Aretha sentiu que suas contribuições foram subestimadas.

— Ele começou na igreja — ela me contou —, e depois foi para o mundo. Ele tinha seus sucessos, mas era maior do que isso. Ele cobriu todas as áreas. Ele era gigante.

Em junho, após o falecimento de seu arranjador de longa data Arif Mardin, ela celebrou o grande talento dele:

— O que os arranjadores Nelson Riddle e Billy May fizeram por Sinatra, Arif fez por mim. Ele era o melhor dos melhores.

Ao saber da morte de James Brown naquele dezembro, ela argumentou que ele já era tão importante quanto Duke Ellington, chamando-o de "o artista masculino de R&B mais empolgante e emocionante de todos os tempos".

Foi uma série de falecimentos difíceis e a perda de seus colegas estava cobrando seu preço. Ao pensar em sua própria mortalidade, Aretha começou a dizer aos amigos que seu próximo grande projeto seria produzir um show da Broadway com base em sua autobiografia, *From These Roots*. Nos anos seguintes, ela faria audições em Detroit e Los Angeles. Ela lançaria nomes para a imprensa de mulheres que poderiam interpretá-la – todas, de Jennifer Hudson a Halle Berry –, mas os planos nunca foram para a frente. Ela nunca encontrou investidores. A certa altura, ela disse que, em vez de um musical, sua história de vida seria transformada em um longa-metragem. Quando lhe perguntaram sobre um roteiro, ela disse que seria baseado em seu livro e que teria controle total sobre todos os aspectos do filme. Mas nada nunca se materializou.

"O R&B está vivo e bem", ela disse à *Jet* em junho de 2007. Na matéria, ela listou os artistas atuais que mais admirava – Erykah Badu, Jill Scott, Soulchild, Ne-Yo, Chris Brown, Mary J, Trey Songz, Anthony Hamilton, Gerald Levert e Nelly.

Ela não viu motivo para não poder ser tão popular quanto os artistas que mencionou. Colocou a culpa de suas vendas ruins na Arista. Durante todo o ano, ela reclamou em particular que a Arista não a estava promovendo adequadamente e que lhe devia dinheiro há muito tempo. Naquele inverno, ela veio a público, dizendo ao *New York Times* que *Jewels in the Crown*, uma compilação de duetos lançados anteriormente, seria seu último álbum pela Arista. Ela e Clive Davis haviam se desentendido. "Acabou", ela disse a Jon Pareles. "Pode-se dizer que acabou". Clive discordou: "Os advogados dizem que há débitos. Não sei disso. Não busquei saber. Ela e eu tivemos um longo relacionamento."

Aretha anunciou o lançamento de seu próprio selo, Aretha's Records, e disse que seu primeiro álbum, *A Woman Falling Out of Love*, já estava pronto. Tudo o que faltava era um distribuidor. Ela também disse que escolheu o título "porque acaba que é verdade. Foi baseado em um relacionamento que eu tive, e simplesmente não aconteceu por uma série de motivos." Seus parentes próximos me disseram que isso era Aretha inventando um grande drama romântico em torno de seu relacionamento platônico com Tavis Smiley.

Como sempre acontece com Ree, existe a vida pública e a privada, e em ambas ela sempre esteve em movimento.

Como vinha fazendo na última década, ela declarou sua intenção de se matricular na Julliard para estudar piano clássico, outro plano que não iria para a frente.

A *Jet* a colocou na capa para falar de seu peso, que havia aumentado drasticamente. Ela culpou o fato de ter parado de fumar em 1992 e prometeu fazer dieta. Quando perguntada se estava apoiando Hillary Clinton ou Barack Obama para a indicação democrata, ela elogiou os dois e permaneceu em cima do muro.

No inverno de 2008, ela viajou de ônibus para a costa oeste, onde se apresentou no Nokia Theatre de Los Angeles. Então, pegou o ônibus de volta para Nova York.

O show do Radio City Musical Hall aconteceu dois dias antes de seu aniversário de 66 anos, no domingo de Páscoa. Para mim, ela soou sem inspiração e hesitante. Depois de cantar "Respect", ela pediu ao diretor musical H.B. Barnum para ajudá-la com uma tira que havia se soltado de um de seus sapatos. O resultado foi que Barnum estava literalmente ajoelhado aos pés de Aretha.

— Eu não me importei — ele me disse depois. — Afinal de contas, ela *é* a rainha.

O número seguinte foi sua interpretação de "I Remember" de Keyshia Cole, na época um grande sucesso de hip hop/R&B. Para ajudá-la com a música, Aretha convocou Al-Ollie Woodson. Um vocalista poderoso o suficiente para ser colocado na mesma categoria de seus antecessores do Temptations, David Ruffin e Dennis Edwards, Woodson me disse:

— Quando Aretha não conseguia falar com Dennis, ela me ligava. Naturalmente, interpretei como um elogio porque Dennis é um dos grandes, mas quando perguntei a Aretha se eu poderia ter uma vaga em seu programa e talvez cantar algumas músicas sozinho, ela se ofendeu. Ela disse que eu devia ficar satisfeito cantando a ponte da música de Keyshia Cole. Eu sabia que não devia discutir com a Rainha, então não discuti

— Um dia, do nada, o telefone tocou e era Aretha Franklin — Keyshia Cole me disse. — Fiquei maravilhada. Como toda jovem cantora, eu a vejo como a melhor. Ela me disse o quanto gostou do meu "I Remember" e queria que eu escrevesse uma música tão boa quanto para ela. Eu estava mais do que disposta. Falei que a razão pela qual "I Remember" funcionou tão bem foi porque surgiu de uma experiência pessoal minha. Se ela quisesse que eu personalizasse tal música para ela, eu teria que saber o que ela estava passando - em um nível pessoal. Isso a fez ficar quieta. "Se eu fizer isso, você terá que me dar os direitos da música". "Tudo bem", falei. "Bem, eu te retorno depois". Ela nunca retornou. Mais tarde, alguém que a conhece há anos disse que Aretha nunca revela nada pessoal sobre si mesma. Ele a chamou de Rainha do Gelo que nunca derrete.

A colaboração com Keyshia Cole nunca foi para a frente, mas Aretha teve um dueto de sucesso com Mary J. Blige. Em março, ela e Mary ganharam um Grammy por seu dueto gospel "Never Gonna Break My Faith", de *Jewels in the Crown*.

Mas Aretha ficou irritada quando, na transmissão do Grammy, Beyoncé apresentou Tina como "a Rainha", um título que Aretha guardava como seu. Sua declaração à imprensa foi estranhamente ambígua: "Não sei em quais pés pisei ou quais egos magoei entre os escritores do Grammy e Beyoncé. No entanto, descartei isso como uma tentativa barata de controvérsia. Além disso, agradeço ao Grammy e à academia de votação pelo meu 20º Grammy e amo Beyoncé de qualquer jeito".

Mais publicidade ruim veio durante aquele mesmo mês de março — notícias de que a hipoteca da casa dela em Detroit seria executada. Aretha logo ligou para a *Jet* para esclarecer.

— Eu nem moro nessa casa — disse ela. — Se você ouvir as notícias, parece que eu vou perder a casa amanhã e morar na rua... fui lá e paguei tudo. Esse negócio todo foi barulho demais por nada. Eles colocaram o carro na frente dos bois. Tudo está bem agora.

Naquele verão, seu amigo e produtor mais importante, Jerry Wexler, morreu aos 91 anos. Os filhos dele planejaram seu memorial na cidade de Nova York, numa época em que sabiam que Aretha estaria em Manhattan. Acontece que o hotel dela ficava a menos de um quilômetro do funeral. Na véspera da homenagem, liguei várias vezes para Aretha, deixando mensagens para lembrá-la do horário e local. Mesmo assim, ela não conseguiu ir. Algumas semanas depois, quando perguntei o que havia acontecido, ela alegou não saber do memorial.

Embora ela não ido, naquele novembro ela apareceu em grande estilo na *Rolling Stone*. A revista publicou uma reportagem sobre os cem maiores cantores da Era do Rock, nomeando Aretha como número um. Nos anos seguintes, ela projetou essa honra em uma tela grande em todos os seus shows.

Naquele mesmo inverno, Aretha lançou um álbum de Natal sem brilho e dolorosamente exagerado que ela mesma produziu e arranjou. Ela aproveitou a ocasião para criticar seus antigos mentores, escrevendo no encarte: "Estou emocionada em gravar o primeiro LP de Natal da minha carreira, e é tão lamentável que John Hammond, Jerry Wexler e Clive Davis nunca tenham colocado isso em prioridade, porque é tudo o que eu queria que fosse e muito mais."

O álbum, distribuído pela Rhino, a divisão da Warner responsável por seus relançamentos na Atlantic, recebeu pouca atenção da imprensa e vendeu mal.

— Vendas ruins nunca incomodam Aretha — Earline me disse. — Ela vai te dizer que o disco foi na verdade um grande sucesso, mas a distribuidora, querendo esconder seus royalties, fornece números falsos. Ou ela simplesmente ignorará a falha e passará para o assunto seguinte. Como Aretha é quem é – uma das grandes personalidades de toda a cultura americana –, a próxima coisa será sempre importante. E em 2009, nada foi mais importante do que a posse do primeiro presidente negro da história americana.

38

A WOMAN FALLING OUT OF LOVE

Considerando sua posição incontestável como uma cantora de importância histórica e uma artista cujo "Respect" ressoou com uma geração que rompeu as barreiras da discriminação racial, não foi surpresa o convite que Aretha recebeu para cantar na posse de Barack Obama em 20 de janeiro de 2009. Em resposta à primeira pergunta que qualquer pessoa que recebe esse convite se faria – *o que vou vestir?* –, ela surpreendeu seus críticos, que muitas vezes a acusaram de ser extravagante. Escolheu uma roupa elegante de feltro cinza com um chapéu que se tornou o item de moda mais discutido do dia. Depois de examinar os sites de designers famosos da Europa, Aretha encontrou o chapéu perfeito em Detroit.

Seu criador, Luke Song, um homem de 36 anos nascido em Seul, Coreia do Sul, construiu uma reputação entre as senhoras afro-americanas altamente exigentes da igreja da cidade. O *chapeau* é construído em torno de um arco cinza de grandes dimensões inclinado de lado.

Comentando sua escolha de moda para a *Newsweek*, Aretha observou: "Eles tiveram um pouco de trabalho, porque eu queria que fosse bordado com pedrinhas brilhantes. E o arco estava do lado esquerdo, mas eu queria do lado direito. Eu tenho um lado favorito... o direito. Sai melhor nas fotos. O erro que cometi foi procurar estilistas famosos em todo o mundo em busca de algo que acabou sendo encontrado descendo a rua."

A história foi vista como outra vitória para a oprimida Detroit, uma cidade que ao longo dos anos Aretha defendeu com lealdade implacável.

Naquele dia gelado de janeiro, ela recebeu elogios maiores pela roupa do que pelo canto. Ao conversar com as mulheres no *The View*, ela disse que estava descontente com sua apresentação – "Estava frio demais lá para cantar", disse ela. Quando, quatro anos mais tarde na segunda posse de Obama, Beyoncé causou um mini rebuliço por usar playback, Aretha foi compreensiva, observando: "Achei muito engraçado, mas ela fez um lindo trabalho dublando... da próxima vez provavelmente farei o mesmo".

Naquele inverno, enquanto promovia seu álbum de Natal e falava de seu novo álbum pop, *A Woman Falling Out of Love*, ela concedeu uma série de entrevistas, incluindo uma para Rashod Ollison, escritor de entretenimento do Virginian-Pilot e um crítico musical astuto. Enquanto Aretha estava prestes a fazer 68 anos, pedi a Ollison que explicasse o que sentia por ela.

"Tirando a da minha mãe, a voz de Aretha é a primeira que me lembro de ouvir", ele me escreveu. "Meus pais tocavam os álbuns dela o tempo todo. A autoridade de seu som, principalmente na forma como ela cantava gospel, me ancorou. Ainda me ancora. Nunca há vestígios de autopiedade na música de Aretha, mesmo quando a música é triste e ela implora pelo retorno de um homem. Ela sempre comunicou um senso de transcendência, algo que aprendeu com a igreja, claro, mas também com o blues salgado de Dinah Washington.

"Mas em minhas entrevistas com ela, e nas muitas que li e vi na TV, a indiferença e a leve condescendência de Aretha sempre foram estranhas. Ela parecia mesquinha também. A mulher insegura, obcecada em continuar relevante apesar de seu imponente legado, é muito diferente da personalidade indomável que ela transmite em sua música.

"Como crítico cultural, parte do meu trabalho é descascar as camadas, acabar com o brilho que às vezes ilude e confunde os fãs. Aretha é gloriosamente complexa, um gênio musical, e parece haver muita escuridão intrigante e mistério por trás do legado. Isso não é novidade.

"Como muitos artistas com tanto talento, costuma haver um interior desconexo. Talvez seja necessário. Algo dentro deve permanecer infantil e curioso para a arte ser pura e aventurosa. Quem sabe? Mas no caso de Aretha, principalmente nos últimos vinte anos mais ou menos, talvez mais, não houve muita aventura musicalmente. Ela parece estar usando seu enorme dom em produções e tendências triviais. Nos shows de hoje em dia, ela costuma fazer de qualquer jeito. Não é razoável esperar que ela soasse como em 1967, ou se apresentasse com a mesma vitalidade. (Devo observar que sua contemporânea Gladys Knight, a quem Aretha mandou indiretas muitas vezes em entrevistas, se mantém incrivelmente bem no palco hoje em dia, soando quase como soava em 1973, se não melhor.) A falta de envolvimento musical de Aretha no palco, exacerbada pelos arranjos altos no estilo de Las Vegas, sempre decepciona".

* * *

A agente de reservas, conselheira e amiga de longa data de Aretha, Ruth Bowen, morreu em maio de 2009. Em nossa última entrevista, ela disse: "Eu amo aquela garota e sempre amarei. Nunca conheci ninguém que precisasse tanto de uma mãe quanto Aretha. E talvez, pelo menos por um tempo, eu tenha desempenhado esse papel. Mas só uma mãe aguentaria os ataques e as mudanças de humor de Aretha. Eu não conseguia aguentar. E só uma mãe poderia amar aqueles shows cafonas que ela fazia. Quando Aretha me perguntou o que eu achava, eu não consegui mentir. Tive que falar: 'Consiga um grande produtor. Arrume alguém que saiba encenar um show. Pare de tentar controlar tudo e todos. Pare de tentar fazer toda essa merda sozinha. Admita suas limitações. Todos nós temos limitações, até mesmo um gênio como você'. Mas entrou em um ouvido e saiu no outro. Ela não quis ouvir, e é por isso que, apesar de todo o amor entre nós, continuamos nos desentendendo."

Naquele verão, Aretha cantou no Hollywood Bowl, onde prestou homenagem a Michael Jackson, cuja morte recente havia chocado o mundo, e mais tarde no Radio City Music Hall. Durante essas apresentações, ela recorreu ao que Jerry Wexler costumava chamar de "soul excessivo" – muito pesado no melisma, com emocionalidade exagerada e musicalidade dominada pela teatralidade.

Dois mil e dez começou como um ano quieto. Aretha passou o inverno em Detroit, entrando e saindo do estúdio. A gravação de *Woman Falling Out of Love* estava devagar. Ela levou dois meses para selecionar canções e construir as faixas. Ainda estava sem falar com Clive Davis e determinada a ficar livre de qualquer gravadora grande. Dessa vez, ela não apenas seria sua própria produtora, mas sua própria executiva de gravação também. Sem segundas opiniões, sem interferência.

Em certo ponto, ela tocou uma versão do disco para executivos da Rhino Records, a divisão da Warner Records que controlava o catálogo da Atlantic e uma candidata lógica para distribuir seu álbum.

— O presidente do selo e eu fomos chamados de L.A. — disse Cheryl Pawekski, então chefe de artistas e repertório da Rhino — para uma reunião privada no Trump International Hotel em Nova York. Estávamos animados com a possibilidade de produzir um novo álbum de Aretha. Esperamos lá embaixo no saguão por um bom tempo antes de sermos levados para cima, onde Aretha tinha um andar inteiro só para ela. Sua suíte era sufocante. Aparentemente, ela não gosta de ar-condicionado. Também estava cheio de enormes arranjos de flores enviados por Elton John e Mariah Carey para o aniversário dela. Aretha foi bastante cordial. Enquanto ouvíamos o disco, ela tomava café da manhã. Comentei que o pianista em três das faixas era excelente e suspeitei que fosse a própria Aretha. Ela ficou satisfeita por eu ter reconhecido. Mas, como um todo, o álbum não funcionou para mim. Havia vários produtores e vários gêneros. Estava uma bagunça e longe de ser notável. Naturalmente, não falei isso. E minha opinião não foi pedida. Depois que a última faixa foi tocada, nós a parabenizamos, agradecemos pelo seu tempo e partimos. Quando soubemos que ela estava exigindo um adiantamento de um milhão de dólares, logo dispensamos. Mesmo que o álbum fosse ótimo, o preço seria alto. Mas para um disco tão desconexo como aquele, achei o preço pouco realista.

Em julho, de forma surpreendente, Aretha apareceu na Filadélfia junto com a ex-secretária de Estado Condoleezza Rice, que havia se formado como pianista concertista. A sra. Rice tocou várias seleções de Mozart e, no encerramento do show, Aretha cantou um compilado de seus sucessos.

Naquele mesmo verão, Aretha filmou um comercial humorístico para o chocolate Snicker que exibiu sua imagem de grande diva. Dos quatro adolescentes que andam no carro, dois estão tão famintos que se transformam em divas mal-humoradas interpretadas por Aretha e Liza Minnelli.

Mas, no outono de 2010, tudo mudou. Aretha ficou muito doente. Uma forte dor de estômago a levou a cancelar todos os compromissos. Exames foram feitos. Foi necessária uma cirurgia de grande porte. Em dezembro, o *National Enquirer* publicou uma manchete que dizia "Aretha Franklin, Seis Meses de Vida! Sua Batalha Contra o Câncer de Pâncreas. Os médicos removeram metade de seu estômago". Mais tarde, Aretha negou qualquer diagnóstico terrível, recusando-se a nomear a doença.

Fazia tempos que Aretha convivia com a atitude contraditória de buscar muita atenção ao mesmo tempo em que insistia em privacidade absoluta. A essa altura, sua obsessão por privacidade superava todo o resto. Ela insistiu que nada a respeito da natureza de sua doença fosse dito por ninguém próximo a ela. Ela não considerou uma única pergunta sobre sua doença. As pessoas foram proibidas de dar qualquer detalhe, exceto que ela estava doente. Quando sua prima Brenda sugeriu que Aretha poderia tornar público seu diagnóstico como forma de encorajar outras pessoas a procurar tratamento, ela se irritou.

— Você está confusa — disse ela. — Não há nada de errado comigo.

Mais uma vez a negação se instalou - agora mais forte do que nunca.

— Aretha é assim — disse a cunhada dela, Earline. — Ela nunca vai mudar. Não interessa que muitas figuras públicas afligidas por doenças físicas falem disso abertamente e aproveitem a oportunidade para conscientizar sobre essas doenças. Aretha reage da maneira oposta. Ela se desliga completamente. Quando estava lidando com o problema de álcool nos anos sessenta e setenta, ela não falava nada do assunto. A mesma coisa com suas misteriosas doenças estomacais em 2010. Tive a sensação de que ela achava que se os fatos sobre sua doença fossem divulgados, isso prejudicaria sua carreira.

— Depois da cirurgia naquele inverno — disse a sobrinha dela, Sabrina —, aqueles mais próximos dela passaram um tempão com ela no hospital. Aretha gostou disso, mas então passou a não gostar. Quando voltou para casa, ela estava mais mal-humorada que nunca. Se você sem querer dissesse a coisa errada para ela, Aretha podia fechar a cara e não falar com você por semanas. Foi o que aconteceu comigo e minha prima Brenda. Ela também fechou a cara para pessoas que trabalharam com ela por anos. Ela estava despedindo empregados de longa data por motivos que ninguém entendia. Naturalmente, depois de uma cirurgia de grande porte, você fica vulnerável emocionalmente. Mas com Aretha era bem mais que isso. Era como se ela estivesse espantando as pessoas que mais a amavam.

— Conheço Ree a minha vida inteira — um membro de longa data da New Bethel, a igreja fundada pelo pai de Aretha, me disse. — Quando li aquela matéria no *National Enquirer*, não acreditei que aquele câncer ia matá-la – não acreditei nem por um segundo. Se alguém era forte o suficiente para espantar o câncer, esse alguém era Aretha. Se eu fosse o câncer, não mexeria com ela. Eu daria o fora.

Um mês após a operação, a resiliência de Aretha estava em plena evidência. Ela iniciou uma campanha concentrada de relações públicas para garantir ao público que estava saudável e que logo estaria pronta para trabalhar.

Como era esperado, sua primeira entrevista foi para a *Jet*, o semanário sempre leal que falava diretamente com a comunidade negra. Em uma entrevista de janeiro de 2011 chamada "O Senhor me guiará", Aretha parecia determinada e otimista. Ela agradeceu aos fãs pelo apoio e a Stevie Wonder por estar lá quando ela saiu da cirurgia. Ela chamou a operação de "altamente bem-sucedida". "Me sinto ótima", disse ela, acrescentando que "estou colocando Aretha em primeiro lugar. Vamos consertar Ree primeiro. Esta é a hora de Aretha fazer o que eu preciso fazer."

Em fevereiro, dramaticamente mais magra, Aretha apareceu em uma gravação reproduzida depois que o Grammy prestou a ela uma homenagem musical com Jennifer Hudson, Christina Aguilera, Yolanda Adams, Florence Welch e Christina McBride cantando seus sucessos.

Em março, ela apareceu na capa da *Jet*. Usando um longo vestido de chiffon rosa adornado por fios de pérolas, a rainha estava de volta ao comando. A manchete dizia: "É um novo capítulo na minha vida". Ela se recusou a discutir a natureza de sua doença ou a operação. Ela falou de sua nova dieta saudável e sua perda de peso de 25 quilos. Havia na matéria fotos de Aretha com seus filhos Eddie, Teddy e Kecalf, além de sua sobrinha Sabrina Owens, da prima Brenda Corbett e de Willie Wilkerson.

Mais tarde naquele mês, Aretha convidou Wendy Williams para ir a Detroit, onde a apresentadora conduziu uma entrevista, referindo-se a ela decorosamente como "Srta. Franklin" em uma sala de jantar de hotel durante o chá da tarde. Mais uma vez evitando todos os detalhes sobre sua saúde e brincando ao falar de seu peso anterior, ela disse: "Eu era tão gorda que nem dá para explicar". Mas quando Williams sugeriu que, como a maioria das mulheres, Aretha poderia ser inocente e "ficar boba ao se apaixonar", Aretha se ressentiu, respondendo que Wendy poderia ser inocente e ficar boba, mas ela não. Elas falaram de um possível elenco para o filme biográfico baseado em *From These Roots*. Quando Aretha sugeriu que Wendy ajudasse a financiar o filme, a apresentadora recuou – tudo ao vivo na TV.

A Woman Falling Out of Love, após ser rejeitado pela Rhino, foi lançado em 1º de maio pela Aretha's Records. De acordo com Dick Alen, que ainda aconselhava Aretha sobre negócios e reservas, o Walmart havia adiantado o milhão de dólares que ela há muito buscava. Isso deu à rede o direito exclusivo de vender o disco em suas lojas e em seu site por um mês inteiro antes de estar disponível no iTunes.

— Aretha conseguiu o que queria — disse Alen. — Ela estava no comando de todos os aspectos de seu álbum. Mas infelizmente ela acabou fazendo tudo o que podia para atrapalhar o acordo. Ela o entregou meses atrasado e mesmo assim enviou uma cópia ruim que teve que ser refeita. O álbum não fez sucesso. O público o ignorou, não vendeu e acabou sendo o fim da curta e infeliz vida da Aretha's Records.

Escrevendo para a *Rolling Stone*, Will Hermes ofereceu uma das críticas mais generosas: "A boa notícia é que Aretha Franklin, que acabou de fazer 69 anos, está gravando, e que seu instrumento magnífico, embora enfraquecendo um pouco, retem muito de seu poder e agilidade".

Adorei sua interpretação de "Sweet Sixteen" de B.B. King, uma música, ela me disse, "que me lembrou da minha adolescência em Detroit, quando meu pai ia ver B.B. nos clubes e tocava seus discos em nossa casa. Foi ótimo voltar ao blues."

Mas o resto do álbum infelizmente é fraco. Há uma mistura insatisfatória de baladas doces – "The Way We Were", cantada em dueto com Ron Isley; "Theme From a Summer's Place" e a exagerada "How Long I've been Waiting", de autoria de Aretha – levemente gospel –; "Faithful", com Karen Clark-Shead; e "His Eye Is On the Sparrow", cantada por seu filho Eddie – e uma reedição estranhamente histriônica de "My Country 'Tis of Thee", o hino que ela cantou na posse do presidente Barack Obama em 2009.

Em 9 de maio, Aretha fez seu primeiro show desde que adoeceu, oito meses antes. Foi no Chicago Theatre.

Ao assistir ao show, fiquei impressionado com a energia ressurgente de Aretha. Ela cantou uma versão empolgante de "Sweet Sixteen" que fez toda a noite valer a pena. Sua mistura obrigatória de sucessos – "Ain't No Way", "Chain of Fools", "Baby, I Love You" – parecia nova. Ela cantou como se estivesse grata por estar viva. No *Chicago Tribune*, Bob Gendron escreveu: "Ela tratou as notas como massa, encurtando-as e alongando-as como queria, dando gemidos corajosos antes de fazer a transição para acabamentos emocionantes". Era bom ver Aretha mostrando suas antigas habilidades.

Em seu camarim após o show, ela estava ansiosa para discutir comigo a cinebiografia baseada em *From These Roots*.

— Se Halle Berry não tem a confiança necessária para me retratar no meu filme — disse ela —, há muitas atrizes morrendo de vontade de interpretar o papel. Estamos avançando com o projeto e continuando os testes.

— Ela fica falando desse filme como se fosse acontecer — disse Dick Alen, que também estava no show em Chicago. — Pelo que eu saiba, não há um único estúdio ou investidor que tenha dado dinheiro. É outro dos projetos-fantasia de Aretha.

Quando chegou um projeto de filme real – a tentativa de Alan Elliott de lançar o magnífico filme de Sydney Pollack sobre a performance de *Amazing Grace* de 1971 – Aretha não cooperou.

— Como estou convencido de que este é o primeiro filme da música popular americana — Elliot me disse —, me comprometi a fazer o que pudesse para trazê-lo ao público. Durante cinco longos anos, tentei falar com Aretha. Quando ofereci a ela metade dos lucros, ela disse que preferia receber um milhão de dólares como adiantamento. Quando reuni um grupo de investidores e ofereci a ela um milhão de dólares, ela quis isso – mais metade dos lucros. No decorrer das negociações, suas exigências foram aumentando. Ela passou de um milhão para três, depois para quatro, depois para cinco. Em certo ponto ela me processou, exigindo que eu interrompesse o lançamento iminente do filme quando, na verdade, nenhuma data de lançamento havia sido marcada. O processo também alegou que eu estava lucrando com o nome dela quando, na verdade, tive que hipotecar minha casa duas vezes para manter este projeto de filme vivo. Ainda me apego à esperança de que um dia chegaremos a um acordo e este filme, uma brilhante representação de seu gênio, verá a luz do dia.

No momento em que escrevo este livro, os rolos principais ainda estão na prateleira de um depósito.

Aretha manteve uma agenda leve de turnês no verão de 2011, tocando no Toronto Jazz Festival, bem como Wolf Trap perto de Washington, D.C. Apesar das baixas vendas de discos e algumas críticas negativas, ela manteve o foco em se apresentar e voltar à forma.

Essa forma foi contestada quando, em agosto, a *Billboard* divulgou que o compositor Norman West entrou com uma ação contra Aretha por ela não ter assinado um acordo de royalties para a música "Put It Back Together Again", que ele havia composto para *A Woman Falling Out of Love*. West alegou que foi ao tribunal somente após não conseguir resolver o assunto em particular.

Aretha ficou furiosa e emitiu uma declaração pública: "Para dizer o mínimo, estou muito decepcionada por Norman West ter a ousadia de abrir um processo contra a Springtime Publishing, Inc. considerando como eu pessoalmente o auxiliei e aconselhei nos últimos quinze anos.

"Ajudei Norman West a construir seu nome na indústria musical, a ganhar dinheiro e no passado usei várias de suas canções nos meus CDs, o que resultou em outros artistas apresentando e gravando suas composições".

Quando liguei para West para saber se o assunto havia sido resolvido, ele preferiu não comentar.

Em setembro, Aretha apareceu com Tony Bennett em *Duets II*, cantando com ele "How Do You Keep the Music Playing?"

Em outubro, ela cantou "Precious Lord" na consagração do Memorial do Dr. Martin Luther King em Washington.

Naquele mesmo mês, o *New York Times* noticiou que Aretha cantou em um casamento da alta sociedade no restaurante Four Seasons, a união de Bill White e Bryan Eure.

Três meses depois, em 6 de janeiro de 2012, houve o anúncio surpresa à Associated Press de que ela se casaria com Willie Wilkerson no verão. Aretha mencionou pedir a Smokey Robinson, Stevie Wonder e a cantora gospel Karen Clark para se apresentarem na cerimônia. Ela também rejeitou a ideia de um cerimonialista, dizendo: "De jeito nenhum outra pessoa além de mim vai planejar meu casamento".

"A cantora admite ter tido um 'caso íntimo' com uma celebridade no passado", informou a Associated Press, citando Aretha: "Ele era um dos apresentadores de programas de entrevistas noturnos da América. Agora, estou feliz por não ter (funcionado) e porque aquilo que eu buscava já estava aqui. Somos muito compatíveis e nos apoiamos muito, e ele me deu uma atenção que acho que não recebi de mais ninguém. Recebo muita atenção masculina, mas Will é mais especial do que todos os outros."

De acordo com Earline, Aretha inventou a história.

— Deus abençoe Aretha — disse ela —, mas quando ela sente que ficou fora dos noticiários por muito tempo, acha um jeito de voltar. Essa história de casamento foi algo que ela simplesmente inventou. Quando Will leu sobre isso, ficou furioso. Ele é um cara legal e tem sido um amigo leal, mas tem outras mulheres além de Aretha. Ele não tinha intenção de se casar com ela e nunca a pediu em casamento. Quanto àquela velha história sobre ela e Tavis Smiley, bem, essa foi outra invenção de Aretha que ela não podia deixar pra lá.

Duas semanas depois, a publicitária de Aretha, Tracey Jordan, emitiu esta declaração:

"Informo, infelizmente, para nossos amigos e apoiadores: Will e eu decidimos que estávamos indo um pouco rápido demais, e havia uma série de coisas que não foram pensadas da maneira certa. Não haverá casamento neste momento. Não comentaremos mais esse assunto devido à sua natureza muito pessoal e sensível".

Deixando o mal-entendido de lado, Willie e Aretha recuperaram seu relacionamento e mais uma vez ele foi visto ao lado dela em vários eventos públicos. Aretha continuou a exagerar em suas aparições na imprensa, garantindo a tudo e a todos que seu reino, agora em sua sexta década, não estava em perigo de extinção.

39
A RAINHA DE ANTES E DO FUTURO

Quando Whitney Houston morreu em Los Angeles em 11 de fevereiro de 2012, Aretha emitiu um comunicado: "Simplesmente não posso falar disso agora. É muito impressionante e inacreditável. Eu não conseguia acreditar no que estava lendo na tela da TV. Meu coração está com Cissy, sua filha Bobbi Kris, sua família e Bobby". Dois dias depois, em um show privado em Charlotte, Carolina do Norte, ela chamou Whitney de "uma das maiores cantoras que já se apresentou diante de um microfone". Em uma entrevista com Al Roker pouco antes do funeral de Houston, Aretha lembrou-se de ter conhecido Whitney aos dez anos. "Eu disse: 'Ah, essa garotinha sabe cantar! Ok, o bebê de Cissy canta!"

Aretha tocou no Radio City Music Hall em Nova York na noite anterior ao funeral de Whitney nas proximidades de Newark, Nova Jersey. Durante o show, ela cantou duas canções associadas a Whitney – "I Will Always Love You" e "The Greatest Love of All".

Havia muita tensão em sua voz enquanto ela tentava performar as exigentes baladas, mas também havia muito sentimento.

Esperada para cantar no serviço memorial de Whitney, realizado na Igreja Batista New Hope, Aretha não compareceu. De acordo com Tracey Jordan, ela estava com espasmos musculares e cãibras nas pernas.

— Não que ela não se importasse com Whitney — disse a prima dela, Brenda Corbett. — Ela se importava, e muito. Mas a pressão dos shows que fizera recentemente estava cobrando seu preço e as preocupações com sua saúde eram reais. Ela fez tudo o que podia para homenagear Whitney. Em todo show no ano seguinte, ela se sentava ao piano e tocava e cantava "I Will Always Love You". Era uma homenagem sincera.

Ao longo do ano, Aretha compôs homenagens generosas sobre as mortes de seus colegas: Etta James, Don Cornelius, Donna Summer, Dick Clark.

— Todas essas mortes a abalaram muito — disse Earline. — Pareciam vir uma atrás da outra. Mas Ree sempre teve seu próprio jeito de lidar com notícias ruins. Ela vai e cria suas próprias notícias boas.

Ela garantiu que a imprensa estivesse presente quando deu a festa de aniversário de gala habitual em março - de seu 70º aniversário -, naquele ano no Helmsley Park Lane Hotel em Manhattan, onde Clive Davis estava sentado à sua mesa. "Eu assinei novamente com Clive", disse ela a um repórter, fazendo as pazes com o homem que forjou o retorno dela nos anos oitenta e agora era diretor de criação da Sony Records. Nos meses seguintes, os relatórios indicaram que, trabalhando com os produtores Kenny "Babyface" Edmunds e Nate "Danja" Hills, ela faria covers de canções associadas às grandes divas pop do passado, um projeto comercial tipicamente brilhante de Clive Davis. Até o momento em que este livro foi escrito, porém, a produção ainda não havia começado.

— Faz uns bons 42 anos que sou backing vocal da minha prima — Brenda me contou — e ainda não sei – de álbum a álbum ou show a show – se ela vai me contratar ou me demitir. Passam meses sem que ela fale comigo. Ela fica furiosa comigo e eu não sei o motivo. Então ela me liga e voltamos a nos falar como se nada tivesse acontecido. Ela faz o mesmo com Sabrina, Earline e a filha de Earline, Tiffany. É um padrão com os membros da família. Também acontece com funcionários de longa data. Ela despediu H.B. Barnum, seu diretor musical por décadas e um homem que foi leal a ela nas situações mais difíceis. Quando perguntei o motivo, ela disse: "Ele não me visitou nem ligou quando eu estava no hospital". "Mas, Aretha", falei, "ele ligou e enviou flores e cartões e não poderia estar mais preocupado". Ela disse que não queria saber. H.B. Barnum estava acabado e pronto.

Em abril, Aretha demitiu a William Morris Endeavor, passando para a ICM para reservas e gerenciamento. Além disso, ela continuou seu padrão de demitir e recontratar dois publicitários separados, Gwendolyn Quinn e Tracey Jordan.

Ela também continuou ligando para os repórteres com boatos sobre sua cinebiografia, a mais recente escalação de Audra McDonald, a célebre cantora da Broadway com voz de ópera, no papel principal. Porém, não havia roteiro, diretor ou contrato de estúdio.

Em junho, Aretha participou de um jantar de arrecadação de fundos de 40.000 dólares para a campanha de reeleição do presidente Obama na casa de Sarah Jessica Parker antes de pegar o ônibus para Nova Orleans para tocar no Essence Music Festival. "A apresentação de Franklin foi uma deflação", escreveu Ben Raitliff no *New York Times*, "cheia de silêncios constrangedores".

Mais tarde naquele mês, no Nokia Theatre em Los Angeles, assisti à sua apresentação estranhamente curta. Aretha parecia sem fôlego e assustadoramente instável. Quando conversamos depois, ela disse que não estava se sentindo bem e mal podia esperar para voltar para Detroit, embora estivesse com medo da longa viagem de ônibus. Ela também falou de seu desejo de voltar a Hollywood e se tornar uma personalidade da televisão. A Reuters informou que "a rainha do soul Aretha Franklin disse no sábado que está interessada em participar do 'American Idol' como jurada, apenas alguns dias depois que Jennifer Lopez e Steven Tyler declararam que encerraram seus papéis de jurados no programa da Fox".

Nas semanas seguintes, Aretha continuou dando declarações na imprensa, descrevendo-se como a jurada ideal. Mas o convite nunca veio.

Ela passou o inverno em casa, em Detroit. Em março de 2013, aos 71 anos, ela viajou para Nova York. Eu estava na plateia no Performing Arts Center em Newark para a apresentação.

A plateia de Nova Jersey era uma mistura entre negros e brancos, com idade média entre 55 e 70 anos. O lugar estava lotado de fãs de Aretha preparados para amá-la. O então prefeito de Newark, Corey Booker, fez uma introdução bonita e comovente, descrevendo como, quando criança, a voz de Aretha o conectou ao divino. Ele chamou as canções dela de núcleo de nossa consciência coletiva. Ele a chamou ao palco com muita emoção e grande expectativa. Mas Aretha não estava em lugar nenhum. Quarenta minutos se passaram antes que ela aparecesse.

Ela apareceu usando um casaco de pele de vison branco que rapidamente tirou e jogou no chão. Willie Wilkerson pegou o casaco e o levou para os fundos. O vestido prateado brilhante sem mangas que ela usava estava longe de vestir bem. Ela havia recuperado um peso considerável nos últimos meses. Com uma grande banda tocando atrás dela, Aretha cantou um mistura de alguns de seus sucessos – "Baby I Love You", "Think", "Natural Woman". O topo de sua voz estava desgastado, mas seu alcance médio e baixo estavam fortes. Seu canto carecia de comprometimento emocional até que ela cantou "Sweet Sixteen", de B.B. King. No início desse tradicional blues de doze compassos, ela capturou o Espírito Santo. Ela realizou aquele milagre que apenas os maiores artistas de R&B podem realizar – a união do secular com o sagrado, o casamento do céu e da terra – ao fazer uma dancinha de igreja, sem se importar que as alças do sutiã estivessem escorregando e o vestido estivesse torto. Lembrei de como B.B. havia adorado no santuário onde o pai dela gritava as boas novas. Aretha mencionou seus dias de glória no Atlantic Studios no centro de Manhattan durante a Era de Ouro do Soul antes de cantar "Ain't No Way", a prima Brenda atingindo as notas altas atrás dela. E então, após essa curta apresentação de vinte minutos, Aretha saiu do palco, dizendo que voltaria logo. Durante o interlúdio de dez minutos, a banda tocou "Got to Get It Up", de Marvin Gaye, enquanto o público se inquietava.

A segunda metade do show começou com Aretha contando uma história interminável de cachorro peludo – uma velha piada sobre um canino falante –- que não tinha graça nenhuma. A plateia gemeu. Eu me perguntei por que aquilo havia sido incluído. Mas, como sempre, aquele era o show de Aretha – planejado, produzido e realizado de acordo com suas próprias vontades. Ela cantou mais alguns sucessos – "The House That Jack Built" e "Call Me" – antes de se sentar ao piano, onde cantou e tocou "I Will Always Love You", uma homenagem a Whitney Houston. Ela cantou a música devagar, primorosamente, transformando a balada sentimental em um canto fúnebre gospel. Ela dedicou "Make Them Hear You", do musical "Ragtime", ao prefeito Booker, que aparentemente havia ido embora. Sua escolha de uma música inspiradora no estilo da Broadway me lembrou que 53 anos antes, durante sua primeira sessão de gravação para a Columbia em 1960, Aretha cantou um número semi-inspirador semelhante – "Are You Sure", do musical *A Inconquistável Molly*. Ao tentar agradar o público mainstream cobrindo gêneros mainstream, a Aretha de 71 anos não era muito diferente da Aretha de dezoito.

Antes de concluir com a inevitável "Respect", ela começou "It's About Time for a Miracle", o tipo de batida de igreja acelerada que sua ídolo Clara Ward levou para cabarés de jazz e salões de Las Vegas nos anos cinquenta, quando Aretha era uma pré-adolescente cantando nos shows gospel de seu pai.

A apresentação foi curta. Ela mal cantou por 45 minutos. Em alguns poucos momentos, estava inspirada. Mesmo quando sua voz estava cansada, me impressionei com a criatividade de suas palavras. Ela leu o material com sua costumeira mistura de esperteza e inteligência. A produção em si tirou o brilho de seu canto. Os slides em uma tela na parte de trás do palco – mostrando uma série de fotos de família mais a edição da Rolling Stone anunciando-a como a cantora número 1 de todos os tempos – parecia algo saído de uma festa de formatura do ensino médio.

E mesmo assim seus fãs, leais ao extremo, a aplaudiram de pé. Eles sentiram que ela havia feito o melhor que podia – e acredito que sim. Mais tarde, Aretha falou de seus planos de fazer uma extensa turnê no verão seguinte. Mas esses planos foram cancelados quando sua condição médica piorou e ela foi forçada a se tratar. Ela permaneceu inflexível e não revelou ao público a natureza de sua doença.

A inflexibilidade nunca diminuiu. Aretha voltou aos palcos no final de 2013 para cantar em um cassino em Detroit. A apresentação durou apenas trinta minutos, mas ela cantou. Ela agendou shows para o Radio City Music Hall no janeiro seguinte e falou à imprensa sobre seu novo álbum, com covers de canções associadas a outras divas e supervisão de Clive Davis com os produtores Babyface e

Don Was. É necessário respeitar a tenacidade e coragem dela diante de uma doença que ameaçava sua vida.

Vendo essas aparições truncadas, senti tristeza – Aretha era apenas uma sombra de seu antigo eu –, mas também profunda admiração por sua pura força de vontade. Ao mesmo tempo, fiquei pensando no que eu queria que ela fizesse:

Queria que ela fizesse um concerto apenas com um excelente trio de jazz enquanto cantava George Gershwin e Cole Porter e as baladas de blues de Percy Mayfield.

Queria que ela se sentasse ao piano e tocasse e cantasse ao revisitar suas melhores canções e as canções de Thomas A. Dorsey e James Cleveland e Curtis Mayfield.

Queria que ela colocasse sua carreira de apresentações e gravações nas mãos de produtores notórios por gosto impecável, comedimento musical e imaginação livre.

Queria que ela desistisse da ideia de ter que permanecer atual ao trabalhar com executivos musicais como Clive Davis cuja obsessão por vendas supera a preocupação por qualidade ou integridade musical.

Para resumir, eu queria que ela fosse um tipo diferente de artista – e um tipo diferente de mulher.

Lembrei que meu trabalho não é apenas contar a história dela, mas tentar entender e aceitar quem ela é.

E quem é essa?

Quem é Aretha Franklin?

Ela é a terceira de quatro crianças extraordinariamente inteligentes e talentosas nascidas de pais extraordinários – a mãe dela era uma cantora talentosa, o pai um pastor talentoso.

Ela é a criança que vê sua mãe lagar a família enquanto seu pai, uma figura carismática na ala social e politicamente progressista da igreja negra, galvaniza seu poder e status.

Ela é a criança que, embora ainda jovem e vulnerável, fica sabendo da morte de sua mãe e busca o amor maternal de várias mulheres que estão romanticamente envolvidas com seu pai.

Embora seus irmãos demonstrem um talento precoce, ela é a jovem com a voz de ouro, a favorita de seu pai e, embora apenas uma adolescente, uma parte importante de seus cultos que lhe renderam – e a ela – uma reputação entre os frequentadores de igrejas afro-americanas.

Ela é a jovem que, ainda adolescente, tem dois filhos.

Ela é a jovem que, ainda adolescente, é incentivada por seu pai a entrar no mainstream do show business e assinar com a maior gravadora do mundo.

Ela é a jovem que, aos vinte e poucos anos, se casa com um homem, conhecido como um cafetão gentil, e permite que ele conduza sua carreira e sua vida com mãos de ferro.

Frustrada com o sucesso hesitante em sua primeira gravadora, ela muda de gravadora e alcança o estrelato com uma série de álbuns sem comparação na história da música americana.

Ela é a superestrela que se torna a voz musical do movimento pelos direitos civis, um ícone cultural – tudo isso antes de completar trinta anos.

Em uma igreja de Los Angeles, ela é a cantora de rhytm-and-blues e jazz que relembra sua infância e grava o que é universalmente considerado o maior álbum da história do gospel.

Em meio à confusão de uma vida pessoal e profissional frenética, ela é coroada a Rainha do Soul enquanto luta contra o álcool e a depressão.

Como Rainha do Soul, ela deixa sua cidade natal, Detroit, e se muda para Los Angeles, onde se frusta com sua incapacidade de ter a felicidade doméstica e produzir ou estrelar filmes.

Na última metade dos anos setenta, quando sua longa série de sucessos chega ao fim, a Rainha tem problemas outra vez, agora em seu esforço para se reinventar como uma diva do disco.

Com uma nova gravadora e um novo mentor, a Rainha se recusa a abrir mão de sua coroa, conseguindo sucesso comercial com uma nova gravadora e uma série de produtores voltados para a dança na era pós-disco.

Nos anos oitenta, ela sofre a trágica morte de seu amado pai, além da morte de dois de seus amados irmãos. Ela deixa Hollywood e sua carreira cinematográfica não realizada para retornar aos subúrbios abastados de Detroit, onde viverá pelo resto de sua vida.

Em seus cinquenta, sessenta e setenta anos, ela se concentra em se manter musicalmente atual. Ela procura produtores mais jovens, bem como parceiros para duetos que resultam em sucessos que, embora não sejam comparáveis aos seus triunfos criativos anteriores, são suficientes para mantê-la sob os olhos do público.

Em seus cinquenta, sessenta e setenta anos, os elogios nunca param. Ela ganha todas as honras e prêmios imagináveis. Conforme seu status de ícone aumenta, seu reinado permanece desafiado; a Rainha é um elemento permanente da nossa cultura popular.

Em seus cinquenta, sessenta e setenta anos, sem a ajuda de seu pai e irmão – seus dois conselheiros de maior confiança – e sem um relacionamento romântico de longa data, seus medos aumentam. A Rainha não entra em aviões. A Rainha não viaja de ônibus em meio a tempestades ou passagens em montanhas altas. A Rainha lida com o medo através do controle. A Rainha fica dominada pelo medo e obcecada pelo controle.

Ao ficar gravemente doente, a Rainha teme que o público descubra a natureza de sua doença e, assim, a desconsidere como irrelevante. Então faz o possível para controlar a imprensa. Quando fica fora das notícias por muito tempo, a Rainha teme que o público a esqueça e então faz circular novas histórias – sobre casos de amor, casamentos ou filmes biográficos – que mantêm seu nome vivo.

Com medo de perder seu dinheiro, a Rainha leva sua bolsa consigo para o palco, onde pode ficar de olho nela o tempo todo.

Em sua mente perturbada, o controle é o antídoto para o medo. Ela contrata, demite e recontrata uma série de publicitários, agentes de reservas e empresários porque, no final das contas, ela não pode abrir mão do controle. Assim, abre sua própria gravadora, tornando-se sua própria produtora e gerente de marketing.

Quando isso falha, ela desvia a culpa. A autocrítica não é seu forte. Seus métodos de negação foram aperfeiçoados ao longo da vida. Enfim, quando ela não tem escolha e pede ajuda aos outros, a ajuda está sempre presente. Afinal, ela é nossa única e futura rainha. Nos anais de nossa magnífica música, há apenas uma Rainha do Soul.

A Rainha é a última sobrevivente, um símbolo de força. Ela luta contra doenças físicas. Ela luta contra a depressão. Com determinação de aço, ela segue em frente, não importa o que aconteça.

Hoje, eu a imagino passando por sua grande casa nos subúrbios arborizados de Detroit. Lá está a imagem de seu pai, sempre presente e maior que a vida, jovem e vibrante, lembrando-a do espírito de comunidade onde a vocação artística dela nasceu. Eu a vejo olhando para fotos dos amados irmãos – Erma, Cecil, Carolyn, Vaughn –, todos falecidos. As memórias a absorvem. À sua própria maneira, ela ignora as memórias ruins e as substitui por boas. Ao buscar conforto, ela se aproxima do grande piano, senta-se no banquinho e corre os dedos pelas teclas. Então fecha os olhos e canta. O conforto vem. Ela ouve a própria voz como limpa e clara. A voz dela pode estar mais trêmula com a idade, mas é imortal, profunda e perfeitamente sua.

AGRADECIMENTOS

Minha gratidão a Michael Pietsch, meu editor esplêndido John Parsley, meu agente esplêndido David Vigliano, Malin von Euler-Hogan, meus muitos entrevistados – especialmente Earline Franklin, Brenda Corbett e Sabrina Owens –, Dick Alen, Alan Elliott, Stephen Paley e Harry Weinger.

Roberta Ritz e Aaron Cohen trabalharam arduamente para fornecer pesquisa crítica. Sou profundamente grato aos dois.

Muito amor para a minha família – Roberta, Alison, Jessica, Charlotte, os Nins, James, Isaac, Henry, Jim, Esther e Elizabeth e todos os sobrinhos e sobrinhas.

Muito amor para os meus queridos amigos – Tavis Smiley, Alan Eisenstock, Harry Weinger, Herb Powell e todos na equipe da manhã de terça-feira.

Obrigado, Jesus.

NOTAS

Capítulo Um

Entrevistas

Bobby Blue Bland, Jesse Jackson, Marvin Gaye, James Cleveland, Carolyn Franklin, B.B. King, Cecil Franklin, Erma Franklin, Aretha Franklin, Ruth Bowen

Livros

Franklin, Aretha; com David Ritz. *Aretha: From These Roots*, 1999.
Heilbut, Anthony. *The Fan Who Knew Too Much*, 2012.

Capítulo Dois

Entrevistas

Aretha Franklin, Cecil Franklin, Anna Gordy, Smokey Robinson, Buddy Guy, Erma Franklin, Carolyn Franklin, James Cleveland

Capítulo Três

Entrevistas

Ruth Bowen, Erma Franklin, Billy Preston, James Cleveland, B.B. King, Aretha Franklin, Cecil Franklin, James Cleveland

Livros

Salvatore, Nick. *Singing In a Strange Land*, 2005.

Ward, Willa. *How I Got Over*, 1997.

Capítulo Quatro

Entrevistas

Ray Charles, Billy Preston, Ruth Bowen, Etta James, Jerry Wexler, Carl Bean, Aretha Franklin, Vaughn Franklin, Erma Franklin, Cecil Franklin, Carolyn Franklin, James Cleveland, Johnny Taylor

Livros

Wexler, Jerry; com David Ritz. *Rhythm and the Blues*, 1993.

Capítulo Cinco

Entrevistas

Jerry Wexler, Aretha Franklin, Carolyn Franklin, Cecil Franklin, James Cleveland, John Hammond, Brenda Corbett, Erma Franklin

Gravações

Songs of Faith. Chess Records, 1956

Artigos

"Blast on Gospel Singers' Style Pits Baker Against Clara Ward." *Chicago Defender*, 26 de novembro de 1955

"Disc by Detroit Minister on Top." *Chicago Defender*, 20 de outubro de 1956

Livros

Salvatore, Nick. *Singing in a Strange Land*, 2005.

Capítulo Seis

Entrevistas

James Cleveland, Ray Charles, Oscar Peterson, James Cleveland, Erma Franklin, Johnny Taylor, Cecil Franklin, Carolyn Franklin

Capítulo Sete

Entrevistas

Cecil Franklin, Aretha Franklin, Phil Moore, Major Holley, Jerry Wexler, John Hammond, Aretha Franklin, Harvey Fuqua, Carolyn Franklin, Carmen McRae

Gravações

Aretha, Columbia, 1961

Artigos

Resenhas de "Love Is the Only Thing" e "Today I Sing the Blues." Billboard, 26 de setembro de 1960
Resenhas de "It Won't Be Long" e "Right Now." *Billboard*, 26 de dezembro de 1960
Maher, Jack. "Aretha Franklin Debs at Vanguard." *Billboard*, 17 de outubro de 1960

Capítulo Oito

Entrevistas

Aretha Franklin, Erma Franklin, Carolyn Franklin, Bettye LaVette, Etta James, Erma Franklin, Carolyn Franklin, Cecil Franklin, Harvey Fuqua, Joe Newman, Quincy Jones,

Gravações

The Electrifying Aretha Franklin. Columbia, 1962

Artigos

"New York Beat." *Jet*, 4 de maio de 1961
Franklin ranks as top "New Star Female Vocalist." *DownBeat*, 3 de agosto de 1961
"From Gospel to Jazz Is Not Disrespect for the Lord!" *New York Amsterdam News*, 26 de agosto de 1961

Livros

LaVette, Bettye; com David Ritz. *A Woman Like Me*, 20012

Capítulo Nove

Entrevistas

Carolyn Franklin, Erma Franklin, Bobby Scott, Aretha Franklin, Jerry Wexler, Phil Walden, Cecil Franklin, Etta James, Sarah Vaughan, Bobby Scott

Gravações

The Tender, The Moving, The Swinging Aretha Franklin. Columbia, 1962
Laughing on the Outside. Columbia, 1963
Unforgettable: A Tribute to Dinah Washington. Columbia, 1964
Laughing on the Outside. Columbia, 1963

Artigos

Maher, Jack. "Newport '62 A Swinging Affair." *Billboard*, 21 de julho de 1962
Resenhas de "Just for a Thrill" e "Try a Little Tenderness." *Billboard*, 11 de agosto de 1962
"People Are Talking About." *Jet*, 29 de novembro de 1962
"People Are Talking About." *Jet*, 13 de junho de 1963

Livros

Kelley, Robin D. G. *Thelonious Monk*, 2010.
Freeman, Scott. *Otis!*, 2001.
Cohodas, Nadine. *Queen*, 2004.

Capítulo Dez

Entrevistas

Etta James, Aretha Franklin, Ruth Bowen, Erma Franklin, John Hammond, Clyde Otis

Gravações

Unforgettable: A Tribute to Dinah Washington, Columbia, 1964

Artigos

"The Swingin' Aretha." *Ebony*, março de 1964

Capítulo Onze

Entrevistas

Clyde Otis, Jerry Wexler, John Hammond, Carolyn Franklin, Cecil Franklin, Erma Franklin

Gravações

Runnin' Out of Fools, 1964

Artigos

Scott, Roger. "Nashville Scene." *Billboard*, 29 de maio de 1965

Capítulo Doze

Entrevistas

Jerry Wexler, Jimmy Johnson, Ruth Bowen, Erma Franklin, Carolyn Franklin, Roger Hawkins, Dan Penn, Rick Hall, Tommy Dowd, Cecil Franklin, Luther Vandross, Aretha Franklin

Gravações

I Never Loved a Man the Way I Love You, Atlantic, 1967

Artigos

Franklin Signs Exclusive Contract with Atlantic. *Billboard*, 3 de dezembro de 1966

Livros

Wexler, Jerry; com David Ritz. *Rhythm and the Blues*, 1993

Capítulo Treze

Entrevistas

Carmen McRae, Jerry Wexler, Earline Franklin, Cecil Franklin, Ray Charles, Ruth Bowen, Erma Franklin, Carolyn Franklin, Joe South, Nat Hentoff

Gravações

I Never Loved a Man the Way I Love You, Atlantic, 1967
Aretha Arrives, Atlantic, 1967

Artigos

Franklin recovering from broken arm. *Jet*, 18 de maio de 1967

Franklin appears at tribute to her father. *Time*, 29 de junho de 1967

Capítulo Catorze

Entrevistas

Jerry Wexler, Arif Mardin, Carolyn Franklin, Erma Franklin, Ruth Bowen

Gravações

Lady Soul, Atlantic, 1968

Artigos

Franklin recuperating from eye injury. *Jet*, 14 de dezembro de 1967

Higgins, C. "People Are Talking.About." Franklin's new house. *Jet*, 28 de dezembro de 1967

Capítulo Quinze

Entrevistas

Carolyn Franklin, Jerry Wexler, Cecil Franklin, Arif Mardin, Tommy Dowd, David Newman, Erma Franklin, Ruth Bowen, Carmen McRae

Gravações

Lady Soul, Atlantic, 1968

Aretha Now, 1968

Aretha Franklin: Soul '69, Atlantic, 1969

Aretha in Paris, Atlantic, 1968

Aretha's Gold, Atlantic, 1969

Artigos

"Unsound Thing Happened to Aretha at the Forum" *Billboard*, 3 de fevereiro de 1968

"Atlantic Signs Aretha to New Longterm Pact." *Billboard*, 4 de maio de 1968

Franklins Signs New Longterm Pact with Atlantic. *Jet*, 9 de maio de 1968

"Lady Soul Singing It Like It Is." *Time*, 28 de junho de 1968 (capa)

Ochs, Ed. "From Sermons on Sunday to All-Day Success." *Billboard*, 13 de julho de 1968
Higgins, C. Franklin's Weight Problem. "People Are Talking About." *Jet*, 22 de agosto de 1968
Ochs, Ed. Cecil Franklin takes over Franklin's management from Ted White. "Soul Sauce." *Billboard*, 12 de outubro de 1968
Franklin arraigned in traffic court for reckless driving and an expired driver's license. *Jet*, 12 de dezembro de 1968

Capítulo Dezesseis

Entrevistas

Dennis Edwards, Erma Franklin, Carolyn Franklin, Jerry Wexler, Cecil Franklin, Brenda Corbett, Ruth Bowen

Gravações

Aretha Now, Atlantic, 1968
This Girl's In Love with You, Atlantic, 1970
Spirit in the Dark, Atlantic, 1970

Artigos

"Franklin asked to write Carolyn Franklin's liner notes". *Jet*, 3 de abril de 1969
Ochs, Ed. "Soul Sauce." Plans for "Soul Bowl '69." *Billboard*, 17 de maio de 1969
Higgins, C. Franklin's whereabouts a mystery. "People Are Talking About." *Jet*, 10 de julho de 1969
Franklin's stay in Ford Hospital. *Jet*, 24 de julho de 1969
"Aretha Franklin Fined $50." *New York Times*, 26 de julho de 1969
"Aretha Franklin Forfeits Bond; Pays $50 fine." *Jet*, 7 de agosto de 1969

Capítulo Dezessete

Entrevistas

Carolyn Franklin, Jerry Wexler, Cecil Franklin, Earline Franklin, Joel Dorn, Ruth Bowen, Erma Franklin, Stan Getz, Billy Preston

Gravações

Aretha Franklin: Rare and Unreleased Recordings from the Golden Age of Soul, Rhino, 2007

Spirit in the Dark, Atlantic, 1970
Young, Gifted and Black, *Atlantic*, 1972

Artigos
"Sam Cook's Brother, Charles, Is Shot In Detroit." *Jet*, 15 de janeiro de 1970
"Aretha Falls Ill in St. Louis; Is Treated In New York." *Jet*, 16 de julho de 1970
Higgins, C. Franklin back from European tour. "People Are Talking About." *Jet*, 15 de setembro de 1970
"Aretha Says She'll Go Angela's Bond If Permitted." *Jet*, 3 de dezembro de 1970
Higgins, C. Franklin family forming charitable foundation. "People Are Talking About." *Jet*, 24 de dezembro de 1970

Capítulo Dezoito

Entrevistas
Carolyn Franklin, Erma Franklin, Ruth Bowen, Cecil Franklin, Jerry Wexler, Billy Preston, Brenda Corbett, Claude Nobbs

Gravações
Young, Gifted and Black, *Atlantic*, 1972
Let Me in Your Life, Atlantic, 1974

Artigos
"Aretha Denies Being Told Not to Perform to Aid Angela Davis." *Jet*, 27 de maio de 1971
Dove, Ian. Resenha do Franklin's Apollo Theater Concert. *Billboard*, 12 de junho de 1971
'Soul Queen Fumes Over Treatment By Italian Cops." *Jet*, 15 de julho de 1971
Jet, "Aretha Ignores Critics; Resets South African Tour, January, 1972." 29 de julho de 1971
Heckman, Don. "Spell on Audience is Cast at Garden by Aretha Franklin." *New York Times*, 24 de outubro de 1971
Sanders, Charles L. "Aretha: A Close-up Look at Sister Superstar." *Ebony*, dezembro de 1971 (matéria de capa)

Livros
Pleasants, Henry. *The Great American Popular Singers*, 1974.

Capítulo Dezenove

Entrevistas

Jerry Wexler, James Cleveland, Marvin Gaye, Cecil Franklin, Carolyn Franklin, Carmen McRae, Billy Preston

Gravações

Aretha Franklin: Rare and Unreleased Recordings from the Golden Age of Soul, Rhino, 2007
Spirit in the Dark, Atlantic, 1970
Young, Gifted and Black, Atlantic, 1972
Amazing Grace, Atlantic, 1972

Livros

Cohen, Aaron. *Amazing Grace*, 2011.

Capítulo Vinte

Entrevistas

Billy Preston, Cecil Franklin, Jerry Wexler, Aretha Franklin, Erma Franklin, Ruth Bowen

Gravações

Aretha Franklin: Rare and Unreleased Recordings from the Golden Age of Soul, Rhino, 2007
Aretha Franklin: Soul'69, Atlantic, 1969
Hey Now Hey (The Other Side of the Sky), Atlantic, 1973
Amazing Grace, Atlantic, 1972

Artigos

"*Jackson PUSHes On.*" *Time*, 3 de janeiro de 1972
M. Cordell Thompson. "Aretha is Rocking Steady Now." *Jet*, 9 de março de 1972
Van Matre, Lynn. Resenha de um show de Franklin no Arie Theater, Chicago. *Chicago Tribune*, 12 de junho de 1972
"Aretha To Entertain Inmates Here." *Chicago Tribune*, 12 de junho de 1972
Franklin's diet and exercise regimen. *Jet*, 24 de agosto de 1972

Livros

Jones, Quincy. *Q: The Autobiography of Quincy Jones*, 2001.

Capítulo Vinte e Um

Entrevistas

Ruth Bowen, Cecil Franklin, Jerry Wexler, Earline Franklin, Erma Franklin, Norman Dugger, Gene Page, Brenda Corbett

Gravações

Amazing Grace, Atlantic, 1972
Hey Now Hey (The Other Side of the Sky), Atlantic, 1973
Let Me in Your Life, Atlantic, 1974
With Everything I Feel in Me, Atlantic, 1974
You, Atlantic, 1975

Artigos

"Franklin and Ken Cunningham scouting locations for a film in which she will star and he will direct". *Jet*, 12 de outubro de 1972
"Aretha Franklin's 'Mini Meals' Diet Helps Shed Pounds." *Jet*, 29 de março de 1973
"Aretha Buries Rumors About 'Going Crazy." *Jet*, 12 de abril de 1973
Berry, William Earl. Rumor that Franklin has semi-nude scene in film. "People Are Talking About." *Jet*, 12 de abril de 1973
Franklin pays surprise Easter visit to Canaan Baptist Church in Harlem. "New York Beat." *Jet*, 17 de maio de 1973
Franklin returns from yacht cruise. "New York Beat." *Jet*, 31 de janeiro de 1974
Franklin's stellar performance at the Auditorium Theater, Chicago. *Jet*, 21 de março de 1974
Rockwell, John. "Aretha Franklin Opens at The Apollo. *New York Times*, 10 de março de 1974
Ken Cunningham has written a script. *Jet*, 28 de março de 1974
Thompson, M. Cordell. "A Visit With Aretha Frankin." *Jet*, 2 de maio de 1974 (matéria de capa)
"First Lady of Talent Booking." *Ebony*, Junho de 1974 (matéria de capa com Ruth Bowen)
"The New Aretha." *Ebony*, Outubro de 1974 (matéria de capa)
Schooling of Franklin's sons Clarence and Edward. *Jet*, 9 de junho de 1975
Resenha de um show no Westchester Premier Theater, *Billboard*, 14 de junho de 1975
Franklin back in New York. "New York Beat." *Jet*, 25 de setembro de 1975

CAPÍTULO VINTE E DOIS

Entrevistas

Ruth Bowen, Carolyn Franklin, Cecil Franklin, Erma Franklin, Jerry Wexler, Natalie Cole, Jeffrey Kruger

Gravações

Sparkle, Atlantic, 1976
Sweet Passion, Atlantic, 1977

Artigos

Lucas, Bob. "Looking Ahead with Aretha Franklin. *Jet*, 26 de fevereiro de 1976 (matéria de capa)
Ken Cunningham aiming for a filmmaking career. "New York Beat." Jet, 22 de abril de 1976
Burgess, Ace. "Aretha Franklin's Hidden Asset: Her Brother Cecil." *Jet*, 15 de julho de 1976
"Aretha Franklin, Her Soul Mate End Their Love Match." *Jet*, 12 de agosto de 1976
"Still On a Throne, Aretha Loses Weight, Looks Ahead. *Jet*, 23 de junho de 1977
Brow, Geoff. Franklin going out with Glynn Turman. "People Are Talking About." *Jet*, 28 de julho de 1977
"Aretha Franklin's Soulmate Upset About Romance Rumors." *Jet*, 28 de julho de 1976
"Is There Room at The Top For Big Three Of Song?" *Jet*, 15 de setembro de 1977
Aretha to perform in England. Jet, 22 de outubro de 1977
"U.K. Pact Flap Axes Aretha Gig." Billboard, 3 de dezembro de 1977
Foto de Franklin e Glynn Turman. *Jet*, 29 de dezembro de 1977
Resenha crítica de show em Paris. *Billboard*, 21 de janeiro de 1978

Livros

Cole, Natalie; com David Ritz. *Love Brought Me Back: A Journey of Loss and Gain*, 2010.

CAPÍTULO VINTE E TRÊS

Entrevistas

Carolyn Franklin, Erma Franklin, Cecil Franklin, Jerry Wexler

Gravações
Sweet Passion, Atlantic, 1977
Sparkle, Atlantic, 1976
Almighty Fire, Atlantic, 1978

Artigos
"A Fabulous Party — Until Somebody Stole the Doves." *Jet*, 11 de maio de 1978
Anúncio de pátina inteira. *Variety*, 20 de junho de 1978
"Aretha and Glynn." *Ebony*, Julho de 1978
Williams, Jean. "Los Angeles Aretha Fete a Puzzler." *Billboard*, 22 de julho de 1978

Capítulo Vinte e Quatro

Entrevistas
Cecil Franklin, Ahmet Ertegun, Ruth Bowen, Carolyn Franklin, Jerry Wexler

Gravações
La Diva, Atlantic, 1979

Artigos
"Aretha Adopts New Lifestyle With New Family." *Jet*, 25 de janeiro de 1979 (matéria de capa)
Resenha de Jean William do concerto de Franklin no Harrah's Lake Tahoe. *Billboard*, 10 de fevereiro de 1979
Foto com Jimmy e Roslyn Carter. *Jet*, 29 de março de 1979

Capítulo Vinte e Cinco

Entrevistas
Carolyn Franklin, Erma Franklin, Cecil Franklin, Ruth Bowen, Arif Mardin, Aretha Franklin

Gravações
Aretha, Arista, 1980

Artigos

Review of performance at Kool Jazz Festival, New Jersey. *Billboard*, 25 de agosto de 1979

Franklin appears at a benefit concert for C.L. Franklin in Detroit. *Jet*, 17 de abril de 1980

Jean Williams. Franklin's questionable costumes. "Counterpoint." *Billboard*, 26 de julho de 1980

Franklin's weight loss. *Jet*, 15 de novembro de 1980

Franklin's contract worth $9 million. *Ebony*, Janeiro de 1981

Palmer, Robert. "Aretha Franklin, With Feeling and Fireworks." *New York Times*, 27 de fevereiro de 1981

Franklin rates her top man, *Ebony*, 1981

Capítulo Vinte e Seis

Entrevistas

Arif Mardin, Cecil Franklin, Luther Vandross, Erma Franklin, Aretha Franklin, Carolyn Franklin

Gravações

Love All the Hurt Away, Arista, 1981

Jump to It, Arista, 1982

Artigos

Stephen Holden reviews *Love All the Hurt Away*. *New York Times*,11 de outubro de 1981

Chenault, Julie. "Aretha Tells Why Weight Doesn't Worry Her Anymore." *Jet*, 17 de setembro de 1981 (matéria de capa)

Resenha de *Jump to It*. *Billboard*, July 31, 1982

Nelson George review of Franklin at Superfest. *Billboard*, 25 de setembro de 1982

Franklin comments on father's health. *Jet*, 9 de agosto de 1982

Dissolution of Franklin-Turman marriage. "Celebrity Beat." *Jet*, 23 de agosto de 1982

Capítulo Vinte e Sete

Entrevistas
Carolyn Franklin, Cecil Franklin, Ruth Bowen, Aretha Franklin, Erma Franklin

Gravações
Jump to It, Arista, 1982

Artigos
"Aretha Franklin Sponsors 2nd Annual Artist's Ball to Benefit Comatose Dad." *Jet*, 7 de novembro de 1983
Franklin to sue Arista. *Jet*, 21 de novembro de 1983

Capítulo Vinte e Oito

Entrevistas
Earline Franklin, Erma Franklin, Carolyn Franklin, Ruth Bowen, Cecil Franklin, Narada Michael Walden, Luther Vandross, Jerry Wexler

Gravações
Who's Zoomin' Who?, Arista, 1985

Artigos
Graff, Gary. "Aretha Franklin: The Queen of Soul Decides 'It's Time To Get Back To It,." *Chicago Tribune*, 24 de fevereiro de 1985
Franklin's fear of flying over. *Jet*, 25 de fevereiro de 1985
Grein, Paul. *Freeway of Love* tops charts. "Chart Beat. *Billboard*, 3 de agosto de 1985
George, Nelson. *Who's Zoomin' Who?*'s success. "The Rhythm and the Blues." *Billboard*, 7 de dezembro de 1985

Capítulo Vinte e Nove

Entrevistas
Jerry Wexler, Erma Franklin, Carolyn Franklin, Aretha Franklin, Ray Charles, Luther Vandross, Brenda Corbett, Cecil Franklin, Ruth Bowen, Dick Alen

Gravações
Aretha, Arista, 1986

Artigos
Resenha de *Aretha* por Jon Pareles. *New York Times*, 2 de novembro de 1986
Franklin doesn't travel by plane. George, Nelson. "The Rhythm and the Blues. *Billboard*, 19 de julho de 1986

Livros
Richards, Keith, e James Fox. *Life*, 2010.

Capítulo Trinta

Entrevistas
Cecil Franklin, Brenda Corbett, James Cleveland, Erma Franklin, Ruth Bowen, Ahmet Ertegun

Gravações
One Lord, One Faith, One Baptism, Arista, 1987

Artigos
Resenha de John Rockwell de *One Lord, One Faith, One Baptism*. *New York Times*, 13 de dezembro de 1987
Foto de Franklin em um baile de máscaras anual. *Jet*, 22 de agosto de 1988

Livros
Bego, Mark. *Aretha Franklin: Queen of Soul*, 2001.

Capítulo Trinta e Um

Entrevistas
Ruth Bowen, Jerry Wexler, Erma Franklin, Luther Vandross

Gravações
Through the Storm, Arista, 1989

Livros

Franklin, Aretha; com David Ritz. *Aretha: From These Roots*, 1999

Capítulo Trinta e Dois

Entrevistas

Erma Franklin, Dick Alen, Arif Mardin, Oliver Leiber, Aretha Franklin, Ruth Bowen, Vaughn Franklin, Jerry Wexler, Carmen McRae, Phil Ramone, Arif Mardin

Gravações

What You See is What You Sweat, Arista, 1991

Amazing Grace, Atlantic, 1972

Aretha Franklin Greatest Hits 1989-1994, Arista, 1994

Duets by Frank Sinatra. Capitol, 1993, "What Now My Love"

A *Tribute to Curtis Mayfield* by Various Artists. Warner Brothers, 1994, "The Makings of You"

Artigos

"New York Magistrate Rules Aretha Should Pay $230,000 For Backing Out on Play." *Jet*, 19 de fevereiro de 1990

Pareles, John. "The Unpredictable Aretha Franklin." *New York Times*, 11 de agosto de 1990

"Aretha Franklin Talks About Men in Her Life And Sings Songs About Them." *Jet*, 19 de agosto de 1991 (matéria de capa)

Holden, Stephen. "Aretha Franklin Almost Turns a Concert Into A Fashion Show." *New York Times*, 16 de setembro de 1991

"IRS Puts $225,000 Tax Lien On Aretha Franklin's Home." *Jet*, 14 de dezembro de 1992

Bellafante, Gina. "Respect? Fur-get It." *Time*, 1º de fevereiro de 1993

Pareles, Jon. "Aretha Franklin In Stellar Company And On Her Own." *New York Times*, 29 de abril de 1993

"Aretha Blasts Columnist Over Quips About Gown." *Jet*, 31 de maio de 1993

Livros

Franklin, Aretha; com David Ritz. *Aretha: From These Roots*, 1999

Davis, Clive; com Anthony De Curtis. *The Soundtrack of My Life*, 2012

Capítulo Trinta e Três

Entrevistas

Aretha Franklin, Vaughn Franklin, Erma Franklin, Ruth Bowen, Ray Charles, Jerry Wexler

Gravações

Waiting to Exhale: Original Soundtrack Album by Various Artists, Arista, 1995, "It Hurts Like Hell."

A Rose Is Still a Rose. Arista, 1998

Diana: Princess of Wales Tribute by Various Artists, Sony Records, 1997, "I'll Fly Away"

What You See is What You Sweat, Arista, 1991

Artigos

Bronson, Fred. "Chart Beat." *Billboard*, 14 de maio de 1994

Janet Jackson beats Franklin's record for gold singles. *Jet*, 29 de agosto de 1994

Holden, Stephen. "Playful Aretha Franklin Plums Roots of Soul." *New York Times*, 5 de novembro de 1994

Nathan, David. "Veteran Divas Find New Audiences." *Billboard*, 19 de novembro de 1994

Randolph, Laura B. "Aretha Talks About Men, Marriage, Music and Motherhood." *Ebony*, Abril de 1995 (matéria de capa)

Himes, Geoffrey. Review of "It Hurts like Hell," from *Exhale* soundtrack. *Washington Post, 29 de novembro de 1995*

Foto com Arthur Mitchell no Kennedy Center. *Jet*, 27 de maio de 1996

"Pareles, Jon. Soaring on Passion, Rooted in Gospel." *New York Times*. 28 de junho de 1996

Waldron, Clarence. "Aretha Franklin Still Gets R-E-S-P-E-C-T ." *Jet*, 7 de outubro de 1996 (cover story)

Reynolds, J.R. "The Rhythm and the Blues." *Billboard*, 26 de abril de 1998

Flick, Larry. Review of "A Rose Is Still A Rose." *Billboard*, 7 de fevereiro de 1998

Bronson, Fred. "Chart Beat." *Billboard*, 14 de fevereiro de 1998

Christgau, Robert. Review of *A Rose Is Still A Rose*. *Village Voice*, 17 de março de 1998

Resenha de *A Rose Is Still a Rose*. *Rolling Stone*, 19 de março de 1998

Livros

Franklin, Aretha; com David Ritz. *Aretha: From These Roots*, 1999

Knight, Gladys. *Between Each Line of Pain and Glory: My Life Story*. Hyperion, 1998

Ward-Royster, Willa, as told to Toni Rose. *How I Got Over: Clara Ward and the World-Famous Ward Singers*. Temple University Press, 1997

Capítulo Trinta e Quatro

Entrevistas

Vaughn Franklin, Aretha Franklin, Jerry Wexler, Eric Keil, Ruth Bowen

Gravações

Blues Brothers 2000. Universal Records, 1998

"Respect"

Jewels in the Crown: All-Star Duets with the Queen, 2007

"Nessun Dorma"

Artigos

Flick, Larry. "The Grammy's: Big Winds, Big Buzz." *Billboard*, 7 de março de 1998

Bronson, Fred. "Chart Beat." *Billboard*, 14 de março de 1998

Bronson, Fred. "Chart Beat." *Billboard*, 21 de março de 1998

Waldron, Clarence. "Aretha Franklin Talks About Being a Diva*Battle With Weight*Why She Wants To Do More Movies* Mystery Man In Her Life." *Jet*, May 18, 1998 (matéria de capa)

Franklin listed as one of the most influential people of the 20th Century. *Time*, 8 de junho de 1998

"Arista's Record Year." Billboard, 25 de julho de 1998

Norment, Lynn. "Aretha Roars Back and Gets R-E-S-P-E-C-T." *Ebony*, agosto de 1998

Capítulo Trinta e Cinco

Entrevistas

Erma Franklin, Ruth Bowen

Artigos

"Why Doesn't Aretha Pay Her Bills?" *Detroit Free Press*, 15 de fevereiro de 1999

"Franklin Calls Story on Alleged Financial Woes 'Malicious And Vicious.'" *Jet*, 8 de março de 1999

Franklin performs at the White House Correspondents Association Dinner. *New York Times*, 3 de maio de 1999

Mitchell, Gail. "Aretha Pairs Up For Set Of Duets And Turns Author." *Billboard*, 29 de julho de 1999

Aretha: From These Roots on *New York Times Best Sellers List (Hardcover Non-Fiction)*, 24 de setembro de 1999

Livros

Franklin, Aretha; com David Ritz. *Aretha: From These Roots*, 1999

Capítulo Trinta e Seis

Entrevistas

Jerry Wexler. Ruth Bowen, Dick Alen, Aretha Franklin, Ahmet Ertegun, Erma Franklin, Sabrina Owens, Earline Franklin

Gravações

Jewels In The Crown: All-Star Duets with The Queen. Arista, 2007

A Woman Falling Out of Love. Aretha's Records, 2011

Artigos

Resenha do álbum *Duets*. Mitchell, Gail. "The Rhythm and the Blues." *Billboard*, 25 de março de 2000

Ratliff, Ben. "What Aretha Wants And Needs She Doesn't Always Get." *New York Times*, 26 de junho de 2000

Franklin will sue *Star* for article disparaging her. *Detroit Free Press*, 29 de novembro de 2001

Livros

Cole, Natalie; com Digby Diehl. *Angel On My Shoulder*, 2000.

Capítulo Trinta e Sete

Entrevistas

Ruth Bowen, Troy Taylor, Gordon Chambers, Burt Bacharach, Aretha Franklin, Earline Franklin

Artigos

Pareles, Jon. Resenha de "The Only Thing Missing." *New York Times*, 29 de junho de 2003
Bronson, Fred. "Missing No More." *Billboard*, 19 de julho de 2003
Waldron, Clarence. "Aretha Franklin Returns with Soulful CD, 'So Damn Happy.'" *Jet*, 29 de setembro de 2003 (matéria de capa)
"The Queen Still Reigns." Ebony, Março de 2004
Waldron, Clarence. "Queen Of Soul Aretha Franklin Proclaims Today's New R&B Royalty." *Jet*, 25 de junho de 2007
Pareles, Jon. "The Queen of Soul Takes Control." *New York Times*, 4 de novembro de 2007
Waldron, Clarence. "Life on the Road Forces The Queen of Soul to Find a New Strategy in Her Battle With Weight." *Jet*, 19 de novembro de 2007 (matéria de capa)
"Aretha Franklin Refuses to Share Her Royal Title." *Jet*, 3 de março de 2008
Franklin named greatest singer of the rock era. *Rolling Stone*, novembro de 2008
"Diva's Duet." *Jet*, 23 de agosto de 2010

Gravações

Jewels in the Crown: All-Star Duets With the Queen. Arista, 2000
So Damn Happy. Arista, 2003
This Christmas. Rhino Records, 2009
A Woman Falling Out of Love. Aretha's Records, 2011

Livros

Franklin, Aretha; com David Ritz. *Aretha: From These Roots*, 1999.

Capítulo Trinta e Oito

Entrevistas

Rashod Ollison, Ruth Bowen, Cheryl Pawelski, Earline Franklin, Aretha Franklin

Gravações

A *Woman Falling Out of Love*. Aretha's Records, 2011

Artigos

Franklin discusses her inauguration hat. Franklin, Aretha. *Newsweek*, 12 de março de 2012

"Aretha Franklin Cancer." *National Enquirer*. 8 de dezembro de 2010

Shipp, Patricia. "Aretha Cancer Tragedy." *National Enquirer*, 20 de dezembro de 2010 [Chamada de capa: "Aretha Franklin 6 Months to Live!"]

Waldron, Clarence. "Aretha Franklin: The Lord Will Bring Me Through." *Jet*, 10 de janeiro de 2011

Franklin notes lifestyle changes. "It's a New Chapter in My Life." *Jet*, 7 de março de 2011

Hermes, Will. Resenha de A *Woman Falling Out of Love*. *Rolling Stone*, 26 de maio de 2011.

Composer Norman West sues Franklin. *Billboard*, 2 de agosto de 2011

Franklin sings at same-sex wedding. *New York Times, 20 de outubro de 2011*

Franklin announces she is marrying Willie Wilkerson. *Associated Press*, 6 de janeiro de 2012

Livros

Franklin, Aretha; com David Ritz. *Aretha: From These Roots*, 1999.

Capítulo Trinta e Nove

Entrevistas

Earline Franklin, Brenda Corbett, Aretha Franklin

Artigos

Resenha do Essence Music Festival. Ratliff, Ben. *New York Times*, 9 de julho de 2012

Franklin interested in being "American Idol" judge. Reuters, 15 de julho de 2012

REFERÊNCIAS BIBLIOGRÁFICAS

Bego, Mark. *Aretha Franklin: Queen of Soul*. New York: Da Capo, 1989.

Boyer, Clarence, e Lloyd Yearwood. *How Sweet the Sound: The Golden Age of Gospel*. Washington, D.C.: Elliott & Clark, 1995.

Branch, Taylor. *At Canaan's Edge: America in the King Years, 1965-1968*. New York: Simon & Schuster, 2006.

Charles, Ray, e David Ritz. *Brother Ray*. New York: Dial Press, 1978.

Carpenter, Bill. *Uncloudy Days: The Gospel Music Encyclopedia*. San Francisco: Backbeat Books, '05.

Cohen, Aaron. *Amazing Grace*. New York: Continuum, 2011.

Cohodas, Nadine. *Queen: The Life and Music of Dinah Washington*. New York: Pantheon, 2004.

Cole, Natalie, com Digby Diehl. *Angel on My Shoulder*. New York: Grand Central Publishing, 2000.

Cole, Natalie, com David Ritz. *Love Brought Me Back: A Journey of Loss and Gain*. New York: Simon & Schuster, 2010.

Davis, Clive, com Anthony DeCurtis. New York: Simon & Schuster, 2012.

Dobkin, Matt. *I Never Loved a Man the Way I Love You: Aretha Franklin, Respect and the Making of a Soul Music Masterpiece*. New York: St. Martin's, 2004.

Farley, Charles. *Soul of the Man: Bobby "Blue" Bland*. Jackson, MS: University Press of Mississippi, 2011.

Freeman, Scott. *Otis!* New York: St. Martin's, 2001.

Franklin, Aretha, e David Ritz. *Aretha: From These Roots*. New York: Villard, 1999.
Franklin, Rev. C.L. *Give Me This Mountain: Life History and Selected Sermons*. Jeff Todd Tilton, ed. Urbana, IL: University of Illinois Press, 1989.
Heilbut, Anthony. *The Fan Who Knew Too Much: Aretha Franklin, the Rise of the Soap Opera, Children of the Gospel Church and Other Meditations*. New York: Knopf, 2012.
Heilbut, Tony. *The Gospel Sound: Good News and Bad Times*. New York: Simon & Schuster, 1975.
James, Etta, e David Ritz. *Rage to Survive*. New York: Villard, 1995.
Jones, Quincy. *Q: The Autobiography of Quincy Jones*. New York: Doubleday, 2001.
Kelley, Robin D. G. *Thelonious Monk: The Life and Times of An American Original*. New York: Free Press, 2009.
King, B.B., com David Ritz. *Blues All Around Me: The Autobiography of B.B. King*. New York: Avon Books, 1996.
Knight, Gladys. *Between Each Line of Pain and Glory: My Life Story*. New York: Hyperion, 1997.
LaVette, Bettye, com David Ritz. *A Woman Like Me*. New York: Blue Rider Press, 2013.
Pleasants, Henry. *The Great American Popular Singers*. New York: Simon & Schuster, 1974.
Prial, Dunstan. *The Producer: John Hammond and the Soul of American Music*. New York: Farrar, Strauss and Giroux, 2006.
Richards, Keith, com James Fox. *Life*. New York: Little, Brown, 2010.
Ritz, David. *Divided Soul: The Life of Marvin Gaye*. New York: McGraw-Hill, 1985.
Robinson, Smokey. *Smokey: Inside My Life*. New York: McGraw-Hill, 1989.
Salvatore, Nick. *Singing in a Strange Land: C.L. Franklin, the Black Church and the Transformation of America*. New York: Little, Brown, 2005.
Schwerin, Jules. *Got to Tell It: Mahalia Jackson, Queen of Gospel*. New York: Oxford University Press, 1992.
Seymour, Craig. *Luther: The Life and Longing of Luther Vandross*. New York: HarperCollins, 1994.
Ward-Royster, Willa, as told to Toni Rose. *How I Got Over: Clara Ward and the World-Famous Ward Singers*. Philadelphia: Temple University Press, 1997.
Wexler, Jerry, e David Ritz. *Rhythm and the Blues: A Life in American Music*. New York: Knopf, 1993.

DISCOGRAFIA SELECIONADA

compilado por Roberta Ritz

Álbuns na Chess Records

Songs of Faith (1957)

Álbuns na Columbia Records

Aretha (1961)
The Electrifying Aretha Franklin (1962)
The Tender, The Moving, The Swinging Aretha Franklin (1962)
Laughing on the Outside (1963)
Unforgettable: A Tribute to Dinah Washington (1964)
Runnin' Out of Fools (1964)
Yeah!!! In Person With Her Quartet (1965)
Soul Sister (1965)
Take It Like You Give It (1967)
Aretha Franklin's Greatest Hits (1967)
Take a Look (1967)
Aretha Franklin's Greatest Hits Vol.II (1968)
Soft and Beautiful (1969)
Today I Sing the Blues (1969)
In the Beginning: The World of Aretha Franklin 1960-1967 (1972)
Aretha: The First 12 Sides (1972)
Aretha Franklin: Legendary Queen of Soul (1981)

The Queen in Waiting: The Columbia Years 1960-1965 (2002)
Take a Look: Aretha Franklin Complete on Columbia (Columbia, 2011, box; inclui DVD *Aretha '64! Live on the Steve Allen Show*)

Álbuns na Atlantic Records

I Never Loved a Man the Way I Love You (1967)
Aretha Arrives (1967)
Lady Soul (1968)
Aretha Now (1968)
Aretha in Paris (1968)
Aretha Franklin: Soul '69 (1969)
Aretha"s Gold (1969)
This Girl's in Love With You (1970)
Spirit in the Dark (1970)
Aretha Live at Fillmore West (1971)
Young, Gifted and Black (1972)
Amazing Grace (1972, two-record set)
Hey Now Hey (The Other Side of the Sky) (1973)
Let Me in Your Life (1974)
With Everything I Feel in Me (1974)
You (1975)
Sparkle (1976)
Sweet Passion (1977)
Almighty Fire (1978)
La Diva (1979)
Aretha's Jazz (1984)
Aretha Franklin: 30 Greatest Hits (1986, duplo)
Amazing Grace: The Complete Recordings (1999, duplo)

Álbuns na Arista Records

Aretha (1980)
Love All the Hurt Away (1981)
Jump to It (1982)
Get It Right (1983)
Who's Zoomin' Who (1985)
Aretha (1986)

One Lord, One Faith, One Baptism (1987)
Through the Storm (1989)
What You See Is What You Sweat (1991)
Aretha Franklin Greatest Hits 1980-1994 (1994)
A Rose is Still a Rose (1998)
So Damn Happy (2003)
Jewels in the Crown: All-Star Duets with the Queen (2007)
Knew You Were Waiting: The Best of Aretha Franklin 1980-1988 (2012)

Álbuns na Aretha's Records
A Woman Falling Out of Love (2011)

Álbuns na Rhino Records
Aretha Franklin: Queen of Soul: The Atlantic Recordings (1992, box set)
Rare & Unreleased Recordings from the Golden Reign of the Queen of Soul (2007, two-disc set)
Oh Me Oh My: Aretha Live in Philly, 1972 (2008)
This Christmas (2009)

Participações em outros álbuns
Here's Johnny: Magic Moments from the Tonight Show
Johnny Carson (*Casablanca Records*, 1974)
"Until You Come Back to Me (That's What I'm Gonna Do"

The Blues Brothers: Original Soundtrack Recording, vários artistas (*Atlantic*, 1980)
"Think"

Be Yourself Tonight
Eurythmics (RCA, 1985)
"Sisters Are Doin' It for Themselves"

Malcolm X: Music from the Motion Picture Soundtrack, vários artistas (*Qwest*, 1992)
"Someday We'll All Be Free"

A Very Special Christmas 2, vários artistas
(A&M Records, 1992)
"O Christmas Tree"

Duets
Frank Sinatra (Capitol, 1993)
"What Now My Love"

Sister Act 2: Back in the Habit—Songs from the Original Motion Picture Soundtrack, vários artistas
(Hollywood Records, 1993)
"A Deeper Love"

Grammy's Greatest Moments Volume II, vários artistas
(Atlantic, 1994)
"Respect"

Grammy's Greatest Moments Volume III, vários artistas
(Atlantic, 1994)
"Bridge over Troubled Water"

A Tribute to Curtis Mayfield, vários artistas
(Warner Brothers Records, 1994)
"The Makings of You"

Tapestry Revisited: A Tribute to Carole King, vários artistas
(Atlantic, 1995)
"You've Got a Friend"

Waiting to Exhale: Original Soundtrack Album, vários artistas
(Arista, 1995)
"It Hurts Like Hell"

Jumpin' Jack Flash: Original Movie Soundtrack, vários artistas
(Musicrama, 1995)
"Jumpin' Jack Flash"

Diana Princess of Wales Tribute, vários artistas
(*Sony*, 1997, two-disc set)
"I'll Fly Away"

Blues Brothers 2000: Original Motion Picture Soundtrack, vários artistas
(*Universal*, 1998)
"Respect"

VH1 *Divas Live*, vários artistas
(*Sony*, 1998)
"Chain of Fools," "A Natural Woman," "Testimony"

Mary
Mary J. Blige (MCA *Records*, 1999)
"Don't Waste Your Time"

Ali: Original Soundtrack
(*Interscope*, 2001)
"Ain't No Way"

Forrest Gump: The Soundtrack—Special Collectors' Edition
(*Sony*, 2001, *two-disc set*)
"*Respect*" [1967]

So Amazing: An All-Star Tribute to Luther Vandross, vários artistas
(J *Records*, 2005)
"A House Is Not a Home"

I Gotta Make It
Trey Songz (*Atlantic*, 2005)
"Message from Aretha," "Gotta Make It (Remix)"

Bobby [motion picture soundtrack] vários artistas
(*Island Def Jam*, 2006)
"Never Gonna Break My Faith"

Duets II
Tony Bennett (*Columbia*, 2011)
"How Do You Keep the Music Playing?"

Álbuns selecionados pelo Rev. C. L. Franklin
Hannah the Ideal Mother (Atlanta International, 2006)
The Best of Rev. C. L. Franklin (Jewel Records, 2010)

Álbuns selecionados por Erma Franklin
Super Soul Sister (Brunswick Records, 2003)
Piece of Her Heart: The Epic and Shout Years (SHOUT! Records, 2009)

Álbuns selecionados por Caroline Franklin
Baby Dynamite! (RCA, 1969)
Sister Soul: The Best of the RCA Years 1969-1976 (Ace Records, 2006)

VIDEOGRAFIA E FILMOGRAFIA SELECIONADAS

compilado por Roberta Ritz

Videografia

Aretha Franklin Live at Park West
(*Image Entertainment*, 1985)

Os Irmãos Cara de Pau [Edição de Colecionador]
(Universal, 1998)
"Think" [1980]

Os Irmãos Cara de Pau 2000
(*Universal*, 1998)
"Respect"

VH1 *Divas Live*
(*Sony*, 1998)
"Chain of Fools"
"Natural Woman"

Eurythmics: Greatest Hits
(BMG, 2000)
"Sisters Are Doin' It for Themselves"

25 Years of Hits: Arista Records 25th Anniversary
(*Sunset Home Visual Entertainment*, 2000)
"I Knew You Were Waiting (For Me), "It Hurts Like Hell" and "Freeway of Love" [medley]

Ladies and Gentlemen: The Best of George Michael
(*Sony*, 2000)
"I Knew You Were Waiting (For Me)"

Rhythm, Love and Soul
(SHOUT! RECORDS, 2003)
"Respect"
"At Last"
"Freeway of Love"

More Rhythm, Love and Soul
(SHOUT! RECORDS, 2003)
"Chain of Fools"

This Is Tom Jones
(*Time Life*, 2007, three-disc set)
"I Say a Little Prayer" [1970]
"The Party's Over" [1970]

Take a Look: Aretha Franklin Complete on Columbia
(*Columbia*, 2011, box set)
Inclui DVD *Aretha '64! Live on the Steve Allen Show*
"Lover Come Back to Me" [1964]
"Rock-a-Bye Your Baby with a Dixie Melody" [1964]
"Won't Be Long" [1964]
"Skylark" [1964]
"Evil Gal Blues" [1964]

Aretha Franklin: Live in Paris [1977]
(*Hudson Street*, 2011)
Tony Bennett: Duets II—The Great Performances
(*Sony*, 2012)

Filmografia

Os Irmãos Cara de Pau
(Universal, 1980)

Os Irmãos Cara de Pau 2000
(*Universal*, 1998)

The Zen of Bennett
(*Columbia*, 2012)
[documentário]

*Nota: Datas entre colchetes indicam o lançamento original do material

Este livro foi composto em Novel Pro e impresso em pólen natural 70 g pela gráfica Pallotti, em fevereiro de 2024.

Cartaz gospel dos anos 1950 (Rock and Roll Hall of Fame and Museum, Cleveland, Ohio)

Aretha nos tempos da Columbia, início dos anos 1960

Com John Hammond (Don Hunstein. Sony Music Entertainment)

Com Bob Mersey (Don Hunstein. Sony Music Entertainment)

Aretha nos tempos da Columbia, início dos anos 1960

Clyde Otis e Aretha (Don Hunstein. Sony Music Entertainment)

Aretha nos tempos da Columbia, início dos anos 1960

Com Ted White (Sony Music Entertainment)

A jovem Aretha (Sony Music Entertainment)

Jerry Wexler e Aretha, 1969 (GAB Archive/Redferns/Getty Images)

Duane Allman (em pé), da direita para a esquerda: Tom Dowd, Arif Mardin e Jerry Wexler, 1969 (Stephen Paley/Michael Ochs Archives/Getty Images)

Donny Hathaway e Aretha, 1973 (Espólio de David Gahr/Premium Archive/Getty Images)

Com Glynn Turman, 1978 (Michael Ochs Archives/Getty Images)

With blood, sweat and tears, Ruth Bowen, founder and president of Queen Booking Corp., transformed her once fledgling New York talent/booking agency into a multi-million dollar empire. The agency—named for its first client, the late Dinah Washington, known as the "Queen"—has many of the nation's top black entertainers as clients.

FIRST LADY OF TALENT BOOKING

Ruth Bowen beats odds to gain success in competitive world of show biz careers and contracts

SHE describes herself as "a tough broad, taught by necessity to wheel-and-deal with the best of them" in a business she terms "dirty." Her competitors in the talent agency game think she flatters herself. "Tough? She's more like nails," says one, while another adds, "merciless . . . she's paying back with interest and relish the crap she took getting started in this industry."

She is also described as "my friend as well as my agent and," continues Aretha Franklin, "she is unique in that she cares as much about you, the person, as the you that earns her 10 percent. She tells you straight when she thinks you've gone crooked—on or off stage."

She is Ruth Bowen and there is no precedent for her success. No woman has held as exalted a position in the entertainment industry as she does as founder and now president of Queen Booking Corp., one of America's major talent/booking agencies. Prior to Ruth Bowen, the only black women seen in the halls of such competitors as the William Morris Agency and Creative Management Associates dealt in mops and pails rather than careers and contracts. When Mrs. Bowen began QBC 12 years ago, few gave her an inch and even fewer a chance of becoming a multi-

Continued on Next Page 73

Ruth Bowen em Ebony, 1974 (David Ritz Collection)

Erma Franklin, anos 1960 (Michael Ochs Archives/ Getty Images)

Carolyn Franklin, anos 1970 (Gilles Petard/Redferns/ Getty Images)

Com Cecil Franklin em *Jet*, 1976 (David Ritz Collection)

Aretha no púlpito (Alan Elliott)

Reverendo C. L. Franklin, observado por James Cleveland (Alan Elliott)

Reverendo James Cleveland (Alan Elliott)

Clara Ward, sentada ao lado de C. L. Franklin (Alan Elliott)

Pai limpando a testa da filha (Alan Elliott)

Com Luther Vandross, 1980 (Afro Newspaper/Gado/Archive Photos/Getty Images)

Narada Michael Walden, Aretha e Whitney Houston, 1989 (Michael Ochs Archives/Getty Images)

Com Clive Davis, 1990 (Ron Galella, Ltd./Ron Galella Collection/Getty Images)

Com Luciano Pavarotti, 1998 (Henny Ray Abrams/AFP/Getty Images)